税务人员

税收实战编写组◎编

全税（费）种业务知识

必刷必练习题集

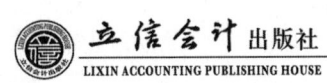

立信会计出版社
LIXIN ACCOUNTING PUBLISHING HOUSE

图书在版编目(CIP)数据

税务人员全税(费)种业务知识必刷必练习题集 / 税
收实战编写组编. —上海：立信会计出版社，2023.8
　　ISBN 978-7-5429-7349-8

　　Ⅰ.①税… Ⅱ.①税… Ⅲ.①税收管理—中国—资格
考试—习题集 Ⅳ.①F812.423-44

　　中国国家版本馆 CIP 数据核字(2023)第 096492 号

责任编辑　　毕芸芸

税务人员全税(费)种业务知识必刷必练习题集
SHUIWU RENYUAN QUANSHUI(FEI)ZHONG YEWU ZHISHI BISHUA BILIAN XITIJI

出版发行	立信会计出版社			
地　　址	上海市中山西路 2230 号	邮政编码	200235	
电　　话	(021)64411389	传　　真	(021)64411325	
网　　址	www.lixinaph.com	电子邮箱	lixinaph2019@126.com	
网上书店	http://lixin.jd.com		http://lxkjcbs.tmall.com	
经　　销	各地新华书店			
印　　刷	涿州市星河印刷有限公司			
开　　本	787 毫米×1092 毫米	1/16		
印　　张	26.75			
字　　数	508 千字			
版　　次	2023 年 8 月第 1 版			
印　　次	2023 年 8 月第 1 次			
书　　号	ISBN 978-7-5429-7349-8/F			
定　　价	98.00 元			

如有印订差错，请与本社联系调换

编 写 说 明

　　党中央、国务院为稳定市场预期、提振市场信心、助力企业纾困发展,推行系列税收政策改革,税收实战编写组为满足税收改革发展需要和便于税务干部全面掌握税收政策,编写了《税务人员全税(费)种业务知识必刷必练习题集》。希望本书能与税务人才及税收事业相互促进、共同成长,为税收事业发展进步夯实理论基础。

　　本书紧扣最新政策和操作实务,按税种出题,有单项选择题、多项选择题、判断题、计算题和综合题等多种题型,内容涵盖最新税费政策及税务时政、增值税、消费税、车辆购置税、企业所得税、个人所得税、房产税、城镇土地使用税、土地增值税、耕地占用税、资源税、契税、印花税、车船税、烟叶税、环境保护税、附加税(费)、税收基础知识等方面内容,并收录了增值税留抵退税政策、2023年税费优惠政策文件。本书所依据的法律、法规、规定等政策文件发布日期截至2023年8月。

　　由于时间仓促,编者水平有限,书中难免有不足和疏漏之处,恳请广大读者批评指正,如有疑问或者建议可以发送至邮箱:hezhenxing1970@163.com。谢谢大家!

编者

2023 年 8 月

目　　录

一、增值税

(一) 单项选择题

1. 某建材商店为小规模纳税人按月申报,2023年4月销售给大型建材公司建材一批,共取得收入231 200元,当月购进货物时取得增值税专用发票上注明价款为16 000元,则该建材商店本月应纳增值税( )元。

A. 0   B. 2 289.11   C. 2 129.11   D. 2 244.66

【参考答案】 D

【答案解析】 自2023年1月1日至2023年12月31日,增值税小规模纳税人适用3%征收率的应税销售收入,减按1%的征收率征收增值税。

2. 根据增值税的规定,下列征收增值税的是( )。

A. 根据国家指令无偿提供的铁路运输服务

B. 存款利息

C. 被保险人获得的保险赔付

D. 货物期货

【参考答案】 D

【答案解析】 选项ABC不缴纳增值税。

3. 如果纳税人开具的增值税电子发票有误,或发生销货退回等情形,纳税人可以通过( )模块开具负数发票进行冲红。

A. 增值税电子发票冲红   B. 增值税电子发票作废

C. 红字发票填开   D. 负数发票填开

【参考答案】 D

【答案解析】 增值税电子发票有误或发生销货退回等情形,纳税人可以通过负数发票填开模块开具负数进行冲红。

4. 某企业以厂房作抵押向银行贷款,取得贷款后将一房产交予银行使用,以房产租金抵交贷款利息,则该企业取得的厂房租金收入征收增值税的税目是( )。

A. 销售不动产   B. 不动产租赁

C. 金融服务   D. 转让无形资产

【参考答案】 B

【答案解析】 该企业用厂房抵押贷款,厂房的所有权并未发生转移,所以不属于"销售不动产";以房产租金抵交贷款利息,实质是该企业向银行出租房产,所以房产租金应按"不动产租赁"征收增值税。

5. 下列选项属于应计入销售额缴纳增值税的是( )。

A. 纳税人销售货物的同时代办保险而向购买方收取的保险费

B. 各地派出所按规定收取的居民身份证工本费用

C. 纳税人代有关行政管理部门收取的各项费用

D. 纳税人销售软件产品并随同销售一并收取的软件安装费、维护费、培训费等收入

【参考答案】 D

【答案解析】 纳税人销售软件产品并随同销售一并收取的软件安装费、维护费、培训费等收入,应按照规定征收增值税,并可享受软件产品增值税即征即退政策。

6. 某服务型企业(一般纳税人)于2023年4月将一栋办公楼对外转让,取得全部价款5 600万元。该办公楼为该企业2014年购进,购进时支付价款3 200万元。假定以上金额均为含税金额,则该企业应预缴的增值税为( )万元。

A. 198.17　　　　B. 266.66　　　　C. 114.29　　　　D. 0

【参考答案】 C

【答案解析】 该企业预缴增值税＝(5 600－3 200)÷(1＋5%)×5%＝114.29(万元)。根据《财政部 税务总局关于明确增值税小规模纳税人减免增值税等政策的公告》(财政部 税务总局公告2023年第1号)的规定,自2023年1月1日至2023年12月31日,增值税小规模纳税人适用3%征收率的应税销售收入,减按1%征收率征收增值税;适用3%预征率的预缴增值税项目,减按1%预征率预缴增值税。该项不适用3%征收率,不能减按1%预征率预缴增值税。

7. 下列选项中,适用6%税率的是( )。

A. 建筑服务　　　　　　　　　B. 转让土地使用权

C. 增值电信服务　　　　　　　D. 不动产租赁服务

【参考答案】 C

【答案解析】 选项ABD均适用9%的税率。

8. 某工厂系增值税一般纳税人,2022年5月进行设备更新换代,销售使用过的设备一台,取得含税价款8.24万元,已知该设备2010年1月购入(购入设备时该企业为增值税小规模纳税人),购入时支付的价款为9万元,已计提折旧2.8万元;另销售自己使用过的低值易耗品,取得含税价款1.4万元。则该工厂就上述业务应缴纳

的增值税为（　　）万元。

A. 1.4　　　　　　B. 0.36　　　　　　C. 0.32　　　　　　D. 1.2

【参考答案】　C

【答案解析】　根据《财政部　国家税务总局关于简并增值税征收率政策的通知》（财税〔2014〕57号）第一条的规定，自2014年7月1日起，一般纳税人销售使用过的固定资产，购进该固定资产时是小规模纳税人，没有抵扣过进项税额的，现在销售应依照3%征收率减按2%征收增值税；销售自己使用过的物品，按适用税率征收增值税。

因此，该工厂应纳增值税＝8.24÷（1＋3%）×2%＋1.4÷（1＋13%）×13%＝0.32（万元）。

9. 下列关于增值税的计税销售额的规定，说法不正确的是（　　）。

A. 以物易物方式销售货物，双方是既买又卖的业务，分别按购销业务处理

B. 以旧换新方式销售货物，以实际收取的不含增值税的价款计算缴纳增值税（金银首饰除外）

C. 还本销售方式销售货物，以实际销售额计算缴纳增值税，不得扣除还本支出

D. 销售折扣方式销售货物，不得从计税销售额中扣减折扣额

【参考答案】　B

【答案解析】　根据《财政部　国家税务总局关于金银首饰等货物征收增值税问题的通知》（财税字〔1996〕74号）的规定，对金银首饰以旧换新业务可以按销售方实际收取的不含增值税的全部价款征收增值税。

因此，以旧换新业务中，只有金银首饰以旧换新，按实际收取的不含增值税的价款计税，其他货物以旧换新均以新货物不含税价计税，不得扣减旧货物的收购价格。

10. 某房地产开发企业为小规模纳税人，2023年4月销售自行开发的房地产项目，取得含税销售收入210万元，开具增值税普通发票，该企业应缴纳增值税（　　）万元。

A. 0　　　　　　B. 8.4　　　　　　C. 10　　　　　　D. 17.34

【参考答案】　C

【答案解析】　房地产开发企业中的小规模纳税人，销售自行开发的房地产项目，按照5%的征收率计税。该企业应缴纳增值税＝210÷（1＋5%）×5%＝10（万元）。

11. 某旧机动车交易公司（一般纳税人）2022年5月收购旧机动车80辆，支付收购款560万元，销售收购的旧机动车30辆，取得销售收入240万元，同时协助客户办理车辆过户手续，取得收入5万元未发生其他费用。2022年5月，该旧机动车交易公司应纳增值税（　　）万元。

A. 9.42　　　　　B. 4.76　　　　　C. 7.14　　　　　D. 1.48

【参考答案】 D

【答案解析】 办理过户手续取得的服务费按6‰征收增值税。一般纳税人销售收购的二手车,按照简易办法依照3‰征收率减按0.5‰征收增值税。应纳增值税=240÷(1+0.5‰)×0.5‰+5÷(1+6‰)×6‰=1.194 0+0.283 0=1.48(万元)。

12. 下列选项中,不征收增值税的是( )。

A. 在资产重组过程中,通过合并、分立、出售、置换等方式,将全部或者部分实物资产以及与其相关联的债权、负债和劳动力一并转让给其他单位和个人,其中涉及的不动产、土地使用权转让行为

B. 企业转让土地使用权

C. 企业提供仓储服务和装卸搬运服务

D. 食品加工厂销售食品罐头

【参考答案】 A

【答案解析】 根据《国家税务总局关于纳税人资产重组有关增值税问题的公告》(国家税务总局公告2011年第13号)的规定,纳税人在资产重组过程中,通过合并、分立、出售、置换等方式,将全部或者部分实物资产以及与其相关联的债权、负债和劳动力一并转让给其他单位和个人,不属于增值税的征税范围,其中涉及的货物转让,不征收增值税。

13. 下列项目中,不得从增值税计税销售额中减除的是( )。

A. 金融商品买卖业务中金融商品的买价

B. 经纪代理业务中向委托方收取并代为支付的政府性基金

C. 融资租赁业务中的发行债券利息

D. 直接收费金融服务中收取的经手费

【参考答案】 D

【答案解析】 根据《财政部　国家税务总局关于全面推开营业税改征增值税试点的通知》(财税〔2016〕36号)附件《销售服务、无形资产、不动产注释》的规定,直接收费金融服务,以提供直接收费金融服务收取的手续费、佣金、酬金、管理费、服务费、经手费、开户费、过户费、结算费、转托管费等各类费用为销售额。

14. 增值税专用发票最高开票限额的审批机关是( )。

A. 国家税务总局　　　　　　　　　B. 省级税务机关

C. 地市级税务机关　　　　　　　　D. 区县级税务机关

【参考答案】 D

【答案解析】 根据《国家税务总局关于进一步简化税务行政许可事项办理程序

的公告》(国家税务总局公告 2019 年第 34 号)的规定,增值税专用发票(增值税税控系统)最高开票限额审批的实施机关为区县级税务机关。

15. 下列选项中,不属于现代服务的是(　　)。

A. 租赁服务　　　　　　　　　　B. 鉴证咨询服务

C. 建筑服务　　　　　　　　　　D. 文化创意服务

【参考答案】　C

【答案解析】　根据《财政部　国家税务总局关于全面推开营业税改征增值税试点的通知》(财税〔2016〕36 号)附件《销售服务、无形资产、不动产注释》的规定,现代服务包括研发和技术服务、信息技术服务、文化创意服务、物流辅助服务、租赁服务、鉴证咨询服务、广播影视服务、商务辅助服务和其他现代服务。建筑服务不属于现代服务。

16. 下列关于适用增值税即征即退政策的纳税人,办理退税时报送资料的说法正确的是(　　)。

A. 应当在申请增值税退税时,按规定向主管税务机关提供退税申请材料和相关政策规定的证明材料

B. 应当在首次申请增值税退税时,按规定向主管税务机关提供退税申请材料和相关政策规定的证明材料

C. 纳税人后续申请增值税退税时,相关证明材料未发生变化的,无需提供资料

D. 纳税人享受增值税即征即退条件发生变化的,应当在发生变化时向主管税务机关报告

【参考答案】　B

【答案解析】　纳税人适用增值税即征即退政策的,应当在首次申请增值税退税时,按规定向主管税务机关提供退税申请材料和相关政策规定的证明材料。纳税人后续申请增值税退税时,相关证明材料未发生变化的,无需重复提供,仅需提供退税申请材料并在退税申请中说明有关情况。纳税人享受增值税即征即退条件发生变化的,应当在发生变化后首次纳税申报时向主管税务机关书面报告。

17. 下列有关营改增应税服务的范围表述不正确的是(　　)。

A. 出租车公司向使用本公司自有出租车的出租车司机收取的管理费用,按陆路运输服务征收增值税

B. 航空运输的湿租业务,属于航空运输服务

C. 远洋运输的程租、期租业务,属于水路运输服务

D. 航空地面服务属于航空运输服务的范围

【参考答案】　D

【答案解析】　根据《财政部　国家税务总局关于全面推开营业税改征增值税试

点的通知》(财税〔2016〕36号)附件《销售服务、无形资产、不动产注释》的规定,物流辅助服务,包括航空服务、港口码头服务、货运客运场站服务、打捞救助服务、装卸搬运服务、仓储服务和收派服务。其中,航空服务包括航空地面服务和通用航空服务。所以,航空地面服务属于物流辅助服务的范围。

18. 下列关于增值税应税行为纳税义务发生时间的表述,不正确的是(   )。

A. 纳税人视同销售无形资产的,其纳税义务发生时间为无形资产转让完成的当天

B. 纳税人提供租赁服务采取预收款方式的,其纳税义务发生时间为收到预收款的当天

C. 纳税人从事金融商品转让的,其纳税义务发生时间为收取价款的当天

D. 纳税人进口货物的,其纳税义务发生时间为报关进口的当天

【参考答案】 C

【答案解析】 纳税人从事金融商品转让的,其纳税义务发生时间为金融商品所有权转移的当天。

19. 一般纳税人销售自己使用过的属于《中华人民共和国增值税暂行条例》(以下简称《增值税暂行条例》)第十条规定的不得抵扣且未抵扣进项税额的固定资产,按简易办法依(   )征收率减按2%征收增值税。

A. 4%   B. 3%   C. 2%   D. 5%

【参考答案】 B

【答案解析】 根据《财政部 国家税务总局关于简并增值税征收率政策的通知》(财税〔2014〕57号)第一条的规定,《财政部 国家税务总局关于部分货物适用增值税低税率和简易办法征收增值税政策的通知》(财税〔2009〕9号)文件第二条第(一)项和第(二)项中"按照简易办法依照4%征收率减半征收增值税"调整为"按照简易办法依照3%征收率减按2%征收增值税"。

20. 下列业务中,属于增值税征税范围的是(   )。

A. 缝纫

B. 房地产主管部门代收的住宅专项维修基金

C. 纳税人取得的中央财政补贴

D. 供应未经加工的天然水

【参考答案】 A

【答案解析】 选项BCD均不征收增值税。

21. 某企业是增值税一般纳税人,发生的下列项目,应将其已经申报抵扣的进项税额从当期进项税额剔除的是(   )。

A. 车间报废产品所耗用的购进货物

B. 由于管理不善被盗的产成品所耗用的购进货物

C. 将购进的货物分配给股东

D. 将购进的货物无偿赠送给某单位

【参考答案】 B

【答案解析】 车间报废产品属于正常的生产过程中的耗费,不用进项税转出;购进货物分配股东、无偿赠送属于税法规定的视同销售,其进项税可以抵扣。只有选项B需要作进项税转出。

22. 单位或个体工商户的下列业务,应视同销售征收增值税的是( )。

A. 将货物移送到非同一县(市)的其他机构用于销售

B. 将外购的货物用于增值税免税项目

C. 将外购的货物用于个人消费

D. 将外购的货物用于集体福利

【参考答案】 A

【答案解析】 选项BCD均属于进项税不得抵扣的情况,不是视同销售。

23. 下列关于单用途卡和多用途卡的表述,不正确的是( )。

A. 单用途卡发卡企业或者售卡企业销售单用途卡,或者接受单用途卡持卡人充值取得的预收资金,不缴纳增值税

B. 售卡方因发行或者销售单用途卡并办理相关资金收付结算业务取得的手续费、结算费、服务费、管理费等收入,应按照现行规定缴纳增值税

C. 持卡人使用多用途卡,向与支付机构签署合作协议的特约商户购买货物或服务,特约商户应按照现行规定缴纳增值税,且不得向持卡人开具增值税发票

D. 支付机构销售多用途卡取得的等值人民币资金,或者接受多用途卡持卡人充值取得的充值资金,应按照现行规定缴纳增值税

【参考答案】 D

【答案解析】 支付机构销售多用途卡取得的等值人民币资金,或者接受多用途卡持卡人充值取得的充值资金,不缴纳增值税。

24. 下列选项中,关于增值税一般纳税人的登记管理表述正确的是( )。

A. 其他个人可以办理一般纳税人资格登记

B. 试点纳税人在办理增值税一般纳税人资格登记后,发生增值税偷税、骗取出口退税和虚开增值税扣税凭证等行为的,主管税务机关可以对其实行3个月的纳税辅导期管理

C. 登记一般纳税人的经营期是指在纳税人存续期内的连续经营期间,不含未取

得销售收入的月份

D. 纳税人年应税销售额超过小规模纳税人标准的,应自申报期结束后15个日内向主管税务机关办理一般纳税人登记手续

【参考答案】 D

【答案解析】 选项A,个体工商户以外的其他个人,不得办理一般纳税人资格登记;选项B,试点纳税人在办理增值税一般纳税人资格登记后,发生增值税偷税、骗取出口退税和虚开增值税扣税凭证等行为的,主管税务机关可以对其实行6个月的纳税辅导期管理;选项C,经营期是指在纳税人存续期内的连续经营期间,含未取得销售收入的月份。

25. 某公司为一般纳税人,2022年5月转让闲置厂房一幢(该厂房是2016年6月购置的,购置原价为2 200万元),取得转让收入3 500万元(不含税),该公司2022年5月应纳的增值税为( )万元。

A. 315　　　　B. 65　　　　C. 117　　　　D. 143

【参考答案】 A

【答案解析】 一般纳税人销售其2016年5月1日后取得(不含自建)的不动产,应适用一般计税方法,以取得的全部价款和价外费用为销售额计算应纳税额。应纳增值税=3 500×9%=315(万元)。

26. 某企业为增值税一般纳税人,2022年5月从某自产自销的花木栽培公司手中购入花卉1 100盆,取得的普通发票上注明价款为110 580元。该企业将25%用于赠送某节日庆典,其余全部卖给客户,取得产品不含税销售额705 000元。则该企业当月应纳的增值税为( )元。

A. 96 374.96　　B. 107 824.60　　C. 91 236.20　　D. 74 647.80

【参考答案】 D

【答案解析】 从花木栽培公司购入的花卉属于免税农产品,可以计算抵扣进项税;外购货物对外无偿赠送,视同销售,要依法计算征收增值税。应纳增值税=705 000×4÷3×9%－110 580×9%=74 647.80(元)。

27. 关于增值税纳税义务发生时间,下列说法错误的是( )。

A. 采取预收款方式销售货物的,纳税义务发生时间为货物发出的当天

B. 先开具发票的,增值税纳税义务发生时间为开具发票的当天

C. 进口货物的,纳税义务发生时间为报关进口的当天

D. 将货物交付给他人代销的,纳税义务发生时间为发出代销货物的当天

【参考答案】 D

【答案解析】 将货物交付他人代销,纳税义务发生时间为收到代销清单的当天,

在收到代销清单前已收到全部或部分货款的,其纳税义务发生时间为收到全部或部分货款的当天;对于发出代销商品超过180天仍未收到代销清单及货款的,视同销售实现,一律征收增值税,其纳税义务发生时间为发出代销商品满180天的当天。

28. 某建筑安装公司为增值税一般纳税人,2022年5月承包本市的一项建筑劳务,该建筑安装公司当月开工并收取不含税工程价款5 400万元。另外,该建筑安装公司购入建筑劳务所需的工业材料、设备支付不含税价款2 000万元,取得对方开具的增值税专用发票。则该建筑安装公司当月应缴纳的增值税为(   )万元。

    A. 195.14   B. 254   C. 270   D. 226

【参考答案】 D

【答案解析】 根据《财政部 税务总局 海关总署关于深化增值税改革有关政策的公告》(财政部 税务总局 海关总署公告2019年第39号)第一条的规定,增值税一般纳税人(以下称纳税人)发生增值税应税销售行为或者进口货物,原适用16%税率的,税率调整为13%;原适用10%税率的,税率调整为9%。建筑行业适用于9%税率,销售设备适用于13%的税率。该建筑安装公司当月应缴纳的增值税=5 400×9%−2 000×13%=226(万元)。

29. 按《营业税改征增值税试点实施办法》(财税〔2016〕36号附件1)的规定,企业下列行为属于增值税兼营行为的是(   )。

    A. 建筑公司为承建的某项工程既提供外购建筑材料又承担建筑安装业务

    B. 照相馆在提供照相业务的同时销售相框

    C. 饭店开设客房、餐厅从事服务业务并附设商场销售货物

    D. 饭店提供餐饮服务的同时销售酒水饮料

【参考答案】 C

【答案解析】 选项ABD属于增值税混合销售行为。

30. 下列关于租赁服务的表述中,不正确的是(   )。

    A. 将建筑物、构筑物等不动产或者飞机、车辆等有形动产的广告位出租给其他单位或者个人用于发布广告,按照经营租赁服务缴纳增值税

    B. 技术转让服务按销售无形资产缴纳增值税

    C. 水路运输的光租业务、航空运输的干租业务,属于经营租赁

    D. 车辆停放服务,按物流服务缴纳增值税

【参考答案】 D

【答案解析】 车辆停放服务,按不动产经营租赁服务缴纳增值税。

31. 依据增值税的有关规定,下列关于增值税纳税人的说法不正确的是(   )。

    A. 兼有销售货物、提供应税劳务以及应税服务的纳税人,应税货物及劳务销售

额与应税服务销售额应合并计算,统一适用增值税一般纳税人资格登记标准

B. 个体工商户以外的其他个人不办理一般纳税人资格登记

C. 年应税销售额未超过规定标准的小规模纳税人一律不得办理一般纳税人资格登记

D. 年应税销售额是指纳税人在连续不超过12个月的经营期内累计应征增值税销售额,包括纳税申报销售额、稽查查补销售额、纳税评估调整销售额、税务机关代开发票销售额和免税销售额

【参考答案】 C

【答案解析】 年应税销售额未超过财政部、国家税务总局规定的小规模纳税人标准以及新开业的纳税人,只要能够按照国家统一的会计制度规定设置账簿,根据合法、有效凭证核算,能够提供准确税务资料,也是可以向主管税务机关办理一般纳税人资格登记的。

32. 某汽车租赁公司为增值税一般纳税人,2022年4月汽车租赁收入为500万元,购进用于租赁的汽车10辆,取得机动车销售统一发票上的价税合计120万元,购进用于办公的汽车1辆,取得机动车销售统一发票上的价税合计28万元。该公司4月应纳的增值税是( )万元。

A. 25 B. 51.15 C. 55.21 D. 40.50

【参考答案】 D

【答案解析】 根据《财政部 税务总局 海关总署关于深化增值税改革有关政策的公告》(财政部 税务总局 海关总署公告2019年第39号)第一条的规定,增值税一般纳税人(以下称纳税人)发生增值税应税销售行为或者进口货物,原适用16%税率的,税率调整为13%;原适用10%税率的,税率调整为9%。销售货物和有形动产租赁服务都适用于13%的税率。应纳增值税=500÷(1+13%)×13%−(120+28)÷(1+13%)×13%=40.50(万元)。

33. 下列关于营改增相关规定的表述,错误的是( )。

A. 个体工商户聘用的员工为雇主提供应税服务,属于非营业活动

B. 残疾人组织为社会提供的服务,免征增值税

C. 图书馆在自己的场所提供文化体育服务取得的第一道门票收入,免征增值税

D. 保险公司开办的一年期以上人身保险产品取得的保费收入,免征增值税

【参考答案】 B

【答案解析】 残疾人员本人为社会提供的服务,免征增值税,残疾人组织为社会提供的服务,不免税。

34. 纳税人出租不动产,按照规定应向不动产所在地主管税务机关预缴税款,而

自应当预缴之月起超过一定期间没有预缴税款的,由机构所在地主管税务机关按照《中华人民共和国税收征收管理法》(以下简称《税收征收管理法》)及相关规定进行处理,该期间为( )个月。

A. 1   B. 3   C. 6   D. 9

【参考答案】 C

【答案解析】 纳税人出租不动产,按照规定应向不动产所在地主管税务机关预缴税款,而自应当预缴之月起超过6个月没有预缴税款的,由机构所在地主管税务机关按照《税收征收管理法》及相关规定进行处理。

35. 甲商店为增值税小规模纳税人,2022年4月采取"以旧换新"方式销售24 K金项链一条,新项链对外销售价格9 000元,旧项链作价1 500元,向消费者收取新旧差价款7 500元;另以"以旧换新"方式销售电冰箱3台,新电冰箱对外销售价格2 000元,旧冰箱作价400元,向消费者收取新旧差价款1 600元。当月,该商店应缴纳增值税( )元。

A. 133.66   B. 0   C. 401.94   D. 436.89

【参考答案】 B

【答案解析】 对金银首饰以旧换新业务,按销售方实际收取的不含增值税的全部价款计缴增值税。该商店"以旧换新"销售金项链时实际收取的价款为7 500元,"以旧换新"销售电冰箱时应按照新电冰箱的同期销售价格2 000元确定销售额。同时该商店为增值税小规模纳税人,自2022年4月1日至2022年12月31日,增值税小规模纳税人适用3%征收率的应税销售收入,免征增值税。因此该商店应缴纳的增值税为0。

36. 某超市2018年5月由一般纳税人转登记为小规模纳税人,2022年4月取得含税销售额15 000元,自行开具增值税专用发票。该超市向职工发放部分外购商品作为福利,市场零售价为5 000元;当月进货3 500元。2022年4月,该超市应缴纳的增值税为( )元。

A. 148.51   B. 582.52   C. 334.95   D. 436.89

【参考答案】 D

【答案解析】 根据《增值税暂行条例》第九条的规定,纳税人购进货物、劳务、服务、无形资产、不动产,取得的增值税扣税凭证不符合法律、行政法规或者国务院税务主管部门有关规定的,其进项税额不得从销项税额中抵扣。第十条规定,下列项目的进项税额不得从销项税额中抵扣:用于简易计税方法计税项目、免征增值税项目、集体福利或者个人消费的购进货物、劳务、服务、无形资产和不动产。该纳税人转登记为小规模纳税人,不再抵扣进项税款,外购货物用于职工福利的无需缴纳增值税。应缴纳增值税部分自开增值税专用发票＝15 000÷(1+3%)×3%＝436.89(元)。

37. 某增值税一般纳税人餐饮公司,提供堂食餐饮和外卖销售烤鸭所取得的销售收入,应分别适用的增值税税率是( )。

A. 6%和6%　　B. 6%和13%　　C. 6%和9%　　D. 9%和13%

【参考答案】 A

【答案解析】 根据规定,提供餐饮服务的纳税人销售的外卖食品,按照"餐饮服务"缴纳增值税。

38. 大华公司为增值税一般纳税人,2023 年 1 月购进一批原材料并取得增值税专用发票。对于其当月已认证的可抵扣增值税额,借方应记入的会计科目是( )。

A."应交税费——应交增值税(进项税额)"

B."应交税费——应交增值税(销项税额)"

C."应交税费——应交增值税(待抵扣进项税额)"

D."应交税费——应交增值税(待认证进项税额)"

【参考答案】 A

【答案解析】 一般纳税人购进货物、加工修理修配劳务、服务、无形资产或不动产,按应计入相关成本费用或资产的金额,借记"在途物资"或"原材料""库存商品""生产成本""无形资产""固定资产""管理费用"等科目,按当月已认证的可抵扣增值税额,借记"应交税费——应交增值税(进项税额)"科目,按当月未认证的可抵扣增值税额,借记"应交税费——应交增值税(待认证进项税额)"科目,按应付或实际支付的金额,贷记"应付账款""应付票据""银行存款"等科目。

39. 下列业务中免征增值税的是( )。

A. 残疾人福利企业销售自产产品　　B. 民办职业培训机构的培训业务

C. 残疾人福利机构提供的育养服务　　D. 单位销售自建住房

【参考答案】 C

【答案解析】 根据《营业税改征增值税试点过渡政策的规定》(财税〔2016〕36 号附件 3)第一条第(三)项的规定,残疾人福利机构提供的育养服务免征增值税。

40. 某生产企业为增值税一般纳税人,2022 年 3 月将 7 年前建造的一处厂房对外出租,一次性收取全年含税租金 60 万元,企业该业务采用简易计税方法计税,则该企业 3 月应缴纳的增值税为( )万元。

A. 0　　　　B. 2.86　　　　C. 1.75　　　　D. 7.43

【参考答案】 B

【答案解析】 根据《营业税改征增值税试点有关事项的规定》(财税〔2016〕36 号附件 2)第一条第(九)项"不动产经营租赁服务"的规定,一般纳税人出租其 2016 年

4月30日前取得的不动产,可以选择适用简易计税方法,按照5%的征收率计算应纳税额。3月应缴纳的增值税=60÷(1+5%)×5%=2.86(万元)。

41. 以下各项中,需要将其进项税额转出的是( )。

A. 运输途中发生交通事故,购进存货毁损

B. 新建门市部因为占用部分街道被城市管理部门要求拆除

C. 突发洪水造成仓库内存货霉变

D. 冰灾损坏厂房

【参考答案】 B

【答案解析】 非正常损失,是指因管理不善造成被盗、丢失、霉变以及因为违反法律法规造成货物或者不动产被依法没收、销毁、拆除的情形。

42. 境外教育机构与境内从事学历教育的学校开展中外合作办学,可以免征增值税的收入是( )。

A. 提供高等教育取得的收入　　　B. 提供学前教育取得的收入

C. 提供教育测评取得的收入　　　D. 提供考试、招生取得的收入

【参考答案】 A

【答案解析】 根据规定,境外教育机构与境内从事学历教育的学校开展中外合作办学,提供学历教育服务取得的收入免征增值税。

43. 下列关于固定资产处理的说法,正确的是( )。

A. 小规模纳税人于2023年4月销售自己使用过的固定资产,应按3%征收率征收增值税

B. 小规模纳税人于2023年1月销售自己使用过的除固定资产以外的物品,应减按2%的征收率征收增值税

C. 增值税一般纳税人销售自己使用过的2009年1月1日以后购进的固定资产,按照3%征收率减按2%征收增值税

D. 增值税一般纳税人销售2008年12月31日以前购进的固定资产(未抵扣进项税额),应按照3%征收率减按2%征收增值税

【参考答案】 D

【答案解析】 选项AB,根据《财政部 税务总局关于明确增值税小规模纳税人减免增值税等政策的公告》(财政部 税务总局公告2023年第1号)的规定,自2023年1月1日至2023年12月31日,增值税小规模纳税人适用3%征收率的应税销售收入,减按1%征收率征收增值税;适用3%预征率的预缴增值税项目,减按1%预征率预缴增值税。故小规模纳税人销售自己使用过的固定资产,在2023年1月1日至12月31日减按1%预征率预缴增值税。选项C,增值税一般纳税人销售自己

使用过的 2009 年以后购进的固定资料,按照适用税率征收增值税。

44. 2022 年 4 月,某加油站通过加油机加注成品油 400 吨(包括经主管税务机关确定加油站自用车辆自用汽油 690 升,加油站本身的倒库柴油 300 升),其中:汽油 300 吨、柴油 100 吨,汽油、柴油的平均零售价均为 6.5 元/升。当月购进汽油、柴油取得的增值税专用发票上注明的金额为 250 万元,当月进行勾选并申报抵扣。汽油 1 吨＝1 388 升,柴油 1 吨＝1 176 升,该加油站当月应纳增值税(   )万元。

A. 7.36 　　　　B. 7.87 　　　　C. 7.93 　　　　D. 7.84

【参考答案】 A

【答案解析】 根据《财政部　税务总局　海关总署关于深化增值税改革有关政策的公告》(财政部　税务总局　海关总署公告 2019 年第 39 号)第一条的规定,增值税一般纳税人发生增值税应税销售行为或者进口货物,原适用 16％税率的,税率调整为 13％;原适用 10％税率的,税率调整为 9％。销售成品油适用于 13％的税率。

根据《成品油零售加油站增值税征收管理办法》(国家税务总局令第 2 号)第三条的规定,本办法第一条所称加油站,一律按照《国家税务总局关于加油站一律按照增值税一般纳税人征税的通知》(国税函〔2001〕882 号)认定为增值税一般纳税人;并根据《中华人民共和国增值税暂行条例》有关规定进行征收管理。《成品油零售加油站增值税征收管理办法》(国家税务总局令第 2 号)第六条规定,加油站应税销售额包括当月成品油应税销售额和其他应税货物及劳务的销售额。其中成品油应税销售额的计算公式为:成品油应税销售额＝(当月全部成品油销售数量－允许扣除的成品油数量)×油品单价。《成品油零售加油站增值税征收管理办法》(国家税务总局令第 2 号)第九条规定,加油站通过加油机加注成品油属于以下情形的,允许在当月成品油销售数量中扣除:(1)经主管税务机关确定的加油站自有车辆自用油。(2)外单位购买的,利用加油站的油库存放的代储油。加油站发生代储油业务时,应凭委托代储协议及委托方购油发票复印件向主管税务机关申报备案。(3)加油站本身倒库油。加油站发生成品油倒库业务时,须提前向主管税务机关报告说明,由主管税务机关派专人实地审核监控。(4)加油站检测用油(回罐油)。上述允许扣除的成品油数量,加油站月终应根据《加油站月销售油品汇总表》统计的数量向主管税务机关申报。故经税务机关确定的自用车辆自用汽油和倒库柴油无需缴纳增值税。

该加油站当月应纳增值税＝(300×1 388＋100×1 176－690－300)×6.5÷(1＋13％)×13％÷10 000－250×13％＝7.36(万元)。

45. 目前对纳税人销售自产的列入《享受增值税即征即退政策的新型墙体材料目录》的新型墙体材料,实行增值税即征即退(   )的政策。

A. 50％ 　　　　B. 60％ 　　　　C. 80％ 　　　　D. 100％

【参考答案】 A

【答案解析】 根据《财政部 国家税务总局关于新型墙体材料增值税政策的通知》（财税〔2015〕73号）的规定,对纳税人销售自产的列入《享受增值税即征即退政策的新型墙体材料目录》的新型墙体材料,实行增值税即征即退50%的政策。

46. 目前对纳税人销售自产的利用风力生产的电力产品,实行增值税即征即退（   ）的政策。

A. 20%   B. 30%   C. 40%   D. 50%

【参考答案】 D

【答案解析】 根据《财政部 国家税务总局关于风力发电增值税政策的通知》（财税〔2015〕74号）的规定,自2015年7月1日起,对纳税人销售自产的利用风力生产的电力产品,实行增值税即征即退50%的政策。

47. 在开票系统进行增值税专用发票红字信息表填开时,如果是由销售方填开红字信息表,对应的操作方法正确的是（   ）。

A. 需要填写蓝字发票代码和号码,需要选择发票填开日期

B. 不需要填写蓝字发票代码和号码,需要选择发票填开日期

C. 需要填写蓝字发票代码和号码,不需要选择发票填开日期

D. 不需要填写蓝字发票代码和号码,不需要选择发票填开日期

【参考答案】 A

【答案解析】 购买方未将增值税专用发票用于申报抵扣的,由销售方在发票管理系统中填开并上传《开具红字增值税专用发票信息表》,填开《开具红字增值税专用发票信息表》时应填写相对应的蓝字增值税专用发票信息。

48. 增值税小规模纳税人标准为年应征增值税销售额（   ）万元及以下。

A. 500   B. 400   C. 80   D. 50

【参考答案】 A

【答案解析】 根据《财政部 税务总局关于统一增值税小规模纳税人标准的通知》（财税〔2018〕33号）第一条的规定,增值税小规模纳税人标准为年应征增值税销售额500万元及以下。

49. 取得注明旅客身份信息的航空运输电子客票行程单的,计算进项税额的基数是（   ）。

A. 票价

B. 票价、燃油附加费

C. 票价、燃油附加费和民航发展基金

D. 票价、燃油附加费、民航发展基金和其他税费

【参考答案】 B

【答案解析】 根据《财政部 税务总局 海关总署关于深化增值税改革有关政策的公告》(财政部 税务总局 海关总署公告 2019 年第 39 号)第六条的规定,取得注明旅客身份信息的航空运输电子客票行程单的,按照下列公式计算进项税额:航空旅客运输进项税额=(票价+燃油附加费)÷(1+9%)×9%。

50. 菜鸟驿站是湖北省黄冈市一家小规模纳税人,为芙蓉小区提供生活必需品提供物资快递收入,2023 年 4 月取得含税收入 16 万元,4 月应缴增值税(   )万元。

A. 0　　　　　　B. 0.155　　　　　　C. 0.14　　　　　　D. 0.43

【参考答案】 B

【答案解析】 根据《财政部 税务总局关于明确增值税小规模纳税人减免增值税等政策的公告》(财政部 税务总局公告 2023 年第 1 号)的规定,自 2023 年 1 月 1 日至 2023 年 12 月 31 日,增值税小规模纳税人适用 3% 征收率的应税销售收入,减按 1% 征收率征收增值税。4 月应缴增值税=16÷(1+3%)×1%=0.155(万元)。

51. 允许生产性服务业纳税人按照当期可抵扣进项税额加计 5% 抵减应纳税额,允许生活性服务业纳税人按照当期可抵扣进项税额加计 10% 抵减应纳税额。该规定执行截止时间为(   )。

A. 2020 年 12 月 31 日　　　　　　B. 2021 年 12 月 31 日

C. 2022 年 12 月 31 日　　　　　　D. 2023 年 12 月 31 日

【参考答案】 D

【答案解析】 根据《财政部 税务总局关于明确增值税小规模纳税人减免增值税等政策的公告》(财政部 税务总局公告 2023 年第 1 号),自 2023 年 1 月 1 日至 2023 年 12 月 31 日,允许生产性服务业纳税人按照当期可抵扣进项税额加计 5% 抵减应纳税额,允许生活性服务业纳税人按照当期可抵扣进项税额加计 10% 抵减应纳税额。

52. 自(   )起,加大小微企业以及"制造业""科学研究和技术服务业""电力、热力、燃气及水生产和供应业""软件和信息技术服务业""生态保护和环境治理业"和"交通运输、仓储和邮政业"的留抵退税力度,将先进制造业按月全额退还增值税增量留抵税额政策范围扩大至小微企业和制造业等行业,并一次性退还其存量留抵税额。

A. 2022 年 1 月 1 日　　　　　　B. 2022 年 3 月 1 日

C. 2022 年 4 月 1 日　　　　　　D. 2022 年 5 月 1 日

【参考答案】 C

【答案解析】 根据《财政部 税务总局关于进一步加大增值税期末留抵退税政策实施力度的公告》(财政部 税务总局公告 2022 年第 14 号)的规定,自 2022 年 4 月

1日起,加大小微企业以及"制造业""科学研究和技术服务业""电力、热力、燃气及水生产和供应业""软件和信息技术服务业""生态保护和环境治理业"和"交通运输、仓储和邮政业"的留抵退税力度,将先进制造业按月全额退还增值税增量留抵税额政策范围扩大至小微企业和制造业等行业,并一次性退还其存量留抵税额。

53. 适用增值税差额征税政策的小规模纳税人,以(　　)销售额确定是否可以享受关于小规模纳税人免征增值税政策。

　　A. 差额前的　　　　　　　　　　B. 全额

　　C. 差额后的　　　　　　　　　　D. 以上都不正确

【参考答案】　C

【答案解析】　根据《国家税务总局关于小规模纳税人免征增值税征管问题的公告》(国家税务总局公告2021年第5号)第二条的规定,适用增值税差额征税政策的小规模纳税人,以差额后的销售额确定是否可以享受本公告规定的免征增值税政策。《增值税纳税申报表(小规模纳税人适用)》中的"免税销售额"相关栏次,填写差额后的销售额。

54. 2023年一季度小规模纳税人在扣除本期发生的(　　)的销售额后仍未超过10万元的,其销售货物、劳务、服务、无形资产取得的销售额,可享受小规模纳税人免税政策。

　　A. 免税销售额　　B. 稽查收入　　C. 评估收入　　D. 销售不动产

【参考答案】　D

【答案解析】　根据《国家税务总局关于增值税小规模纳税人减免增值税等政策有关征管事项的公告》(国家税务总局公告2023年第1号)第一条的规定,增值税小规模纳税人发生增值税应税销售行为,合计月销售额未超过10万元(以1个季度为1个纳税期的,季度销售额未超过30万元)的,免征增值税。小规模纳税人发生增值税应税销售行为,合计月销售额超过10万元,但扣除本期发生的销售不动产的销售额后未超过10万元的,其销售货物、劳务、服务、无形资产取得的销售额免征增值税。

55. 周先生将自己的住房出租给陈女士,2023年1月取得全年一次性租金收入26万元,则周先生当月应缴纳的增值税为(　　)元。

　　A. 2 000　　　　　B. 1 000　　　　　C. 300　　　　　D. 0

【参考答案】　D

【答案解析】　根据《财政部　税务总局关于明确增值税小规模纳税人减免增值税等政策的公告》(财政部　税务总局公告2023年第1号)的规定,自2023年1月1日至2023年12月31日,对月销售额10万元以下(含本数)的增值税小规模纳税人,免征增值税。

56. 对于自然人销售自己使用过的游艇、摩托车和应征消费税的汽车,增值税处理方法正确的是( )。

A. 免征增值税

B. 减按2%征收率征收增值税

C. 一律按3%的征收率计算缴纳增值税

D. 按3%征收率减半征收增值税

【参考答案】 A

【答案解析】 根据《增值税暂行条例》第十五条的规定,下列项目免征增值税:

(1)农业生产者销售的自产农产品。

(2)避孕药品和用具。

(3)古旧图书。

(4)直接用于科学研究、科学试验和教学的进口仪器、设备。

(5)外国政府、国际组织无偿援助的进口物资和设备。

(6)由残疾人的组织直接进口供残疾人专用的物品。

(7)销售的自己使用过的物品。

57. 符合条件的制造业等行业中型企业,可以自( )纳税申报期起向主管税务机关申请一次性退还存量留抵税额。

A. 2022年4月　　B. 2022年5月　　C. 2022年6月　　D. 2022年7月

【参考答案】 B

【答案解析】 根据《财政部　税务总局关于进一步加快增值税期末留抵退税政策实施进度的公告》(财政部　税务总局公告2022年第17号)的规定,提前退还中型企业存量留抵税额,将《财政部　税务总局关于进一步加大增值税期末留抵退税政策实施力度的公告》(财政部　税务总局公告2022年第14号)第二条第(二)项规定的"符合条件的制造业等行业中型企业,可以自2022年7月纳税申报期起向主管税务机关申请一次性退还存量留抵税额"调整为"符合条件的制造业等行业中型企业,可以自2022年5月纳税申报期起向主管税务机关申请一次性退还存量留抵税额"。2022年6月30日前,在纳税人自愿申请的基础上,集中退还中型企业存量留抵税额。

58. 小微企业可以按月向主管税务机关申请全额退还增值税增量留抵税额,并一次性退还小微企业存量留抵税额。纳税人获得一次性存量留抵退税前,增量留抵税额为当期期末留抵税额与( )相比新增加的留抵税额。

A. 2019年3月30日　　　　　　　B. 2019年3月31日

C. 2019年4月1日　　　　　　　D. 2019年12月31日

【参考答案】 B

【答案解析】 根据《财政部 税务总局关于进一步加大增值税期末留抵退税政策实施力度的公告》(财政部 税务总局公告2022年第14号)的规定,增量留抵税额区分以下情形确定:纳税人获得一次性存量留抵退税前,增量留抵税额为当期期末留抵税额与2019年3月31日相比新增加的留抵税额。纳税人获得一次性存量留抵退税后,增量留抵税额为当期期末留抵税额。

59. 自2023年1月1日至2023年12月31日,对月销售额(   )万元以下(含本数)的增值税小规模纳税人,免征增值税。

A. 3   B. 6   C. 10   D. 15

【参考答案】 C

【答案解析】 根据《财政部 税务总局关于明确增值税小规模纳税人减免增值税等政策的公告》(财政部 税务总局公告2023年第1号)的规定,自2023年1月1日至2023年12月31日,对月销售额10万元以下(含本数)的增值税小规模纳税人,免征增值税。

60. 自2023年1月1日至2023年12月31日,按照现行规定应当预缴增值税税款的小规模纳税人,凡在预缴地实现的月销售额未超过10万元(以1个季度为1个纳税期的,季度销售额未超过30万元)的,当期_____预缴税款。适用增值税差额征税政策的小规模纳税人,以差额_____的销售额确定是否可以享受上述免征增值税政策。(   )

A. 需要;后   B. 需要;前   C. 不需要;后   D. 不需要;前

【参考答案】 C

【答案解析】 根据《财政部 税务总局关于明确增值税小规模纳税人减免增值税等政策的公告》(财政部 税务总局公告2023年第1号)的规定,自2023年1月1日至2023年12月31日,对月销售额10万元以下(含本数)的增值税小规模纳税人,免征增值税。适用增值税差额征税政策的小规模纳税人,以差额后的销售额确定是否可以享受免征增值税政策。

61. 2016年5月1日后,在全国范围内全面推广营业税改征增值税试点。一般纳税人销售其试点前自建的不动产,采用的增值税政策是(   )。

A. 可以选择适用简易计税方法,以取得的全部价款和价外费用减去取得成本为销售额,按照5%的征收率计算应纳税额

B. 可以选择适用简易计税方法,以取得的全部价款和价外费用为销售额,按照5%的征收率计算应纳税额

C. 应适用一般计税方法,以取得的全部价款和价外费用为销售额计算应纳税额

D. 应适用一般计税方法,以取得的全部价款和价外费用减去成本后的余额为销

售额计算应纳税额

【参考答案】 B

【答案解析】《国家税务总局关于发布〈纳税人转让不动产增值税征收管理暂行办法〉的公告》(国家税务总局公告 2016 年第 14 号)第三条规定,一般纳税人销售其 2016 年 4 月 30 日前自建的不动产,可以选择适用简易计税方法,以取得的全部价款和价外费用为销售额,按照 5% 的征收率计算应纳税额。

62. 下列各项中免征流通环节增值税的是( )。

A. 蔬菜   B. 水果   C. 鲜奶   D. 蔬菜罐头

【参考答案】 A

【答案解析】《财政部 国家税务总局关于免征蔬菜流通环节增值税有关问题的通知》(财税〔2011〕137 号)第一条规定,对从事蔬菜批发、零售的纳税人销售的蔬菜免征增值税。蔬菜是指可作副食的草本、木本植物,包括各种蔬菜、菌类植物和少数可作副食的木本植物。蔬菜的主要品种参照《蔬菜主要品种目录》执行。经挑选、清洗、切分、晾晒、包装、脱水、冷藏、冷冻等工序加工的蔬菜,属于本通知所述蔬菜的范围。各种蔬菜罐头不属于本通知所述蔬菜的范围。蔬菜罐头是指蔬菜经处理、装罐、密封、杀菌或无菌包装而制成的食品。

63. 依据现行《增值税暂行条例》及相关规定,下列行为不属于视同销售的是( )。

A. 将自产的货物无偿赠送他人

B. 将外购的货物用于职工福利

C. 将委托加工的货物无偿赠送他人

D. 将购买的货物无偿赠送他人

【参考答案】 B

【答案解析】《增值税暂行条例》第十条规定,外购的货物用于职工福利属于进项税额不得从销项税额中抵扣的情形。不属于视同销售。

64. 非企业性单位中的一般纳税人提供的研发和技术服务、信息技术服务、鉴证咨询服务,以及销售技术、著作权等无形资产,可以选择简易计税方法按照( )计算缴纳增值税。

A. 3%   B. 5%   C. 6%   D. 11%

【参考答案】 A

【答案解析】《财政部 国家税务总局关于明确金融 房地产开发 教育辅助服务等增值税政策的通知》(财税〔2016〕140 号)第十二条规定,非企业性单位中的一般纳税人提供的研发和技术服务、信息技术服务、鉴证咨询服务,以及销售技术、著作权等无形资产,可以选择简易计税方法按照3%征收率计算缴纳增值税。

65. 提供餐饮服务的纳税人销售的外卖食品,按照( )缴纳增值税。

A. 外卖服务

B. 餐饮服务

C. 交通运输服务

D. 人力资源服务

【参考答案】 B

【答案解析】 《财政部 国家税务总局关于明确金融 房地产开发 教育辅助服务等增值税政策的通知》(财税〔2016〕140号)第九条规定,提供餐饮服务的纳税人销售的外卖食品,按照"餐饮服务"缴纳增值税。

66. 宾馆、旅馆、旅社、度假村和其他经营性住宿场所提供会议场地及配套服务的活动,按照( )缴纳增值税。

A. 住宿服务

B. 餐饮服务

C. 不动产经营租赁服务

D. 会议展览服务

【参考答案】 D

【答案解析】 《财政部 国家税务总局关于明确金融 房地产开发 教育辅助服务等增值税政策的通知》(财税〔2016〕140号)第十条规定,宾馆、旅馆、旅社、度假村和其他经营性住宿场所提供会议场地及配套服务的活动,按照"会议展览服务"缴纳增值税。

67. 纳税人在游览场所经营索道、摆渡车、电瓶车、游船等取得的收入,按照( )缴纳增值税。

A. 文化体育服务

B. 陆路运输服务

C. 旅游娱乐服务

D. 居民生活服务

【参考答案】 A

【答案解析】 《财政部 国家税务总局关于明确金融 房地产开发 教育辅助服务等增值税政策的通知》(财税〔2016〕140号)第十一条规定,纳税人在游览场所经营索道、摆渡车、电瓶车、游船等取得的收入,按照"文化体育服务"缴纳增值税。

68. 一般纳税人提供教育辅助服务,可以选择简易计税方法按照( )征收率计算缴纳增值税。

A. 3%　　　　B. 5%　　　　C. 6%　　　　D. 11%

【参考答案】 A

【答案解析】 《财政部 国家税务总局关于明确金融 房地产开发 教育辅助服务等增值税政策的通知》(财税〔2016〕140号)第十三条规定,一般纳税人提供教育辅助服务,可以选择简易计税方法按照3%征收率计算缴纳增值税。

69. 纳税人提供武装守护押运服务,按照( )缴纳增值税。

A. 安全保护服务

B. 企业管理服务

C. 劳务派遣服务　　　　　　　　　D. 交通运输服务

【参考答案】　A

【答案解析】《财政部　国家税务总局关于明确金融　房地产开发　教育辅助服务等增值税政策的通知》(财税〔2016〕140号)第十四条规定,纳税人提供武装守护押运服务,按照"安全保护服务"缴纳增值税。

70. 物业服务企业为业主提供的装修服务,按照(　　)缴纳增值税。

A. 建筑服务　　　　　　　　　　　B. 生活服务

C. 物业管理服务　　　　　　　　　D. 企业管理服务

【参考答案】　A

【答案解析】《财政部　国家税务总局关于明确金融　房地产开发　教育辅助服务等增值税政策的通知》(财税〔2016〕140号)第十五条规定,物业服务企业为业主提供的装修服务,按照"建筑服务"缴纳增值税。

71. 下列说法中,正确的是(　　)。

A. 生产企业来料加工复出口货物适用免税且退税政策

B. 会员单位通过钻石交易所进口销往国内市场的毛坯钻石,照章征收增值税

C. 对垃圾处理、污泥处理处置劳务实行即征即退80%的政策

D. 供电企业采取预收电费结算方式的,增值税纳税义务发生时间为发行电量的当天

【参考答案】　D

【答案解析】　选项A,生产企业来料加工复出口货物免税不退税;选项B,会员单位通过钻石交易所进口销往国内市场的毛坯钻石,免征国内环节增值税;选项C,对垃圾处理、污泥处理处置劳务实行即征即退70%的政策。

72. 下列关于增值税纳税人的征收率的说法中,正确的是(　　)。

A. 小规模纳税人(除其他个人外)销售自己使用过的固定资产,减按2%征收率征收增值税

B. 小规模纳税人销售自己使用过的除固定资产以外的物品,应按3%的征收率征收增值税

C. 一般纳税人销售自己使用过的按规定不得抵扣进项税额的固定资产,按3%征收率减按2%征收增值税

D. 一般纳税人销售旧货,按照4%的征收率征收增值税

【参考答案】　C

【答案解析】　根据《财政部　税务总局关于明确增值税小规模纳税人减免增值税等政策的公告》(财政部　税务总局公告2023年第1号)的规定,自2023年1月

1 日至 2023 年 12 月 31 日,增值税小规模纳税人适用 3% 征收率的应税销售收入,减按 1% 征收率征收增值税;一般纳税人销售旧货,按照 3% 的征收率减按 2% 征收增值税。

73. 纳税人将建筑施工设备出租给他人使用并配备操作人员的,按照( )缴纳增值税。

A. 经营租赁服务
B. 建筑服务
C. 人力资源服务
D. 融资租赁服务

【参考答案】 B

【答案解析】 《财政部 国家税务总局关于明确金融 房地产开发 教育辅助服务等增值税政策的通知》(财税〔2016〕140 号)第十六条规定,纳税人将建筑施工设备出租给他人使用并配备操作人员的,按照"建筑服务"缴纳增值税。

74. 从 2019 年 4 月 1 日起,增值税一般纳税人发生增值税应税销售行为或者进口货物,原适用 16% 税率的,税率调整为( )。

A. 5% B. 10% C. 13% D. 15%

【参考答案】 C

【答案解析】 《财政部 税务总局 海关总署关于深化增值税改革有关政策的公告》(财政部 税务总局 海关总署公告 2019 年第 39 号)第一条规定,增值税一般纳税人发生增值税应税销售行为或者进口货物,原适用 16% 税率的,税率调整为 13%;原适用 10% 税率的,税率调整为 9%。

75. 下列项目不适用零税率的是( )。

A. 对境内不动产提供的设计服务

B. 提供国际运输服务

C. 向境外单位提供的设计服务

D. 境内的单位和个人提供的往返中国香港、中国澳门、中国台湾等地区的交通运输服务

【参考答案】 A

【答案解析】 《跨境应税行为适用增值税零税率和免税政策的规定》(财税〔2016〕36 号附件 4)规定,向境外单位提供的完全在境外消费的设计服务适用零税率,但是其不包括对境内不动产提供的设计服务。

76. 2023 年 4 月,小规模纳税人跨区域提供建筑服务预缴增值税,按照( )预缴增值税。

A. 3% B. 5% C. 1% D. 0

【参考答案】 C

【答案解析】 根据《财政部 税务总局关于明确增值税小规模纳税人减免增值

税等政策的公告》(财政部　税务总局公告 2023 年第 1 号)的规定,自 2023 年 1 月 1 日至 2023 年 12 月 31 日,增值税小规模纳税人适用 3% 征收率的应税销售收入,减按 1% 征收率征收增值税。

77. 从 2019 年 4 月 1 日起,纳税人购进农产品,原适用 10% 扣除率的,扣除率调整为_____,纳税人购进用于生产或者委托加工 13% 税率货物的农产品,按照_____的扣除率计算进项税额。(　　)

A. 9%;10%　　　　B. 9%;11%　　　　C. 8%;10%　　　　D. 8%;11%

【参考答案】　A

【答案解析】　根据《财政部　税务总局　海关总署关于深化增值税改革有关政策的公告》(财政部　税务总局　海关总署公告 2019 年第 39 号)第二条的规定,纳税人购进农产品,原适用 10% 扣除率的,扣除率调整为 9%。纳税人购进用于生产或者委托加工 13% 税率货物的农产品,按照 10% 的扣除率计算进项税额。

78. 按照营改增相关规定,市场调查服务按照(　　)缴纳增值税。

A. 商务辅助服务　　　　　　　　　　B. 咨询服务

C. 专业技术服务　　　　　　　　　　D. 文化创意服务

【参考答案】　B

【答案解析】　根据《财政部　国家税务总局关于全面推开营业税改征增值税试点的通知》(财税〔2016〕36 号)附件《销售服务、无形资产、不动产注释》的规定,翻译服务和市场调查服务按照咨询服务缴纳增值税。

79. 2019 年(　　)后购入的不动产,纳税人可在购进当期,一次性予以抵扣。

A. 1 月 1 日　　　　B. 4 月 1 日　　　　C. 3 月 1 日　　　　D. 5 月 1 日

【参考答案】　B

【答案解析】　根据《财政部　税务总局　海关总署关于深化增值税改革有关政策的公告》(财政部　税务总局　海关总署公告 2019 年第 39 号)第五条的规定,自 2019 年 4 月 1 日起,《营业税改征增值税试点有关事项的规定》(财税〔2016〕36 号附件 2)第一条第(四)项第一目、第二条第(一)项第一目停止执行,纳税人取得不动产或者不动产在建工程的进项税额不再分 2 年抵扣。此前按照上述规定尚未抵扣完毕的待抵扣进项税额,可自 2019 年 4 月税款所属期起从销项税额中抵扣。

80. 自 2019 年 4 月 1 日起,增值税一般纳税人(　　),其进项税额允许从销项税额中抵扣。

A. 提供餐饮服务　　　　　　　　　　B. 购进国内旅客运输服务

C. 提供贷款服务　　　　　　　　　　D. 提供娱乐服务

【参考答案】　B

【答案解析】 根据《财政部 税务总局 海关总署关于深化增值税改革有关政策的公告》(财政部 税务总局 海关总署公告 2019 年第 39 号)第六条的规定,纳税人购进国内旅客运输服务,其进项税额允许从销项税额中抵扣。

81. 某增值税一般纳税人主营业务为提供管道运输服务,对其增值税实际税负超过( )的部分实行增值税即征即退政策。

A. 2% B. 3% C. 4% D. 6%

【参考答案】 B

【答案解析】 根据《营业税改征增值税试点过渡政策的规定》(财税〔2016〕36 号附件 3)第二条第(一)项的规定,一般纳税人提供管道运输服务,对其增值税实际税负超过 3% 的部分实行增值税即征即退政策。

82. 按照有关规定部分出口企业申报出口退(免)税时须提供收汇资料,以下不属于规定情形的是( )。

A. 出口退(免)税企业分类管理类别为四类的

B. 主管税务机关发现出口企业申报的不能收汇原因是虚假的

C. 主管税务机关发现出口企业提供的出口货物收汇凭证是冒用的

D. 出口退(免)税企业分类管理类别为三类的

【参考答案】 D

【答案解析】 根据《国家税务总局关于出口退(免)税申报有关问题的公告》(国家税务总局公告 2018 年第 16 号)的规定,对有下列情形之一的出口企业,在申报出口退(免)税时,须按照《国家税务总局关于出口企业申报出口货物退(免)税提供收汇资料有关问题的公告》(国家税务总局公告 2013 年第 30 号)的规定提供收汇资料:出口退(免)税企业分类管理类别为四类的;主管税务机关发现出口企业申报的不能收汇原因是虚假的;主管税务机关发现出口企业提供的出口货物收汇凭证是冒用的。

83. 2023 年 2 月,小规模纳税人发生增值税应税销售行为,合计月销售额超过 10 万元的,对应减征的增值税应纳税额按销售额的 2% 计算填写在《增值税及附加税费申报表(小规模纳税人适用)》的( )栏次及《增值税减免税申报明细表》相应栏次。

A. 小微企业免税销售额 B. 未达起征点销售额

C. 本期应纳税额减征额 D. 无需填写

【参考答案】 C

【答案解析】 小规模纳税人发生增值税应税销售行为,合计月销售额未超过 10 万元的,免征增值税的销售额等项目应填写在《增值税及附加税费申报表(小规模纳税人适用）》"小微企业免税销售额"或者"未达起征点销售额"相关栏次；减按1%征收率征收增值税的销售额应填写在《增值税及附加税费申报表（小规模纳税人适用）》"应征增值税不含税销售额（3%征收率）"相应栏次，对应减征的增值税应纳税额按销售额的2%计算填写在《增值税及附加税费申报表（小规模纳税人适用）》"本期应纳税额减征额"及《增值税减免税申报明细表》减税项目相应栏次。

84. 2019年1月1日以后，适用增值税差额征税政策的小规模纳税人，确定可以享受小规模纳税人免征增值税政策的销售额是（　　）。

A. 差额前销售额　　B. 扣除额　　　　　C. 差额后销售额　　D. 核定销售额

【参考答案】　C

【答案解析】　适用增值税差额征税政策的小规模纳税人，以差额后的销售额确定是否可以享受免征增值税政策。

85. 自2023年1月1日至2023年12月31日，允许生活性服务业纳税人按照当期可抵扣进项税额加计（　　）抵减应纳税额。

A. 10%　　　　　　B. 15%　　　　　　C. 9%　　　　　　D. 13%

【参考答案】　A

【答案解析】　根据《财政部　税务总局关于明确增值税小规模纳税人减免增值税等政策的公告》（财政部　税务总局公告2023年第1号）的规定，自2023年1月1日至2023年12月31日，允许生产性服务业纳税人按照当期可抵扣进项税额加计5%抵减应纳税额，允许生活性服务业纳税人按照当期可抵扣进项税额加计10%抵减应纳税额。

86. 下列关于营改增相关规定的说法，错误的是（　　）。

A. 翻译服务按照商务辅助服务征收增值税

B. 代理记账按照咨询服务征收增值税

C. 被执法部门依法没收或者强令自行销毁的货物，其进项税额不得抵扣

D. 一般纳税人提供管道运输服务，对其增值税实际税负超过3%的部分实行增值税即征即退政策

【参考答案】　A

【答案解析】　根据《财政部　国家税务总局关于全面推开营业税改征增值税试点的通知》（财税〔2016〕36号）附件《销售服务、无形资产、不动产注释》的规定，翻译服务和市场调查服务按照咨询服务缴纳增值税。

87. 进口环节增值税（含消费税）的组成计税价格是（　　）。

A. 到岸价＋关税＋消费税　　　　　　B. 关税完税价格＋关税＋消费税

C. 成本×（1＋成本利润率）＋消费税　　D. 货物到岸价＋关税＋消费税

【参考答案】 B

【答案解析】 根据《增值税暂行条例》第十四条的规定,纳税人进口货物,按照组成计税价格和本条例第二条规定的税率计算应纳税额。组成计税价格和应纳税额计算公式:组成计税价格＝关税完税价格＋关税＋消费税。

88. 下列关于资管产品简易计税政策的表述错误的是( )。

A. 资管产品管理人运营资管产品过程中发生的增值税应税行为,按照3％的征收率缴纳增值税

B. 管理人应分别核算资管产品运营业务和其他业务的销售额和增值税应纳税额

C. 管理人应分别核算资管产品运营业务销售额和增值税应纳税额

D. 管理人应按照规定的纳税期限,汇总申报缴纳资管产品运营业务和其他业务增值税

【参考答案】 C

【答案解析】 管理人可选择分别或汇总核算资管产品运营业务销售额和增值税应纳税额。

89. 增值税小规模纳税人的下列业务可以差额计算销售额缴纳增值税的是( )。

A. 客运场站服务 B. 旅游服务

C. 安全保护服务 D. 非房开企业销售自行建造的不动产

【参考答案】 B

【答案解析】 试点纳税人提供旅游服务,可以选择以取得的全部价款和价外费用,扣除向旅游服务购买方收取并支付给其他单位或者个人的住宿费、餐饮费、交通费、签证费、门票费和支付给其他接团旅游企业的旅游费用后的余额为销售额。

90. 某市A企业为符合延缓缴纳税款条件的制造业中小微企业,其税款所属期为2021年第四季度的增值税税款,已享受延期3个月的政策,根据最新缓税政策公告,A企业该笔税款最迟的缴纳时间为( )。

A. 2022年1月申报期内 B. 2022年3月申报期内

C. 2022年6月申报期内 D. 2022年10月申报期内

【参考答案】 D

【答案解析】 根据《国家税务总局 财政部关于延续实施制造业中小微企业延缓缴纳部分税费有关事项的公告》(国家税务总局 财政部公告2022年第2号)、《国家税务总局 财政部关于制造业中小微企业延缓缴纳2021年第四季度部分税费有关事项的公告》(国家税务总局公告2021年第30号)规定的制造业中小微企业延缓缴纳2021年第四季度部分税费政策,缓缴期限继续延长6个月。

91. 符合延缓缴纳部分税费规定条件的制造业中小微企业,在依法办理纳税申报后,制造业中型企业可以延缓缴纳公告规定的各项税费金额的(　　)。

A. 25%　　　　　B. 50%　　　　　C. 70%　　　　　D. 100%

【参考答案】　B

【答案解析】　根据《国家税务总局　财政部关于延续实施制造业中小微企业延缓缴纳部分税费有关事项的公告》(国家税务总局　财政部公告2022年第2号)的规定,符合规定条件的制造业中小微企业,在依法办理纳税申报后,制造业中型企业可以延缓缴纳本公告规定的各项税费金额的50%,制造业小微企业可以延缓缴纳本公告规定的全部税费,延缓的期限为6个月。延缓期限届满,纳税人应依法缴纳相应月份或者季度的税费。

92. 下列销售行为中,免征增值税的是(　　)。

A. 纳税人销售林木并提供林木管护劳务

B. 电信单位销售移动电话并提供电信服务

C. 其他个人销售自己使用过的物品

D. 纳税人销售软件产品并同时收取软件安装费

【参考答案】　C

【答案解析】　根据规定,其他个人销售自己使用过的物品免征增值税。

93. 2023年4月,张某出租其位于北京的一处住房,一次性预收一年的租金共计226万元,关于张某当月增值税的问题下列说法正确的是(　　)。

A. 张某此业务应适用5%的征收率减按1.5%计税

B. 预收租金应在本年纳税的部分为11个月租金

C. 张某应就此业务在业务所在地预缴增值税

D. 个人取得的住房租金收入不享受小型微利企业的免税政策

【参考答案】　A

【答案解析】　根据规定,个人出租住房,应按照5%的征收率减按1.5%计算应纳税额。

94. 2023年4月,境外公司为我国A企业提供设备安装服务,A企业向其支付含税价款100万元,该境外公司在境内未设立经营机构,则A企业应当扣缴的增值税为(　　)。

A. 不征增值税　　B. 8.26万元　　C. 2.91万元　　D. 5.66万元

【参考答案】　B

【答案解析】　根据《财政部　税务总局　海关总署关于深化增值税改革有关政策的公告》(财政部　税务总局　海关总署公告2019年第39号)第一条的规定,增值税一般纳税人发生增值税应税销售行为或者进口货物，原适用16％税率的，税率调整为13％；原适用10％税率的，税率调整为9％。设备安装服务属于建筑服务，适用9％的税率。应扣缴增值税＝100÷(1＋9％)×9％＝8.26(万元)。

95. 下列不属于适用零税率的国际运输劳务的是(　　)。

A. 在境内载运旅客或者货物出境　　　　B. 在境外载运旅客或者货物入境

C. 在境外载运旅客或者货物　　　　　　D. 在境内载运旅客或者货物

【参考答案】　D

【答案解析】　国际运输服务，是指：(1)在境内载运旅客或者货物出境；(2)在境外载运旅客或者货物入境；(3)在境外载运旅客或者货物。

96. 纳税人转让2016年4月30日前取得的土地使用权，可以选择适用简易计税方法，征收率为(　　)。

A. 2％　　　　　　B. 3％　　　　　　C. 5％　　　　　　D. 6％

【参考答案】　C

【答案解析】　纳税人转让2016年4月30日前取得的土地使用权，可以选择适用简易计税方法，以取得的全部价款和价外费用减去取得该土地使用权的原价后的余额为销售额，按照5％的征收率计算缴纳增值税。

97. 符合条件的纳税人安置的每位残疾人每月可退还的增值税具体限额是(　　)。

A. 月最低工资标准的2倍　　　　　　B. 月最低工资标准的3倍

C. 月最低工资标准的4倍　　　　　　D. 月最低工资标准的5倍

【参考答案】　C

【答案解析】　安置的每位残疾人每月可退还的增值税具体限额，由县级以上税务机关根据纳税人所在区县(含县级市、旗)适用的经省(含自治区、直辖市、计划单列市)人民政府批准的月最低工资标准的4倍确定。

98. 资源综合利用增值税即征即退政策中退税比例为100％的项目是(　　)。

A. 利用工业生产过程中产生的余热生产的热力

B. 燃煤发电厂及各类工业企业生产过程中产生的高硫天然气生产的石膏

C. 利用工业废气生产的甲烷

D. 利用工业废气生产的高纯度二氧化碳

【参考答案】　A

【答案解析】　根据《资源综合利用产品和劳务增值税优惠目录》(财税〔2015〕78号附件)的规定，利用工业生产过程中产生的余热生产的热力退税比例为100％。

99. 下列有关营改增的规定，表述不正确的是(　　)。

A. 纳税人为客户办理退票而向客户收取的退票费、手续费等收入,按照"经纪代理"缴纳增值税

B. 航空运输企业根据国家指令无偿提供的航空运输服务,不征收增值税

C. 航空运输企业的应征增值税销售额不包括代收的机场建设费和代售其他航空运输企业客票而代收转付的价款

D. 航空运输企业已售票但未提供航空运输服务取得的逾期票证收入,按航空运输服务征收增值税

【参考答案】 A

【答案解析】 纳税人为客户办理退票而向客户收取的退票费、手续费等收入,按照"其他现代服务"缴纳增值税。

100. 纳税人适用增值税留抵退税政策,有纳税信用级别条件要求的,纳税信用级别的确定是以( )为准。

A. 纳税人上年度纳税信用级别

B. 纳税人本年度纳税信用级别

C. 纳税人申请办理留抵退税时纳税信用级别

D. 纳税人申请退税税款所属期的纳税信用级别

【参考答案】 C

【答案解析】 根据《国家税务总局关于取消增值税扣税凭证认证确认期限等增值税征管问题的公告》(国家税务总局公告 2019 年第 45 号)的规定,纳税人适用增值税留抵退税政策,有纳税信用级别条件要求的,以纳税人向主管税务机关申请办理增值税留抵退税提交《退(抵)税申请表》时的纳税信用级别确定。

101. 符合条件的制造业等行业中的中型企业申请存量留抵退税的起始时间为( )。

A. 自 2022 年 4 月纳税申报期起向主管税务机关申请一次性退还存量留抵税额

B. 自 2022 年 5 月纳税申报期起向主管税务机关申请一次性退还存量留抵税额

C. 自 2022 年 6 月纳税申报期起向主管税务机关申请一次性退还存量留抵税额

D. 自 2022 年 7 月纳税申报期起向主管税务机关申请一次性退还存量留抵税额

【参考答案】 B

【答案解析】 根据《财政部 税务总局关于进一步加快增值税期末留抵退税政策实施进度的公告》(财政部 税务总局公告 2022 年第 17 号)的规定,提前退还中型企业存量留抵税额,将《财政部 税务总局关于进一步加大增值税期末留抵退税政策实施力度的公告》(财政部 税务总局公告 2022 年第 14 号)第二条第(二)项规定的"符合条件的制造业等行业中型企业,可以自 2022 年 7 月纳税申报期起向主管税务

机关申请一次性退还存量留抵税额"调整为"符合条件的制造业等行业中型企业,可以自2022年5月纳税申报期起向主管税务机关申请一次性退还存量留抵税额"。2022年6月30日前,在纳税人自愿申请的基础上,集中退还中型企业存量留抵税额。

(二) 多项选择题

1. 动漫企业( )动漫产品,确需进口的商品可享受免征进口关税及进口环节增值税的政策。

A. 自主开发　　　　B. 生产　　　　　C. 批发　　　　D. 零售

【参考答案】　ＡＢ

【答案解析】　根据《财政部　海关总署　国家税务总局关于动漫企业进口动漫开发生产用品税收政策的通知》(财关税〔2016〕36号)第一条的规定,自2016年1月1日至2020年12月31日,经国务院有关部门认定的动漫企业自主开发、生产动漫直接产品,确需进口的商品可享受免征进口关税及进口环节增值税的政策。

2. 下列属于增值税即征即退优惠项目的有( )。

A. 安置残疾人就业增值税即征即退优惠

B. 动漫企业增值税即征即退优惠

C. 资源综合利用产品及劳务增值税即征即退优惠

D. 管道运输服务增值税即征即退优惠

【参考答案】　ＡＢＣＤ

【答案解析】　根据《财政部　国家税务总局关于促进残疾人就业增值税政策的通知》(财税〔2016〕52号)、《财政部　税务总局关于延续动漫产业增值税政策的通知》(财税〔2018〕38号)、《财政部　国家税务总局关于印发〈资源综合利用产品和劳务增值税优惠目录〉的通知》(财税〔2015〕78号)、《营业税改征增值税试点过渡政策的规定》(财税〔2016〕36号附件3)第二条第(一)项的规定,安置残疾人就业、动漫企业、资源综合利用产品及劳务、管道运输服务属于增值税即征即退项目。

3. 根据"营改增"相关规定,纳税人提供以下服务取得的收入中,应按照"建筑服务"征收增值税的有( )。

A. 宽带的初装　　B. 房屋的加固　　C. 机器的修理　　D. 航道的疏浚

【参考答案】　ＡＢ

【答案解析】　选项C,机器的修理,应按照"加工、修理修配"征收增值税;选项D,航道的疏浚,应按"现代服务"中的"物流辅助服务"征税。

4. 下列项目实行增值税即征即退的有( )。

A. 台湾航空公司从事海峡两岸空中直航业务在大陆取得的运输收入

B. 体育彩票的发行收入

C. 2017年3月纳税人销售自产的利用风力生产的电力产品

D. 经国家金融监督管理总局、商务部批准经营融资租赁业务的试点纳税人中的一般纳税人,提供有形动产融资租赁服务

【参考答案】 C D

【答案解析】 选项AB实行免征增值税的政策。

5. 国产抗艾滋病病毒药品免征( )增值税。

A. 生产环节   B. 批发环节   C. 流通环节   D. 零售环节

【参考答案】 A B C D

【答案解析】 根据《财政部 税务总局关于延长部分税收优惠政策执行期限公告》(财政部 税务总局公告2021年第6号)第一条的规定,自2019年1月1日至2023年12月31日,继续对国产抗艾滋病病毒药品免征生产环节和流通环节增值税。流通环节包含批发环节和零售环节。

6. 根据增值税相关规定,下列行为应视同销售货物征收增值税的有( )。

A. 将委托加工收回的白酒用于赠送客户

B. 将外购的月饼作为中秋节福利发给职工

C. 将自产的建筑材料用于公司新大厦的修建

D. 将刚刚上市的新产品交付关联企业销售

【参考答案】 A D

【答案解析】 单位或个体工商户的下列行为,视同销售货物,征收增值税:(1)将货物交付其他单位或者个人代销;(2)销售代销货物;(3)设有两个以上机构并实行统一核算的纳税人,将货物从一个机构移送其他机构用于销售,但相关机构设在同一县(市)的除外;(4)将自产或者委托加工的货物用于非增值税应税项目;(5)将自产、委托加工的货物用于集体福利或者个人消费;(6)将自产、委托加工或者购进的货物作为投资,提供给其他单位或者个体工商户;(7)将自产、委托加工或者购进的货物分配给股东或者投资者;(8)将自产、委托加工或者购进的货物无偿赠送其他单位或者个人。

7. 下列情形中,加油站通过加油机加注成品油,允许在当月成品油销售数量中扣除的有( )。

A. 经主管税务机关确定的加油站自有车辆自用油

B. 外单位购买的,利用加油站的油库存放的代储油(代储协议报税务机关备案)

C. 加油站本身倒库油

D. 加油站检测用油(回灌油)

【参考答案】　ＡＢＣＤ

【答案解析】　加油站通过加油机加注成品油属于以下情形的,允许在当月成品油销售数量中扣除:(1)经主管税务机关确定的加油站自有车辆自用油;(2)外单位购买的,利用加油站的油库存放的代储油(代储协议报税务机关备案);(3)加油站本身倒库油;(4)加油站检测用油(回罐油)。

8. 下列一般纳税人可以选择适用简易方法计税的项目有(　　)。

A. 人力资源外包服务

B. 收派服务

C. 餐饮服务

D. 以 2016 年 4 月 30 日前取得的不动产提供的融资租赁服务

【参考答案】　ＡＢＤ

【答案解析】　餐饮服务不适用简易方法计税。

9. 下列按文化体育服务征收增值税的有(　　)。

A. 图书馆的图书和资料借阅　　　　　　B. 档案馆的档案管理

C. 提供游览场所　　　　　　　　　　　D. 游艺场所

【参考答案】　ＡＢＣ

【答案解析】　根据《财政部　国家税务总局关于全面推开营业税改征增值税试点的通知》(财税〔2016〕36 号)附件《销售服务、无形资产、不动产注释》的规定,娱乐服务,是指为娱乐活动同时提供场所和服务的业务。所以,游艺场所按娱乐服务征收增值税。

10. 纳税人销售自产的《享受增值税即征即退政策的新型墙体材料目录》所列新型墙体材料,申请享受规定的增值税优惠政策时,应同时符合(　　)条件。

A. 销售自产的新型墙体材料,不属于国家发展和改革委员会《产业结构调整指导目录》中的禁止类、限制类项目

B. 销售自产的新型墙体材料,不属于环境保护部《环境保护综合名录》中的"高污染、高环境风险"产品或者重污染工艺

C. 纳税信用等级属于税务机关评定的 A 级

D. 纳税信用等级不属于税务机关评定的 C 级或 D 级

【参考答案】　ＡＢＤ

【答案解析】　根据《财政部　国家税务总局关于新型墙体材料增值税政策的通知》(财税〔2015〕73 号)第二条的规定,纳税人销售自产的《享受增值税即征即退政策的新型墙体材料目录》所列新型墙体材料,其申请享受本通知规定的增值税优惠政策时,应同时符合下列条件:(1)销售自产的新型墙体材料,不属于国家发展和改革委

员会《产业结构调整指导目录》中的禁止类、限制类项目。(2)销售自产的新型墙体材料,不属于环境保护部《环境保护综合名录》中的"高污染、高环境风险"产品或者重污染工艺。(3)纳税信用等级不属于税务机关评定的C级或D级。

11. 下列关于不能开具增值税专用发票的情形,正确的有( )。

A. 国有粮食购销企业销售免税农产品

B. 一般纳税人的大型商超零售烟酒

C. 选择差额纳税的劳务派遣服务一般纳税人

D. 金融商品转让

【参考答案】 BCD

【答案解析】 国有粮食购销免税农产品可以开具增值税专用发票。

12. 下列项目免予征收增值税的有( )。

A. 土地所有者出让土地使用权和土地使用者将土地使用权归还给土地所有者

B. 福利彩票、体育彩票的发行收入

C. 将土地使用权转让给农业生产者用于农业生产

D. 将房产用于赠送

【参考答案】 ABC

【答案解析】 将房产用于赠送征收增值税。

13. 2019年4月1日后,纳税人购进国内旅客运输服务,下列票据的进项税额允许从销项税额中抵扣的有( )。

A. 增值税专用发票

B. 增值税电子普通发票

C. 注明旅客身份信息的航空运输电子客票行程单、铁路车票、公路、水路等其他客票

D. 增值税普通发票

【参考答案】 ABC

【答案解析】 选项ABC符合《财政部 税务总局 海关总署关于深化增值税改革有关政策的公告》(财政部 税务总局 海关总署公告2019年第39号)第六条规定的范围。

14. 对增值税一般纳税人实际税负超过3%的部分实行增值税即征即退政策的有( )。

A. 增值税一般纳税人从事高新技术产业

B. 增值税一般纳税人销售其自行开发生产的软件产品

C. 增值税一般纳税人提供管道运输服务

D. 经国家金融监督管理总局、商务部批准经营融资租赁业务的提供有形动产融资租赁服务

【参考答案】 BCD

【答案解析】 根据《中华人民共和国企业所得税法》(以下简称《企业所得税法》)第二十八条的规定,国家需要重点扶持的高新技术企业,减按15%的税率征收企业所得税。无"增值税一般纳税人从事高新技术产业"此项增值税即征即退优惠政策。

15. 下列关于电力增值税的陈述,不正确的有( )。

A. 独立核算的供电企业所属的区县级供电企业,凡能够核算销售额的,依核定的预征率计算供电环节的增值税,且不得抵扣进项税额

B. 供电企业收取的电费保证金,凡逾期(超过合同约定时间)未退还的,一律并入价外费用缴纳增值税

C. 供电企业采取预收电费结算方式的,纳税义务发生时间为开具发票的当天

D. 供电企业收取的电费保证金,凡逾期1年未退还的,一律并入价外费用缴纳增值税

【参考答案】 CD

【答案解析】 选项C,供电企业采取预收电费结算方式的,纳税义务发生时间为发行电量的当天。选项D,供电企业收取的电费保证金,凡逾期(超过合同约定时间)未退还的,一律并入价外费用缴纳增值税。

16. 纳税人的下列行为,不征收增值税的有( )。

A. 根据国家指令无偿提供的铁路运输服务(以公益活动为目的)

B. 对增值税纳税人收取的会员费收入

C. 房地产主管部门或者其指定机构、公积金管理中心、开发企业以及物业管理单位代收的住宅专项维修资金

D. 燃油电厂从政府财政专户取得的发电补贴

【参考答案】 ABCD

【答案解析】 略。

17. 下列纳税人,其年应税销售额超过增值税一般纳税人认定标准,可以不申请一般纳税人认定的有( )。

A. 个体工商户等经营者

B. 事业单位及行政单位

C. 不经常发生应税行为的企业

D. 销售增值税免税产品的企业

【参考答案】 BC

【答案解析】 年应税销售额超过小规模纳税人标准的其他个人按小规模纳税人纳税;非企业性单位、不经常发生应税行为的企业可选择按小规模纳税人纳税。

18. 下列关于对购货方善意取得虚开增值税专用发票处理的说法中,正确的有( )。

A. 善意取得虚开增值税专用发票可以作为进项税额抵扣凭证

B. 不允许重新取得合法有效的专用发票抵扣进项税额

C. 已抵扣的进项税或者取得的出口退税,应当依法追缴

D. 因善意取得虚开增值税专用发票被依法追缴其已抵扣税额的,不再加收滞纳金

【参考答案】 CD

【答案解析】 善意取得虚开专用发票,对购货方应做如下处理:(1)不以偷税或者骗取出口退税论处。(2)取得的虚开专用发票应按有关法规不予抵扣进项税款或者不予出口、退税;已经抵扣的进项税款或者取得的出口退税,应依法追缴。(3)如能重新取得合法、有效的专用发票,准予其抵扣进项税款;如不能重新取得合法、有效的专用发票,不准其抵扣进项税款或追缴其已抵扣的进项税款。(4)因善意取得虚开专用发票被依法追缴其已抵扣税款的,不再加收滞纳金。

19. 国际运输服务适用增值税零税率,国际运输服务包含( )。

A. 在境内载运旅客或者货物出境　　　　B. 在境内载运旅客或者货物

C. 在境外载运旅客或者货物入境　　　　D. 在境外载运旅客或者货物

【参考答案】 ACD

【答案解析】 根据《跨境应税行为适用增值税零税率和免税政策的规定》(财税〔2016〕36号附件4)第一条第(一)项的规定,中华人民共和国境内的单位和个人销售的国际运输服务,适用增值税零税率。国际运输服务,是指:(1)在境内载运旅客或者货物出境;(2)在境外载运旅客或者货物入境;(3)在境外载运旅客或者货物。

20. 下列旅客运输服务凭证可以计算抵扣进项税额的有( )。

A. 纸质出租车票　　　　　　　　　　　B. 定额车票

C. 注明旅客身份信息的高铁票　　　　　D. 注明旅客身份信息的轮船票

【参考答案】 CD

【答案解析】 根据《财政部　税务总局　海关总署关于深化增值税改革有关政策的公告》(财政部　税务总局　海关总署公告2019年第39号)第六条的规定,纳税人购进国内旅客运输服务,其进项税额允许从销项税额中抵扣。

由于纸质出租车票和定额车票未注明旅客身份信息,因此不得抵扣进项税额;国际机票非购进国内旅客运输服务的凭证,不得抵扣进项税额。故选项ABC错误。

21. 2022 年 4 月,纳税人取得以下收入,免征增值税的有(　　)。

A. 金融机构向小型企业发放小额贷款取得的利息收入

B. 运输公司提供公共交通服务取得的收入

C. 电影院提供电影放映服务取得的收入

D. 快递公司为居民提供必需生活物资快递收派服务取得的收入

【参考答案】　A B

【答案解析】　选项 A,自 2018 年 9 月日至 2023 年 12 月 31 日,金融机构向小型企业、微型企业和个体工商户发放小额贷款取得的利息收入,免征增值税。选项 B,自 2022 年 1 月 1 日至 2022 年 12 月 31 日,对纳税人提供公共交通运输服务取得的收入,免征增值税。选项 C,自 2020 年 1 月 1 日至 2021 年 12 月 31 日,对纳税人提供电影放映服务取得的收入免征增值税。选项 D,自 2022 年 5 月 1 日至 2022 年 12 月 31 日,对纳税人为居民提供必需生活物资快递收派服务取得的收入,免征增值税。

22. 2019 年 4 月 1 日后,一般纳税人购进的下列服务中,不得抵扣进项税额的有(　　)。

A. 贷款服务　　　　B. 住宿服务　　　　C. 餐饮服务　　　　D. 娱乐服务

【参考答案】　A C D

【答案解析】　根据《营业税改征增值税试点有关事项的规定》(财税〔2016〕36 号附件 2)第二条的规定,原增值税一般纳税人购进的贷款服务、餐饮服务、居民日常服务和娱乐服务不能抵扣进项税额,不得从销项税额中抵扣。

23. 下列有关增值税选项中,不属于在境内销售服务、无形资产或者不动产的有(　　)。

A. 服务(租赁不动产除外)的销售方在境内

B. 所销售的不动产在境外

C. 所销售自然资源使用权的自然资源在境内

D. 所租赁的不动产在境外

【参考答案】　B D

【答案解析】　在境内销售服务、无形资产或者不动产,是指:(1)服务(租赁不动产除外)或者无形资产(自然资源使用权除外)的销售方或者购买方在境内;(2)所销售或者租赁的不动产在境内;(3)所销售自然资源使用权的自然资源在境内;(4)财政部和国家税务总局认定的其他情形。

24. 下列关于营改增应税行为的表述,正确的有(　　)。

A. 以货币资金投资收取的固定利润或者保底利润,按照贷款服务缴纳增值税

B. 卫星电视信号落地转接服务,按照增值电信服务缴纳增值税

C. 车辆停放服务、道路通行服务等按照物流辅助服务缴纳增值税

D. 水路运输的光租业务、航空运输的干租业务,属于交通运输服务

【参考答案】 A B

【答案解析】 选项C,车辆停放服务、道路通行服务等按照不动产经营租赁服务缴纳增值税;选项 D,水路运输的光租业务、航空运输的干租业务,属于经营租赁服务。

25. 下列选项应当计入完税价格的有(   )。

A. 买方负担的购货佣金

B. 由买方负担的在审查确定完税价格时与该货物视为一体的容器费用

C. 货物运抵境内输入地点之后的运输费用和保险费

D. 卖方直接或间接从买方对该货物进口后转售、处置或使用所得中获得的收益

【参考答案】 B D

【答案解析】 税法规定,由买方负担的除购货佣金以外的佣金和经纪费,计入进口货物的完税价格。货物运抵境内输入地点起卸后发生的运输及其相关费用、保险费,不得计入完税价格。

26. 某啤酒厂(增值税一般纳税人)2022 年 4 月销售其生产的啤酒,每吨不含税价格为 2 850 元,同时规定每吨另单独收取优质服务费 100 元、手续费 40 元,单独核算包装物押金 50 元(押金期限 3 个月),则下列说法正确的有(   )。

A. 每吨啤酒的增值税计税销售额为 2 973.89 元

B. 每吨啤酒的增值税计税销售额为 2 850 元

C. 每吨啤酒的消费税税额为 250 元

D. 每吨啤酒的消费税税额为 220 元

【参考答案】 A C

【答案解析】 计算销售啤酒的增值税时,单独核算包装物押金未到期的不并入销售额,则每吨啤酒的增值税计税销售额 $= 2\ 850 + (100 + 40) \div (1 + 13\%) = 2\ 973.89$(元);确定啤酒的消费税适用税额时,要将其包装物押金价税分离并入销售额确定税率级次,每吨出厂价格(含包装物及包装物押金)$= 2\ 850 + (100 + 40 + 50) \div (1 + 13\%) = 3\ 018.14$(元)$> 3\ 000$ 元,则适用每吨 250 元的税率。

27. 根据增值税现行规定,以下免征增值税的有(   )。

A. 宠物饲料   B. 精料补充料   C. 饲用鱼油   D. 混合饲料

【参考答案】 B C D

【答案解析】 精料补充料、饲用鱼油、混合饲料、浓缩饲料都属于增值税免税项目。宠物饲料不属于免税范围。

28. 根据增值税相关规定,下列业务中,可以享受增值税即征即退政策的有( )。

A. 非营利性医疗机构销售自产自用的制剂

B. 飞机维修企业提供飞机维修劳务

C. 纳税人提供资源综合利用劳务

D. 属于增值税一般纳税人的单采血浆站销售非临床用人体血液

【参考答案】 ＢＣ

【答案解析】 选项A,非营利性医疗机构销售自产自用的制剂,免征增值税。选项D,属于增值税一般纳税人的单采血浆站销售非临床用人体血液,可以按照简易办法依照3％的征收率计算应纳税额,也可以按照销项税额抵扣进项税额的办法依增值税适用税率计算应纳税额。选项B,对飞机维修劳务增值税实际税负超过6％的部分实行即征即退的政策;选项C,纳税人销售自产的资源综合利用产品和提供资源综合利用劳务,可享受增值税即征即退政策。

29. 根据增值税现行规定,以下收入中,不征收增值税的有( )。

A. 体育彩票的发行收入

B. 燃油电厂从政府财政专户取得的发电补贴

C. 电力公司向发电企业收取的过网费

D. 存款利息

【参考答案】 ＡＢＤ

【答案解析】 根据增值税现行规定,选项A,体育彩票的发行收入属于不征收增值税的收入;选项C,电力公司向发电企业收取的过网费、供电企业进行电力调压并按照电量向电厂收取的并网服务费,都应该征收增值税。选项B,根据《国家税务总局关于取消增值税扣税凭证认证确认期限等增值税征管问题的公告》(国家税务总局公告2019年第45号),纳税人取得的财政补贴收入,与其销售货物、劳务、服务、无形资产、不动产的收入或者数量直接挂钩的,应按规定计算缴纳增值税。纳税人取得的其他情形的财政补贴收入,不属于增值税应税收入,不征收增值税。选项D,根据《营业税改征增值税试点有关事项的规定》(财税〔2016〕36号附件2)第一条第(二)项第二目规定,存款利息属于不征收增值税项目。

30. 根据现行规定,以下行为适用9％税率的有( )。

A. 建筑服务　　　　　　　　　 B. 销售不动产

C. 基础电信服务　　　　　　　 D. 增值电信服务

【参考答案】 ＡＢＣ

【答案解析】 根据营改增的相关规定,适用9％增值税税率的有:交通运输服务、邮政、基础电信、建筑、不动产租赁服务、转让土地使用权、销售不动产。金融服务、增值电信服务适用6%的增值税税率。

31. 下列关于适用税率或征收率的说法,正确的有( )。

A. 交通运输服务适用9%的税率

B. 纳税人提供应税服务同时适用免税和零税率规定的,优先适用免税政策

C. 兼有不同税率的应税服务,由纳税人选择适用税率

D. 2020年5月1日至2023年12月31日,从事二手车经销的纳税人销售其收购的二手车,按简易办法,减按0.5%征收增值税

【参考答案】 AD

【答案解析】 选项B,纳税人提供应税服务同时适用免税和零税率规定的,优先适用零税率;选项C,兼有不同税率的,分开核算的,分别适用税率;未分开核算的,一律从高适用。

32. 纳税人销售货物或者应税劳务适用增值税免税规定的,可以放弃免税。下列关于放弃免税权处理的说法,正确的有( )。

A. 纳税人要求放弃免税的,应当报主管税务机关备案

B. 纳税人放弃免税权后,其在免税期间购买用于免税项目的货物或应税服务、劳务所取得的增值税扣税凭证一律不得作为当期进项税额抵扣

C. 纳税人自提交放弃免税权备案资料的当月起,按照现行有关规定计算缴纳增值税

D. 纳税人不得根据不同的销售对象选择部分货物或劳务放弃免税权

【参考答案】 ABD

【答案解析】 选项C,纳税人自提交放弃免税权备案资料的次月起,按照现行有关规定计算缴纳增值税。

33. 增值税一般纳税人发生的下列业务中,可以选择简易方法计算缴纳增值税的有( )。

A. 销售2016年4月30日前购进的钢材

B. 房地产公司出租2016年4月30日前开发的房地产

C. 增值电信服务

D. 选择差额计税的安保服务

【参考答案】 BD

【答案解析】 选项AC,没有可以选择简易方法计算缴纳增值税的规定。

34. 一般纳税人发生下列应税行为,可以选择适用简易计税方法计税的有( )。

A. 经营租赁 2016 年 4 月 30 日前取得的土地

B. 一般纳税人以甲供方式提供建筑服务

C. 转让 2016 年 4 月 30 日前取得的土地使用权

D. 铁路旅客运输服务

【参考答案】 A B C

【答案解析】 根据《营业税改征增值税试点有关事项的规定》(财税〔2016〕36 号附件 2)第一条的规定,一般纳税人发生公共交通运输服务、公路经营企业中的一般纳税人收取试点前开工的高速公路的车辆通行费、一般纳税人以清包工方式提供建筑服务、房地产开发企业中的一般纳税人销售自行开发的房地产老项目,可以选择适用简易计税方法计税。公共交通运输服务,包括轮客渡、公交客运、地铁、城市轻轨、出租车、长途客运、班车。一般纳税人提供的铁路旅客运输服务,不属于可以选择按照简易计税方法计算缴纳增值税的情形。

35. 依照增值税的有关规定,适用 13% 增值税税率的有( )。

A. 粮店加工切面销售
B. 食品店加工速冻水饺销售

C. 粮食加工厂加工玉米面销售
D. 印刷厂受托印刷资料

【参考答案】 B D

【答案解析】 切面、玉米面适用 9% 的税率。

36. 下列选项中,适用 9% 税率的有( )。

A. 交通运输服务
B. 邮政服务

C. 有形动产租赁
D. 不动产租赁

【参考答案】 A B D

【答案解析】 提供交通运输、邮政、基础电信、建筑、不动产租赁服务,销售不动产,转让土地使用权,税率为 9%;有形动产租赁服务适用 13% 的税率。

37. 在中华人民共和国境内的单位和个人向境外单位提供的完全在境外消费的下列服务,适用增值税零税率的有( )。

A. 研发服务
B. 合同能源管理服务

C. 设计服务
D. 离岸服务外包业务

【参考答案】 A B C D

【答案解析】 根据《跨境应税行为适用增值税零税率和免税政策的规定》(财税〔2016〕36 号附件 4)第一条第(三)项的规定,中华人民共和国境内的单位和个人向境外单位提供的完全在境外消费的下列服务,适用增值税零税率:(1)研发服务;(2)合同能源管理服务;(3)设计服务;(4)广播影视节目(作品)的制作和发行服务;(5)软件服务;(6)电路设计及测试服务;(7)信息系统服务;(8)业务流程管理服务;(9)离岸服务外包业务。

离岸服务外包业务,包括信息技术外包服务(ITO)、技术性业务流程外包服务(BPO)、技术性知识流程外包服务(KPO),其所涉及的具体业务活动,按照《财政部国家税务总局关于全面推开营业税改征增值税试点的通知》(财税〔2016〕36 号)附件《销售服务、无形资产、不动产注释》相对应的业务活动执行。

38. 下列属于增值税即征即退优惠项目的有( )。

A. 黄金交易期货增值税即征即退优惠

B. 飞机维修劳务增值税即征即退优惠

C. 自产农产品增值税即征即退优惠

D. 风力发电增值税即征即退优惠

【参考答案】 A B D

【答案解析】 根据《财政部 国家税务总局关于黄金期货交易有关税收政策的通知》(财税〔2008〕5 号)、《财政部 国家税务总局关于飞机维修增值税问题的通知》(财税〔2000〕102 号)、《财政部 国家税务总局关于风力发电增值税政策的通知》(财税〔2015〕74 号)的规定,黄金交易期货、飞机维修劳务、风力发电属于增值税即征即退优惠项目。根据《中华人民共和国增值税暂行条例》第十五条的规定,农业生产者销售自产农产品免征增值税。

39. 对于纳税人购进用于生产或委托加工 13% 税率货物的农产品,按照 10% 扣除需要取得的凭证包括( )。

A. 农产品收购发票或者销售发票

B. 取得一般纳税人开具的增值税专用发票或海关进口增值税专用缴款书

C. 从按照 3% 征收率缴纳增值税的小规模纳税人处取得的增值税专用发票

D. 取得批发零售环节纳税人销售免税农产品开具的免税发票,以及小规模纳税人开具的增值税普通发票

【参考答案】 A B C

【答案解析】 根据《深化增值税改革 100 问》第六条的规定,增值税一般纳税人购进农产品,可凭增值税专用发票、海关进口增值税专用缴款书、农产品收购发票或销售发票抵扣进项税额。

40. 下列关于购进不动产进项税额一次性抵扣的政策正确的有( )。

A. 2019 年 4 月 1 日后购入的不动产,纳税人可在购进当期,一次性予以抵扣

B. 2019 年 4 月 1 日前购入的不动产,还没有抵扣的进项税额的 40% 部分,从 2019 年 4 月所属期开始,允许全部从销项税额中抵扣

C. 一般情况下,纳税人在 2019 年 4 月所属期就应该将待抵扣部分转入进项税

额。但是,如果发生个别纳税人 2019 年 4 月以后要求转入的,也是允许的

D. 纳税人将待抵扣不动产进项税额转入抵扣时,可以分多次转入

【参考答案】 A B C

【答案解析】 根据《财政部 税务总局 海关总署关于深化增值税改革有关政策的公告》(财政部 税务总局 海关总署公告 2019 年第 39 号)第五条的规定,自 2019 年 4 月 1 日起,《营业税改征增值税试点有关事项的规定》(财税〔2016〕36 号附件 2)第一条第(四)项第一目、第二条第(一)项第一目停止执行,纳税人取得不动产或者不动产在建工程的进项税额不再分 2 年抵扣。此前按照上述规定尚未抵扣完毕的待抵扣进项税额,可自 2019 年 4 月税款所属期起从销项税额中抵扣。

41. 已抵扣进项税额的不动产,发生(　　　)的,应当计算不得抵扣的进项税额,并从当期进项税额中扣减。

A. 非正常损失

B. 改变用途,专用于简易计税方法计税项目

C. 改变用途,专用于免征增值税项目

D. 改变用途,专用于集体福利或者个人消费的

【参考答案】 A B C D

【答案解析】 根据《国家税务总局关于深化增值税改革有关事项的公告》(国家税务总局公告 2019 年第 14 号)第六条的规定,已抵扣进项税额的不动产,发生非正常损失,或者改变用途,专用于简易计税方法计税项目、免征增值税项目、集体福利或者个人消费的,应当计算不抵扣的进项税额,并从当期进项税额中扣减。

42. 增值税现行政策下,可以选择差额纳税的应税服务有(　　　)。

A. 小规模纳税人人力资源外包服务

B. 一般纳税人融资租赁服务

C. 小规模物业服务纳税人销售自来水服务

D. 小规模纳税人提供客运场站服务

【参考答案】 A B C

【答案解析】 一般纳税人提供客运场站服务可以选择差额纳税。

43. 适用加计抵减政策的行业有(　　　)。

A. 建筑服务　　　　B. 邮政服务　　　　C. 电信服务　　　　D. 生活服务

【参考答案】 B C D

【答案解析】 根据《财政部 税务总局 海关总署关于深化增值税改革有关政策的公告》(财政部 税务总局 海关总署公告 2019 年 39 号)第七条、《财政部 税务总局关于明确生活性服务业增值税加计抵减政策的公告》(财政部 税务总局公告

2019年第87号)、《财政部　税务总局关于促进服务业领域困难行业纾困发展有关增值税政策的公告》(财政部　税务总局公告2022年第11号)的规定,自2019年4月1日至2022年12月31日,允许生产、生活性服务业纳税人按照当期可抵扣进项税额加计10%,抵减应纳税额;自2019年10月1日至2021年12月31日,允许生活性服务业纳税人按照当期可抵扣进项税额加计15%,抵减应纳税额。生产、生活性服务业纳税人,是指提供邮政服务、电信服务、现代服务、生活服务取得的销售额占全部销售额的比重超过50%的纳税人。

44. 下列关于增值税申报与缴纳的陈述,正确的有(　　)。

A. 销售货物或者提供应税劳务,纳税义务发生时间为收讫销售款或者取得索取销售款凭据的当天

B. 进口货物,纳税义务发生时间为报关进口的当天

C. 提供建筑服务采取预收款方式的,纳税义务发生时间为收到预收款的当天

D. 视同销售不动产的,纳税义务发生时间为不动产权属变更的当天

【参考答案】　A B D

【答案解析】　选项C,根据《财政部　税务总局关于建筑服务等营改增试点政策的通知》(财税〔2017〕58号)的规定,自2017年7月1日起,《营业税改征增值税试点实施办法》(财税〔2016〕36号附件1)第四十五条第(二)项"纳税人提供建筑服务、租赁服务采取预收款方式的,其纳税义务发生时间为收到预收款的当天"修改为"纳税人提供租赁服务采取预收款方式的,其纳税义务发生时间为收到预收款的当天"。

45. 一般纳税人购进的下列服务中,不得抵扣进项税额的有(　　)。

A. 贷款服务　　　　　　　　　　B. 餐饮服务

C. 摄影扩印服务　　　　　　　　D. 国际旅客运输服务

【参考答案】　A B C D

【答案解析】　购进的国际旅客运输服务、贷款服务、餐饮服务、居民日常服务和娱乐服务,不得抵扣进项税额。选项C,摄影扩印服务属于居民日常服务。

46. 下列选项应当征收增值税的有(　　)。

A. 水库供应农业灌溉用水

B. 银行销售金银

C. 电力公司向发电企业收取的过网费

D. 纳税人提供的矿产资源开采、挖掘、切割等劳务

【参考答案】　B C D

【答案解析】　选项A,水库供应农业灌溉用水,不征收增值税。

47. 以下属于免征增值税项目的有(　　)。

A. 殡葬服务

B. 医疗机构提供的医疗服务

C. 残疾人福利机构提供的育养服务

D. 驾校招收考生得到的收入

【参考答案】　ＡＢＣ

【答案解析】　驾校收入需要缴纳增值税。

48. 销售方向购买方收取的下列款项中不属于价外费用(收入)的有(　　)。

A. 受托加工应征消费税的消费品所代收代缴的消费税

B. 延期付款利息

C. 违约金

D. 承运部门的运费发票开具给购买方,并且由纳税人将该项发票转交给购买方的代垫运费

【参考答案】　ＡＤ

【答案解析】　受托加工应征消费税的消费品所代收代缴的消费税,不属于价外费用。承运部门的运费发票开具给购买方,并且由纳税人将该项发票转交给购买方的代垫运费,不属于价外费用。

49. 下列有关增值税专用发票的表述中,错误的有(　　)。

A. 一般纳税人注销税务登记应将专用设备和结存未用的纸质专用发票送交主管税务机关

B. 一般纳税人销售货物或者提供应税劳务不得汇总开具专用发票

C. 大型商超零售劳保专用用品不得开具增值税专用发票

D. 对纳税人取得虚开、代开的专用发票,不得作为增值税合法的抵扣凭证抵扣进项税额

【参考答案】　ＢＣ

【答案解析】　选项B,一般纳税人销售货物或者提供应税劳务可以汇总开具专用发票,汇总开具专用发票的,同时使用防伪税控系统开具《销售货物或者提供应税劳务清单》,并加盖发票专用章;选项C,商业企业零售烟、酒、食品、服装鞋帽(不包括劳保专用部分)不得开具增值税专用发票。

50. 下列各项表述符合现行增值税规定的有(　　)。

A. 试点纳税人在办理增值税一般纳税人资格登记后,发生增值税偷税、骗取出口退税和虚开增值税扣税凭证等行为的,主管税务机关可以对其实行3个月的纳税辅导期管理

B. 单用途卡发卡企业或者售卡企业销售单用途卡,或者接受单用途卡持卡人充

值取得的预收资金，不缴纳增值税

C. 自 2017 年 7 月 1 日起，原适用 13% 增值税税率的货物，税率降低为 11%

D. 自 2018 年 5 月 1 日至 2023 年 12 月 31 日，对动漫企业增值税一般纳税人销售其自主开发生产的动漫软件，按照 16% 的税率征收增值税后，对其增值税实际税负超过 3% 的部分，实行即征即退政策

【参考答案】 BCD

【答案解析】 选项 A，试点纳税人在办理增值税一般纳税人资格登记后，发生增值税价税、骗取出口退税和虚开增值税扣税凭证等行为的，主管税务机关可以对其实行 6 个月的纳税辅导期管理。

51. 根据现行政策，下列说法正确的有（　　）。

A. 2019 年 1 月 1 日至 2025 年 12 月 31 日，饮水工程运营管理部门向农村居民提供生活用水取得的自来水销售收入，免征增值税

B. 2019 年 1 月 1 日至 2023 年 12 月 31 日，国产抗艾滋病病毒药品免征生产环节和流通环节增值税

C. 2019 年 1 月 1 日至 2027 年 12 月 31 日，内资研发机构和外资研发中心采购国产设备全额退还增值税

D. 2019 年 1 月 1 日至 2023 年 12 月 31 日，企业集团内单位（含企业集团）之间的资金无偿借贷行为，免征增值税

【参考答案】 BC

【答案解析】 选项 A，2019 年 1 月 1 日至 2023 年 12 月 31 日，饮水工程运营管理部门向农村居民提供生活用水取得的自来水销售收入，免征增值税；选项 D，2019 年 2 月 1 日至 2023 年 12 月 31 日，企业集团内单位（含企业集团）之间的资金无偿借贷行为，免征增值税。

52. 下列不符合不动产经营租赁服务的增值税政策的有（　　）。

A. 一般纳税人出租其 2016 年 4 月 30 日前取得的不动产，可以选择适用简易计税方法，按 5% 的征收率计算应纳税额

B. 公路经营企业中的一般纳税人收取试点前开工的高速公路的车辆通行费，可以选择适用简易计税方法，减按 5% 的征收率计算应纳税额

C. 小规模纳税人出租其取得的不动产（不含个人出租住房），应按照 5% 的征收率计算应纳税额

D. 个人出租住房，应按照 3% 的征收率减按 1.5% 计算应纳税额

【参考答案】 BD

【答案解析】 选项 B，公路经营企业中的一般纳税人收取试点前开工的高速公

路的车辆通行费,可以选择适用简易计税方法,减按3%的征收率计算应纳税额;选项D,个人出租住房,应按照5%的征收率减按1.5%计算应纳税额。

53. 下列行为中,既缴纳增值税又缴纳消费税的有(　　)。

A. 汽车4S店零售超豪华小汽车

B. 卷烟厂将自产的烟丝移送用于生产卷烟

C. 汽车厂将自产的应税小汽车赞助给某艺术节组委会

D. 酒厂将委托加工收回的粮食白酒和自产红酒组成套装对外销售

【参考答案】　A C D

【答案解析】　选项B,卷烟厂将自产的烟丝移送用于生产卷烟,移送环节不缴纳消费税和增值税。

54. 下列有关加计抵减政策的说法正确的有(　　)。

A. 抵减前的应纳税额等于零的,当期可抵减加计抵减额全部结转下期抵减

B. 抵减前的应纳税额大于零,且大于当期可抵减加计抵减额的,当期可抵减加计抵减额全额从抵减前的应纳税额中抵减

C. 抵减前的应纳税额大于零,且小于或等于当期可抵减加计抵减额的,以当期可抵减加计抵减额抵减应纳税额至零

D. 未抵减完的当期可抵减加计抵减额,结转下期继续抵减

【参考答案】　A B C D

【答案解析】　根据《财政部　税务总局　海关总署关于深化增值税改革有关政策的公告》(财政部　税务总局　海关总署公告2019年第39号)第七条第(三)项的规定,纳税人应按照现行规定计算一般计税方法下的应纳税额(以下称抵减前的应纳税额)后,区分以下情形加计抵减:(1)抵减前的应纳税额等于零的,当期可抵减加计抵减额全部结转下期抵减;(2)抵减前的应纳税额大于零,且大于当期可抵减加计抵减额的,当期可抵减加计抵减额全额从抵减前的应纳税额中抵减;(3)抵减前的应纳税额大于零,且小于或等于当期可抵减加计抵减额的,以当期可抵减加计抵减额抵减应纳税额至零。未抵减完的当期可抵减加计抵减额,结转下期继续抵减。

55. 下列项目实行增值税即征即退的有(　　)。

A. 纳税人提供技术转让、技术开发和与之相关的技术咨询、技术服务

B. 军队空余房产租赁收入

C. 自2018年5月1日至2023年12月31日,对动漫企业增值税一般纳税人销售自主开发的动漫软件,按16%的税率征收增值税后,对其增值税实际税负超过3%的部分,实行即征即退的政策

D. 对安置残疾人的单位和个体工商户,由税务机关按纳税人安置残疾人的人

数,限额即征即退增值税

【参考答案】 CD

【答案解析】 选项AB实行免征增值税的政策。

56. 下列关于增值税特殊销售方式的说法中,表述错误的有( )。

A. 销售折让方式销售货物,可以从计税销售额中扣减折扣额

B. 对销售除啤酒、黄酒以外的其他酒类产品收取的包装物押金,无论是否返还以及会计上如何核算,均应并入销售额征税

C. 纳税人采取以旧换新方式销售货物的,一律按照新货物的同期销售价格确定销售额

D. 采取以物易物方式销售货物的,双方都不得抵扣换进货物的进项税额

【参考答案】 CD

【答案解析】 选项C,纳税人采取以旧换新方式销售货物的,应按照新货物的同期销售价格确定销售额,但是金银首饰除外;选项D,采取以物易物方式销售货物的,双方都应该作购销业务处理,如果自对方取得增值税专用发票或税务机关代开的增值税专用发票的,可以抵扣换进货物的进项税额。

57. 下列选项中,属于混合销售按销售货物缴纳增值税的有( )。

A. 汽车销售公司销售汽车的同时给购车客户提供车内装饰

B. 门窗厂销售自制的门窗并负责为购买客户提供安装服务

C. 餐馆提供餐饮服务的同时销售啤酒饮料

D. 商业企业销售货物并负责送货上门

【参考答案】 AD

【答案解析】 选项B,门窗厂销售自制的门窗并负责为购买客户提供安装服务不属于混合销售行为;选项C,餐馆提供餐饮服务的同时销售啤酒饮料,按销售服务缴纳增值税。

58. 根据增值税相关规定,下列行为应视同销售货物征收增值税的有( )。

A. 将自产的办公桌用于财务部门办公使用

B. 将外购的服装作为春节福利发给企业员工

C. 将委托加工收回的卷烟用于赠送客户

D. 将新研发的玩具交付某商场代为销售

【参考答案】 CD

【答案解析】 选项AB均不属于增值税视同销售的范围。

59. 一般纳税人销售下列自产货物,可以选择按照3%征收率计算增值税的有( )。

A. 县级及县级以下小型水力发电单位生产的电力

B. 建筑用和生产建筑材料所用的砂、土、石料

C. 以外购的砂、土、石料或其他矿物连续生产的砖

D. 寄售商品代销寄售物品

【参考答案】　ＡＢＤ

【答案解析】　选项 C，以自己采掘的砂、土、石料或其他矿物连续生产的砖、瓦、石灰(含黏土实心砖、瓦)，可以选择按照 3% 征收率计算增值税。

60. 纳税人按规定从取得的全部价款和价外费用中扣除不动产购置原价或者取得不动产时的作价的，应当取得符合法律、行政法规和国家税务总局规定的合法有效凭证。合法有效凭证包括(　　　)。

A. 税务部门监制的发票

B. 法院判决书

C. 公证债权文书

D. 仲裁裁决书

【参考答案】　ＡＢＣＤ

【答案解析】　纳税人按规定从取得的全部价款和价外费用中扣除不动产购置原价或者取得不动产时的作价的，应当取得符合法律、行政法规和国家税务总局规定的合法有效凭证。否则，不得扣除。上述凭证是指：(1)税务部门监制的发票；(2)法院判决书、裁定书、调解书，以及仲裁裁决书、公证债权文书；(3)国家税务总局规定的其他凭证。

61. 增值税期末留抵税额退税政策中，进项构成比例，为 2019 年 4 月至申请退税前一税款所属期内已抵扣的(　　　)注明的增值税额占同期全部已抵扣进项税额的比重。

A. 增值税专用发票

B. 海关进口增值税专用缴款书

C. 税控机动车销售统一发票

D. 解缴税款完税凭证

【参考答案】　ＡＢＣＤ

【答案解析】　根据《财政部　税务总局　海关总署关于深化增值税改革有关政策的公告》(财政部　税务总局　海关总署公告 2019 年第 39 号)第八条第(三)项的规定，纳税人当期允许退还的增量留抵税额，按照以下公式计算：允许退还的增量留抵税额＝增量留抵税额×进项构成比例×60%。进项构成比例，为 2019 年 4 月至申请退税前一税款所属期内已抵扣的增值税专用发票(含税控机动车销售统一发票)、海关进口增值税专用缴款书、解缴税款完税凭证注明的增值税额占同期全部已抵扣进项税额的比重。

62. 自 2023 年 1 月 1 日至 2023 年 12 月 31 日，增值税小规模纳税人月销售额未超过 10 万元(以 1 个季度为 1 个纳税期的，季度销售额未超过 30 万元)的，免征增值

税。根据自身实际经营情况,可以选择缴纳增值税的方式有(　　)。

　　A. 按月　　　　　B. 按季　　　　　C. 按半年　　　　　D. 按年度

【参考答案】　A B

【答案解析】　根据《国家税务总局关于增值税小规模纳税人减免增值税等政策有关征管事项的公告》(国家税务总局公告2023年第1号)第八条的规定,按固定期限纳税的小规模纳税人可以选择以1个月或1个季度为纳税期限,一经选择,一个会计年度内不得变更。

63. 下列各项中,免征流通环节增值税的有(　　)。

　　A. 鲜鸡腿　　　　B. 中华鲟　　　　C. 冷藏鹅蛋　　　　D. 松花江皮蛋

【参考答案】　A C

【答案解析】　根据《财政部　国家税务总局关于免征部分鲜活肉蛋产品流通环节增值税政策的通知》(财税〔2012〕75号)的规定,对从事农产品批发、零售的纳税人销售的部分鲜活肉蛋产品免征增值税。免征增值税的鲜活肉产品,是指猪、牛、羊、鸡、鸭、鹅及其整块或者分割的鲜肉、冷藏或者冷冻肉,内脏、头、尾、骨、蹄、翅、爪等组织。免征增值税的鲜活蛋产品,是指鸡蛋、鸭蛋、鹅蛋,包括鲜蛋、冷藏蛋以及对其进行破壳分离的蛋液、蛋黄和蛋壳。上述产品中不包括《中华人民共和国野生动物保护法》所规定的国家珍贵、濒危野生动物及其鲜活肉类、蛋类产品。

64. 2019年4月1日起,应按照6%的税率缴纳增值税的有(　　)。

　　A. 增值电信服务　　B. 金融服务　　　　C. 交通运输服务　　D. 生活服务

【参考答案】　A B D

【答案解析】　根据《深化增值税100问》的规定,2019年4月1日起,应按照6%的税率缴纳增值税的有增值电信服务、除租赁外的现代服务、金融服务、生活服务、销售无形资产(土地使用权除外)。

65. 自2023年1月1日至2023年12月31日,允许生活性服务业纳税人按照当期可抵扣进项税额加计10%抵减应纳税额。生活性服务业纳税人,是指提供生活服务取得的销售额占全部销售额的比重超过50%的纳税人。其中,生活服务包括(　　)。

　　A. 文化体育服务　　　　　　　　　　B. 教育医疗服务

　　C. 旅游娱乐服务　　　　　　　　　　D. 餐饮住宿服务

【参考答案】　A B C D

【答案解析】　根据《财政部　税务总局　海关总署关于深化增值税改革有关政策的公告》(财政部　税务总局　海关总署公告2019年第39号)第七条的规定,四项服务的具体范围按照《财政部　国家税务总局关于全面推开营业税改征增值税试点的通知》(财税〔2016〕36号)附件《销售服务、无形资产、不动产注释》执行。生活服务是指为满足城乡居民日常生活需求提供的各类服务活动,包括文化体育服务、教育医疗服务、旅游娱乐服务、餐饮住宿服务、居民日常服务和其他生活服务。

66. 自2019年4月1日起,适用9%税率的增值税应税行为的行业包括(　　)。

A. 交通运输业　　　　　　　　　　B. 建筑业

C. 不动产租赁服务　　　　　　　　D. 销售不动产

【参考答案】　A B C D

【答案解析】　根据《深化增值税改革100问》的规定,自2019年4月1日起,增值税一般纳税人销售交通运输、邮政、基础电信、建筑、不动产租赁服务,销售不动产,转让土地使用权,销售或者进口规定的货物,税率为9%。

67. 下列应税货物、劳务项目中,应对其免税代开的项目有(　　)。

A. 鸡蛋　　　　B. 古旧图书　　　　C. 牛肉　　　　D. 药

【参考答案】　A B C

【答案解析】　选项A,鸡蛋属于免征增值税的鲜活蛋产品;选项B,古旧图书属于免征增值税;选项C,牛肉属于免征增值税鲜活肉产品。

68. 下列属于增值税免税范围的有(　　)。

A. 自2018年9月1日至2023年12月31日,对金融机构向小型企业、微型企业和个体工商户发放小额贷款取得的利息收入,免征增值税

B. 婚姻介绍服务

C. 幼儿园开展兴趣班收取的费用

D. 人民银行对金融机构的贷款利息收入

【参考答案】　A B D

【答案解析】　幼儿园开展兴趣班收取的费用不属于免征增值税的项目。

69. 适用6%税率的行业包括(　　)。

A. 基础电信服务　　　　　　　　　B. 金融服务

C. 现代服务(租赁服务除外)　　　　D. 生活服务

【参考答案】　B C D

【答案解析】　增值税一般纳税人销售增值电信服务、金融服务、现代服务(租赁服务除外)、生活服务、无形资产(不含土地使用权),税率为6%。

70. 下列选项中,应当征收增值税的有(　　)。

A. 银行销售金银

B. 被保险人获得的保险赔付

C. 寄售商店代销寄售物品

D. 工厂自采地下水用于生产

【参考答案】 AC

【答案解析】 被保险人获得的保险赔付、工厂自采地下水用于生产,均不征收增值税;寄售商店代销寄售物品,按照3%的征收率征收增值税。

71. 房地产开发企业中的一般纳税人销售其开发的房地产项目(选择简易计税方法的房地产老项目除外),以取得的全部价款和价外费用,扣除受让土地时向政府部门支付的土地价款后的余额为销售额,其中,向政府部门支付的土地价款包括土地受让人向政府部门支付的费用有( )。

A. 征地费用

B. 拆迁补偿费用

C. 土地前期开发费用

D. 土地出让收益

【参考答案】 ABCD

【答案解析】 根据《财政部 国家税务总局关于明确金融 房地产开发 教育辅助服务等增值税政策的通知》(财税〔2016〕140号)第七条的规定,《营业税改征增值税试点有关事项的规定》(财税〔2016〕36号附件2)第一条第(三)项第十目中"向政府部门支付的土地价款",包括土地受让人向政府部门支付的征地和拆迁补偿费用、土地前期开发费用和土地出让收益等。

72. 下列选项中,可以免征增值税的有( )。

A. 托儿所、幼儿园提供的保育和教育服务

B. 养老机构提供的养老服务

C. 医疗机构提供的医疗服务

D. 残疾人任职的企业为社会提供的应税服务

【参考答案】 ABC

【答案解析】 根据《营业税改征增值税试点过渡政策的规定》(财税〔2016〕36号附件3)的规定,托儿所、幼儿园提供的保育和教育服务,养老机构提供的养老服务,医疗机构提供的医疗服务,残疾人员本人为社会提供的服务,个人转让著作权免征增值税。选项D,残疾人任职的企业为社会提供的应税服务不属于增值税免税项目。

73. 按照增值税专用发票管理制度规定,增值税一般纳税人出现( )情况不得开具增值税专用发票。

A. 烟厂将香烟作为礼品无偿赠送给某单位的有关人员

B. 商贸公司销售农膜

C. 纳税人销售旧货

D. 国有粮食购销企业销售救灾救济粮

【参考答案】 ABC

【答案解析】 向消费者个人销售货物、销售免税货物的均不能开具增值税专用

发票。但选项 D,是特别规定,应开具专用发票。

74. 以下关于增值税一般纳税人和小规模纳税人认定及管理的说法,正确的有( )。

A. 通常情况下,小规模纳税人与一般纳税人身份可以相互转换

B. 年应税销售额超过小规模纳税人标准的其他个人按小规模纳税人纳税

C. 超过小规模纳税人标准的非企业性单位一律按小规模纳税人纳税

D. 新认定为一般纳税人的小型商贸批发企业实行辅导期管理的期限为 3 个月

【参考答案】 BD

【答案解析】 根据《财政部 国家税务总局关于增值税若干政策的通知》(财税〔2005〕165 号)第五条的规定,纳税人一经认定为正式一般纳税人,不得再转为小规模纳税人。

75. 下列各项行为中属于视同销售行为,应当计算销项税额的有( )。

A. 将自产的货物用于集体福利　　　B. 将自产货物用于换取生产资料

C. 将购买的货物无偿赠送他人　　　D. 将自产货物用于抵偿债务

【参考答案】 AC

【答案解析】 根据《中华人民共和国增值税暂行条例实施细则》(以下简称《增值税暂行条例实施细则》)的规定,选项 BD 不是增值税视同销售行为,是增值税特殊销售行为。

76. 当主管税务机关确认购货方在真实交易中取得的供货方虚开的增值税专用发票属于善意取得时,符合规定的处理方法有( )。

A. 对购货方不以偷税论处,并依法准予抵扣进项税款

B. 对购货方不以偷税论处,但应按有关规定不予抵扣进项税款

C. 购货方不能够重新从销售方取得合法、有效专用发票的,以偷税论处

D. 购货方能够重新从销售方取得合法、有效专用发票的,可以依法准予抵扣进项税款

【参考答案】 BD

【答案解析】 根据《国家税务总局关于纳税人善意取得虚开的增值税专用发票处理问题的通知》(国税发〔2000〕187 号)和《国家税务总局关于纳税人善意取得虚开增值税专用发票已抵扣税款加收滞纳金问题的批复》(国税函〔2007〕1240 号)的规定,当主管税务机关确认购货方在真实交易中取得的供货方虚开的增值税专用发票属于善意取得时,对购货方不以偷税论处,但应按有关规定不予抵扣进项税款。购货方能够重新从销售方取得合法、有效专用发票的,可以依法准予抵扣进项税款。

77. 根据现行规定,下列项目中,其进项税额不得从销项税额中抵扣的

有( )。

  A. 生产不合格产品所耗用的外购原材料

  B. 企业因管理不善被盗窃的产成品所耗用的外购原材料

  C. 企业拆除违建的办公楼所耗费的设计服务和建筑服务

  D. 地震损坏了仓库和存货

【参考答案】 BC

【答案解析】 根据《增值税暂行条例实施细则》的规定,生产不合格产品所耗用的外购原材料允许抵扣进项税;不可抗力引发的非正常损失允许抵扣进项税额。

78. 境内的单位和个人提供的下列应税行为免征增值税的有( )。

  A. 工程、矿产资源在境外的工程勘察勘探服务

  B. 标的物在境外使用的有形动产租赁服务

  C. 在境外提供的广播影视节目(作品)的发行、播映服务

  D. 存储地点在境内的仓储服务

【参考答案】 ABC

【答案解析】 选项D,存储地点在境外的仓储服务,免征增值税;存储地点在境内的仓储服务,不享受免征增值税优惠。

79. 下列关于增值税的纳税义务发生时间的表述,正确的有( )。

  A. 纳税人发生视同销售无形资产情形的,其纳税义务发生时间为无形资产转让完成的当天

  B. 纳税人提供应税劳务的,为提供劳务同时收讫销售款或取得索取销售款的凭据的当天

  C. 采取赊销方式销售货物,为书面合同约定收款日期的当天;无书面合同或者书面合同没有约定收款日期的,为货物发出的当天

  D. 采取分期收款方式销售货物的,为货物发出的当天

【参考答案】 ABC

【答案解析】 选项D,采取分期收款方式销售货物的,为书面合同约定收款日期的当天;无书面合同或者书面合同没有约定收款日期的,为货物发出的当天。

80. 根据营改增相关规定,下列情形不属于在境内提供应税服务的有( )。

  A. 境外单位或者个人向境内单位或者个人提供完全在境外消费的应税服务

  B. 境外单位或者个人向境内单位或者个人提供完全在境内消费的应税服务

  C. 境外单位或者个人向境内单位或者个人出租完全在境外使用的有形动产

  D. 境外单位或者个人向境内单位或者个人出租完全在境内使用的有形动产

【参考答案】 AC

【答案解析】　在境内提供应税服务,是指应税服务提供方或者接受方在境内。下列情形不属于在境内提供销售服务或无形资产:(1)境外单位或者个人向境内单位或者个人销售完全在境外发生的服务;(2)境外单位或者个人向境内单位或者个人销售完全在境外使用的无形资产;(3)境外单位或者个人向境内单位或者个人出租完全在境外使用的有形动产;(4)财政部和国家税务总局规定的其他情形。

81. 下列符合增值税纳税人登记管理规定的有(　　)。

A. 年应税销售额未超过规定标准的纳税人,可以申请登记为一般纳税人

B. 非企业性单位可选择按小规模纳税人纳税

C. 纳税人一经正式登记为一般纳税人,除另有规定外,不得再转为小规模纳税人

D. 新登记为一般纳税人的小型商贸批发企业实行纳税辅导期管理的期限为6个月

【参考答案】　A B C

【答案解析】　选项D,新登记为一般纳税人的小型商贸批发企业实行纳税辅导期管理的期限为3个月。

82. 下列属于商务辅助服务征收范围的有(　　)。

A. 企业管理服务 　　　　　　　　B. 人力资源服务

C. 安全保护服务 　　　　　　　　D. 婚庆服务

【参考答案】　A B C

【答案解析】　根据《财政部　国家税务总局关于全面推开营业税改征增值税试点的通知》(财税〔2016〕36号)附件《销售服务、无形资产、不动产注释》的规定,婚庆服务属于生活服务。

83. 关于增值税的计税依据,下列说法正确的有(　　)。

A. 一般纳税人提供劳务派遣服务,可以选择差额纳税,以取得的全部价款和价外费用,扣除代用工单位支付给劳务派遣员工的工资、福利和为其办理社会保险及住房公积金后的余额为销售额

B. 房地产开发企业中的一般纳税人销售其开发的房地产项目,以取得的全部价款和价外费用为销售额

C. 纳税人提供人力资源外包服务,按照经纪代理服务缴纳增值税,其销售额不包括受客户单位委托代为向客户单位员工发放的工资和代理缴纳的社会保险、住房公积金

D. 试点纳税人中的一般纳税人提供客运场站服务,以其取得的全部价款和价外费用,扣除支付给承运方运费后的余额为销售额

【参考答案】　ＡＣＤ

【答案解析】　选项Ｂ,房地产开发企业中的一般纳税人销售其开发的房地产项目(选择简易计税方法的房地产老项目除外),以取得的全部价款和价外费用,扣除受让土地时向政府部门支付的土地价款后的余额为销售额。

84. 下列关于应税服务的表述,正确的有(　　)。

A. 提供餐饮服务的纳税人销售的外卖食品,按照"餐饮服务"缴纳增值税

B. 宾馆、旅馆、旅社、度假村和其他经营性住宿场所提供会议场地及配套服务的活动按照"会议展览服务"缴纳增值税

C. 纳税人在游览场所经营索道、摆渡车、电瓶车、游船等取得的收入,按照"旅游服务"缴纳增值税

D. 纳税人提供武装守护押运服务,按照"安全保护服务"缴纳增值税

【参考答案】　ＡＢＤ

【答案解析】　纳税人在游览场所经营索道、摆渡车、电瓶车、游船等取得的收入,按照"文化体育服务"缴纳增值税。

85. 增值税纳税人年应税销售额超过小规模纳税人标准的,除另有规定外,应申请一般纳税人资格登记。下列各项中应计入年应税销售额的有(　　)。

A. 免税销售额　　　　　　　　　　　B. 稽查查补销售额

C. 纳税评估调整销售额　　　　　　　D. 税务机关代开票销售额

【参考答案】　ＡＢＣＤ

【答案解析】　年应税销售额,是指纳税人在连续不超过12个月的经营期内累计应征增值税销售额,包括纳税申报销售额、稽查查补销售额、纳税评估调整销售额、税务机关代开发票销售额和免税销售额。

86. 下列关于增值税的计税销售额规定的说法中,正确的有(　　)。

A. 以物易物方式销售货物,双方是既买又卖的业务,分别按购销业务处理

B. 以旧换新方式销售货物,以实际收取的不含增值税的价款计算缴纳增值税(金银首饰除外)

C. 还本销售方式销售货物,以实际销售额计算缴纳增值税,不得从销售额中减除还本支出

D. 销售折扣方式销售货物,若开具发票不符合规定的,不得从计税销售额中扣减折扣额

【参考答案】　ＡＣＤ

【答案解析】　以旧换新业务中,只有金银首饰以旧换新是按实际收取的不含增值税的价款计税,其他货物以旧换新均以新货物不含税价计税,不得扣减旧货物的收

购价格。

87. 自 2019 年 1 月 1 日至 2022 年 12 月 31 日,对单位或者个体工商户将自产、委托加工或购买的货物通过（　　）渠道无偿捐赠给目标脱贫地区的单位和个人,免征增值税。

A. 营利性社会组织

B. 县级及以上人民政府及其组成部门和直属机构

C. 直接无偿捐赠

D. 公益性社会组织

【参考答案】　BCD

【答案解析】　根据《财政部　税务总局　国务院扶贫办关于扶贫货物捐赠免征增值税政策的公告》（财政部　税务总局　国务院扶贫办公告 2019 年第 55 号）第一条的规定,自 2019 年 1 月 1 日至 2022 年 12 月 31 日,对单位或者个体工商户将自产、委托加工或购买的货物通过公益性社会组织、县级及以上人民政府及其组成部门和直属机构,或直接无偿捐赠给目标脱贫地区的单位和个人,免征增值税。在政策执行期限内,目标脱贫地区实现脱贫的,可继续适用上述政策。

88. 下列选项中,属于现代服务的有（　　）。

A. 信息技术服务　　　　　　　B. 转让无形资产

C. 商务辅助服务　　　　　　　D. 广播影视服务

【参考答案】　ACD

【答案解析】　根据《财政部　国家税务总局关于全面推开营业税改征增值税试点的通知》（财税〔2016〕36 号）附件《销售服务、无形资产、不动产注释》的规定,现代服务包括研发和技术服务、信息技术服务、文化创意服务、物流辅助服务、租赁服务、鉴证咨询服务、广播影视服务、商务辅助服务和其他现代服务。

89. 根据《财政部　税务总局关于进一步加大增值税期末留抵退税政策实施力度的公告》（财政部　税务总局公告 2022 年第 14 号）的规定,加大了小微企业以及（　　）的留抵退税力度。

A. 科学研究和技术服务业

B. 电力、热力、燃气及水生产和供应业

C. 软件和信息技术服务业

D. 生态保护和环境治理业

【参考答案】　ABCD

【答案解析】　根据《财政部　税务总局关于进一步加大增值税期末留抵退税政策实施力度的公告》（财政部　税务总局公告 2022 年第 14 号）的规定,加大了对小微企业以及"制造业""科学研究和技术服务业""电力、热力、燃气及水生产和供应业""软件和信息技术服务业""生态保护和环境治理业"和"交通运输、仓储和邮政业"增值税期末留抵退税政策力度。

90. 下列关于销售服务的表述中,正确的有( )。

A. 水路运输的程租、期租业务,属于水路运输服务

B. 融资性售后回租业务按金融服务缴纳增值税

C. 车辆停放服务、道路通行服务(包括过路费、过桥费、过闸费等)等按照物流辅助服务缴纳增值税

D. 翻译服务和市场调查服务按照咨询服务缴纳增值税

【参考答案】 ＡＢＤ

【答案解析】 车辆停放服务、道路通行服务(包括过路费、过桥费、过闸费等)等按照不动产经营租赁服务缴纳增值税。

91. 境内的单位和个人销售的下列服务免征增值税的有( )。

A. 在境外提供的教育医疗服务

B. 在境外提供的旅游服务

C. 为境外单位之间的货币资金融通及其他金融业务提供的直接收费金融服务,且该服务与境内的货物、无形资产和不动产无关

D. 工程项目在境内的工程监理服务

【参考答案】 ＡＢＣ

【答案解析】 《跨境应税行为适用增值税零税率和免税政策的规定》(财税〔2016〕36号附件4)规定,工程项目在境内的工程监理服务不属于免征增值税的范围。

92. 下列选项中,属于适用增值税零税率的国际运输劳务的有( )。

A. 我国某运输公司将货物从德国运到上海

B. 我国某运输公司将货物从上海运到德国

C. 美国某运输公司将货物从美国运往天津

D. 美国某运输公司将货物从天津运往美国

【参考答案】 ＡＢ

【答案解析】 我国境内的单位和个人提供的国际运输服务适用增值税零税率。适用零税率的国际运输服务是指:(1)在境内载运旅客或者货物出境;(2)在境外载运旅客或者货物入境;(3)在境外载运旅客或者货物。境外的运输公司不能适用零税率。

93. 以下关于纳税人开具发票有误,或发生销货退回等情形需要进行发票作废

的说法,正确的有(　　　)。

　　A. 未开具的增值税电子发票不允许作废

　　B. 已开具的增值税电子发票不允许作废

　　C. 如果纳税人开具的增值税电子发票有误,可在开具的当月进行作废处理,跨月则通过"负数发票填开"模块开具负数票进行红冲

　　D. 如果纳税人开具的增值税电子发票有误,或发生销货退回等情形,纳税人可以通过"负数发票填开"模块开具负数票进行红冲

【参考答案】　A B D

【答案解析】　根据《增值税发票开票软件(税务 UKey 版)操作指引》的规定,未开具和已开具的增值税电子发票均不允许作废,如果开具的增值税电子发票有误,或发生销货退回情形,纳税人可以通过"负数发票填开"模块开具负数票进行红冲。

94. 根据现行规定,下列进项税额准予从销项税额中抵扣的有(　　　)。

　　A. 购买汽车从 4S 店取得的税控机动车销售统一发票上注明的增值税额

　　B. 进口高档化妆品从海关取得的海关进口增值税专用缴款书上注明的增值税额

　　C. 收购农产品,按照农产品收购发票上注明的农产品买价和 9% 的扣除率计算的进项税额

　　D. 接受的国际旅客运输服务

【参考答案】　A B C

【答案解析】　选项 D,接受的国际旅客运输服务,其进项税额不得从销项税额中抵扣。

95. 根据增值税现行规定,以下不需要办理一般纳税人资格登记的有(　　　)。

　　A. 选择按照小规模纳税人纳税的非企业性单位

　　B. 选择按照小规模纳税人纳税的不经常发生应税行为的企业

　　C. 营改增应税行为年销售额超过 500 万元的试点企业

　　D. 个体工商户以外的其他个人

【参考答案】　A B D

【答案解析】　根据增值税现行规定,下列纳税人不办理一般纳税人资格登记:(1)个体工商户以外的其他个人。其他个人指自然人。(2)选择按照小规模纳税人纳税的非企业性单位。(3)选择按照小规模纳税人纳税的不经常发生应税行为的企业。

96. 一般纳税人发生下列应税行为,可以选择适用简易计税方法计税的有(　　　)。

　　A. 公共交通运输服务

B. 公路经营企业中的一般纳税人收取试点前开工的高速公路的车辆通行费

C. 一般纳税人以清包工方式提供的建筑服务

D. 一般纳税人企业提供的信息技术服务

【参考答案】 ABC

【答案解析】 一般纳税人企业提供信息技术服务,不可以选择适用简易计税方法。

97. 下列应税服务销售额的表述中,正确的有( )。

A. 金融商品转让,以卖出时取得的全部收入为销售额

B. 贷款服务,以提供贷款服务取得的全部利息及利息性质的收入为销售额

C. 一般纳税人跨县(市)提供建筑服务,选择适用简易计税方法计税的,以取得的全部价款和价外费用为销售额

D. 一般纳税人提供客运场站服务,以其取得的全部价款和价外费用,扣除支付给承运方运费后的余额为销售额

【参考答案】 BD

【答案解析】 选项A,金融商品转让,按照卖出价扣除买入价后的余额为销售额;选项C,一般纳税人跨县(市)提供建筑服务,选择适用简易计税方法计税的,应以取得的全部价款和价外费用扣除支付的分包款后的余额为销售额。

98. 下列选项适用9%增值税税率的有( )。

A. 邮政服务   B. 医疗事故鉴定

C. 金融服务   D. 出租出售带宽

【参考答案】 AD

【答案解析】 9%税率适用于交通运输服务、邮政服务、基础电信服务、不动产租赁与转让、建筑服务、土地使用权转让以及与生活相关的部分货物。医疗事故鉴定和金融服务,适用6%的税率。

99. 下列行为,属于增值税视同销售的有( )。

A. 将货物从一个机构移送另一机构用于销售

B. 将外购的货物抵付员工工资

C. 将自产货物作为股利分配给股东

D. 将委托加工收回的货物用于个人消费

【参考答案】 CD

【答案解析】 选项A,将货物在不同县(市)的机构之间移送用于销售,才属于增值税视同销售行为,在同一个县(市)内移送,不属于增值税视同销售行为;选项B,将外购货物用于抵偿债务,属于特殊销售行为,而非视同销售;将外购货物用于投资、分

配股东或投资者、无偿赠送行为的,才属于增值税视同销售行为,外购货物用于集体福利,不属于增值税视同销售行为。

100. 某公司是小微企业,向税务机关申请增值税留抵退税,需要满足的条件有( )。

A. 纳税信用等级为 A 级或者 B 级

B. 2019 年 4 月 1 日起未享受即征即退、先征后返(退)政策

C. 申请退税前 24 个月未发生骗取留抵退税、骗取出口退税或虚开增值税专用发票情形

D. 申请退税前 24 个月未因偷税被税务机关处罚两次及以上

【参考答案】 A B

【答案解析】 根据《财政部 税务总局关于进一步加大增值税期末留抵退税政策实施力度的公告》(财政部 税务总局公告 2022 年第 14 号)的规定,适用本公告政策的纳税人需同时符合以下条件:纳税信用等级为 A 级或者 B 级;申请退税前 36 个月未发生骗取留抵退税、骗取出口退税或虚开增值税专用发票情形;申请退税前 36 个月未因偷税被税务机关处罚两次及以上;2019 年 4 月 1 日起未享受即征即退、先征后返(退)政策。

(三) 判断题

1. 对农民专业合作社销售本社成员生产的农业产品,视同农业生产者销售自产农业产品免征增值税。 ( )

【参考答案】 √

【答案解析】 根据《财政部 国家税务总局关于农民专业合作社有关税收政策的通知》(财税〔2008〕81 号)的规定,对农民专业合作社销售本社成员生产的农业产品,视同农业生者销售自产农业产品免征增值税。

2. 对从事蔬菜批发、零售的纳税人销售的蔬菜免征增值税。 ( )

【参考答案】 √

【答案解析】 根据《财政部 国家税务总局关于免征蔬菜流通环节增值税有关问题的通知》(财税〔2011〕137 号)第一条的规定,对从事蔬菜批发、零售的纳税人销售的蔬菜免征增值税。蔬菜是指可作副食的草本、木本植物,包括各种蔬菜、菌类植物和少数可作副食的木本植物。蔬菜的主要品种参照《蔬菜主要品种目录》执行。经挑选、清洗、切分、晾晒、包装、脱水、冷藏、冷冻等工序加工的蔬菜,属于本通知所述蔬菜的范围。各种蔬菜罐头不属于本通知所述蔬菜的范围。蔬菜罐头是指蔬菜经处理、装罐、密封、杀菌或无菌包装而制成的食品。

3. 自 2019 年 1 月 1 日至 2023 年 12 月 31 日,对企业集团内单位(含企业集团)之间的资金无偿借贷行为,免征增值税。 ( )

【参考答案】 ×

【答案解析】 根据《财政部 税务总局关于明确养老机构免征增值税等政策的通知》(财税〔2019〕20 号)和《财政部 税务总局关于延长部分税收优惠政策执行期限的公告》(财政部 税务总局 2021 年第 6 号)的规定,自 2019 年 2 月 1 日至 2023 年 12 月 31 日,对企业集团内单位(含企业集团)之间的资金无偿借贷行为,免征增值税。

4. 增值税一般纳税人在销售软件产品的同时销售其他货物或者应税劳务的,对于无法划分的进项税额,应按照实际成本或销售收入比例确定软件产品应分摊的进项税额;对专用于软件产品开发生产设备及工具的进项税额,不得进行分摊。纳税人应将选定的分摊方式报主管税务机关备案,并自备案之日起 36 个月内不得变更。

( )

【参考答案】 ×

【答案解析】 根据《财政部 国家税务总局关于软件产品增值税政策的通知》(财税〔2011〕100 号)的规定,增值税一般纳税人在销售软件产品的同时销售其他货物或者应税劳务的,对于无法划分的进项税额,应按照实际成本或销售收入比例确定软件产品应分摊的进项税额;对专用于软件产品开发生产设备及工具的进项税额,不得进行分摊。纳税人应将选定的分摊方式报主管税务机关备案,并自备案之日起 1 年内不得变更。

5. 纳税人多次购买税控设备取得的由服务单位开具的销售发票,均可以按照发票票面的价税合计全额,抵减增值税税款。 ( )

【参考答案】 ×

【答案解析】 纳税人取得由服务单位开具的税控设备销售发票以及相关的技术维护费发票(首次购买),可以按照发票票面的价税合计全额,抵减增值税税款,不足抵减的可结转下期继续抵减。

6. 适用增值税免税政策的出口货物劳务,出口企业或其他单位如果放弃免税,实行按内销货物征税的,可以向主管税务机关提出书面报告或口头报告,一旦放弃免税,36 个月内不得更改。 ( )

【参考答案】 ×

【答案解析】 根据《国家税务总局关于发布〈出口货物劳务增值税和消费税管理办法〉的公告》(国家税务总局公告 2012 年第 24 号)第十一条第八款的规定,适用增值税免税政策的出口货物劳务,出口企业或其他单位如果放弃免税,实行按内销货物征税的,应向主管税务机关提出书面报告,一旦放弃免税,36 个月内不得更改。

7. 增值税小规模纳税人在 2023 年 4 月发生增值税应税销售行为,合计月销售额超过 15 万元的,免征增值税的全部销售额等项目应当填写在《增值税及附加税费申报表(小规模纳税人适用)》的"小微企业免税销售额"或者"未达起征点销售额"相关栏次。 （　）

【参考答案】 ×

【答案解析】 小规模纳税人发生增值税应税销售行为,合计月销售额未超过 10 万元的,免征增值税的销售额等项目应填写在《增值税及附加税费申报表(小规模纳税人适用)》"小微企业免税销售额"或者"未达起征点销售额"相关栏次;减按 1% 征收率征收增值税的销售额应填写在《增值税及附加税费申报表(小规模纳税人适用)》"应征增值税不含税销售额(3% 征收率)"相应栏次,对应减征的增值税应纳税额按销售额的 2% 计算填写在《增值税及附加税费申报表(小规模纳税人适用)》"本期应纳税额减征额"及《增值税减免税申报明细表》减税项目相应栏次。

8. 2022 年新出台的留抵退税政策将先进制造业按月全额退还增值税增量留抵税额政策范围扩大至小微企业和制造业等行业,并一次性退还其存量留抵税额。 （　）

【参考答案】 √

【答案解析】 根据《财政部　税务总局关于进一步加大增值税期末留抵退税政策实施力度的公告》(财政部　税务总局公告 2022 年第 14 号)的规定,加大了对小微企业以及"制造业""科学研究和技术服务业""电力、热力、燃气及水生产和供应业""软件和信息技术服务业""生态保护和环境治理业"和"交通运输、仓储和邮政业"增值税期末留抵退税政策力度。并一次性退还小微企业存量留抵税额。

9. 按照核定扣除管理办法规定,适用核定扣除政策的纳税人购进的农产品,扣除率为销售货物的适用税率。 （　）

【参考答案】 √

【答案解析】 略。

10. 纳税人办理增值税普通发票的票种核定事项,主管机关应当即时办结。 （　）

【参考答案】 ×

【答案解析】 根据《国家税务总局关于增值税发票综合服务平台等事项的公告》(国家税务总局公告 2020 年第 1 号)的规定,纳税人办理增值税普通发票、增值税电子普通发票、收费公路通行费增值税电子普通发票、机动车销售统一发票、二手车销售统一发票票种核定事项。除税务机关按规定确定的高风险情形外,主管税务机关应当即时办结。

11. 按照规定,未抵扣进项税额的不动产,用途改变后用于允许抵扣进项税额项目的,进项税额不需要转入。   （　　　）

【参考答案】　×

【答案解析】　根据《关于〈国家税务总局关于深化增值税改革有关事项的公告〉的解读》的规定,本公告第六条明确,已抵扣进项税额的不动产,发生非正常损失,或者改变用途,专用于简易计税方法计税项目、免征增值税项目、集体福利或者个人消费的,按照相关公式计算不得抵扣的进项税额,并从当期进项税额中扣减;本公告第七条明确,按照规定不得抵扣进项税额的不动产,发生用途改变,用于允许抵扣进项税额项目的,按照相关公式在改变用途的次月计算可抵扣进项税额。

12. 不动产进项税额转进转出,都是按照不动产净值率计算,不动产净值率是不动产净值与不动产原值的比,不动产净值、原值与企业会计核算应保持一致。（　　　）

【参考答案】　√

【答案解析】　略。

13. 国内和国外旅客运输服务都可以抵扣进项税额。   （　　　）

【参考答案】　×

【答案解析】　根据《财政部　税务总局　海关总署关于深化增值税改革有关政策的公告》(财政部　税务总局　海关总署公告 2019 年第 39 号)第六条的规定,纳税人购进国内旅客运输服务,其进项税额允许从销项税额中抵扣。

14. 纳税人同时丢失已开具增值税专用发票或机动车销售统一发票的发票联和抵扣联,可凭加盖销售方发票专用章的相应发票记账联复印件,作为增值税进项税额的抵扣凭证、退税凭证或记账凭证。   （　　　）

【参考答案】　√

【答案解析】　根据《国家税务总局关于增值税发票综合服务平台等事项的公告》(国家税务总局公告 2020 年第 1 号)的规定,纳税人同时丢失已开具增值税专用发票或机动车销售统一发票的发票联和抵扣联,可凭加盖销售方发票专用章的相应发票记账联复印件,作为增值税额的抵扣凭证、退税凭证或记账凭证。

15. 纳税人丢失已开具增值税专用发票的抵扣联,可凭相应发票的发票联复印件,作为抵扣凭证。   （　　　）

【参考答案】　√

【答案解析】　略。

16. 纳税人办理二手车销售统一发票票种核定事项,除税务机关按规定确定的高风险等情形外,主管税务机关应当即时办结。   （　　　）

【参考答案】　√

【答案解析】　略。

17. 自 2023 年 1 月 1 日至 2023 年 12 月 31 日,对月销售额 15 万元以下(含本数)的增值税小规模纳税人,免征增值税。 （ ）

【参考答案】 ×

【答案解析】 根据《财政部 税务总局关于明确增值税小规模纳税人减免增值税等政策的公告》(财政部 税务总局公告 2023 年第 1 号)的规定,自 2023 年 1 月 1 日至 2023 年 12 月 31 日,对月销售额 10 万元以下(含本数)的增值税小规模纳税人,免征增值税。

18. 纳税人兼营销售货物、劳务、服务、无形资产或者不动产,适用不同税率或者征收率的,应当分别核算适用不同税率或者征收率的销售额;未分别核算的,从高适用税率。 （ ）

【参考答案】 √

【答案解析】 根据《营业税改征增值税试点实施办法》(财税〔2016〕36 号附件 1)第三十九条的规定,纳税人兼营销售货物、劳务、服务、无形资产或者不动产,适用不同税率或者征收率的,应当分别核算适用不同税率或者征收率的销售额;未分别核算的,从高适用税率。

19. 专用于简易计税方法计税项目的进项税额可以从销项税额中抵扣。 （ ）

【参考答案】 ×

【答案解析】 根据《增值税暂行条例》第十条的规定,下列项目的进项税额不得从销项税额中抵扣:(1)用于简易计税方法计税项目、免征增值税项目、集体福利或者个人消费的购进货物、劳务、服务、无形资产和不动产;(2)非正常损失的购进货物,以及相关的劳务和交通运输服务;(3)非正常损失的在产品、产成品所耗用的购进货物(不包括固定资产)、劳务和交通运输服务;(4)国务院规定的其他项目。

20. 按固定期限纳税的小规模纳税人可以选择以 1 个月或 1 个季度为纳税期限,一经选择,一个会计年度内不得变更。 （ ）

【参考答案】 √

【答案解析】 根据《国家税务总局关于小规模纳税人免征增值税征管问题的公告》(国家税务总局公告 2021 年第 5 号)第三条的规定,按固定期限纳税的小规模纳税人可以选择以 1 个月或 1 个季度为纳税期限,一经选择,一个会计年度内不得变更。

21. 选择按月申报的小规模纳税人,可以在年度中间改为按季申报。 （ ）

【参考答案】 ×

【答案解析】 根据《国家税务总局关于小规模纳税人免征增值税征管问题的公告》(国家税务总局公告 2021 年第 5 号)第三条的规定,按固定期限纳税的小规模纳税人可以选择以 1 个月或 1 个季度为纳税期限,一经选择,一个会计年度内不得变更。

22. 资管产品运营过程中发生的增值税应税行为,以资管产品管理人为增值税纳税人。 ( )

【参考答案】 √

【答案解析】 根据《财政部 国家税务总局关于明确金融 房地产开发 教育辅助服务等增值税政策的通知》(财税〔2016〕140 号)第四条的规定,资管产品运营过程中发生的增值税应税行为,以资管产品管理人为增值税纳税人。

23. 纳税人向境外单位销售服务或无形资产,按规定免征增值税的,该项销售服务或无形资产的全部收入应从境外取得,否则,不予免征增值税。 ( )

【参考答案】 √

【答案解析】 根据《国家税务总局关于发布〈营业税改征增值税跨境应税行为增值税免税管理办法(试行)〉的公告》(国家税务总局公告 2016 年第 29 号)第六条的规定,纳税人向境外单位销售服务或无形资产,按本办法规定免征增值税的,该项销售服务或无形资产的全部收入应从境外取得,否则,不予免征增值税。

24. 纳税人发生跨境应税行为免征增值税的,应单独核算跨境应税行为的销售额,准确计算不得抵扣的进项税额,其免税收入可以开具增值税专用发票。 ( )

【参考答案】 ×

【答案解析】 根据《国家税务总局关于发布〈营业税改征增值税跨境应税行为增值税免税管理办法(试行)〉的公告》(国家税务总局公告 2016 年第 29 号)第七条的规定,纳税人发生跨境应税行为免征增值税的,应单独核算跨境应税行为的销售额,准确计算不得抵扣的进项税额,其免税收入不得开具增值税专用发票。

25. 个人出租不动产不能享受小微企业税收优惠政策。 ( )

【参考答案】 ×

【答案解析】 采取一次性收取租金形式出租不动产取得的租金收入,可在对应的租赁期内平均分摊,分摊后的月租金收入未超过 10 万元的,免征增值税。

26. 专用于简易计税方法计税项目的进项税额可以从销项税额中抵扣。 ( )

【参考答案】 ×

【答案解析】 专用于简易计税方法计税项目的进项税额不得从销项税额中抵扣。

27. 被保险人获得的保险赔付属于不征增值税项目。 ( )

【参考答案】 √

【答案解析】 根据《营业税改征增值税试点有关事项的规定》(财税〔2016〕36 号

附件2)第一条第(二)项的规定,不征收增值税项目:(1)根据国家指令无偿提供的铁路运输服务、航空运输服务,属于《营业税改征增值税试点实施办法》(财税〔2016〕36号附件1)第十四条规定的用于公益事业的服务。(2)存款利息。(3)被保险人获得的保险赔付。(4)房地产主管部门或者其指定机构、公积金管理中心、开发企业以及物业管理单位代收的住宅专项维修资金。(5)在资产重组过程中,通过合并、分立、出售、置换等方式,将全部或者部分实物资产以及与其相关联的债权、负债和劳动力一并转让给其他单位和个人,其中涉及的不动产、土地使用权转让行为。

28. 对从事肉产品零售的纳税人销售的猪肉、牛肉、羊肉、鸡肉等需要征收增值税。 （　　）

【参考答案】　×

【答案解析】　根据《财政部　国家税务总局关于免征部分鲜活肉蛋产品流通环节增值税政策的通知》(财税〔2012〕75号)第一条的规定,对从事农产品批发、零售的纳税人销售的部分鲜活肉蛋产品免征增值税。免征增值税的鲜活肉产品,是指猪、牛、羊、鸡、鸭、鹅及其整块或者分割的鲜肉、冷藏或者冷冻肉,内脏、头、尾、骨、蹄、翅、爪等组织。免征增值税的鲜活蛋产品,是指鸡蛋、鸭蛋、鹅蛋,包括鲜蛋、冷藏蛋以及对其进行破壳分离的蛋液、蛋黄和蛋壳。上述产品中不包括《中华人民共和国野生动物保护法》所规定的国家珍贵、濒危野生动物及其鲜活肉类、蛋类产品。

29. 以无运输工具承运方式提供的国际运输服务应征收增值税。 （　　）

【参考答案】　×

【答案解析】　根据《跨境应税行为适用增值税零税率和免税政策的规定》(财税〔2016〕36号附件4)第二条的规定,境内的单位和个人以无运输工具承运方式提供的国际运输服务免征增值税。

30. 为境外单位之间的货币资金融通及其他金融业务提供的直接收费金融服务,且该服务与境内的货物、无形资产和不动产无关的,免征增值税。 （　　）

【参考答案】　√

【答案解析】　根据《跨境应税行为适用增值税零税率和免税政策的规定》(财税〔2016〕36号附件4)第二条的规定,境内的单位和个人为境外单位之间的货币资金融通及其他金融业务提供的直接收费金融服务,且该服务与境内的货物、无形资产和不动产无关,免征增值税。

31. 自2023年1月1日至2023年12月31日,应当预缴增值税款的小规模纳税人,凡在预缴地实现的月销售额未超过15万元的,当期无需预缴税款。 （　　）

【参考答案】　×

【答案解析】　按照现行规定,应当预缴增值税税款的小规模纳税人,凡在预缴地实现的月销售额未超过 10 万元的,当期无需预缴税款。在预缴地实现的月销售额超过 10 万元的,适用 3% 预征率的预缴增值税项目,减按 1% 预征率预缴增值税。

32. 自 2021 年 1 月 1 日起至 2023 年 12 月 31 日,各类图书、期刊、音像制品、电子出版物均可享受增值税 100% 先征后退政策。 （ ）

【参考答案】 ×

【答案解析】 根据《财政部 税务总局关于延续宣传文化增值税优惠政策的公告》(财政部 税务总局公告 2021 年第 10 号)第一条的规定,自 2021 年 1 月 1 日起至 2023 年 12 月 31 日,对下列出版物在出版环节执行增值税 100% 先征后退的政策:(1)中国共产党和各民主党派的各级组织的机关报纸和机关期刊,各级人大、政协、政府、工会、共青团、妇联、残联、科协的机关报纸和机关期刊,新华社的机关报纸和机关期刊,军事部门的机关报纸和机关期刊。上述各级组织不含其所属部门。机关报纸和机关期刊增值税先征后退范围掌握在一个单位一份报纸和一份期刊以内。(2)专为少年儿童出版发行的报纸和期刊,中小学的学生教科书。(3)专为老年人出版发行的报纸和期刊。(4)少数民族文字出版物。(5)盲文图书和盲文期刊。(6)经批准在内蒙古、广西、西藏、宁夏、新疆五个自治区内注册的出版单位出版的出版物。(7)列入本公告附件 1(略)的图书、报纸和期刊。除此之外的各类图书、期刊、音像制品、电子出版物,在出版环节执行增值税先征后退 50% 的政策。

33. 房地产开发企业预售自行开发的房地产项目应预缴增值税税款。 （ ）

【参考答案】 √

【答案解析】 根据《国家税务总局关于发布〈房地产开发企业销售自行开发的房地产项目增值税征收管理暂行办法〉的公告》(国家税务总局公告 2016 年第 18 号)的规定,房地产开发企业预售自行开发的房地产项目应预缴增值税税款。

34. 个体工商户适用增值税减征、免征政策,在增值税纳税申报时按规定填写申报表相应减免税栏次即可享受,相关政策的证明材料留存备查。 （ ）

【参考答案】 √

【答案解析】 根据《国家税务总局关于进一步优化增值税优惠政策办理程序及服务有关事项的公告》(国家税务总局公告 2021 年第 4 号)的规定,单位和个体工商户适用增值税减征免征政策的,在增值税纳税申报时按规定填写申报表相应减免税栏次即可享受,相关政策规定的材料留存备查。

35. 增值税税率调整,单位的某项业务是适用原税率还是适用新税率,是按照纳税义务发生时间来确定。 （ ）

【参考答案】 √

【答案解析】 略。

36. 房地产主管部门或者其指定机构、公积金管理中心、开发企业以及物业管理单位代收的住宅专项维修资金,属于不征增值税项目。 （　　）

【参考答案】 √

【答案解析】 根据《营业税改征增值税试点有关事项的规定》（财税〔2016〕36号附件2）第一条第（二）项的规定,不征收增值税项目：(1)根据国家指令无偿提供的铁路运输服务、航空运输服务,属于《营业税改征增值税试点实施办法》（财税〔2016〕36号附件1）第十四条规定的用于公益事业的服务；(2)存款利息；(3)被保险人获得的保险赔付；(4)房地产主管部门或者其指定机构、公积金管理中心、开发企业以及物业管理单位代收的住宅专项维修资金；(5)在资产重组过程中,通过合并、分立、出售、置换等方式,将全部或者部分实物资产以及与其相关联的债权、负债和劳动力一并转让给其他单位和个人,其中涉及的不动产、土地使用权转让行为。

37. 自2021年1月1日至2022年12月31日,对边销茶生产企业销售的边销茶免征增值税。 （　　）

【参考答案】 ×

【答案解析】 根据《财政部 税务总局关于继续执行边销茶增值税政策的公告》（财政部 税务总局公告2021年第4号）的规定,自2021年1月1日至2023年12月31日,对边销茶生产企业销售自产的边销茶及经销企业销售的边销茶免征增值税。

38. 自2016年5月1日起,对高校学生食堂为高校师生提供餐饮服务取得的收入,免征增值税。 （　　）

【参考答案】 √

【答案解析】 根据《财政部 国家税务总局关于继续执行高校学生公寓和食堂有关税收政策的通知》（财税〔2016〕82号）第三条的规定,对高校学生食堂为高校师生提供餐饮服务取得的收入,自2016年5月1日起,在营改增试点期间免征增值税。

39. 纳税人无偿转让股票时,转出方以该股票的买入价为卖出价,按照"金融商品转让"计算缴纳增值税。 （　　）

【参考答案】 √

【答案解析】 根据《财政部 税务总局关于明确无偿转让股票等增值税政策的公告》（财政部 税务总局公告2020年第40号）的规定,纳税人无偿转让股票时,转让方以该股票的买入价为卖出价,按照"金融商品转让"计算缴纳增值税。

40. 纳税人发生符合相关规定的免税跨境应税行为,已开具增值税专用发票的,应将全部联次追回后方可办理跨境应税行为免税备案手续。 （　　）

【参考答案】 √

【答案解析】 根据《国家税务总局关于发布〈营业税改征增值税跨境应税行为增

值税免税管理办法(试行)〉的公告》(国家税务总局公告 2016 年第 29 号)第十九条的规定,本办法自 2016 年 5 月 1 日起施行。此前,纳税人发生符合本办法第四条规定的免税跨境应税行为,已办理免税备案手续的,不再重新办理免税备案手续。纳税人发生符合本办法第二条和第四条规定的免税跨境应税行为,未办理免税备案手续但已进行免税申报的,按照本办法规定补办备案手续;未进行免税申报的,按照本办法规定办理跨境服务备案手续后,可以申请退还已缴税款或者抵减以后的应纳税额;已开具增值税专用发票的,应将全部联次追回后方可办理跨境应税行为免税备案手续。

41. 纳税人不得在规定期限内同时申请增量留抵退税和存量留抵退税。( )

【参考答案】 ×

【答案解析】 根据《财政部 税务总局关于进一步加大增值税期末留抵退税政策实施力度的公告》(财政部 税务总局公告 2022 年第 14 号)的规定,纳税人可以在规定期限内同时申请增量留抵退税和存量留抵退税。

42. 纳税人在政策规定的制造业缓税期内,办理申报时无需进行享受缓缴优惠确认,直接默认享受缓缴。 ( )

【参考答案】 ×

【答案解析】 为了便利纳税人享受制造业缓税政策,税务部门对电子税务局进行了优化,开通了缓税提示功能,界面自动弹出是否延缓缴纳《国家税务总局 财政部关于延续实施制造业中小微企业延缓缴纳部分税费有关事项的公告》(国家税务总局 财政部公告 2022 年第 2 号)规定各项税费的提示。纳税人需进行确认,确认不缓缴的,纳税人在该界面填写理由,并依法缴纳相关税费;确认缓缴的,国家税务总局、财政部公告 2022 年第 2 号文件规定的相关税费延缓缴纳。

43. 自 2022 年 1 月 1 日至 2022 年 12 月 31 日,对纳税人为居民提供必需生活物资快递收派服务取得的收入,免征增值税。 ( )

【参考答案】 ×

【答案解析】 根据《财政部 税务总局关于快递收派服务免征增值税政策的公告》(财政部 税务总局公告 2022 年第 18 号)的规定,自 2022 年 5 月 1 日至 2022 年 12 月 31 日,对纳税人为居民提供必需生活物资快递收派服务取得的收入,免征增值税。

二、消　费　税

(一) 单项选择题

1. 下列应税消费品中,批发环节征收消费税的是( )。

A. 白酒　　　　B. 卷烟　　　　C. 金银首饰　　　D. 游艇

【参考答案】　B

【答案解析】　根据《财政部　国家税务总局关于调整烟产品消费税政策的通知》(财税〔2009〕84 号)的规定,在卷烟批发环节加征一道从价税。

2. 依据消费税的有关规定,下列消费品中应征收消费税的是( )。

A. 实木地板　　　　　　　　　B. 竹制筷子

C. 普通护肤护发品　　　　　　D. 电动汽车

【参考答案】　A

【答案解析】　普通护肤护发品、竹制筷子、电动汽车均不在消费税的征税范围内。

3. 企业发生的下列行为中,不需要缴纳消费税的是( )。

A. 用自产的应税消费品换取生产资料

B. 用自产的应税消费品支付代扣手续费

C. 用自产的应税消费品继续生产消费税应税消费品

D. 在销售数量之外另付给购货方自产的应税消费品作为赠品

【参考答案】　C

【答案解析】　纳税人自产的应税消费品,用于连续生产应税消费品的,不纳税。

4. 根据消费税有关规定,下列消费品中实行从量定额与从价定率相结合征税办法的是( )。

A. 啤酒　　　　B. 雪茄烟　　　　C. 白酒　　　　D. 游艇

【参考答案】　C

【答案解析】　啤酒适用从量定额征收消费税;雪茄烟和游艇适用从价定率征收消费税。从量定额和从价定率征收消费税只适用于卷烟、白酒。

5. 2023 年 4 月,某手表生产企业销售 A 型手表 800 只,取得不含税销售额

400 万元;销售 B 型手表 200 只,取得不含税销售额 300 万元。高档手表消费税税率 20%,该手表厂当月应纳消费税( )万元。

    A. 52.8   B. 60   C. 152.8   D. 140

【参考答案】 B

【答案解析】 高档手表是指销售价格(不含增值税)每支在 10 000 元以上的手表。A 型手表单价＝400÷800＝0.5(万元),不属于高档手表;B 型手表单价＝300÷200＝1.5(万元),属于高档手表;因此,该手表厂应纳缴纳消费税＝300×20%＝60(万元)。

6. 下列消费品中,属于消费税"小汽车"税目征税范围的是( )。

    A. 大客车   B. 中轻型商用客车   C. 卡丁车   D. 电动汽车

【参考答案】 B

【答案解析】 根据《中华人民共和国消费税暂行条例》(以下简称《消费税暂行条例》)的规定,小汽车税目包含乘用车和中轻型商用客车。

7. 甲卷烟厂购进一批烟叶,委托乙卷烟厂为其加工一批烟丝,该批烟叶的成本为 30 万元,乙卷烟厂收取加工费 5 万元并代收代缴消费税,乙卷烟厂无同类烟丝售价。该批烟丝收回后,甲卷烟厂将其中的 80% 以 45 万元对外销售,以上均为不含税价格,甲卷烟厂应纳消费税( )万元。

    A. 0   B. 1.5   C. 5   D. 13.5

【参考答案】 B

【答案解析】 根据《消费税暂行条例》的规定,委托加工应税消费品组成计税价格＝(材料成本＋加工费)÷(1－消费税税率),材料成本是指委托方所提供加工材料的实际成本,加工费是指受托方加工应税消费品向委托方所收取的全部费用(包括代垫辅助材料的实际成本,不包括增值税税金)。根据《消费税税目税率表》的规定,烟丝的消费税税率为 30%。委托加工环节组成计税价格＝(30＋5)÷(1－30%)＝50(万元),甲卷烟厂应缴纳的消费税＝45×30%－50×30%×0.8＝ 1.5(万元)。

8. 某市 A 餐饮公司的啤酒坊 2023 年 3 月销售自制的 160 吨啤酒,取得收入 320 000 元。该公司当月应纳消费税( )元。

    A. 35 200   B. 27 600   C. 40 000   D. 54 400

【参考答案】 C

【答案解析】 啤酒从量征收消费税。根据《财政部 国家税务总局关于调整酒类产品消费税政策的通知》(财税〔2001〕84 号)第四条的规定,对饮食业、商业、娱乐业举办的啤酒屋(啤酒坊)利用啤酒生产设备生产的啤酒,应当按 250 元/吨高税额征收消费税。应纳消费税＝160×250＝40 000(元)。

9. 下列关于消费税优惠政策的表述,不正确的是(　　)。

A. 进口环节消费税额在人民币 100 元以下的一票货物,免征进口环节消费税

B. 无商业价值的广告品和货样免征进口环节消费税

C. 外国政府无偿赠送的物资免征进口环节消费税

D. 进境运输工具装载的途中必需的燃料、物料和饮食用品免征进口环节消费税

【参考答案】 A

【答案解析】 进口环节消费税额在人民币 50 元以下的一票货物,免征进口环节消费税。

10. 下列各项中,不属于委托加工应税消费品消费税的组成计税价格中的项目的是(　　)。

A. 委托方支付的加工费用

B. 受托方提供加工材料的实际成本

C. 受托方代垫辅助材料的价格

D. 委托方提供加工材料的实际成本

【参考答案】 B

【答案解析】 委托加工应税消费品计征消费税的组成计税价格＝(材料成本＋加工费)÷(1－消费税税率),选项 B,应该是委托方提供加工材料的实际成本。

11. 依据消费税的有关规定,下列消费品中属于消费税征税范围的是(　　)。

A. 高尔夫球包　　　　B. 竹制筷子　　　　C. 调味料酒　　　　D. 电动汽车

【参考答案】 A

【答案解析】 竹制筷子、调味料酒、电动汽车均不属于消费税的征税范围。

12. 某酒厂 2023 年 2 月生产销售散装黄酒 400 吨,每吨不含税售价 3 800 元。同时该厂生产一种新香型白酒 2 吨,赠送给客户,已知该种白酒无同类产品出厂价,生产成本每吨 35 000 元,成本利润率为 10%。黄酒单位税额每吨 240 元。该厂当月应缴纳的消费税为(　　)元。

A. 188 000

B. 117 750

C. 111 625

D. 102 766.67

【参考答案】 B

【答案解析】 根据《消费税暂行条例》第七条的规定,纳税人自产自用的应税消费品,按照纳税人生产的同类消费品的销售价格计算纳税;没有同类消费品销售价格的,按照组成计税价格计算纳税。

实行从价定率办法计算纳税的组成计税价格计算公式:组成计税价格＝(成本利润)÷(1－比例税率);实行复合计税办法计算纳税的组成计税价格计算公式:组

成计税价格＝（成本利润自产自用数量×定额税率）÷（1－比例税率）。根据《消费税税目税率表》的规定，白酒消费税率为 20％加 0.5 元/500 克（或者 500 毫升）、黄酒消费税率为 240 元/吨。

应纳消费税＝400×240＋[2×35 000×（1＋10％）＋2×2 000×0.5]÷（1－20％）×20％＋2×2 000×0.5＝117 750（元）。

13. 下列关于白酒最低计税价格核定的表述中，不正确的是（　　）。

A. 白酒生产企业销售给销售单位的白酒，生产企业消费税计税价格低于销售单位对外不含税销售价格 70％以下的，税务机关应核定消费税最低计税价格

B. 生产企业实际销售价格高于消费税最低计税价格的，按实际销售价格申报纳税

C. 白酒的计税价格由国家税务总局核定，送财政部备案

D. 白酒生产企业销售给销售单位的白酒，低于销售单位对外销售价格 70％以下的，税务机关在销售单位对外销售价格的 50％至 80％范围内核定

【参考答案】　D

【答案解析】　根据《国家税务总局关于加强白酒消费税征收管理的通知》（国税函〔2009〕380 号）附件《白酒消费税最低计税价格核定管理办法（试行）》第八条第（二）项的规定，白酒生产企业销售给销售单位的白酒，生产企业消费税计税价格低于销售单位对外销售价格 70％以下的，消费税最低计税价格由税务机关根据生产规模、白酒品牌、利润水平等情况在销售单位对外销售价格 50％至 70％范围内自行核定。

14. 根据消费税相关规定，纳税人发生以下业务，需要缴纳消费税的是（　　）。

A. 金店从国外进口金银首饰

B. 卷烟厂委托加工厂加工烟丝

C. 批发商批发销售雪茄烟

D. 化妆品店零售化妆品

【参考答案】　B

【答案解析】　选项 A，金银首饰改在零售环节征收消费税，进口环节不征消费税；选项 CD，雪茄烟和化妆品在生产、委托加工和进口环节征收消费税，批发和零售环节不征消费税。

15. 下列各项中，实行从价计征消费税的是（　　）。

A. 啤酒　　　　　　B. 黄酒　　　　　　C. 粮食白酒　　　　　　D. 果木酒

【参考答案】　D

【答案解析】　啤酒、黄酒实行从量计征消费税，故选项 AB 错误；粮食白酒实行从量定额和从价定率相结合计征消费税，故选项 C 错误。

16. 按照消费税相关规定,下列不属于消费税纳税人的是(　　)。

 A. 卷烟的进口商　　　　　　　　　B. 卷烟的生产商

 C. 卷烟的批发商　　　　　　　　　D. 卷烟的零售商

【参考答案】　D

【答案解析】　消费税的纳税环节是应税消费品的生产、进口、委托加工环节,其纳税人分别是应税消费品的进口者、生产者、委托者。就卷烟而言,除了上述环节,还在其批发环节加征了一道消费税,因此,卷烟的批发商也是消费税的纳税人。卷烟的零售环节不缴纳消费税,因此,卷烟的零售商不是消费税的纳税人。

17. 关于消费税纳税地点的说法,符合现行政策规定的是(　　)。

 A. 纳税人销售应税消费品向机构所在地或居住地的主管税务机关纳税

 B. 纳税人销售应税消费品向核算地的主管税务机关纳税

 C. 纳税人销售应税消费品向销售地的主管税务机关纳税

 D. 纳税人销售应税消费品向生产地的主管税务机关纳税

【参考答案】　A

【答案解析】　纳税人销售的应税消费品及自产自用的应税消费品,除国家另有规定外,应当向纳税人机构所在地或居住地的主管税务机关申报纳税。

18. 下列业务中,既缴纳增值税又缴纳消费税的是(　　)。

 A. 卷烟厂将自产烟丝用于连续生产卷烟

 B. 高档化妆品生产企业将自产的高档香水用于生产低档护肤品

 C. 某汽车制造厂将一辆生产的小汽车赠送给客户

 D. 卷烟厂将委托加工收回的已税卷烟以不高于受托方的计税价格直接销售

【参考答案】　C

【答案解析】　选项 A,移送环节不缴纳消费税和增值税;选项 B,纳税人将自产应税消费品用于连续生产非应税消费品,缴纳消费税,不缴纳增值税;选项 D,卷烟厂将委托加工收回的卷烟以不高于受托方的计税价格直接销售的,缴纳增值税,不缴纳消费税。

19. 某酒厂为增值税一般纳税人,2023 年 3 月销售白酒 3 吨,取得不含税收入 300 000 元,包装物押金 23 400 元,该酒厂包装物押金单独记账核算,货物已经发出。该酒厂本月应缴纳消费税(　　)元。

 A. 63 000　　　　B. 67 034.48　　　　C. 67 000　　　　D. 67 141.59

【参考答案】　D

【答案解析】　纳税人销售粮食白酒应税消费品同时收取的押金,在收取时,就应换算为不含税收入并入销售额中征收消费税。

应纳消费税＝(300 000＋23 400÷1.13)×20%＋3×2 000×0.5＝64 141.59＋3 000＝67 141.59(元)。

20. 根据消费税的现行政策,下列选项中不允许抵扣已纳消费税的是(   )。

A. 以委托加工收回的已税烟丝为原料生产的卷烟

B. 以委托加工收回的已税高档化妆品为原料生产的高档化妆品

C. 以委托加工收回的已税润滑油为原料生产的应税成品油

D. 委托加工收回的已税珠宝玉石生产的金银镶嵌首饰

【参考答案】 D

【答案解析】 委托加工收回的已税珠宝玉石生产的改在零售环节征收消费税的金银首饰,在计税时一律不得扣除外购珠宝玉石的已纳税款。

21. 下列项目中,属于应征消费税的"小汽车"税目征收范围的是(   )。

A. 电动汽车   B. 高尔夫车

C. 超豪华小汽车   D. 企业购进货车改装生产的商务车

【参考答案】 C

【答案解析】 电动汽车、高尔夫车、企业购进货车改装生产的商务车均不征收消费税。

22. 2023年3月,某金店采取"以旧换新"方式销售1条24K纯金项链,新项链对外售价为8 000元,旧项链作价3 000元,从消费者手中收取新旧差价款5 000元;清洗金银首饰取得含税收入3 510元;为个人提供带料加工金银首饰业务,取得含税收入4 000元。该金店就上述业务应纳消费税(   )元。

A. 530.97   B. 398.23   C. 387.93   D. 384.62

【参考答案】 B

【答案解析】 根据《关于金银首饰等货物征收增值税问题的通知》(财税字〔1996〕74号)的规定,对金银首饰以旧换新业务可以按销售方实际收取的不含增值税的全部价款征收增值税。

同时,修理、清洗金银首饰不征收消费税;为个人提供带料加工金银首饰业务,视同零售,征收消费税。应纳消费税＝(5 000＋4 000)÷(1＋13%)×5%＝398.23(元)。

23. 酒类应税消费品包括(   )个子目。

A. 1   B. 2   C. 4   D. 7

【参考答案】 C

【答案解析】 根据《消费税暂行条例》的规定,酒及酒精应税消费品,包括白酒、黄酒、啤酒、其他酒、酒精5个子目。根据《财政部 国家税务总局关于调整消费税政策的通知》(财税〔2014〕93号)的规定,取消酒精消费税。取消酒精消费税后,"酒及酒精"品目相应改为"酒",并继续按现行消费税政策执行。因此,根据现行政策的规定,酒类应税消费品包括白酒、黄酒、啤酒、其他酒4个子目。

24. 成品油应税消费品包括(   )个子目。

A. 1   B. 4   C. 5   D. 7

【参考答案】 D

【答案解析】 根据《消费税暂行条例》的规定,成品油应税消费品包括汽油、柴油、航空煤油、石脑油、溶剂油、润滑油、燃料油7个子目。

25. 2023年4月,某化妆品厂将一批自产高档护肤类化妆品用于集体福利,其生产成本35 000元;将新研制的高档香水用于广告样品,其生产成本20 000元,两者成本利润率均为5%,消费税税率为15%。上述货物已全部发出,均无同类产品售价。2022年4月,该化妆品厂上述业务应纳消费税(   )元。

A. 8 250   B. 8 662.5   C. 10 191.18   D. 10 500

【参考答案】 C

【答案解析】 将自产应税消费品用于在建工程;用于非生产机构;提供劳务;用于馈赠、赞助、集资、广告、样品、职工福利、奖励等,应视同销售。上述业务应纳消费税=[35 000×(1+5%)+20 000×(1+5%)]÷(1-15%)×15%=10 191.18(元)。

26. 下列关于高尔夫球及球具的消费税处理,正确的是(   )。

A. 外购已税杆头的消费税可以按购进入库数量在应纳消费税税款中扣除

B. 外购已税杆头的消费税可以按生产领用数量在应纳消费税税款中扣除

C. 外购已税杆头的消费税可以按出厂销售数量在应纳消费税税款中扣除

D. 外购已税杆身的消费税不可以在应纳消费税税款中扣除

【参考答案】 B

【答案解析】 从已纳消费税扣除范围看,以外购的已税杆头、杆身和握把为原料生产的高尔夫球杆属于已纳消费税扣除范围;从扣税依据看,要按生产领用量抵扣,不同于增值税的购进扣税。

27. 根据消费税相关规定,以下不属于消费税征税范围的是(   )。

A. 企业用排气量小于1.5升的乘用车底盘改装的车辆

B. 企业用排气量大于1.5升的乘用车底盘改装的车辆

C. 企业用购进的中轻型商用客车整车改装生产的汽车

D. 企业用购进的厢式货车改装生产的卫星通信车

【参考答案】 D

【答案解析】 选项AB,用排气量小于1.5升(含)的乘用车底盘(车架)改装、改制的车辆属于乘用车征收范围。用排气量大于1.5升的乘用车底盘(车架)或用中轻型商用客车底盘(车架)改装、改制的车辆属于中轻型商用客车征收范围。选项C,对于购进乘用车或中轻商用客车整车改装生产的汽车,应按规定征收消费税。选项D,企业购进货车或厢式货车改装生产的商务车、卫星通信车等专用汽车不属于消费税征税范围,不征收消费税。

28. 以下关于消费税和增值税的关系,说法正确的是(   )。

A. 消费税和增值税都具有普遍征收的特征

B. 消费税和增值税的税负都具有转嫁性

C. 消费税和增值税都是价内税

D. 消费税和增值税的计税依据完全相同

【参考答案】 B

【答案解析】 选项A,增值税具有普遍征收特征,而消费税的征税项目具有选择性;选项C,消费税是价内税,而增值税是价外税;选项D,消费税和增值税的计税依据并不完全相同。

29. 某外贸公司为增值税一般纳税人,2023年4月从摩托车厂购进250毫升排量的摩托车1 000辆,直接报关离境出口,取得的增值税专用发票注明的单价是每辆5 000元,支付从摩托车厂到出境口岸的运费85 200元,装卸费60 000元,离岸价每辆1 120美元,假定美元与人民币汇率为1∶6.3,摩托车消费税税率为3%。则该公司应退消费税税款(   )元。

A. 150 000   B. 516 000   C. 520 000   D. 597 600

【参考答案】 A

【答案解析】 对采用比例税率征税的消费品,其退税依据是从工厂购进货物时计算征收消费税的价格,退税率按其应税消费品适用的消费税税率计算。该公司应退消费税税款=1 000×5 000×3%=150 000(元)。

30. 纳税人将金银首饰与其他非金银首饰组成成套消费品销售的,计算征收消费税的依据是(   )。

A. 组成计税价格

B. 金银首饰与其他非金银首饰的销售额合计

C. 金银首饰的销售额

D. 金银首饰与其他非金银首饰的购销差额

【参考答案】 B

【答案解析】 纳税人将应税消费品与非应税消费品以及适用不同税率的应税消费品组成成套消费品销售的,应根据组合产制品的销售金额按应税消费品中适用最高税率的应税消费品税率征收消费税。

31. 电池应税消费品包括( )个子目。

A. 1　　　　　B. 4　　　　　C. 5　　　　　D. 7

【参考答案】　C

【答案解析】　根据《财政部　国家税务总局关于对电池　涂料征收消费税的通知》(财税〔2015〕16号)的规定,电池应税消费品包括原电池、蓄电池、燃料电池、太阳能电池和其他电池5个子目。

32. 某酒厂为增值税一般纳税人,2022年5月销售黄酒取得不含税销售额1 000万元,已开具增值税专用发票,另收取包装物押金117万元;本月逾期未退还包装物押金70.2万元。2022年5月,该酒厂增值税销项税额为( )万元。

A. 138.08　　　　　B. 180.2　　　　　C. 187　　　　　D. 197.2

【参考答案】　A

【答案解析】　在处理酒类包装物押金时,要注意对销售除啤酒、黄酒外的其他酒类产品收取的包装物押金,无论是否返还以及会计上如何核算,均应并入当期销售额征税。而啤酒、黄酒包装物押金逾期才计入货物销售额中征税。押金属于含税收入,应先将其换算为不含税销售额再并入销售额征税。

所以,销项税额=[1 000+70.2÷(1+13%)]×13%=138.08(万元)。

33. 下列各项中,可按委托加工应税消费品的规定征收消费税的是( )。

A. 受托方代垫原材料和主要材料,委托方提供辅助材料的

B. 委托方提供原材料和主要材料,受托方代垫部分辅助材料的

C. 受托方负责采购委托方所需原材料的

D. 受托方提供原材料和全部辅助材料的

【参考答案】　B

【答案解析】　委托加工的应税消费品,是指由委托方提供原材料和主要材料,受托方只收取加工费和代垫部分辅助材料加工的应税消费品。

34. 下列项目中,不属于应征消费税的"高档化妆品"税目征收范围的是( )。

A. 高档美容类化妆品　　　　　　　　B. 成套化妆品

C. 高档护肤类化妆品　　　　　　　　D. 普通修饰类化妆品

【参考答案】　D

【答案解析】　自2016年10月1日起取消对普通美容、修饰类化妆品征收消费税,将"化妆品"税目名称更名为"高档化妆品"。征收范围包括高档美容、修饰类化妆品;高档护肤类化妆品和成套化妆品。

35. 关于消费税征税范围,下列说法正确的是( )。

A. 对饮食业、娱乐业举办的啤酒屋生产的啤酒,不征收消费税

B. 宝石坯属于珠宝玉石半成品,所以不征收消费税

C. 以柴油、柴油组分调和生产的生物柴油也属于成品油征收范围

D. 厨房使用的料酒按照"其他酒"的税率征收消费税

【参考答案】 C

【答案解析】 选项A,对饮食业和娱乐业举办的啤酒屋利用啤酒生产设备生产的啤酒,应当征收消费税;选项B,宝石坯是经采掘、打磨、初级加工的珠宝玉石半成品,因此,对宝石坯应按规定征收消费税;选项D,调味料酒不征收消费税。

36. 某酒厂为增值税一般纳税人,2022年2月销售白酒8吨,取得不含税收入80万元,包装物押金4.52万元,该企业包装物押金单独记账核算,货物已经发出。该酒厂本月应缴纳消费税( )万元。

A. 16　　　　B. 16.6　　　　C. 17.6　　　　D. 16.8

【参考答案】 C

【答案解析】 纳税人销售粮食白酒应税消费品同时收取的包装物押金,在收取时,就应换算为不含税收入并入销售额中征收消费税。应纳消费税=(80+4.52÷1.13)×20%+8×2 000×0.5÷10 000=17.6(万元)。

37. 超豪华小汽车的征收范围为每辆零售价超过(含)一定价格的乘用车和中轻型商用客车。这里所称的一定价格是指( )。

A. 含增值税120万元　　　　B. 不含增值税120万元

C. 含增值税130万元　　　　D. 不含增值税130万元

【参考答案】 D

【答案解析】 自2016年12月1日起,"小汽车"税目下增设"超豪华小汽车"子税目。超豪华小汽车的征收范围为每辆零售价格130万元(不含增值税)及以上的乘用车和中轻型商用客车。

38. 某金店采取以旧换新方式销售金银饰品,消费税的计税依据是( )。

A. 同类新金银饰品的销售价格

B. 实际收取的含增值税的全部价款

C. 新金银饰品的组成计税价格

D. 实际收取的不含增值税的全部价款

【参考答案】 D

【答案解析】 纳税人采取以旧换新(含翻新改制)方式销售的金银首饰,应按实际收取的不含增值税的全部价款确定计税依据征收消费税。

39. 下列消费品,不属于消费税征税范围的是( )。

A. 杨梅酒　　　　　B. 人参药酒　　　　C. 海天牌料酒　　　D. 黄酒

【参考答案】　C

【答案解析】　调味料酒不征收消费税。

40. 应税消费品价格明显偏低又无正当理由的,税务机关有权核定其计税价格。下列应税消费品应由国家税务总局核定计税价格的是(　　)。

A. 游艇　　　　　B. 高尔夫球　　　　C. 高档手表　　　　D. 卷烟

【参考答案】　D

【答案解析】　卷烟、白酒和小汽车的计税价格由国家税务总局核定。

(二) 多项选择题

1. 下列项目中,不属于应征消费税的"高档化妆品"税目征收范围的有(　　)。

A. 高档美容类化妆品　　　　　　　B. 成套化妆品

C. 普通修饰类化妆品　　　　　　　D. 普通护肤品

【参考答案】　C D

【答案解析】　自 2016 年 10 月 1 日起取消对普通美容、修饰类化妆品征收消费税,将"化妆品"税目名称更名为"高档化妆品"。征收范围包括高档美容、修饰类化妆品;高档护肤类化妆品和成套化妆品。

2. 下列关于超豪华小汽车征收消费税的规定,表述正确的有(　　)。

A. 自 2016 年 12 月 1 日起,"小汽车"税目下增设"超豪华小汽车"子税目

B. 征收范围为每辆零售价格 130 万元(含增值税)及以上的乘用车和中轻型商用客车

C. 对超豪华小汽车,在生产(进口)环节按现行税率征收消费税基础上,在零售环节加征消费税,税率为 20%

D. 将超豪华小汽车销售给消费者的单位和个人为超豪华小汽车零售环节纳税人

【参考答案】　A D

【答案解析】　根据《财政部　国家税务总局关于对超豪华小汽车加征消费税有关事项的通知》(财税〔2016〕129 号)的规定,征收范围为每辆零售价格 130 万元(不含增值税)及以上的乘用车和中轻型商用客车。对超豪华小汽车,在生产(进口)环节按现行税率征收消费税基础上,在零售环节加征消费税,税率为 10%。

3. 根据现行《消费税暂行条例》的规定,下列关于消费税纳税期限的说法中,正确的有(　　)。

A. 现行消费税的纳税期限分别为 1 日、3 日、5 日、10 日、15 日或 1 个月

B. 现行消费税的纳税期限分别为 1 日、3 日、5 日、10 日、15 日、1 个月或者 1 个季度

C. 以 1 个月或 1 个季度为 1 个纳税期的,自期满之日起 15 日内申报纳税

D. 以 1 个月为纳税期限的,自期满之日起 10 日内申报纳税

【参考答案】 BC

【答案解析】 根据《消费税暂行条例》第十四条的规定,消费税的纳税期限分别为 1 日、3 日、5 日、10 日、15 日、1 个月或者 1 个季度。

纳税人以 1 个月或者 1 个季度为 1 个纳税期的,自期满之日起 15 日内申报纳税;以 1 日、3 日、5 日、10 日或者 15 日为 1 个纳税期的,自期满之日起 5 日内预缴税款,于次月 1 日起 15 日内申报纳税并结清上月应纳税款。

4. 依据消费税的有关规定,下列消费品中不征收消费税或免征消费税的有( )。

A. 航空煤油   B. 变压器油

C. 影视演员化妆用的上妆油   D. 进口石脑油

【参考答案】 ABC

【答案解析】 选项 A,航空煤油暂缓征收消费税;选项 B,根据《国家税务总局关于绝缘油类产品不征收消费税问题的公告》(国家税务总局公告 2010 年第 12 号)的规定,变压器油不属于润滑油范围,不征收消费税;选项 C,影视演员化妆用的上妆油不属于高档化妆品范围;选项 D,根据《财政部 国家税务总局关于继续提高成品油消费税的通知》(财税〔2015〕11 号)、《财政部 国家税务总局关于调整和完善消费税政策的通知》(财税〔2006〕33 号)、《国家税务总局关于绝缘油类产品不征收消费税问题的公告》(国家税务总局公告 2010 年第 12 号)的规定,2009 年 1 月 1 日起,进口石脑油恢复征收消费税。

5. 下列行为中,既缴纳增值税又缴纳消费税的有( )。

A. 酒厂将自产的白酒赠送给协作单位

B. 卷烟厂将自产的烟丝移送用于生产卷烟

C. 卷烟批发企业将卷烟销售给零售单位

D. 汽车厂将自产的应税小汽车赞助给某艺术节组委会

【参考答案】 ACD

【答案解析】 卷烟厂将自产的烟丝移送用于生产卷烟,移送环节不缴纳消费税和增值税。

6. 关于金银首饰消费税政策,下列表述正确的有( )。

A. 金银首饰出口不退、进口不征消费税

B. 用已税的珠宝玉石生产的金银镶嵌首饰,在计税时一律不得扣除已纳消费税

C. 镀金首饰在零售环节征收消费税

D. 纳税人以"以旧换新"的销售方式销售金银首饰,应按实际收取的不含税价款计算消费税

【参考答案】 ABD

【答案解析】 选项C,镀金首饰在生产环节征收消费税。

7. 下列关于消费税纳税义务发生时间,说法正确的有( )。

A. 某金银珠宝店销售金银首饰10件,收取价款25万元,其纳税义务发生时间为收款的当天

B. 某汽车厂采取赊销方式销售汽车,其纳税义务发生时间为书面合同约定的收到货款的当天

C. 某汽车厂采用托收承付结算方式销售汽车,其纳税义务发生时间为发出汽车并办妥托收手续的当天

D. 某高档化妆品厂销售高档化妆品采用赊销方式,合同规定收款日为5月,实际收到货款为6月,纳税义务发生时间为6月

【参考答案】 ABC

【答案解析】 纳税人销售的应税消费品,其纳税义务发生时间为:(1)纳税人采取赊销和分期收款结算方式的,其纳税义务的发生时间为书面合同约定的收款日期的当天;书面合同没有约定收款日期或者无书面合同的,为发出应税消费品的当天。(2)纳税人采取预收货款结算方式的,其纳税义务发生时间,为发出应税消费品的当天。(3)纳税人采取托收承付方式销售的应税消费品,其纳税义务发生时间,为发出应税消费品并办妥托收手续的当天。(4)纳税人采取其他结算方式的,其纳税义务发生时间,为收讫销售款或者取得索取销售款的凭据的当天。

8. 根据消费税相关规定,以下属于消费税出口退(免)税方式的有( )。

A. 免税、抵税并退税   B. 免税并退税

C. 免税不退税   D. 不免税也不退税

【参考答案】 BCD

【答案解析】 消费税出口退(免)税方式包括免税并退税、免税不退税、不免税也不退税。免税、抵税并退税不是消费税的退税方式。

9. 下列消费品,属于按照"其他酒"这一税目征收消费税的有( )。

A. 果木酒   B. 不符合规定的其他配制酒

C. 调味料酒   D. 药酒

【参考答案】 AD

【答案解析】 选项 B,不符合《国家税务总局关于配制酒消费税适用税率问题的公告》(国家税务总局公告 2011 年第 53 号)规定的其他配制酒按照白酒税率征收消费税;选项 C,调味料酒不征收消费税。

10. 应缴消费税的产品销售数量确定的原则有( )。

A. 销售应税消费品的为应税消费品的销售数量

B. 自产自用应税消费品的为应税消费品的移送使用数量

C. 委托加工应税消费品的为纳税人发出的应税消费品数量

D. 委托加工应税消费品的为纳税人收回的应税消费品数量

【参考答案】 A B D

【答案解析】 税法规定,销售应税消费品的计税依据为应税消费品的销售数量,自产自用应税消费品的计税依据为应税消费品的移送数量,委托加工应税消费品的计税依据为纳税人收回的应税消费品的数量。

11. 下列关于消费税计税价格核定权限的说法,正确的有( )。

A. 卷烟的计税价格由财政部核定,报发改委备案

B. 白酒的计税价格由国家税务总局核定,报财政部备案

C. 小汽车的计税价格由省级税务局核定,报国家税务总局备案

D. 化妆品的计税价格由省、自治区和直辖市税务局核定

【参考答案】 B D

【答案解析】 根据《中华人民共和国消费税暂行条例实施细则》第二十一条的规定,卷烟、白酒和小汽车的计税价格由国家税务总局核定,送财政部备案;其他征税消费品的计税价格由省、自治区和直辖市税务局核定;进口的应税消费品的计税价格由海关核定。

12. 根据消费税相关规定,纳税人的下列行为,既要缴纳消费税又要缴纳增值税的有( )。

A. 将自产的烟丝用于连续生产卷烟

B. 将自产的实木地板用于办公室装修

C. 将自产的小汽车用于职工奖励

D. 将自产的蓄电池无偿赠送他人

【参考答案】 C D

【答案解析】 选项 A,将自产的烟丝用于连续生产卷烟,既不缴纳增值税,也不缴纳消费税;选项 B,营改增后,将自产的实木地板用于办公室装修不缴纳增值税,需缴纳消费税。

13. 成品油应税消费品包括( )。

A. 汽油、柴油　　　　　　　　　　B. 航空煤油、石脑油

C. 溶剂油、润滑油　　　　　　　　D. 燃料油

【参考答案】　ＡＢＣＤ

【答案解析】　根据《消费税暂行条例》的规定,成品油应税消费品包括汽油、柴油、航空煤油、石脑油、溶剂油、润滑油、燃料油7个子目。

14. 根据消费税现行政策的有关规定,下列说法正确的有(　　)。

A. 纳税人通过自设非独立核算门市部销售的自产应税消费品,应当按照门市部对外销售额或者销售数量计算征收消费税

B. 对既销售金银首饰、又销售非金银首饰的生产经营单位,两类商品不能分别核算,在生产环节销售的,一律按金银首饰征收消费税

C. 卷烟和白酒的计税价格由国家税务总局核定

D. 卷烟在批发环节复合计征消费税

【参考答案】　ＡＣＤ

【答案解析】　对既销售金银首饰,又销售非金银首饰的生产经营单位,应将两类商品划分清楚,分别核算销售额,凡划分不清楚或不能分别核算的,在生产环节销售的,一律从高适用税率征收消费税;在零售环节销售的,一律按金银首饰征收消费税。

15. 酒类应税消费品的子目有(　　)。

A. 白酒　　　　　　B. 黄酒　　　　　　C. 啤酒　　　　　　D. 酒精

【参考答案】　ＡＢＣ

【答案解析】　根据《财政部　国家税务总局关于调整消费税政策的通知》(财税〔2014〕93号)的规定,取消酒精消费税。取消酒精消费税后,"酒及酒精"品目相应改为"酒",并继续按现行消费税政策执行。因此,现行政策规定,酒类应税消费品包括白酒、黄酒、啤酒、其他酒4个子目。

16. 下列关于消费税纳税义务发生时间的说法,正确的有(　　)。

A. 某酒厂销售葡萄酒10箱并收取价款4 800元,其纳税义务发生时间为收款的当天

B. 某手表厂采取预收货款方式销售高档手表,其纳税义务发生时间为收讫销售款的当天

C. 某烟花企业采用托收承付结算方式销售焰火,其纳税义务发生时间为发出焰火并办妥托收手续的当天

D. 某化妆品厂采用赊销方式销售化妆品,合同约定收款日期为6月30日,实际收到货款为7月30日,纳税义务发生时间为6月30日

【参考答案】　ＡＣＤ

【答案解析】 纳税人采取预收货款结算方式的,其消费税纳税义务发生时间为发出应税消费品的当天。

17. 根据现行消费税政策,下列关于消费税征税范围的说法,正确的有( )。

A. 对石脑油征收消费税

B. 对用作生产乙烯的自产石脑油免征消费税

C. 对用外购货车改装的卫星通信车征收消费税

D. 对卡丁车征收消费税

【参考答案】 A B

【答案解析】 石脑油生产企业自产用于本企业连续生产乙烯、芳烃类产品的石脑油,免征消费税。企业购进货车改装的卫星通信车等专用汽车不属于消费税征收范围。沙滩车、雪地车、卡丁车、高尔夫车不属于消费税征收范围,不征收消费税。

18. 下列关于消费税纳税人的说法,正确的有( )。

A. 零售金银首饰的纳税人是消费者

B. 委托加工化妆品的纳税人是受托加工企业

C. 携带卷烟入境的纳税人是携带者

D. 邮寄入境的应税消费品纳税人是收件人

【参考答案】 C D

【答案解析】 选项A,零售金银首饰的纳税人是零售单位和个人;选项B,委托加工化妆品的纳税人是委托方。

19. 下列关于卷烟批发环节征收消费税的说法,正确的有( )。

A. 卷烟批发环节的纳税人是在境内从事卷烟批发业务的单位,不包括个人

B. 卷烟批发企业的总机构与分支机构不在同一地区的,由总机构申报纳税

C. 纳税人应将卷烟销售额与其他商品销售额分开核算,未分开核算的,由主管税务机关核定

D. 纳税人销售给纳税人以外的单位和个人的卷烟于销售时纳税,纳税人之间销售卷烟不缴纳消费税

【参考答案】 B D

【答案解析】 根据《财政部 国家税务总局关于调整烟产品消费税政策的通知》(财税〔2009〕84号)的规定,卷烟批发环节的纳税人是在境内从事卷烟批发业务的单位和个人。纳税人应将卷烟销售额与其他商品销售额分开核算,未分开核算的,一并征收消费税。

20. 根据《消费税暂行条例》的规定,在卷烟批发环节加征一道消费税,下列有关表述正确的有( )。

A. 纳税义务人为在中华人民共和国境内从事卷烟批发业务的单位和个人

B. 征税范围为纳税人批发销售的指定牌号规格的卷烟

C. 自 2015 年 5 月 10 日起,适用税率为 11％加 0.005 元/支

D. 纳税人之间以及纳税人销售给纳税人以外的单位和个人的卷烟于销售时纳税

【参考答案】　A C

【答案解析】　选项 B,征税范围为纳税人批发销售的所有牌号规格的卷烟;选项 D,纳税人销售给纳税人以外的单位和个人的卷烟于销售时纳税,纳税人之间销售的卷烟不缴纳消费税。

21. 根据消费税相关规定,以下行为中,不得扣除外购应税消费品已纳消费税税款的有(　　)。

A. 外购已税烟丝生产的卷烟

B. 外购的已税白酒生产的白酒

C. 外购已税石脑油、燃料油为原料生产的应税消费品

D. 外购已税小汽车改装生产的小汽车

【参考答案】　B D

【答案解析】　外购已税烟丝生产的卷烟,外购已税石脑油、燃料油为原料生产的应税消费品,外购已税木制一次性筷子为原料生产的木制一次性筷子,都可以扣除外购应税消费品已纳消费税税款,但外购的已税白酒生产的白酒、外购已税小汽车改装生产的小汽车,其外购已税消费品的已纳消费税税款不允许扣除。

22. 根据现行税法,下列消费品的生产经营环节,既征收增值税又征收消费税的有(　　)。

A. 卷烟的批发环节　　　　　　B. 珍珠饰品的零售环节

C. 高档手表的生产环节　　　　D. 酒类产品的批发环节

【参考答案】　A C

【答案解析】　珍珠饰品的零售环节、酒类产品的批发环节不征收消费税,在生产销售环节才征收消费税。

23. 下列关于酒类产品计征消费税的说法,正确的有(　　)。

A. 销售黄酒时收取的包装物押金,无论押金是否返还及会计上如何核算,均应在收取时并入销售额计征消费税

B. 啤酒消费税单位税额按照出厂价格划分档次

C. 酒厂将自产的白酒用于个人消费的,应当按其同类产品的最高销售价格作为计税依据

D. 白酒最低计税价格由国家税务总局核定

【参考答案】 BD

【答案解析】 啤酒消费税单位税额按出厂价格(含包装物及包装物押金)划分档次。《白酒消费税最低计税价格核定管理办法(试行)》(国税函〔2009〕380号附件)第五条规定,白酒消费税最低计税价格由白酒生产企业自行申报,税务机关核定。

24. 根据消费税相关规定,下列情形中,只能按受托方销售自制应税消费品缴纳消费税的有(   )。

A. 受托方以委托方名义购进原材料生产的应税消费品

B. 受托方提供原材料生产的应税消费品

C. 受托方以委托方提供的原材料生产的应税消费品

D. 受托方先将原材料卖给委托方,再接受加工的应税消费品

【参考答案】 ABD

【答案解析】 根据消费税相关规定,如果出现下列情形,无论纳税人在财务上如何处理,只能按销售自制应税消费品缴纳消费税:受托方提供原材料生产的应税消费品;受托方以委托方名义购进原材料生产的应税消费品;受托方先将原材料卖给委托方,然后再接受加工的应税消费品。

25. 以下属于电池应税消费品子目的有(   )。

A. 原电池　　　　B. 蓄电池　　　　C. 燃料电池　　　　D. 太阳能电池

【参考答案】 ABCD

【答案解析】 根据《财政部　国家税务总局关于对电池　涂料征收消费税的通知》(财税〔2015〕16号)的规定,电池应税消费品包括原电池、蓄电池、燃料电池、太阳能电池和其他电池5个子目。

26. 自2016年10月1日起调整化妆品进口环节消费税,下列有关调整后化妆品进口环节消费税税目税率的说法正确的有(   )。

A. 化妆品进口环节消费税征收范围为高档美容修饰类化妆品、高档护肤类化妆品

B. 高档美容修饰类化妆品界定标准为进口完税价格在10元/毫升(克)及以上

C. 高档护肤类化妆品界定标准为进口完税价格在10元/片(张)及以上

D. 进口环节消费税税率为15%

【参考答案】 ABD

【答案解析】 根据《财政部　国家税务总局关于调整化妆品进口环节消费税的通知》(财关税〔2016〕48号)的规定,将征收范围调整为高档美容修饰类化妆品、高档护肤类化妆品,选项A正确。高档美容修饰类和高档护肤类化妆品的界定标准为进

口完税价格在 10 元/毫升(克)或 15 元/片(张)及以上,选项 B 正确,选项 C 错误。将进口环节消费税税率由 30% 下调为 15%,选项 D 正确。

27. 根据《消费税暂行条例》的规定,在中华人民共和国境内( )本条例规定的消费品的单位和个人,以及国务院确定的销售本条例规定的消费品的其他单位和个人,为消费税的纳税人,应当依照本条例缴纳消费税。

A. 生产   B. 委托加工   C. 进口   D. 受托加工

【参考答案】 A B C

【答案解析】 根据《消费税暂行条例》第一条的规定,在中华人民共和国境内生产、委托加工和进口本条例规定的消费品的单位和个人,以及国务院确定的销售本条例规定的消费品的其他单位和个人,为消费税的纳税人,应当依照本条例缴纳消费税。

28. 下列环节既征消费税又征增值税的有( )。

A. 卷烟的批发环节

B. 金银首饰的生产环节

C. 金银首饰的零售环节

D. 将汽车轮胎用于继续生产小汽车的环节

【参考答案】 A C

【答案解析】 金银首饰的生产环节不征消费税;将汽车轮胎用于继续生产小汽车的环节不缴增值税,也不缴消费税。

29. 下列消费品,属于消费税征税范围的有( )。

A. 实木装饰板

B. 出厂含增值税价格 12 000 元的手表

C. 调味料酒

D. 高尔夫球包

【参考答案】 A B D

【答案解析】 选项 A,属于实木地板。选项 B,属于高档手表,指销售价格(不含增值税)每只在 10 000 元(含)以上的各类手表。选项 C,调味料酒不征收消费税。选项 D,属于高尔夫球及球具,包括高尔夫球、高尔夫球杆、高尔夫球包(袋),高尔夫球杆的杆头杆身和握把也属于本税目征税范围。

30. 下列关于消费税纳税地点的表述中,正确的有( )。

A. 纳税人销售应税消费品,除国家另有规定外,应当向纳税人机构所在地或者居住地主管税务机关申报纳税

B. 纳税人总机构和分支机构不在同一县的,一律在总机构所在地申报纳税

C. 批发卷烟,一般在卷烟批发企业的总机构所在地税务机关申报纳税

D. 委托加工应税消费品,由受托方(受托方为个体经营者除外)向其所在地主管税务机关申报缴纳消费税

【参考答案】 A C D

【答案解析】 纳税人总机构和分支机构不在同一县的,分支机构应纳税款应在分支机构所在地申报纳税。卷烟批发企业的纳税地点与一般企业是有所不同的,卷烟批发企业的机构所在地,总机构与分支机构不在同一地区的,由总机构申报纳税。

31. 某商场采取"以旧换新"方式销售1条24K纯金项链,并以同一方式销售价值2万元的某名牌金表一块,下列说法正确的有( )。

A. 纯金项链只缴纳增值税

B. 纯金项链缴纳消费税和增值税

C. 金表只缴纳增值税

D. 金表缴纳消费税和增值税

【参考答案】 B C

【答案解析】 金项链在零售环节缴纳消费税,金表在生产销售环节缴纳消费税;在流通环节均缴纳增值税。

32. 下列单位中属于消费税纳税人的有( )。

A. 生产销售应税消费品(金银首饰除外)的单位

B. 委托加工应税消费品(金银首饰除外)的单位

C. 委托代销金银首饰的受托方

D. 零售卷烟的单位

【参考答案】 A B C

【答案解析】 委托加工(另有规定者除外)、委托代销金银首饰的,受托方也是纳税人。卷烟在生产和批发环节纳税。

33. 下列关于消费税纳税义务发生时间的说法,正确的有( )。

A. 进口应税消费品的纳税义务的发生时间为报关进口的当天

B. 委托加工应税消费品的纳税义务的发生时间为支付加工费的当天

C. 采取托收承付和委托银行收款方式的,纳税义务发生时间为收到货款的当天

D. 采取直接收款方式的,纳税义务发生时间为收讫销售款或者取得索取销售款凭据的当天

【参考答案】 A D

【答案解析】 选项B,委托加工应税消费品的纳税义务的发生时间为纳税人提货的当天。选项C,采取托收承付和委托银行收款方式的,纳税义务发生时间为发出

应税消费品并办妥托收手续的当天。

34. 根据消费税相关规定,纳税人自产的应税消费品用于下列(　　)情形之一的,应当按纳税人同类应税消费品的最高销售价格作为计税依据。

A. 抵偿债务　　　　　　　　　　B. 投资入股

C. 无偿馈赠他人　　　　　　　　D. 换取生产资料

【参考答案】　A B D

【答案解析】　纳税人自产的应税消费品用于换取生产资料和消费资料(以物易物)、投资入股和抵偿债务等方面,应当按纳税人同类应税消费品的最高销售价格作为计税依据。

35. 下列选项中,属于消费税征税范围的有(　　)。

A. 电动汽车

B. 未经涂饰的素板

C. 价值 1 800 元的 10 瓶香水,每瓶容量为 20 毫升

D. 一块售价 18 000 元的手表

【参考答案】　B D

【答案解析】　选项 A,电动汽车不属于小汽车征税范围,不征收消费税;选项 C,低档化妆品不征收消费税,销售价格(不含增值税)在每毫升 10 元以上。

36. 关于酒类产品消费税的征收,下列说法正确的有(　　)。

A. 啤酒、黄酒采用比例税率

B. 委托加工应税消费品的,以纳税人收回的应税消费品数量为课税数量

C. 白酒生产企业销售给销售单位的白酒,生产企业消费税计税价格低于销售单位对外销售价格(不含增值税)70% 以下的,税务机关应核定消费税最低计税价格

D. 以发酵酒为酒基,酒精度低于 20 度的配制酒,按"其他酒"的税率征收消费税

【参考答案】　B C D

【答案解析】　根据《国家税务总局关于加强白酒消费税征收管理的通知》(国税函〔2009〕380 号)、《国家税务总局关于配制酒消费税适用税率问题的公告》(国家税务总局公告 2011 年第 53 号)的规定,啤酒、黄酒采用定额税率。

37. 下列关于消费税纳税义务发生时间的表述,正确的有(　　)。

A. 某汽车厂销售汽车采用赊销方式,合同规定收款日期为 10 月,实际收到货款为 11 月,纳税义务发生时间为 11 月

B. 某汽车厂采用预收货款方式结算,其纳税义务发生时间为预收货款的当天

C. 某汽车厂采用分期收款结算方式销售汽车,无书面合同的,其纳税义务发生

时间为发出汽车的当天

D. 某金银珠宝店销售首饰,已收取价款,其纳税义务发生时间为收款当天

【参考答案】 CD

【答案解析】 选项A,税法规定,纳税人采取赊销和分期收款结算方式的,其纳税义务的发生时间,为书面合同约定的收款日期的当天,所以纳税义务发生时间为10月;选项B,纳税人采取预收货款结算方式的,其纳税义务的发生时间为发出应税消费品的当天。

38. 某鞭炮厂为增值税一般纳税人,用外购已税的焰火继续加工高档焰火。2022年5月销售高档焰火,开具增值税专用发票注明销售额1 000万元;本月外购焰火400万元,取得增值税专用发票,月初库存外购焰火60万元,月末库存外购焰火50万元,相关发票当月已勾选并进行抵扣,假定焰火消费税税率为15%,上述价格均不含增值税。下列说法正确的有( )。

A. 该鞭炮厂计算缴纳消费税时,可以按照本月生产领用数量计算扣除外购已税鞭炮焰火已纳的消费税

B. 该鞭炮厂计算缴纳消费税时,可以按照当月购进的全部已税焰火数量计算扣除已纳的消费税

C. 该鞭炮厂计算缴纳增值税时,当月购进的全部已税焰火支付的进项税额可以从当期销项税额中抵扣

D. 该鞭炮厂计算缴纳增值税时,按照本月生产领用外购已税鞭炮焰火支付的进项税额可以从当期销项税额中抵扣

【参考答案】 AC

【答案解析】 生产领用外购已税应税消费品连续生产应税消费品的,符合扣除条件的,按生产领用数量计算准予扣除外购的应税消费品已纳的消费税税款。对于增值税进项税是凭购进货物取得的增值税专用发票,按发票注明的税额予以抵扣的。

39. 关于消费税纳税义务发生时间,下列表述正确的有( )。

A. 某酒厂销售葡萄酒20箱,直接收取价款4 800元,其纳税义务发生时间为收款当天

B. 某汽车厂自产自用3辆小汽车,其纳税义务发生时间为使用人实际使用的当天

C. 某烟花企业采用托收承付结算方式销售焰火,其纳税义务发生时间为发出焰火并办妥托收手续的当天

D. 某化妆品厂采用赊销方式销售化妆品,合同规定收款日期为6月23日,7月20日收到货款,纳税义务发生时间为6月

【参考答案】 ＡＣＤ

【答案解析】 纳税人自产自用的应税消费品,其纳税义务发生时间为移送使用的当天;纳税人采取预收货款结算方式的,其纳税义务发生时间为发出应税消费品的当天。

(三) 判断题

1. 消费税的纳税期限分别为1日、3日、5日、10日、15日、1个月或者1个季度。纳税人的具体纳税期限,由主管税务机关根据纳税人应纳税额的大小分别核定;不能按照固定期限纳税的,可以按次纳税。 （ ）

【参考答案】 √

【答案解析】 根据《消费税暂行条例》第十四条的规定,消费税的纳税期限分别为1日、3日、5日、10日、15日、1个月或者1个季度。纳税人的具体纳税期限,由主管税务机关根据纳税人应纳税额的大小分别核定;不能按照固定期限纳税的,可以按次纳税。

2. 消费税实行从价定率和从量定额复合计税的应纳税额计算公式为:应纳税额＝销售额×比例税率＋销售数量×定额税率。 （ ）

【参考答案】 √

【答案解析】 根据《消费税暂行条例》第五条的规定,消费税实行从价定率、从量定额,或者从价定率和从量定额复合计税的办法计算应纳税额。应纳税额计算公式:实行从价定率办法计算的应纳税额＝销售额×比例税率;实行从量定额办法计算的应纳税额＝销售数量×定额税率;实行复合计税办法计算的应纳税额＝销售额×比例税率＋销售数量×定额税率。

3. 纳税人以1日、3日、5日、10日或者15日为1个消费税纳税期的,自期满之日起7日内预缴税款,于次月1日起15日内申报纳税并结清上月应纳税款。（ ）

【参考答案】 ×

【答案解析】 根据《消费税暂行条例》第十四条的规定,纳税人以1个月或者1个季度为1个纳税期的,自期满之日起15日内申报纳税;以1日、3日、5日、10日或者15日为1个纳税期的,自期满之日起5日内预缴税款,于次月1日起15日内申报纳税并结清上月应纳税款。

4. 外购电池、涂料大包装改成小包装或者外购电池、涂料不经加工只贴商标的行为,视同应税消费税品的生产行为。 （ ）

【参考答案】 √

【答案解析】 根据《国家税务总局关于明确电池 涂料消费税征收管理有关事

项的公告国家税务总局公告》(国家税务总局公告 2015 年 95 号)第四条的规定,外购电池、涂料大包装改成小包装或者外购电池、涂料不经加工只贴商标的行为,视同应税消费税品的生产行为。发生上述生产行为的单位和个人应按规定申报缴纳消费税。

5. 属于应征消费税的应税车辆,其组成计税价格中应加计消费税额。 (　　)

【参考答案】　√

【答案解析】　根据《财政部　税务总局关于车辆购置税有关具体政策的公告》(财政部　税务总局公告 2019 年第 71 号)第四条的规定,纳税人自产自用应税车辆的计税价格,按照同类应税车辆(即车辆配置序列号相同的车辆)的销售价格确定,不包括增值税税款;没有同类应税车辆销售价格的,按照组成计税价格确定。组成计税价格计算公式如下:组成计税价格＝成本×(1＋成本利润率)。属于应征消费税的应税车辆,其组成计税价格中应加计消费税额。

6. 委托加工的应税消费品,受托方为个人的,由受托方在向委托方交货时代收代缴税款。 (　　)

【参考答案】　×

【答案解析】　根据《消费税暂行条例》第四条的规定,委托加工的应税消费品,除受托方为个人外,由受托方在向委托方交货时代收代缴税款。

7. 纳税人自产自用的应税消费品,用于在建工程不缴纳消费税。 (　　)

【参考答案】　×

【答案解析】　纳税人自产自用的应税消费品,用于连续生产应税消费品的,不缴纳消费税;用于其他方面的,于移送使用时纳税。

8. 根据消费税的现行规定,成品油的消费税计税价格由国家税务总局核定。

(　　)

【参考答案】　×

【答案解析】　成品油的计税价格由各省、自治区和直辖市税务局核定。

9. 卷烟企业生产用于连续生产卷烟的烟丝无需缴纳消费税。 (　　)

【参考答案】　√

【答案解析】　用于连续生产卷烟的烟丝,属于应税消费品用于连续生产应税消费品,移送环节不缴纳消费税。

10. 纳税人将不同税率的应税消费品组成成套消费品销售的,应根据组合产品的销售金额按应税消费品中适用最低税率的消费品税率征税。 (　　)

【参考答案】　×

【答案解析】　纳税人将应税消费品与非应税消费品以及适用税率不同的应税消

费品组成成套消费品销售的,应根据组合产品的销售金额按应税消费品中适用最高税率的消费品税率征税。

11. 符合条件的制造业中小微企业延缓缴纳税费,延缓缴纳的税费不包括国内消费税。　　　　　　　　　　　　　　　　　　　　　　　　　　　　　(　)

【参考答案】　×

【答案解析】　根据《国家税务总局　财政部关于延续实施制造业中小微企业延缓缴纳部分税费有关事项的公告》(国家税务总局公告 2022 年第 2 号)的规定,延缓缴纳的税费包括企业所得税、个人所得税(代扣代缴除外)、国内增值税、国内消费税及附征的城市维护建设税、教育费附加、地方教育附加,不包括向税务机关申请代开发票时缴纳的税费。

12. 自 2021 年 5 月 1 日起,消费税与城市维护建设税、教育费附加、地方教育附加申报表整合,启用《消费税及附加税费申报表》。　　　　　　　　　　　　(　)

【参考答案】　×

【答案解析】　根据《国家税务总局关于增值税 消费税与附加税费申报表整合有关事项的公告》(国家税务总局公告 2021 年第 20 号)的规定,自 2021 年 8 月 1 日起,增值税、消费税分别与城市维护建设税、教育费附加、地方教育附加申报表整合,启用《增值税及附加税费申报表(一般纳税人适用)》《增值税及附加税费申报表(小规模纳税人适用)》《增值税及附加税费预缴表》及其附列资料和《消费税及附加税费申报表》。

三、车辆购置税

(一) 单项选择题

1. 车辆购置税实行( )征收。购置已征车辆购置税的车辆,不再征收车辆购置税。

A. 一次性 　　　　B. 按季 　　　　C. 按年 　　　　D. 转让环节

【参考答案】 A

【答案解析】 根据《中华人民共和国车辆购置税法》(以下简称《车辆购置税法》)第三条的规定,车辆购置税实行一次性征收。购置已征车辆购置税的车辆,不再征收车辆购置税。

2. 依据车辆购置税的有关规定,下列说法中正确的是( )。

A. 车辆购置税实行统一比例税率

B. 车辆购置税的纳税地点是纳税人所在地

C. 车辆购置税是对所有新购置车辆的行为征税

D. 车辆购置税的征税环节为车辆的出厂环节

【参考答案】 A

【答案解析】 选项B,纳税人购置应税车辆,应当向车辆登记注册地的主管税务机关申报纳税。购置不需办理车辆登记注册手续的应税车辆应当向纳税人所在地的主管税务机关申报纳税,车辆登记注册地是指车辆的上牌落籍地或落户地。选项C,车辆购置税是对应税车辆的购置行为课征。选项D,车辆购置税的征税环节选择在使用环节(即最终消费环节)。

3. 根据现行车辆购置税规定,下列说法错误的是( )。

A. 纳税人以外汇结算应税车辆价款的,按照申报纳税之日中国人民银行公布的人民币基准汇价,折合成人民币计算应纳税额

B. 已缴纳车辆购置税的车辆退回生产企业或者经销商的,准予纳税人申请退税

C. 免税车辆因转让、改变用途等原因,免税条件消失后,不需要再征收车辆购置税

D. 库存超过3年的车辆,计税依据为纳税人提供的有效价格证明注明的价格

【参考答案】 C

【答案解析】 免税车辆因转让、改变用途等原因,免税条件消失后,应在60日内重新申报纳税。

4. 关于车辆购置税的计算,下列说法正确的是( )。

A. 进口自用的应税小汽车的计税价格包括关税完税价格和关税,不包括消费税

B. 进口旧车不需要再缴纳车辆购置税

C. 销售汽车的纳税人代收的保险费,一律计入计税依据中征收车辆购置税

D. 纳税人自产自用应税车辆的计税价格,按照纳税人生产的同类应税车辆的销售价格确定,不包括增值税税款

【参考答案】 D

【答案解析】 选项A,进口自用的应税小汽车的计税价格包含关税完税价格、关税及消费税;选项B,进口旧车,凡纳税人能出具有效证明的,计税依据为纳税人提供的统一发票或有效凭证注明的计税价格;选项C,代收款项应区别征税。

5. 纳税人自产自用应税车辆的计税价格,没有同类应税车辆销售价格的,按照组成计税价格确定。组成计税价格计算公式为( )。

A. 组成计税价格=成本×(1+成本利润率)

B. 组成计税价格=成本×(1-成本利润率)

C. 组成计税价格=成本÷(1+成本利润率)

D. 组成计税价格=成本÷(1-成本利润率)

【参考答案】 A

【答案解析】 根据《财政部 税务总局关于车辆购置税有关具体政策的公告》(财政部 税务总局公告2019年第71号)第四条的规定,纳税人自产自用应税车辆的计税价格,按照同类应税车辆(即车辆配置序列号相同的车辆)的销售价格确定,不包括增值税税款;没有同类应税车辆销售价格的,按照组成计税价格确定。组成计税价格计算公式为:组成计税价格=成本×(1+成本利润率)。

6. 车辆购置税的税率为( )。

A. 5%   B. 7.5%   C. 10%   D. 15%

【参考答案】 C

【答案解析】 根据《车辆购置税法》第四条的规定,车辆购置税的税率为10%。

7. 纳税人以外汇结算应税车辆价款的,按照( )的人民币汇率中间价折合成人民币计算缴纳税款。

A. 购买之日   B. 申报纳税之日

C. 进口之日   D. 车辆登记之日

【参考答案】 B

【答案解析】 根据《车辆购置税法》第八条的规定,纳税人以外汇结算应税车辆价款的,按照申报纳税之日的人民币汇率中间价折合成人民币计算缴纳税款。

8. 已征车辆购置税的车辆退回车辆生产或销售企业,纳税人申请退还车辆购置税的,应退税额计算公式为( )。

A. 应退税额=已纳税额×(1-使用年限×5%)

B. 应退税额=已纳税额×(1-使用年限×10%)

C. 应退税额=已纳税额×(1-使用年限×15%)

D. 应退税额=已纳税额×(1-使用年限×20%)

【参考答案】 B

【答案解析】 根据《财政部 税务总局关于车辆购置税有关具体政策的公告》(财政部 税务总局公告2019年第71号)第八条的规定,已征车辆购置税的车辆退回车辆生产或销售企业,纳税人申请退还车辆购置税的,应退税额计算公式为:应退税额=已纳税额×(1-使用年限×10%),应退税额不得为负数。使用年限的计算方法是,自纳税人缴纳税款之日起,至申请退税之日止。

9. 根据车辆购置税的相关政策规定,下列说法正确的是( )。

A. 纳税人申报的应税车辆计税价格明显偏低,又无正当理由的,由税务机关依照《中华人民共和国税收征收管理法》的规定核定其应纳税额

B. 纳税人以外汇结算应税车辆价款的,按照购买日中国人民银行公布的人民币基准汇价折合人民币征收车辆购置税

C. 纳税人未办理登记注册手续的车辆,主管税务机关按照车辆合格证明上标注的出厂日期确定滞纳税款之日

D. 由不可抗力因素导致受损的车辆,一律以最新核发的同类型车辆最低计税价格为依据计征车辆购置税

【参考答案】 A

【答案解析】 选项A是《车辆购置税法》第七条的内容;选项B,纳税人以外汇结算应税车辆价款的,按照申报纳税之日中国人民银行公布的人民币基准汇价折合人民币征收车辆购置税;选项C,纳税人未办理登记注册手续的车辆,主管税务机关按照车辆合格证明上标注的出厂日期后60日确定滞纳税款之日;选项D,进口旧车、因不可抗力因素受损的车辆、库存超过3年的车辆、行驶8万公里以上的试验车辆、国家税务总局规定的其他车辆,凡纳税人能出具有效证明的,计税依据为纳税人提供的统一发票或有效凭证注明的计税价格。

10. 某医院于2018年3月购置一辆救护车,支付含增值税价款163 800元,当月

办理车辆购置税免税申报。2022 年 4 月,该医院将该救护车改为 9 座小客车,该医院应纳车辆购置税(　　)元。

A. 11 200.41　　　　B. 8 400　　　　C. 14 000　　　　D. 9 572.65

【参考答案】　B

【答案解析】　免税条件消失的车辆,自初次办理纳税申报之日起,使用年限未满 10 年的,计税依据为免税车辆初次办理纳税申报时确定的计税价格为基准每满 1 年扣减 10%。该医院应纳车辆购置税 $=163\,800÷(1+17\%)×(1-4×10\%)×10\%=8\,400$(元)。

11. 按现行政策,下列关于车辆购置税减税免税的相关表述不正确的是(　　)。

A. 国际组织驻华机构及其外交人员自用车辆免税

B. 2.0 升排量的小轿车免征车辆购置税

C. 设有固定装置的非运输车辆免征车辆购置税

D. 中国人民解放军列入军队武器订货计划的车辆免税

【参考答案】　B

【答案解析】　选项 B,对购置日期在 2022 年 6 月 1 日至 2022 年 12 月 31 日且单车价格(不含增值税)不超过 30 万元的 2.0 升及以下排量乘用车,减半征收车辆购置税。

12. 下列关于车辆购置税的说法,正确的是(　　)。

A. 外国公民在境内购置汽车,免征车辆购置税

B. 2021 年 6 月纳税人购买四轮农用运输车免征车辆购置税

C. 已税车辆更换变速箱,不需要重新办理车辆购置税纳税申报

D. 参加比赛获奖所得的汽车,不需要缴纳车辆购置税

【参考答案】　C

【答案解析】　选项 A,外国公民在境内购置汽车,没有免征车辆购置税的规定;选项 B,2004 年 10 月 1 日起对三轮农用运输车免征车辆购置税,2019 年 7 月 1 日起,车辆购置税征税范围取消农用运输车;选项 D,以获奖方式取得并自用的汽车,也要缴纳车辆购置税。

13. 按现行政策,下列关于车辆购置税减税免税的相关表述不正确的是(　　)。

A. 对城市公交企业购置的公共汽电车辆免征车辆购置税

B. 挂车免征车辆购置税

C. 设有固定装置的非运输车辆免征车辆购置税

D. 中国人民解放军列入军队武器订货计划的车辆免税

【参考答案】　B

【答案解析】 2018年7月1日至2021年6月30日,购置挂车减半征收车辆购置税。

14. 纳税人已经缴纳车辆购置税的车辆,发生下列情形可以办理申请退税的是( )。

A. 因自然灾害被毁的车辆　　　　　B. 车辆退回生产企业

C. 因设计缺陷被召回的车辆　　　　D. 被偷的车辆

【参考答案】 B

【答案解析】 已缴纳车辆购置税的车辆,发生下列情形之一的,准予纳税人申请退税:(1)车辆退回生产企业或者经销商的;(2)符合免税条件的设有固定装置的非运输车辆但已征税的;(3)其他依据法律法规规定应予退税的情形。

15. 纳税人购置自用的应税车辆,车辆购置税应自下列行为之日起60日内申报纳税的是( )。

A. 购买　　　B. 登记注册　　　C. 上牌　　　D. 取得

【参考答案】 A

【答案解析】 纳税人购买自用的应税车辆,自购买之日起60日内申报纳税;进口自用的应税车辆,应当自进口之日起60日内申报纳税;自产、受赠、获奖和其他方式取得并自用应税车辆的,应当自取得之日起60日内申报纳税。

16. 下列车辆,不需要按规定缴纳车辆购置税的是( )。

A. 企业通过走私方式取得并自用的小汽车

B. 受赠人接受捐赠并使用的免税车辆

C. 境内企业购置自用的有轨电车

D. 设有固定装置的非运输车辆

【参考答案】 D

【答案解析】 设有固定装置的非运输车辆免征车辆购置税。

17. 某汽车贸易公司2022年5月进口20辆小轿车,海关审定的关税完税价格为25万元/辆,当月销售16辆,取得含税销售收入480万元;2辆企业自用;2辆赠送给合作单位。合同约定的含税价格为30万元。小轿车关税税率28%,消费税税率9%,该公司应纳车辆购置税( )万元。

A. 7.03　　　B. 5.00　　　C. 7.50　　　D. 10.55

【参考答案】 A

【答案解析】 根据《车辆购置税法》第六条的规定,应税车辆的计税价格,按照下列规定确定:(1)纳税人购买自用应税车辆的计税价格,为纳税人实际支付给销售者的全部价款,不包括增值税税款;(2)纳税人进口自用应税车辆的计税价格,为关税完税价格加上关税和消费税;(3)纳税人自产自用应税车辆的计税价格,按照纳税人生产的同类应税车辆的销售价格确定,不包括增值税税款;(4)纳税人以受赠、获奖或者其他方式取得自用应税车辆的计税价格,按照购置应税车辆时相关凭证载明的价格确定,不包括增值税税款。该公司应纳车辆购置税=2×(25+25×28%)÷(1−9%)×10%=7.03(万元)。

18. 2022年4月,张某购买轿车一辆供自己使用,支付价款175 500元,取得机动车销售统一发票;另销售公司代收保险费、牌照费等5 000元,张某取得保险公司、车辆管理部门开具的相应票据。以上价款均为含增值税价款。张某应纳车辆购置税( )元。

A. 15 560.34   B. 15 129.31   C. 15 530.97   D. 18 684

【参考答案】 C

【答案解析】 根据《车辆购置税法》第四条、第六条的规定,车辆购置税的税率为10%。应税车辆的计税价格,按照下列规定确定:纳税人购买自用应税车辆的计税价格,为纳税人实际支付给销售者的全部价款,不包括增值税税款。应纳车辆购置税=175 500÷(1+13%)×10%=15 530.97(元)。代收保险费、牌照费等不纳入计税价格。

19. 下列不属于车辆购置税中的车主身份证明证件的是( )。

A. 居民身份证   B. 居民户口簿

C. 单位证明   D.《组织机构代码证书》

【参考答案】 C

【答案解析】 车主身份证明包含:(1)内地居民,提供内地居民身份证(含居住、暂住证明)、居民户口簿或军人(含武警)身份证明;(2)港澳台地区居民,提供入境的身份证明和居留证明;(3)外国人,提供入境的身份证明和居留证明;(4)组织机构,提供《组织机构代码证书》。

20. 由于质量问题,某企业2022年4月将购买使用3年的汽车退回经销商,2019年2月购买该汽车时支付含增值税车价款17.55万元,当月缴纳了车辆购置税。则应退还该企业车辆购置税( )万元。

A. 1.5   B. 1.4   C. 1.2   D. 1.06

【参考答案】 D

【答案解析】 因质量原因,车辆被退回生产企业或者经销商的,自纳税人办理纳税申报之日起,按已纳税款每满1年扣减10%计算退税额;未满1年的按已缴税款额退税。则应退还该企业车辆购置税=17.55÷(1+16%)×10%×(1−3×10%)=1.06(万元)。

21. 2022年6月,肖某购买一辆7座商务车供自己使用,排气量为2.0升,支付价款30.5万元,取得机动车销售统一发票,肖某应缴纳车辆购置税(　　)元。

A. 26 991.15　　　　B. 30 500　　　　C. 13 495.58　　　　D. 15 250

【参考答案】　C

【答案解析】　根据《财政部　税务总局关于减征部分乘用车车辆购置税的公告》(财政部　税务总局公告2022年第20号)的规定,对购置日期在2022年6月1日至2022年12月31日且单车价格(不含增值税)不超过30万元的2.0升及以下排量乘用车,减半征收车辆购置税。肖某应纳车辆购置税=305 000÷(1+13%)×10%×50%=13 495.58(元)。

(二) 多项选择题

1. 根据《车辆购置税法》的规定,下列车辆属于车辆购置税征税范围的有(　　)。

A. 汽车　　　　B. 有轨电车　　　　C. 汽车挂车　　　　D. 农用运输车

【参考答案】　ABC

【答案解析】　根据《车辆购置税法》第一条的规定,在中华人民共和国境内购置汽车、有轨电车、汽车挂车、排气量超过150毫升的摩托车的单位和个人,为车辆购置税的纳税人,应当依照本法规定缴纳车辆购置税。本法取消了农用运输车的车辆购置税。

2. 下列关于车辆购置税的说法,正确的有(　　)。

A. 车辆购置税的征税环节为车辆的出厂环节

B. 根据国民经济和社会发展的需要,国家税务总局可以规定减征或者其他免征车辆购置税的情形,报国务院备案

C. 受赠、获奖等方式取得并自用应税车辆的,应当自取得之日起60日内申报纳税

D. 按《车辆购置税法》的规定,购买自用摩托车的计税依据是纳税人实际支付给销售者的全部价款,不包括增值税款

【参考答案】　CD

【答案解析】　选项A,车辆购置税是在应税车辆上牌登记注册前的使用环节征收。选项B,《车辆购置税法》第九条规定,根据国民经济和社会发展的需要,国务院可以规定减征或者其他免征车辆购置税的情形,报全国人民代表大会常务委员会备案。

3. 按照现行政策规定,下列属于车辆购置税免税项目的有(　　)。

A. 外国驻华使馆、领事馆和国际组织驻华机构及其外交人员自用的车辆

B. 中国人民解放军和中国人民武装警察部队列入军队武器装备订货计划的车辆

C. 设有固定装置的非运输车辆

D. 购置排气量在1.6升及以下的乘用车

【参考答案】　ＡＢＣ

【答案解析】　根据现行政策规定,购置排气量在1.6升及以下的乘用车无优惠政策,对纳税人自2017年1月1日至2017年12月31日购置的排气量在1.6升及以下的乘用车,减按7.5%的税率征收车辆购置税。对购置日期在2022年6月1日至2022年12月31日内且单车价格(不含增值税)不超过30万元的2.0升及以下排量乘用车,减半征收车辆购置税。

4. 车辆购置税的车辆合格证明是指下述的(　　　)。

A. 整车出厂合格证明

B. 机动车销售统一发票

C.《中华人民共和国海关货物进口证明书》

D. 海关关税专用缴款书

【参考答案】　ＡＣ

【答案解析】　根据《国家税务总局关于车辆购置税征收管理有关问题的补充公告》(国家税务总局公告2016年52号)的规定,车辆购置税的车辆合格证明是指:(1)国产车辆,提供整车出厂合格证明或者车辆电子信息单;(2)进口车辆,提供车辆电子信息单、车辆一致性证书、《中华人民共和国海关货物进口证明书》或《中华人民共和国海关监管车辆进(出)境领(销)牌照通知书》《没收走私汽车、摩托车证明书》。

5. 依据《车辆购置税法》,纳税人购置下列车辆,应按规定缴纳车辆购置税的有(　　　)。

A. 有轨电车

B. 无轨电车

C. 2019年城市公交企业购置的公共汽电车辆

D. 小汽车

【参考答案】　ＡＤ

【答案解析】　根据《车辆购置税法》第一条的规定,在中华人民共和国境内购置汽车、有轨电车、汽车挂车、排气量超过150毫升的摩托车的单位和个人,为车辆购置税的纳税人,应当依照本法规定缴纳车辆购置税。第九条规定,城市公交企业购置的公共汽电车辆免征车辆购置税。

6. 下列关于应税车辆的计税价格,正确的有(　　　)。

A. 纳税人购买自用应税车辆的计税价格,为纳税人实际支付给销售者的全部价款,包括增值税税款

B. 纳税人进口自用应税车辆的计税价格,为关税完税价格加上关税和消费税

C. 纳税人自产自用应税车辆的计税价格,按照纳税人生产的同类应税车辆的销

售价格确定,包括增值税税款

D. 纳税人以受赠、获奖或者其他方式取得自用应税车辆的计税价格,按照购置
应税车辆时相关凭证载明的价格确定,不包括增值税税款

【参考答案】 BD

【答案解析】 根据《车辆购置税法》第六条的规定,(1)纳税人购买自用应税车辆的计税价格,为纳税人实际支付给销售者的全部价款,不包括增值税税款;(2)纳税人进口自用应税车辆的计税价格,为关税完税价格加上关税和消费税;(3)纳税人自产自用应税车辆的计税价格,按照纳税人生产的同类应税车辆的销售价格确定,不包括增值税税款;(4)纳税人以受赠、获奖或者其他方式取得自用应税车辆的计税价格,按照购置应税车辆时相关凭证载明的价格确定,不包括增值税税款。故选项 AC 错误。

7. 下列需要同时缴纳增值税和车辆购置税的有(　　　)。

A. 进口小汽车用于投资　　　　　　　B. 进口小汽车自用

C. 进口摩托车自用　　　　　　　　　D. 获奖取得小轿车自用

【参考答案】 BC

【答案解析】 选项BC,进口小汽车自用、进口摩托车自用同时缴纳增值税和车辆购置税;选项 A,进口小汽车用于投资、进口大卡车用于销售都不属于自用行为,都不缴纳车辆购置税;选项 D,获奖取得小轿车自用无须缴纳增值税但要缴纳车辆购置税。

8. 根据《车辆购置税法》的规定,下列说法错误的有(　　　)。

A. 进口自用轿车的计税依据是不含关税的组成计税价格

B. 受赠大客车的计税依据是最高的计税价格

C. 购买免税轿车的使用期限已超过 10 年,不再征收车辆购置税

D. 自产自用大卡车的计税价格为纳税人生产的同类应税车辆的销售价格,不包括增值税税款

【参考答案】 AB

【答案解析】 根据《车辆购置税法》第六条的规定,应税车辆的计税价格,按照下列规定确定:(1)纳税人购买自用应税车辆的计税价格,为纳税人实际支付给销售者的全部价款,不包括增值税税款;(2)纳税人进口自用应税车辆的计税价格,为关税完税价格加上关税和消费税;(3)纳税人自产自用应税车辆的计税价格,按照纳税人生产的同类应税车辆的销售价格确定,不包括增值税税款;(4)纳税人以受赠、获奖或者其他方式取得自用应税车辆的计税价格,按照购置应税车辆时相关凭证载明的价格确定,不包括增值税税款。

9. 下列关于车辆购置税的表述,正确的有(　　　)。

A. 车辆购置税在应税车辆上牌登记注册前的使用环节征收

B. 纳税人购买自用的应税车辆,计税价格是纳税人实际支付给销售者的全部价款,不包括增值税税款

C. 受赠方式取得并自用的应税车辆,应当自取得之日起 90 日内申报纳税

D. 购置不需注册上牌的应税车辆,应当向纳税人所在地的主管税务机关申报纳税

【参考答案】 ABD

【答案解析】 选项 C,受赠方式取得并自用的应税车辆,应当自取得之日起 60 日内申报纳税。

10. 下列关于申报缴纳车辆购置税的地点的说法,正确的有( )。

A. 需要办理车辆登记的,向车辆登记地的主管税务机关申报纳税

B. 需要办理车辆登记的,向车辆购买地的主管税务机关申报纳税

C. 不需要办理车辆登记的,单位纳税人向车辆购买地的主管税务机关申报纳税,个人纳税人向其户籍所在地或者经常居住地的主管税务机关申报纳税

D. 不需要办理车辆登记的,单位纳税人向其机构所在地的主管税务机关申报纳税,个人纳税人向其户籍所在地或者经常居住地的主管税务机关申报纳税

【参考答案】 AD

【答案解析】 根据《国家税务总局关于车辆购置税征收管理有关事项的公告》(国家税务总局公告 2019 年第 26 号)第三条的规定,购置应税车辆的纳税人,应当到下列地点申报纳税:(1)需要办理车辆登记的,向车辆登记地的主管税务机关申报纳税;(2)不需要办理车辆登记的,单位纳税人向其机构所在地的主管税务机关申报纳税,个人纳税人向其户籍所在地或者经常居住地的主管税务机关申报纳税。

11. 以下关于车辆购置税的表述,正确的有( )。

A. 外国驻华使馆、领事馆和国际组织驻华机构及其外交人员自用的车辆免征车辆购置税

B. 车辆购置税实行一次性征收

C. 主管税务机关在为纳税人办理纳税申报手续时,对设有固定装置的非运输车辆应当实地验车

D. 纳税人以外汇结算应税车辆价款的,按照申报纳税之日的人民币汇率中间价折合成人民币计算缴纳税款

【参考答案】 ABD

【答案解析】 根据《国家税务总局关于设有固定装置非运输车辆免征车辆购置税有关事项的公告》(国家税务总局公告 2016 年第 43 号)第六条的规定,纳税人办理设有固定装置非运输车辆免税申报时,主管税务机关依据免税图册和有关规定,对纳

税人提供的车辆照片及有关资料核实无误后办理免税手续。纳税人对提供资料的真实性和合法性承担责任。选项 C 错误。

12. 下列关于车辆购置税相关规定的表述,正确的有(　　)。

A. 车辆购置税实行一车一申报制度

B. 车辆购置税是在应税车辆上牌登记注册前的使用环节征收

C. 纳税人购买自用的应税车辆,自购买之日起 30 日内申报纳税

D. 获奖方式取得并自用应税车辆的,自取得之日起 30 日内申报纳税

【参考答案】　A B

【答案解析】　选项 C,纳税人购买自用的应税车辆,自购买之日起 60 日内申报纳税;选项 D,获奖方式取得并自用应税车辆的,自取得之日起 60 日内申报纳税。

13. 根据车辆购置税相关政策规定,下列说法正确的有(　　)。

A. 纳税人购买自用的应税车辆,自购买之日起 60 天内申报纳税

B. 进口自用的应税车辆,应当自进口之日起 60 天内申报纳税

C. 主管税务机关对已使用未完税车辆,纳税人提供的有效证明注明的时间超过 3 年的,按照车辆登记日期确定滞纳税款之日

D. 摩托车牌照在县(市)公安车辆管理部门办理,其登记注册地为县(市)公安车管部门所在地,其纳税地点在当地县税务机关

【参考答案】　A B D

【答案解析】　主管税务机关对已使用未完税车辆,纳税人提供的有效证明注明的时间超过 3 年的,主管税务机关按照 3 年追溯期确定滞纳税款之日。

14. 某纳税人 2020 年 9 月办理车辆购置税申报,后因质量原因将车辆退回销售企业。申请办理退税手续时,应如实填写《车辆购置税退税申请表》,分别提供的资料有(　　)。

A. 如未办理车辆登记注册的,提供原完税凭证、完税证明正本和副本

B. 如已办理车辆登记注册的,提供原完税凭证、完税证明正本、公安机关车辆管理机构出具的机动车注销证明

C. 经销商开具的退车证明

D. 经销商开具的退车发票

【参考答案】　A B C D

【答案解析】　根据《国家税务总局关于车辆购置税征收管理有关事项的公告》(国家税务总局公告 2019 年第 26 号)第八条的规定,已经缴纳车辆购置税的,纳税人向原征收机关申请退税时,应如实填写《车辆购置税退税申请表》,由本人、单位授权人员到主管税务机关办理退税手续,按下列情况分别提供资料:(1)车辆退回生产企

业或者经销商的,提供生产企业或经销商开具的退车证明和退车发票;(2)未办理车辆登记注册的,提供原完税凭证、完税证明正本和副本;(3)已办理车辆登记注册的,提供原完税凭证、完税证明正本、公安机关车辆管理机构出具的机动车注销证明。

15. 根据《车辆购置税法》的规定,属于车辆购置税应税行为的有( )。

A. 购买使用国产应税车辆　　　　　B. 购买使用进口应税车辆

C. 直接进口使用应税车辆　　　　　D. 汽车经营商购进的待销售汽车

【参考答案】 ABC

【答案解析】 车辆购置税应税行为是指在中华人民共和国境内购置应税车辆的行为。具体有购买使用行为、进口使用行为、受赠使用行为、自产自用行为、获奖使用行为及其他使用行为;而对于购买后销售的经营行为(并未使用)不属于车辆购置税的应税行为。

16. 下列关于车辆购置税的相关表述,正确的有( )。

A. 长期来华的专家购买 2 辆小轿车自用都可以免税

B. 支付的控购费不属于销售者价外费用范围,不征收车辆购置税

C. 回国服务的在外留学人员用现汇购买 1 辆个人自用进口小轿车,免征车辆购置税

D. 进口自用的应税车辆,应当自进口之日起 60 天内申报纳税

【参考答案】 BD

【答案解析】 长期来华定居专家进口的 1 辆自用小汽车免征车辆购置税。回国服务的在外留学人员用现汇购买 1 辆个人自用国产小轿车免税。

17. 下列有关车辆购置税纳税义务发生时间,说法正确的有( )。

A. 购买自用应税车辆的为购买之日,即车辆相关价格凭证的开具日期

B. 进口自用应税车辆的为进口之日,即《海关进口增值税专用缴款书》或者其他有效凭证的开具日期

C. 自产、受赠方式取得并自用应税车辆的为取得之日,即合同、法律文书或者其他有效凭证的生效或者开具日期

D. 获奖或者以其他方式取得并自用应税车辆的为取得之日,即合同、法律文书或者其他有效凭证的生效或者开具日期

【参考答案】 ABCD

【答案解析】 根据《国家税务总局关于车辆购置税征收管理有关事项的公告》(国家税务总局公告 2019 年第 26 号)第四条的规定,《车辆购置税法》第十二条所称纳税义务发生时间,按照下列情形确定:(1)购买自用应税车辆的为购买之日,即车辆相关价格凭证的开具日期;(2)进口自用应税车辆的为进口之日,即《海关进口增值

税专用缴款书》或者其他有效凭证的开具日期;(3)自产、受赠、获奖或者以其他方式取得并自用应税车辆的为取得之日,即合同、法律文书或者其他有效凭证的生效或者开具日期。

18. 按照现行政策规定,下列属于车辆购置税免税项目的有( )。

A. 外国驻华使馆、领事馆和国际组织驻华机构及其外交人员自用的车辆

B. 中国人民解放军和中国人民武装警察部队列入军队武器装备订货计划的车辆

C. 设有固定装置的运输车辆

D. 2019年1月城市公交企业购置的公共汽电车辆

【参考答案】 A B D

【答案解析】 有固定装置的非运输车辆免税。

19. 车辆购置税办理材料中的车辆相关价格凭证是指( )。

A. 境内购置车辆为机动车销售统一发票或者其他有效凭证

B. 进口自用车辆为《海关进口关税专用缴款书》或者海关进出口货物征免税证明

C. 境内购置车辆属于应征消费税车辆的还包括消费税《完税凭证》

D. 进口自用车辆属于应征消费税车辆的还包括《海关进口消费税专用缴款书》

【参考答案】 A B D

【答案解析】 根据《国家税务总局关于车辆购置税征收管理有关事项的公告》(国家税务总局公告2019年第26号)第十四条的规定,本公告所称车辆相关价格凭证是指:境内购置车辆为机动车销售统一发票或者其他有效凭证;进口自用车辆为《海关进口关税专用缴款书》或者海关进出口货物征免税证明,属于应征消费税车辆的还包括《海关进口消费税专用缴款书》。

20. 甲企业为满足生产需求,购置了下列车辆,其中应该缴纳车辆购置税的有( )。

A. 汽车　　　　　　　　　　B. 排气量150毫升的摩托车

C. 汽车挂车　　　　　　　　D. 三轮农用运输车

【参考答案】 A C

【答案解析】 根据《车辆购置税法》第一条的规定,在中华人民共和国境内购置汽车、有轨电车、汽车挂车、排气量超过150毫升的摩托车的单位和个人,为车辆购置税的纳税人,应当依照本法规定缴纳车辆购置税。

21. 下列行为中,属于车辆购置税应税行为的有( )。

A. 销售应税车辆的行为　　　　B. 对外捐赠应税车辆的行为

C. 自产自用应税车辆的行为　　　　　　D. 获奖使用应税车辆的行为

【参考答案】　CD

【答案解析】　在中华人民共和国境内购置应税车辆的行为,具体有购买使用行为、进口使用行为、受赠使用行为、自产自用行为、获奖使用行为及其他使用行为,销售应税车辆的行为不属于车辆购置税的应税行为。对外捐赠应税车辆,对于馈赠人而言,在发生财产所有权转移后,应税行为一同转移,不再是车辆购置税的纳税义务人。

22. 下列属于车辆购置税特点的有(　　)。

A. 征收范围单一　　B. 征收环节单一　　C. 属于中央税　　D. 易转嫁税负

【参考答案】　ABC

【答案解析】　选项D,车辆购置税不转嫁税负。

23. 下列车辆免征车辆购置税的有(　　)。

A. 防汛部门专用指挥车

B. 森林消防专用指挥车

C. 悬挂应急救援专用号牌的国家综合性消防救援车辆

D. 回国服务的留学人员用人民币购买的1辆个人自用国产小汽车

【参考答案】　ABC

【答案解析】　回国服务的留学人员用现汇购买的1辆个人自用国产小汽车免税。

24. 单位或个人购置下列车辆应按规定缴纳车辆购置税的有(　　)。

A. 大客车

B. 有轨电车

C. 机场客用车

D. 列入《新能源汽车车型目录》的新能源汽车

【参考答案】　ABC

【答案解析】　目前购置列入《新能源汽车车型目录》的新能源汽车免征车辆购置税。

25. 根据《车辆购置税法》的规定,下列选项中属于车辆购置税纳税义务人的有(　　)。

A. 进口车辆用于销售的商业企业

B. 应税车辆的受赠使用者

C. 应税车辆的进口使用者

D. 应税车辆的获奖使用者

【参考答案】 BCD

【答案解析】 根据《车辆购置税法》第一条的规定,在中华人民共和国境内购置汽车、有轨电车、汽车挂车、排气量超过150毫升的摩托车的单位和个人,为车辆购置税的纳税人,应当依照本法规定缴纳车辆购置税。《车辆购置税法》第二条规定,本法所称购置,是指以购买、进口、自产、受赠、获奖或者其他方式取得并自用应税车辆的行为。因此,进口车辆用于销售的商业企业不是车辆购置税的纳税义务人。

26. 下列关于车辆购置税的规定,正确的有( )。

   A. 根据国民经济和社会发展的需要,国务院可以规定减征或者其他免征车辆购置税的情形,报全国人民代表大会常务委员会备案

   B. 因质量原因,车辆被退回生产企业或者经销商的,自纳税人办理纳税申报之日起,按已缴税款每满1年扣减10%计算退税额

   C. 车辆购置税一次课征,购置已征车辆购置税的车辆,不再征收车辆购置税

   D. 免税条件消失的车辆,自初次办理纳税申报之日起,使用年限未满15年的,计税依据为最新核发的同类型车辆最低计税价格按每满1年扣减10%

【参考答案】 ABC

【答案解析】 对免税条件消失的车辆,自初次办理纳税申报之日起,使用年限未满10年的,计税依据为最新核发的同类型车辆最低计税价格按每满1年扣减10%,超过10年的,计税依据为零。

27. 根据现行车辆购置税规定,下列说法错误的有( )。

   A. 车辆购置税的纳税义务人不包括外国公民

   B. 购置车辆支付的控购费,需要并入计税价格计税

   C. 购置列入《新能源汽车车型目录》的新能源汽车免征车辆购置税

   D. 因质量原因,车辆被退回生产企业或者经销商的,未满1年的,按已缴税款全额退税

【参考答案】 AB

【答案解析】 选项A,车辆购置税的纳税义务人包括外国公民、外商投资企业和外国企业;选项B,购置车辆支付的控购费,是政府部门的行政性收费,不属于价外费用,不应并入计税价格计税。

28. 根据车辆购置税相关政策规定,下列车辆中可以免征车辆购置税的有( )。

   A. 中国人民解放军列入武器装备订货计划的车辆

   B. 排量为2.0升的乘用车

   C. 自卸式垃圾车

D. 城市公交企业 2019 年 2 月购置的公共汽电车辆

【参考答案】 A D

【答案解析】 选项 A,根据《车辆购置税法》第九条的规定,中国人民解放军和中国人民武装警察部队列入装备订货计划的车辆;选项 B,对购置日期在 2022 年 6 月 1 日至 2022 年 12 月 31 日且单车价格(不含增值税)不超过 30 万元的 2.0 升及以下排量乘用车,减半征收车辆购置税,没有免税规定;选项 C,自卸式垃圾车不属于设有固定装置的非运输车辆,没有免税规定;选项 D,对城市公交企业自 2016 年 1 月 1 日起至 2020 年 12 月 31 日止购置的公共汽电车辆免征车辆购置税。

29. 下列关于车辆购置税的规定,正确的有(　　)。

A. 免税车辆因转让、改变用途等原因,其免税条件消失的,纳税人应在免税条件消失之日起 30 日内到主管税务机关重新申报纳税

B. 车辆购置税一次课征,购置已征车辆购置税的车辆,不再征收车辆购置税

C. 纳税人自产自用应税车辆的计税价格,按照纳税人生产的同类应税车辆的销售价格确定,不包括增值税税款

D. 车辆购置税的计税依据和应纳税款应以人民币计算

【参考答案】 B C D

【答案解析】 选项 A,免税车辆因转让、改变用途等原因,其免税条件消失的,纳税人应在免税条件消失之日起 60 日内到主管税务机关重新申报纳税。

30. 已办理车辆登记注册的车辆退回生产企业,纳税人在申请办理退税手续时,应如实填写《车辆购置税退税申请表》,同时提供的资料有(　　)。

A. 原完税凭证

B. 生产企业或经销商开具的退车证明和退车的发票

C. 完税证明正本

D. 公安机关车辆管理机构出具的机动车注销证明

【参考答案】 A B C D

【答案解析】 车辆退回生产企业或者经销商的,提供生产企业或经销商开具的退车证明和退车发票。已办理车辆登记注册的,提供原完税凭证、完税证明正本、公安机关车辆管理机构出具的机动车注销证明。

(三) 判断题

1. 纳税人购置应税车辆,应当自购买之日起 30 日内向车辆登记地的主管税务机关申报缴纳车辆购置税。　　　　　　　　　　　　　　　　　　　　　(　　)

【参考答案】 ×

【答案解析】 根据《车辆购置税法》第十二条的规定,纳税人应当自纳税义务发生之日起 60 日内申报缴纳车辆购置税。

2. 纳税人进口自用应税车辆,是指纳税人直接从境外进口或者委托代理进口自用的应税车辆,不包括在境内购买的进口车辆。 （　　）

【参考答案】 √

【答案解析】 根据《财政部　税务总局关于车辆购置税有关具体政策的公告》（财政部　税务总局公告 2019 年第 71 号）第三条的规定,纳税人进口自用应税车辆,是指纳税人直接从境外进口或者委托代理进口自用的应税车辆,不包括在境内购买的进口车辆。

3. 属于应征消费税的应税车辆,其组成计税价格中不应加计消费税税额。

（　　）

【参考答案】 ×

【答案解析】 根据《财政部　税务总局关于车辆购置税有关具体政策的公告》（财政部　税务总局公告 2019 年第 71 号）的规定,属于应征消费税的应税车辆,其组成计税价格中应加计消费税税额。

4. 纳税人将已征车辆购置税的车辆退回车辆生产企业或者销售企业的,可以向主管税务机关申请退还车辆购置税。退税额以已缴税款为基准,自缴纳税款之日至申请退税之日,每满一年扣减 10%。 （　　）

【参考答案】 √

【答案解析】 根据《车辆购置税法》第十五条的规定,纳税人将已征车辆购置税的车辆退回车辆生产企业或者销售企业的,可以向主管税务机关申请退还车辆购置税。退税额以已缴税款为基准,自缴纳税款之日至申请退税之日,每满一年扣减 10%。

5. 自 2018 年 7 月 1 日起,对购置挂车减半征收车辆购置税。 （　　）

【参考答案】 ×

【答案解析】 根据《财政部　税务总局　工业和信息化部关于对挂车减征车辆购置税的公告》（财政部　税务总局　工业和信息化部公告 2018 年第 69 号）第一条的规定和《财政部　税务总局关于继续执行的车辆购置税优惠政策的公告》（财政部　税务总局公告 2019 年第 75 号）第三条的规定,自 2018 年 7 月 1 日至 2021 年 6 月 30 日,对购置挂车减半征收车辆购置税。

6. 免税、减税车辆因转让、改变用途等原因不再属于免税、减税范围的,纳税人应当在办理车辆转移登记或者变更登记后缴纳车辆购置税。 （　　）

【参考答案】 ×

【答案解析】 根据《车辆购置税法》第十四条的规定,免税、减税车辆因转让、改变用途等原因不再属于免税、减税范围的,纳税人应当在办理车辆转移登记或者变更登记前缴纳车辆购置税。

7. 已经办理免税、减税手续的车辆因转让不再属于免税、减税范围的,转让人为车辆购置税纳税人。 （ ）

【参考答案】 ×

【答案解析】 根据《财政部 税务总局关于车辆购置税有关具体政策的公告》（财政部 税务总局公告 2019 年第 71 号）第七条的规定,已经办理免税、减税手续的车辆因转让、改变用途等原因不再属于免税、减税范围的,纳税人、纳税义务发生时间、应纳税额按以下规定执行：发生转让行为的,受让人为车辆购置税纳税人；未发生转让行为的,车辆所有人为车辆购置税纳税人。

8. 王某 2022 年 4 月 1 日从 4S 店购入一辆小轿车,王某应申报缴纳车辆购置税的期限为自纳税义务发生之日起 60 日内。 （ ）

【参考答案】 √

【答案解析】 根据《车辆购置税法》第十二条的有关规定,车辆购置税的纳税义务发生时间为纳税人购置应税车辆的当日。纳税人应当自纳税义务发生之日起 60 日内申报缴纳车辆购置税。

9. 甲汽车专卖店将其购买的 1 辆作为经营自用轿车并登记在专卖店名下不需要缴纳车辆购置税。 （ ）

【参考答案】 ×

【答案解析】 根据《车辆购置税法》第二条的规定,本法所称购置,是指以购买、进口、自产、受赠、获奖或者其他方式取得并自用应税车辆的行为。

10. 纳税人购置应税车辆,向购买车辆所在地的税务机关申报纳税。 （ ）

【参考答案】 ×

【答案解析】 纳税人购置应税车辆,向车辆登记注册地的税务机关申报纳税。

11. 在 2022 年 1 月 1 日至 2022 年 12 月 31 日购买且单车价格(不含增值税)不超过 30 万元的 2.0 升及以下排量乘用车,减半征收车辆购置税。 （ ）

【参考答案】 ×

【答案解析】 对购置日期在 2022 年 6 月 1 日至 2022 年 12 月 31 日且单车价格(不含增值税)不超过 30 万元的 2.0 升及以下排量乘用车,减半征收车辆购置税。

12. 根据《财政部 税务总局关于减征部分乘用车车辆购置税的公告》（财政部税务总局公告 2022 年第 20 号）的规定,乘用车是指在设计、制造和技术特性上主要用于载运乘客及其随身行李和(或)临时物品,包括驾驶员座位在内最多不超过

7 个座位的汽车。 （ ）

【参考答案】 ×

【答案解析】 根据《财政部 税务总局关于减征部分乘用车车辆购置税的公告》(财政部 税务总局公告 2022 年第 20 号)的规定,乘用车是指在设计、制造和技术特性上主要用于载运乘客及其随身行李和(或)临时物品,包括驾驶员座位在内最多不超过 9 个座位的汽车。

四、企业所得税

（一）单项选择题

1. 小型微利企业中的从业人数不包含（　　）。

A. 生产部工人　　　　　　　　B. 销售部销售人员

C. 接受的劳务派遣用工人员　　D. 派遣到其他单位工作的人员

【参考答案】 D

【答案解析】 根据《财政部　税务总局关于实施小微企业普惠性税收减免政策的通知》(财税〔2019〕13号)第二条的规定,从业人数,包括与企业建立劳动关系的职工人数和企业接受的劳务派遣用工人数。

2. 对小型微利企业减按_____计算应纳税所得额,按_____的税率缴纳企业所得税政策,延续执行至 2027 年 12 月 31 日。（　　）

A. 25%;25%　　B. 20%;25%　　C. 12.5%;20%　　D. 25%;20%

【参考答案】 D

【答案解析】 根据《财政部　税务总局关于进一步支持小微企业和个体工商户发展有关税费政策的公告》(财政部　税务总局公告 2023 年第 12 号)的规定,对小型微利企业减按 25% 计算应纳税所得额,按 20% 的税率缴纳企业所得税政策,延续执行至 2027 年 12 月 31 日。

3. 2023 年度,甲企业(小型微利企业)应纳税所得额是 80 万元,在计算企业所得税应纳税额时应减按一定比例计入应纳税所得额。该比例是（　　）。

A. 75%　　　　B. 50%　　　　C. 25%　　　　D. 20%

【参考答案】 C

【答案解析】 根据《财政部　税务总局关于进一步支持小微企业和个体工商户发展有关税费政策的公告》(财政部　税务总局公告 2023 年第 12 号)的规定,对小型微利企业减按 25% 计算应纳税所得额,按 20% 的税率缴纳企业所得税政策,延续执行至 2027 年 12 月 31 日。

4. 企业在 2024 年 1 月 1 日至 2027 年 12 月 31 日新购进的设备、器具,单位价值不超过（　　）万元的,允许一次性计入当期成本费用在计算应纳税所得额时扣除,不再分年度计算折旧。

    A. 100   B. 200   C. 300   D. 500

【参考答案】 D

【答案解析】 根据《财政部 税务总局关于设备、器具扣除有关企业所得税政策的公告》(财政部 税务总局公告 2023 年第 37 号)的规定,企业在 2024 年 1 月 1 日至 2027 年 12 月 31 日新购进的设备、器具,单位价值不超过 500 万元的,允许一次性计入当期成本费用在计算应纳税所得额时扣除,不再分年度计算折旧。

5. 企业在( )新购进的设备、器具,单位价值超过 500 万元的,仍按《企业所得税法实施条例》《财政部 国家税务总局关于完善固定资产加速折旧企业所得税政策的通知》(财税〔2014〕75 号)、《财政部 国家税务总局关于进一步完善固定资产加速折旧企业所得税政策的通知》(财税〔2015〕106 号)等相关规定执行。

    A. 2022 年 1 月 1 日至 2022 年 12 月 31 日

    B. 2023 年 1 月 1 日至 2023 年 12 月 31 日

    C. 2023 年 1 月 1 日至 2024 年 12 月 31 日

    D. 2024 年 1 月 1 日至 2027 年 12 月 31 日

【参考答案】 D

【答案解析】 根据《财政部 税务总局关于设备、器具扣除有关企业所得税政策的公告》(财政部 税务总局公告 2023 年第 37 号)的规定,企业在 2024 年 1 月 1 日至 2027 年 12 月 31 日新购进的设备、器具,单位价值不超过 500 万元的,允许一次性计入当期成本费用在计算应纳税所得额时扣除,不再分年度计算折旧;单位价值超过 500 万元的,仍按《企业所得税法实施条例》《财政部 国家税务总局关于完善固定资产加速折旧企业所得税政策的通知》(财税〔2014〕75 号)、《财政部 国家税务总局关于进一步完善固定资产加速折旧企业所得税政策的通知》(财税〔2015〕106 号)等相关规定执行。

6. 2022 年,某小微企业购进 600 万元设备,该设备按企业所得税法规定最低折旧年限为 5 年,其扣除方法正确的是( )。

    A. 单位价值的 100% 可在当年一次性税前扣除

    B. 单位价值的 50% 可在当年一次性税前扣除,其余 50% 按规定在剩余年度计算折旧进行税前扣除

    C. 单位价值的 50% 可在当年一次性税前扣除,其余 50% 在第 2 年进行税前扣除

    D. 单位价值的 75% 可在当年一次性税前扣除,其余 25% 在第 2 年进行税前扣除

【参考答案】 B

【答案解析】 根据《财政部 税务总局关于中小微企业设备器具所得税税前扣除有关政策的公告》(财政部 税务总局公告2022年第12号)第一条的规定,中小微企业在2022年1月1日至2022年12月31日新购置的设备、器具,单位价值在500万元以上的,按照单位价值的一定比例自愿选择在企业所得税税前扣除。其中,《中华人民共和国企业所得税法实施条例》(以下简称《企业所得税法实施条例》)规定最低折旧年限为3年的设备器具,单位价值的100%可在当年一次性税前扣除;最低折旧年限为4年、5年、10年的,单位价值的50%可在当年一次性税前扣除,其余50%按规定在剩余年度计算折旧进行税前扣除。

7. 自(   ),对小型微利企业年应纳税所得额不超过100万元的部分,减按25%计入应纳税所得额,按20%的税率缴纳企业所得税。

A. 2020年1月1日至2022年12月31日

B. 2021年1月1日至2023年12月31日

C. 2022年1月1日至2024年12月31日

D. 2023年1月1日至2027年12月31日

【参考答案】 D

【答案解析】 根据《财政部 税务总局关于小微企业和个体工商户所得税优惠政策的公告》(财政部 税务总局公告2023年第6号)的规定,自2023年1月1日至2024年12月31日,对小型微利企业年应纳税所得额不超过100万元的部分,减按25%计入应纳税所得额,按20%的税率缴纳企业所得税。根据《财政部 税务总局关于进一步支持小微企业和个体工商户发展有关税费政策的公告》(财政部 税务总局公告2023年第12号)的规定,对小型微利企业减按25%计算应纳税所得额,按20%的税率缴纳企业所得税政策,延续执行至2027年12月31日。

8. 自(   ),对小型微利企业年应纳税所得额超过100万元但不超过300万元的部分,减按25%计入应纳税所得额,按20%的税率缴纳企业所得税。

A. 2019年1月1日至2022年12月31日

B. 2021年1月1日至2022年12月31日

C. 2021年1月1日至2024年12月31日

D. 2022年1月1日至2027年12月31日

【参考答案】 D

【答案解析】 根据《财政部 税务总局关于进一步实施小微企业所得税优惠政策的公告》(财政部 税务总局公告2022年第13号)的规定,自2022年1月1日至2024年12月31日,对小型微利企业年应纳税所得额超过100万元但不超过300万元的部分,减按25%计入应纳税所得额,按20%的税率缴纳企业所得税。根据《财政

部 税务总局关于进一步支持小微企业和个体工商户发展有关税费政策的公告》(财政部 税务总局公告2023年第12号)的规定,对小型微利企业减按25%计算应纳税所得额,按20%的税率缴纳企业所得税政策,延续执行至2027年12月31日。

9. 好运来公司属于小型微利企业,2023年第一季度预缴企业所得税时,应纳税所得额是50万元,那么A企业实际应纳税额是_____万元,减免税额为_____万元。( )

A. 2.5;7.5　　　　B. 2.5;10　　　　C. 1.25;8.75　　　　D. 1.25;11.25

【参考答案】 B

【答案解析】 根据《财政部 税务总局关于小微企业和个体工商户所得税优惠政策的公告》(财政部 税务总局公告2023年第6号)的规定,自2023年1月1日至2024年12月31日,对小型微利企业年应纳税所得额不超过100万元的部分,减按25%计入应纳税所得额,按20%的税率缴纳企业所得税。根据《财政部 税务总局关于进一步支持小微企业和个体工商户发展有关税费政策的公告》(财政部 税务总局公告2023年第12号)的规定,对小型微利企业减按25%计算应纳税所得额,按20%的税率缴纳企业所得税政策,延续执行至2027年12月31日。A企业实际应纳税额=50×25%×20%=2.5(万元)。减免税额=50×25%-2.5=10(万元)。

10. A企业属于小型微利企业,2023年第一季度预缴企业所得税时,应纳税所得额是150万元,那么A企业实际应纳税额是_____万元,减免税额为_____万元。( )

A. 5;32.5　　　　B. 7.5;30　　　　C. 10;20　　　　D. 10;27.5

【参考答案】 B

【答案解析】 根据《财政部 税务总局关于小微企业和个体工商户所得税优惠政策的公告》(财政部 税务总局公告2023年第6号)的规定,自2023年1月1日至2024年12月31日,对小型微利企业年应纳税所得额不超过100万元的部分,减按25%计入应纳税所得额,按20%的税率缴纳企业所得税。

根据《财政部 税务总局关于进一步实施小微企业所得税优惠政策的公告》(财政部 税务总局公告2022年第13号)的规定,自2022年1月1日至2024年12月31日,对小微企业年应纳税所得额超过100万元但不超过300万元的部分,减按25%计入应纳税所得额,按20%的税率缴纳企业所得税。

根据《财政部 税务总局关于进一步支持小微企业和个体工商户发展有关税费政策的公告》(财政部 税务总局公告2023年第12号)的规定,对小型微利企业减按25%计算应纳税所得额,按20%的税率缴纳企业所得税政策,延续执行至2027年12月31日。

A 企业实际应纳税额＝100×25％×20％＋(150－100)×25％×20％＝7.5(万元)。减免税额＝150×25％－7.5＝30(万元)。

11. 根据《企业所得税法》及其实施条例的规定,下列关于收入确认时点正确的是( )。

A. 利息收入,按照债务人实际支付日确认收入的实现

B. 权益性投资收益,按照被投资方约定利润分配的日期确定

C. 接受捐赠收入,按照签订捐赠合同的日期确认

D. 租金收入,按照合同约定的承租人应付租金的日期确认收入的实现

【参考答案】 D

【答案解析】 租金收入,是指企业提供固定资产、包装物或者其他有形资产的使用权取得的收入。租金收入,按照合同约定的承租人应付租金的日期确认收入的实现。

12. 企业发生的与生产经营活动有关的业务招待费支出,按照发生额的_____扣除,但最高不得超过当年_____的 5‰。( )

A. 50％;利润总额　　　　　　　　B. 50％;销售(营业)收入

C. 60％;利润总额　　　　　　　　D. 60％;销售(营业)收入

【参考答案】 D

【答案解析】 企业发生的与生产经营活动有关的业务招待费支出,按照发生额的 60％扣除,但最高不得超过当年销售(营业)收入的 5‰。

13. 2024 年 1 月 1 日以后认定的国家级、省级科技企业孵化器、大学科技园和国家备案众创空间,自认定之日_____起享受规定的税收优惠政策。被取消资格的,自取消资格之日_____起停止享受规定的税收优惠政策。( )

A. 当月;次月　　　B. 次月;次月　　　C. 当月;当月　　　D. 次月;当月

【参考答案】 B

【答案解析】 国家级、省级科技企业孵化器、大学科技园和国家备案众创空间应按规定申报享受免税政策,并将房产土地权属资料、房产原值资料、房产土地租赁合同、孵化协议等留存备查,税务部门依法加强后续管理。2018 年 12 月 31 日以前认定的国家级科技企业孵化器、大学科技园,以及 2019 年 1 月 1 日至 2023 年 12 月 31 日认定的国家级、省级科技企业孵化器、大学科技园和国家备案众创空间,自 2024 年 1 月 1 日起继续享受规定的税收优惠政策。2024 年 1 月 1 日以后认定的国家级、省级科技企业孵化器、大学科技园和国家备案众创空间,自认定之日次月起享受规定的税收优惠政策。被取消资格的,自取消资格之日次月起停止享受规定的税收优惠政策。

14. 自 2023 年 1 月 1 日至 2027 年 12 月 31 日,对小型微利企业,减按( )计

入应税所得额,按 20% 的税率缴纳企业所得税。

A. 12.5%　　　　　B. 25%　　　　　C. 50%　　　　　D. 75%

【参考答案】 B

【答案解析】 根据《财政部　税务总局关于进一步支持小微企业和个体工商户发展有关税费政策的公告》(财政部　税务总局公告 2023 年第 12 号)的规定,对小型微利企业减按 25% 计算应纳税所得额,按 20% 的税率缴纳企业所得税政策,延续执行至 2027 年 12 月 31 日。

15. 自 2021 年 1 月 1 日至 2025 年 12 月 31 日,化妆品制造企业的广告费和业务宣传费支出,不超过当年销售收入的(　　)的部分,准予扣除,超过部分,准予在以后年度扣除。

A. 5%　　　　　B. 10%　　　　　C. 15%　　　　　D. 30%

【参考答案】 D

【答案解析】 根据《财政部　税务总局关于广告费和业务宣传费支出税前扣除有关事项的公告》(财政部　税务总局公告 2020 年第 43 号)的规定,对化妆品制造或销售、医药制造和饮料制造(不含酒精制造)企业发生的广告费和业务宣传费支出,不超过当年销售(营业)收入 30% 的部分,准予扣除;超过部分,准予在以后纳税年度结转扣除。

16. 企业根据优惠政策减免的增值税,作为企业所得税的(　　)。

A. 免税收入　　　　B. 不征税收入　　　　C. 应税收入　　　　D. 无关收入

【参考答案】 C

【答案解析】 企业取得的各类财政性资金,除属于国家投资和资金使用后要求归还本金的以外,均应计入企业当年收入总额。上述所称财政性资金,是指企业取得的来源于政府及其有关部门的财政补助、补贴、贷款贴息,以及其他各类财政专项资金,包括直接减免的增值税和即征即退、先征后退、先征后返的各种税收,但不包括企业按规定取得的出口退税款;所称国家投资,是指国家以投资者身份投入企业、并按有关规定相应增加企业实收资本(股本)的直接投资。

17. 根据《企业所得税法》的规定,下列项目中享受税额抵免政策的是(　　)。

A. 企业用于新产品开发的费用

B. 创业投资企业从事国家需重点扶持和鼓励的创业投资的投资额

C. 安置残疾人员及国家鼓励安置的其他就业人员所支付的工资

D. 企业购置用于环境保护的投资额

【参考答案】 D

【答案解析】 企业购置用于环境保护、节能节水、安全生产等专用设备的投资额,可以按一定比例实行税额抵免。

18. 扩展初创科技型企业优惠政策适用范围,对创投企业和天使投资个人投向初创科技型企业可按投资额的( )抵扣应纳税所得额。

A. 30%   B. 40%   C. 50%   D. 70%

【参考答案】 D

【答案解析】 公司制创业投资企业采取股权投资方式直接投资于种子期、初创期科技型企业满2年(24个月,下同)的,可以按照投资额的70%在股权持有满2年的当年抵扣该公司制创业投资企业的应纳税所得额;当年不足抵扣的,可以在以后纳税年度结转抵扣。个人合伙人可以按照对初创科技型企业投资额的70%抵扣个人合伙人从合伙创投企业分得的经营所得;当年不足抵扣的,可以在以后纳税年度结转抵扣。天使投资个人采取股权投资方式直接投资于初创科技型企业满2年的,可以按照投资额的70%抵扣转让该初创科技型企业股权取得的应纳税所得额;当期不足抵扣的,可以在以后取得转让该初创科技型企业股权的应纳税所得额时结转抵扣。

19. 根据《企业所得税法》的规定,下列关于居民企业和非居民企业的说法,正确的是( )。

A. 只有依照中国法律成立的企业才是居民企业

B. 依照外国法律成立,实际管理机构在中国境内的企业是非居民企业

C. 在境外成立的企业都是非居民企业

D. 在中国境内设立机构、场所且在境外成立其实际管理机构不在中国境内的企业是非居民企业

【参考答案】 D

【答案解析】 企业分为居民企业和非居民企业。《企业所得税法》所称居民企业,是指依法在中国境内成立,或者依照外国(地区)法律成立但实际管理机构在中国境内的企业。《企业所得税法》所称非居民企业,是指依照外国(地区)法律成立且实际管理机构不在中国境内,但在中国境内设立机构、场所的,或者在中国境内未设立机构、场所,但有来源于中国境内所得的企业。

20. 非居民企业在中国境内设立机构、场所的,应当就其所设机构、场所取得的来源于中国境内的所得,以及发生在中国境外但与其所设机构、场所有实际联系的所得,缴纳企业所得税。适用的企业所得税税率为( )。

A. 20%   B. 10%   C. 25%   D. 15%

【参考答案】 C

【答案解析】 居民企业应当就其来源于中国境内、境外的所得缴纳企业所得税。非居民企业在中国境内设立机构、场所的,应当就其所设机构、场所取得的来源于中

国境内的所得,以及发生在中国境外但与其所设机构、场所有实际联系的所得,缴纳企业所得税。企业所得税的税率为25%。

21. ( )纳税人分为居民企业和非居民企业。

A. 增值税   B. 资源税   C. 企业所得税   D. 消费税

【参考答案】 C

【答案解析】 企业分为居民企业和非居民企业。《企业所得税法》所称居民企业,是指依法在中国境内成立,或者依照外国(地区)法律成立但实际管理机构在中国境内的企业。《企业所得税法》所称非居民企业,是指依照外国(地区)法律成立且实际管理机构不在中国境内,但在中国境内设立机构、场所的,或者在中国境内未设立机构、场所,但有来源于中国境内所得的企业。

22. 下列各项中,不属于企业所得税纳税人的是( )。

A. 在中国境内未设立机构、场所,但有来源于中国境内所得的企业

B. 在中国境内成立的外商独资企业

C. 在中国境内成立的个人独资企业

D. 在中国境内设立的一人有限公司

【参考答案】 C

【答案解析】 在中国境内,企业和其他取得收入的组织为企业所得税的纳税人,依照《企业所得税法》的规定缴纳企业所得税。个人独资企业、合伙企业不适用《企业所得税法》。

23. 某商业企业2023年有职工70人,资产总额800万元,取得生产经营收入共计860万元,税前扣除项目金额共计857.2万元。2023年度该企业应缴纳企业所得税( )万元。

A. 0.14   B. 0.35   C. 0.56   D. 0.28

【参考答案】 A

【答案解析】 根据《财政部 税务总局关于小微企业和个体工商户所得税优惠政策的公告》(财政部 税务总局公告2023年第6号)的规定,自2023年1月1日至2024年12月31日,对小型微利企业年应纳税所得额不超过100万元的部分,减按25%计入应纳税所得额,按20%的税率缴纳企业所得税。该企业应缴纳企业所得税=2.8×25%×20%=0.14(万元)。

24. 企业发生的公益性捐赠支出,不超过( )的部分,准予扣除。

A. 年度利润总额6%   B. 年度利润总额12%

C. 工资、薪金总额6%   D. 工资、薪金总额12%

【参考答案】 B

【答案解析】 企业发生的公益性捐赠支出,不超过年度利润总额12%的部分,准予扣除。年度利润总额,是指企业依照国家统一会计制度的规定计算的年度会计利润。

25. 企业发生的职工福利费支出,不超过(   )的部分,准予扣除。

A. 年度利润总额12%　　　　　B. 年度利润总额14%

C. 工资、薪金总额12%　　　　D. 工资、薪金总额14%

【参考答案】 D

【答案解析】 略。

26. 企业拨缴的工会经费,不超过(   )的部分,准予扣除。

A. 工资、薪金总额2%　　　　　B. 工资、薪金总额2.5%

C. 年度利润总额2%　　　　　　D. 年度利润总额2.5%

【参考答案】 A

【答案解析】 略。

27. 自2018年1月1日起,企业发生的职工教育经费支出,不超过(   )的部分,准予扣除;超过部分,准予在以后纳税年度结转扣除。

A. 工资、薪金总额8%　　　　　B. 工资、薪金总额2.5%

C. 年度利润总额8%　　　　　　D. 年度利润总额2.5%

【参考答案】 A

【答案解析】 自2018年1月1日起,企业发生的职工教育经费支出,不超过工资、薪金总额8%的部分,准予在计算企业所得税应纳税所得额时扣除;超过部分,准予在以后纳税年度结转扣除。

28. 依照国外(地区)法律成立且实际管理机构不在中华人民共和国境内,但在中华人民共和国境内设立机构、场所,(   ),以及无法据实申报其应纳税所得额的非居民企业,税务机关有权采取相关规定的方法核定其应纳税所得额。

A. 账簿健全,不能准确核算收入或成本费用

B. 账簿不健全,但能准确核算收入或成本费用

C. 账簿健全,能准确核算收入或成本费用

D. 账簿不健全,不能准确核算收入或成本费用

【参考答案】 D

【答案解析】 非居民企业应当按照《税收征收管理法》及有关法律法规设置账簿,根据合法、有效凭证记账,进行核算,并应按照其实际履行的功能与承担的风险相匹配的原则,准确计算应纳税所得额,据实申报缴纳企业所得税。《非居民企业所得税核定征收管理办法》(国税发〔2010〕19号印发)第四条规定,非居民企业因会计账

簿不健全,资料残缺难以查账,或者其他原因不能准确计算并据实申报其应纳税所得额的,税务机关有权采取相关规定的方法核定其应纳税所得额。

29. 下列说法中,不符合企业所得税相关规定的有( )。

A. 企业发生的职工教育经费超过扣除限额的,允许结转到以后纳税年度扣除

B. 企业筹建期间发生的广告费、业务宣传费,可以按实际发生额计入企业筹办费,并按规定在税前扣除

C. 饮料制造企业发生的广告费和业务宣传费支出,超过标准的部分,允许结转到以后纳税年度扣除

D. 企业发生的符合确认条件的实际资产损失,在当年因某种原因未能扣除的,准予结转到以后年度扣除

【参考答案】 D

【答案解析】 选项 D,企业发生的符合条件的实际资产损失,在当年因某种原因未能扣除的,准予追补至该项损失发生年度扣除。

30. 企业参加( ),按照规定缴纳的保险费,准予扣除。

A. 人身保险　　　　B. 健康保险　　　　C. 商业保险　　　　D. 财产保险

【参考答案】 D

【答案解析】 略。

31. 美国微软公司在中国设立分支机构,就其来源于中国境外的与该分支机构有实际联系的所得缴纳企业所得税时,适用税率是( )。

A. 20%　　　　B. 25%　　　　C. 30%　　　　D. 10%

【参考答案】 B

【答案解析】 居民企业应当就其来源于中国境内、境外的所得缴纳企业所得税。非居民企业在中国境内设立机构、场所的,应当就其所设机构、场所取得的来源于中国境内的所得,以及发生在中国境外但与其所设机构、场所有实际联系的所得,缴纳企业所得税。企业所得税的税率为 25%。

32. 企业所得税的计税依据是( )。

A. 实际利润额　　　　　　　　　　B. 利润总额

C. 应纳税所得额　　　　　　　　　D. 净利润额

【参考答案】 C

【答案解析】 企业所得税针对企业应纳税所得额征税。

33. 2019 年 1 月 1 日起,小型微利企业资产总额上限提高到( )万元。

A. 3 000　　　　B. 4 000　　　　C. 5 000　　　　D. 6 000

【参考答案】 C

【答案解析】 小型微利企业是指从事国家非限制和禁止行业,且同时符合年度应纳税所得额不超过 300 万元、从业人数不超过 300 人、资产总额不超过 5 000 万元三个条件的企业。

34. 2019 年 1 月 1 日起,享受企业所得税优惠的小型微利企业应纳税所得额上限提高到了( )万元。

A. 50   B. 100   C. 200   D. 300

【参考答案】 D

【答案解析】 小型微利企业是指从事国家非限制和禁止行业,且同时符合年度应纳税所得额不超过 300 万元、从业人数不超过 300 人、资产总额不超过 5 000 万元三个条件的企业。

35. 2019 年 1 月 1 日起,享受企业所得税优惠的小型微利企业从业人数上限提高到了( )人。

A. 80   B. 100   C. 300   D. 500

【参考答案】 C

【答案解析】 小型微利企业是指从事国家非限制和禁止行业,且同时符合年度应纳税所得额不超过 300 万元、从业人数不超过 300 人、资产总额不超过 5 000 万元三个条件的企业。

36. 某企业 2020 年 5 月购入一台生产用固定资产,买价为 450 万元,支付运费 20 万元,发生安装费 10 万元,至 2022 年 1 月安装完成,并投入使用,则该设备可以在( )一次性税前扣除。

A. 2020 年   B. 2021 年

C. 2022 年   D. 不能一次性扣除

【参考答案】 C

【答案解析】 企业在 2018 年 1 月 1 日至 2027 年 12 月 31 日新购进的设备、器具,单位价值不超过 500 万元的,允许一次性计入当期成本费用在计算应纳税所得额时扣除,不再分年度计算折旧;单位价值超过 500 万元的,仍按《企业所得税法实施条例》《财政部 国家税务总局关于完善固定资产加速折旧企业所得税政策的通知》(财税〔2014〕75 号)、《财政部 国家税务总局关于进一步完善固定资产加速折旧企业所得税政策的通知》(财税〔2015〕106 号)、《财政部 税务总局关于延长部分税收优惠政策执行期限的公告》(财政部 税务总局公告 2021 年第 6 号)等相关规定执行。

37. 国家需要重点扶持的高新技术企业减按( )的税率征收企业所得税。

A. 10%   B. 15%   C. 25%   D. 30%

【参考答案】 B

【答案解析】 略。

38. 符合条件的技术转让所得免征、减征企业所得税,是指一个纳税年度内,居民企业技术转让所得不超过_____万元的部分,免征企业所得税;超过_____万元的部分,减半征收企业所得税。( )

A. 100 B. 300 C. 500 D. 800

【参考答案】 C

【答案解析】 略。

39. 企业安置残疾人员所支付的工资的加计扣除,是指企业安置残疾人员的,在按照支付给残疾职工工资据实扣除的基础上,按照支付给残疾职工工资的( )加计扣除。

A. 50% B. 75% C. 100% D. 175%

【参考答案】 C

【答案解析】 企业安置残疾人员所支付的工资的加计扣除,是指企业安置残疾人员的,在按照支付给残疾职工工资据实扣除的基础上,按照支付给残疾职工工资的100%加计扣除。残疾人员的范围适用《中华人民共和国残疾人保障法》的有关规定。

40. 某企业为高新技术企业,其资质证书有效期为2018年6月至2021年6月,则该企业在( )发生的亏损,可以弥补10年。

A. 2013—2017年 B. 2013—2018年
C. 2013—2019年 D. 2013—2020年

【参考答案】 A

【答案解析】 自2018年1月1日起,当年具备高新技术企业或科技型中小企业资格的企业,其具备资格年度之前5个年度发生的尚未弥补完的亏损,准予结转以后年度弥补,最长结转年限由5年延长至10年。

41. 小微企业普惠性税收减免政策规定,小型微利企业从业人数和资产总额指标的计算公式为( )。

A. 周平均值=(周初值+周末值)÷2
   全年周平均值=全年各周平均值之和÷52
B. 月平均值=(月初值+月末值)÷2
   全年月平均值=全年各月平均值之和÷12
C. 季度平均值=(季初值+季末值)÷2
   全年季度平均值=全年各季度平均值之和÷4
D. 全年平均值=(年初值+年末值)÷2

【参考答案】 C

【答案解析】 根据《财政部 税务总局关于进一步支持小微企业和个体工商户发展有关税费政策的公告》(财政部 税务总局公告 2023 年第 12 号)的规定,对小型微利企业减按 25% 计算应纳税所得额,按 20% 的税率缴纳企业所得税政策,延续执行至 2027 年 12 月 31 日。

所称小型微利企业,是指从事国家非限制和禁止行业,且同时符合年度应纳税所得额不超过 300 万元、从业人数不超过 300 人、资产总额不超过 5 000 万元等三个条件的企业。

从业人数,包括与企业建立劳动关系的职工人数和企业接受的劳务派遣用工人数。所称从业人数和资产总额指标,应按企业全年的季度平均值确定。具体计算公式如下:

季度平均值 = (季初值 + 季末值) ÷ 2

全年季度平均值 = 全年各季度平均值之和 ÷ 4

年度中间开业或者终止经营活动的,以其实际经营期作为一个纳税年度确定上述相关指标。

42. A 公司是一家化妆品制造公司,2023 年营业收入 100 万元,发生广告费和业务宣传费支出 60 万元,关于广告费和业务宣传费以下说法正确的是( )。

A. 当年准予扣除 15 万元,余下部分准予在以后纳税年度结转扣除

B. 当年准予扣除 15 万元,余下部分不在以后纳税年度结转扣除

C. 当年准予扣除 30 万元,余下部分准予在以后纳税年度结转扣除

D. 当年准予扣除 30 万元,余下部分不在以后纳税年度结转扣除

【参考答案】 C

【答案解析】 对化妆品制造或销售、医药制造和饮料制造(不含酒类制造)企业发生的广告费和业务宣传费支出,不超过当年销售(营业)收入 30% 的部分,准予扣除;超过部分,准予在以后纳税年度结转扣除。

43. 柔嘉纺织有限责任公司,2023 年资产总额 10 000 万元,职工共计 324 人,全年销售收入 1 480 万元,其他各项合理的成本、费用合计 1 080 万元,其中符合条件的研发费用 350 万元,不考虑其他纳税调整项目,该公司 2023 年应缴纳企业所得税( )万元。

A. 1.25　　　　B. 5　　　　C. 6.25　　　　D. 12.5

【参考答案】 D

【答案解析】 根据《财政部 税务总局关于进一步完善研发费用税前加计扣除政策的公告》(财政部 税务总局公告 2023 年第 7 号)的规定,企业开展研发活动中实际发生的研发费用,未形成无形资产计入当期损益的,在按规定据实扣除的基础上,

自2023年1月1日起,再按照实际发生额的100%在税前加计扣除;形成无形资产的,自2023年1月1日起,按照无形资产成本的200%在税前摊销。2023年应纳税所得额＝1 480－1 080－350×100％＝50(万元),该公司不符合小型微利企业,应纳所得税额＝50×25％＝12.5(万元)。

44. 某企业2022年12月取得科技型中小企业登记编号。2022年发生以下业务:直接从事研发活动人员工资薪金80万元;为研发某产品租赁仓库一处,租赁费用10万元;发生新工艺规程制定费8万元;另外与研发活动直接相关的其他费用12万元。企业财务就上述业务的加计扣除政策向前台办税人员进行咨询该企业允许加计扣除的金额为(   )万元。

A. 110　　　　　　B. 100　　　　　　C. 97.78　　　　　　D. 108.89

【参考答案】　C

【答案解析】　直接投入费用是指研发活动直接消耗的材料、燃料和动力费用……用于研发活动的仪器、设备的运行维护、调整、检验、维修等费用,以及通过经营租赁方式租入的用于研发活动的仪器、设备租赁费。对于直接投入费用中的租赁费只有"设备租赁费"可以加计扣除,房屋建筑物的租赁费被排除在外。其他相关费用是指与研发活动直接相关的其他费用,如技术图书资料费、资料翻译费、专家咨询费……此类费用总额不得超过可加计扣除研发费用总额的10％。研发费用＝80＋8＋12＝100(万元),其他相关费用限额＝(100－12)×10％÷(1－10％)＝9.78(万元),小于实际发生数12万元,则该企业允许加计扣除的研发费用应＝100－12＋9.78＝97.78(万元)。

45. 雄光企业2020年发生以下业务,可按设备投资额的10％抵免税额的是(   )。

A. 将1月购入用于环境保护的设备并将设备出租给其他企业使用

B. 将8月新购的综合利用资源的设备投入使用

C. 将6月新购的节能节水的设备投入使用

D. 将5月购买的安全生产的设备转让给其他企业

【参考答案】　C

【答案解析】　企业购置并实际使用《环境保护专用设备企业所得税优惠目录》《节能节水专用设备企业所得税优惠目录》和《安全生产专用设备企业所得税优惠目录》规定的环境保护、节能节水、安全生产等专用设备的,该专用设备的投资额的10％可以从企业当年的应纳税额中抵免;当年不足抵免的,可以在以后5个纳税年度结转抵免。

享受此款规定的企业所得税优惠的企业,应当实际购置并自身实际投入使用前款规定的专用设备;企业购置上述专用设备在5年内转让、出租的,应当停止享受企业所得税优惠,并补缴已经抵免的企业所得税税款。选项C符合文件要求,可以按照设备投资额的10%抵免税额。

46. 根据《企业所得税法》的规定,企业购置符合条件的安全生产设备,可按设备投资额的10%抵免( )。

A. 税款
B. 所得
C. 收入
D. 应纳税所得额

【参考答案】 A

【答案解析】 税额抵免,是指企业购置并实际使用《环境保护专用设备企业所得税优惠目录》《节能节水专用设备企业所得税优惠目录》和《安全生产专用设备企业所得税优惠目录》规定的环境保护、节能节水、安全生产等专用设备的,该专用设备的投资额的10%可以从企业当年的应纳税额中抵免;当年不足抵免的,可以在以后5个纳税年度结转抵免。

47. 享受高新技术企业优惠的条件之一,是高新技术产品收入占企业当年总收入的比例不得低于( )。

A. 50%
B. 60%
C. 70%
D. 80%

【参考答案】 B

【答案解析】 认定为高新技术企业须同时满足以下条件:近一年高新技术产品(服务)收入占企业同期总收入的比例不低于60%。

48. 某企业2018年取得高新技术企业证书,2013年发生的亏损最长可以结转到( )。

A. 2018年
B. 2023年
C. 2022年
D. 2017年

【参考答案】 B

【答案解析】 自2018年1月1日起,当年具备高新技术企业或科技型中小企业资格的企业,其具备资格年度之前5个年度发生的尚未弥补完的亏损,准予结转以后年度弥补,最长结转年限由5年延长至10年。当年具备高新技术企业或科技型中小企业资格的企业,其具备资格年度之前5个年度发生的尚未弥补完的亏损,是指当年具备资格的企业,其前5个年度无论是否具备资格,所发生的尚未弥补完的亏损。2018年具备资格的企业,无论2013年至2017年是否具备资格,其2013年至2017年发生的尚未弥补完的亏损,均准予结转以后年度弥补,最长结转年限为10年。2018年以后年度具备资格的企业,依此类推,进行亏损结转弥补税务处理。高新技术企业按照其取得的高新技术企业证书注明的有效期所属年度,确定其具备资格的年度。

49. 某企业2022年季度企业所得税预缴申报时符合小微企业条件,年度汇算清缴时应纳税所得额超过 300 万元。对季度预缴已享受的小微企业所得税优惠税额，以下处理正确的是(　　)。

A. 应按规定补缴税款和滞纳金

B. 应按规定补缴税款、滞纳金和罚款

C. 不需要补缴税款

D. 应按规定补缴税款

【参考答案】　D

【答案解析】　小型微利企业符合享受优惠政策条件，但预缴时未享受的，在年度汇算清缴时统一计算享受。小型微利企业在预缴时享受了优惠政策，但年度汇算清缴时超过规定标准的，应按规定补缴税款。

50. 某公司 2022 年实现产品销售收入 10 000 万元，取得国债利息收入 100 万元，发生业务招待费支出 80 万元。该公司按规定允许在企业所得税税前扣除的业务招待费支出金额是(　　)万元。

A. 80　　　　　　　B. 50　　　　　　　C. 48　　　　　　　D. 50.5

【参考答案】　C

【答案解析】　企业发生的与生产经营活动有关的业务招待费支出，按照发生额的 60% 扣除，但最高不得超过当年销售(营业)收入的 5‰。80×60%＝48(万元)＜10 000×5‰＝50(万元)。

51. 谋天下餐饮有限公司 2020 年度主营业务收入 400 万元，成本费用 510 万元，亏损 110 万元，该公司的亏损弥补最后一年度是(　　)。

A. 2024 年　　　　B. 2028 年　　　　C. 2029 年　　　　D. 2030 年

【参考答案】　B

【答案解析】　根据《财政部　税务总局关于延续实施应对疫情部分税费优惠政策的公告》(财政部　税务总局公告 2021 年第 7 号)的规定，受疫情影响较大的困难行业企业 2020 年度发生的亏损，最长结转年限由 5 年延长至 8 年。困难行业企业，包括交通运输、餐饮、住宿、旅游四大类。

52. 对在合同约定的效益分享期内发生的期间费用划分不清的，应合理进行分摊，期间费用的分摊应按照项目投资额和销售(营业)收入额两个因素计算分摊比例，两个因素的权重分别为(　　)。

A. 50%;50%　　　B. 60%;40%　　　C. 40%;60%　　　D. 45%;55%

【参考答案】　A

【答案解析】　略。

53. 2020 年某外商投资企业委托境外公司在境外销售其位于境内的一栋商品

房,签订了代销合同,后境外公司以不含税价格 5 000 万元售出。该商品房成本费用 3 000 万元,另向境外公司支付佣金和手续费 750 万元(能提供有效凭证),销售过程中缴纳相关税费 375 万元。该外商投资企业销售商品房应缴纳的企业所得税为( )万元。

A. 281.25   B. 218.75   C. 406.25   D. 500

【参考答案】 A

【答案解析】 企业委托境外机构销售开发产品的,其支付境外销售费用(含佣金或手续费)不超过委托销售收入 10% 的部分,准予据实扣除。佣金手续费扣除限额 = 5 000×10%=500(万元),按照 500 万元扣除,该企业应缴纳企业所得税 =(5 000 − 3 000 − 500 − 375)×25% = 281.25(万元)。

54. 下列选项中,不属于非货币资产的是( )。

A. 甲公司生产用的机器设备两台

B. 乙公司年底产生的应收款项 120 万元

C. 丙公司仓库存放的代销产品 50 吨

D. 丁公司新研发的专利权

【参考答案】 B

【答案解析】 乙公司年底产生的应收款项 120 万元属于货币资产。

55. 下列关于非居民企业从事国际运输业务税收管理的说法中,错误的是( )。

A. 非居民企业以程租方式出租船舶取得收入的经营活动不属于国际运输业务

B. 非居民企业以程租方式出租船舶取得收入的经营活动属于国际运输业务

C. 非居民企业以期租方式出租船舶取得收入的经营活动属于国际运输业务

D. 非居民企业以湿租方式出租飞机取得收入的经营活动属于国际运输业务

【参考答案】 A

【答案解析】 非居民企业以程租、期租、湿租的方式出租船舶、飞机取得收入的经营活动属于国际运输业务。

56. 某非居民企业在境内设立机构、场所,因会计账簿不健全,不能正确核算收入总额,但成本费用总额 120 万元能够准确核算。税务机关决定按照核定的方法征收企业所得税,税务机关核定的利润率为 20%,该企业应缴纳的企业所得税额为( )万元。

A. 8   B. 10   C. 7.5   D. 20

【参考答案】 C

【答案解析】 根据《企业所得税核定征收办法(试行)》(国税发〔2008〕30 号印发)

第六条的规定,采用应税所得率方式核定征收企业所得税的,应纳所得税额计算公式为:应纳所得税额=应纳税所得额×适用税率;应纳税所得额=应税收入额×应税所得率。

或:应纳税所得额=成本(费用)支出额÷(1-应税所得率)×应税所得率。

该企业应纳税所得额=成本费用总额÷(1-经税务机关核定的利润率)×经税务机关核定的利润率=120÷(1-20%)×20%=30(万元),应缴纳企业所得税=30×25%=7.5(万元)。

57. 依据《企业所得税法》的规定,下列关于三项经费扣除限额计算基数工资、薪金总额的说法中,正确的是(   )。

A. 工资、薪金总额是指实际发放的工资、薪金总和

B. 工资、薪金总额是指应发放的工资、薪金总和

C. 工资、薪金总额包括职工教育经费

D. 工资、薪金总额包括职工福利费

【参考答案】 A

【答案解析】 作为三项经费扣除限额计算基数的工资、薪金总额是指实际发放的工资、薪金总和,不包括企业的职工福利费、职工教育经费、工会经费以及养老保险费、医疗保险费、失业保险费、工伤保险费、生育保险费的等社会保险费和住房公积金。

58. 甲企业持有乙企业93%的股权,共计3 000万股。2020年8月丙企业决定收购甲企业所持有的乙企业全部股权,该股权每股计税基础为10元,收购日每股公允价值为12元。在收购中丙企业以公允价值为32 400万元的股权以及3 600万元银行存款作为支付对价,假定该收购行为符合且企业选择特殊性税务处理,则甲企业股权转让的应纳税所得额为(   )万元。

A. 300   B. 600   C. 5 400   D. 6 000

【参考答案】 B

【答案解析】 对于被收购企业的股东取得的收购企业股权的计税基础,以被收购股权的原有计税基础确定。所以股权支付的部分不确认所得和损失,对于非股权支付的部分,要按照规定确认所得和损失,依法计算缴纳企业所得税。甲企业转让股权的应纳税所得额=(3 000×12-3 000×10)×3 600÷(32 400+3 600)=600(万元)。

59. 下列关于合伙企业所得税征收管理的说法,不正确的是(   )。

A. 合伙企业生产经营所得和其他所得采取"先分后税"的原则

B. 合伙企业的生产经营所得和其他所得,包括合伙企业分配给所有合伙人的所

得和企业当年留存的利润

C. 合伙企业合伙人是自然人的,缴纳个人所得税

D. 合伙企业的合伙人是法人和其他组织的,合伙人在计算其缴纳企业所得税时,准予用合伙企业的亏损抵减其盈利

【参考答案】 D

【答案解析】 合伙企业的合伙人是法人和其他组织的,合伙人在计算其缴纳企业所得税时,不得用合伙企业的亏损抵减其盈利。

60. 某公司 2020 年实际支出的工资、薪金总额为 200 万元(包括支付给季节工的工资 10 万元),实际扣除的三项经费合计 40 万元,其中福利费本期发生 32 万元(包括支付给季节工的福利费 1 万元),拨缴的工会经费 5 万元,已经取得工会拨缴款收据,实际发生职工教育经费 3 万元,该企业在计算 2020 年应纳税所得额时,应调整的应纳税所得额为( )万元。

A. 0   B. 7.75   C. 5   D. 35.50

【参考答案】 C

【答案解析】 根据《企业所得税法实施条例》第四十条、第四十一条、第四十二条的规定,企业发生的职工福利费支出,不超过工资薪金总额 14% 的部分,准予扣除。企业拨缴的工会经费,不超过工资薪金总额 2% 的部分,准予扣除。除国务院财政、税务主管部门另有规定外,企业发生的职工教育经费支出,不超过工资薪金总额 2.5% 的部分,准予扣除;超过部分,准予在以后纳税年度结转扣除。

福利费扣除限额＝200×14%＝28(万元),实际发生 32 万元,准予扣除 28 万元;工会经费扣除限额＝200×2%＝4(万元),实际发生 5 万元,准予扣除 4 万元;职工教育经费扣除限额＝200×8%＝16(万元),实际发生 3 万元,可以据实扣除;应调增应纳税所得额＝(32-28)+(5-4)＝5(万元)。

61. 2020 年度,某企业财务资料显示,开具增值税专用发票取得收入 2 000 万元,另外从事运输服务,不含税收入 220 万元。收入对应的销售成本和运输成本合计为 1 550 万元,期间费用、税金及附加为 200 万元,营业外支出 100 万元(其中 90 万元为公益性捐赠支出),上年度企业自行计算亏损 50 万元,经税务机关核定的亏损为 30 万元。企业在所得税前可以扣除的捐赠支出为( )万元。

A. 90   B. 40.8   C. 44.4   D. 23.4

【参考答案】 C

【答案解析】 根据《中华人民共和国企业所得税法实施条例》第五十三条的规定,企业当年发生以及以前年度结转的公益性捐赠支出,不超过年度利润总额 12% 的部分,准予扣除。

会计利润＝2 000＋220－1 550－200－100＝370(万元)，捐赠扣除限额＝370×12%＝44.4(万元)，小于实际捐赠支出90万元，所以当年允许扣除的数额为44.4万元。

62. 2020年年初，A居民企业以实物资产800万元直接投资于B居民企业，取得B企业30%的股权。2020年5月，B企业宣告分配上年股息300万元。2020年11月，A企业将持有B企业的股权全部转让，取得收入1 000万元，转让时B企业在A企业投资期间形成的未分配利润为400万元。关于A企业该项投资业务的说法，正确的是(   )。

A. A企业取得股权转让所得290万元

B. A企业应确认投资的股息所得90万元

C. A企业应确认的应纳税所得额为－20万元

D. A企业投资转让所得应缴纳企业所得税15万元

【参考答案】 B

【答案解析】 根据《企业所得税法》第十九条的规定，非居民企业取得本法第三条第三款规定的所得，按照下列方法计算其应纳税所得额：股息、红利等权益性投资收益和利息、租金、特许权使用费所得，以收入全额为应纳税所得额。

A居民企业股权转让所得＝1 000－800＝200(万元)。

A居民企业股息所得＝300×30%＝90(万元)。

63. 鹏程公司是一家注册于海南自由贸易港从事环保设备生产的有限责任公司，2020年取得收入11 000万元，成本7 000万元，其他各项费用350万元，均符合税前列支条件，2020年应缴企业所得税(   )万元。

A. 912.5　　　　B. 547.5　　　　C. 456.25　　　　D. 365

【参考答案】 B

【答案解析】 根据《财政部 税务总局关于海南自由贸易港企业所得税税收优惠政策的通知》(财税〔2020〕31号)的规定，对注册在海南自由贸易港并实质性运营的鼓励类产业，减按15%的税率征收企业所得税。

64. 2020年某居民企业实现商品不含税销售收入2 000万元，发生现金折扣100万元，接受捐赠收入100万元，转让无形资产所有权收入20万元。该企业当年实际发生业务招待费30万元，广告费240万元，业务宣传费80万元。2020年度该企业可税前扣除的业务招待费、广告费、业务宣传费合计(   )万元。

A. 294.5　　　　B. 310　　　　C. 325.5　　　　D. 330

【参考答案】 B

【答案解析】 销售商品涉及现金折扣的，应当按扣除现金折扣前的金额确定销售商品收入金额。业务招待费:税前扣除标准$=2\,000\times0.5\%=10$(万元),实际发生额$=30\times60\%=18$(万元),按 10 万元扣除。广告费和业务宣传费:实际发生额 320 万元(240+80),税前扣除标准$=2\,000\times15\%=300$(万元),实际发生额大于标准额,按 300 万元扣除。合计$=10+300=310$(万元)。

65. 冠信公司 2020 年发生新产品研究开发费用 200 万元,其中形成无形资产的部分为 180 万元,计入当期损益的费用为 20 万元。假设该无形资产于 2020 年 7 月开发完成并使用,按 10 年进行摊销,则该公司 2018 年可以税前扣除的研发费用金额为( )万元。

A. 30 B. 39 C. 33.5 D. 50.75

【参考答案】 D

【答案解析】 未形成无形资产计入当期损益的部分,可以加计扣除75%:$20+20\times75\%=35$(万元);形成无形资产的部分可以扣除的摊销金额$=180\div10\times6\div12\times175\%=15.75$(万元);该研究开发费用在 2020 年可以扣除的金额$=35+15.75=50.75$(万元)。

66. 核定征收企业所得税的,税务机关应在每年( )月底前对上年度实行核定征收企业所得税的纳税人进行重新鉴定。

A. 3 B. 5 C. 6 D. 12

【参考答案】 C

【答案解析】 税务机关应在每年 6 月底前对上年度实行核定征收企业所得税的纳税人进行重新鉴定。

67. 某食品加工厂雇用职工 10 人,资产总额 200 万元。税务机关对其 2021 年经营业务进行检查时发现食品销售收入为 50 万元,转让国债收入 4 万元,国债利息收入 1 万元,但无法查实成本费用,税务机关采用核定办法对其征收所得税,应税所得率为 15%。2021 年,该食品加工厂应缴纳企业所得税( )万元。

A. 2.03 B. 1.62 C. 0.41 D. 0.203

【参考答案】 D

【答案解析】 成本费用无法核实,按照应税收入额核定计算所得税。国债利息收入免征企业所得税。应纳税所得额$=(50+4)\times15\%=8.1$(万元),适用小型微利企业税收优惠。自 2021 年 1 月 1 日至 2022 年 12 月 31 日,对小型微利企业年应纳税所得额不超过 100 万元的部分,减按 12.5% 计入应纳税所得额,按 20% 的税率缴纳企业所得税,则应纳所得税额$=8.1\times12.5\%\times20\%=0.203$(万元)。

(二) 多项选择题

1. 小型微利企业中的从业人数,包括( )之和。

A. 与企业建立劳动关系的职工人数

B. 企业接受的劳务派遣用工人数

C. 已退休人员人数

D. 与企业未建立劳动关系的临时用工人数

【参考答案】 A B

【答案解析】 根据《财政部 税务总局关于小微企业和个体工商户所得税优惠政策的公告》(财政部 税务总局公告2023年第6号)第三条的规定,从业人数,包括与企业建立劳动关系的职工人数和企业接受的劳务派遣用工人数。

2. 符合条件的小型微利企业,包括(   ),可以享受小微企业所得税优惠政策。

A. 查账征收的居民企业

B. 据实征收的非居民企业

C. 核定征收的居民企业

D. 按经费支出换算收入核定征收的非居民企业

【参考答案】 A C

【答案解析】 根据《国家税务总局关于小型微利企业所得税优惠政策征管问题的公告》(国家税务总局公告2022年第5号)第二条的规定,小型微利企业无论按查账征收方式或核定征收方式缴纳企业所得税,均可享受小型微利企业所得税优惠政策。

3. 2023年国务院将企业研发费用加计扣除比例由75%统一提高到100%,并且作为制度性安排长期实施。下列适用加计扣除政策的行业有(   )。

A. 餐饮服务　　　　B. 烟草制造　　　　C. 医药制造　　　　D. 现代服务

【参考答案】 C D

【答案解析】 根据《财政部 国家税务总局 科技部关于完善研究开发费用税前加计扣除政策的通知》(财税〔2015〕119号)、《财政部 税务总局 科技部关于企业委托境外研究开发费用税前加计扣除有关政策问题的通知》(财税〔2018〕64号)、2023年研发费用税前加计扣除新政解读,适用加计扣除的企业,不属于烟草制造业、住宿和餐饮业、批发和零售业、房地产业、租赁和商务服务业、娱乐业等行业。

4. 关于中小微企业的从业人数和资产总额口径,下列说法正确的有(   )。

A. 从业人数,包括与企业建立劳动关系的职工人数,但不包括企业接受的劳务派遣用工人数

B. 从业人数,包括与企业建立劳动关系的职工人数和企业接受的劳务派遣用工人数

C. 从业人数和资产总额指标,应按企业全年的季度平均值确定

D. 从业人数和资产总额指标,应按企业全年的年度平均值确定

【参考答案】 B C

【答案解析】 所称从业人数,包括与企业建立劳动关系的职工人数和企业接受的劳务派遣用工人数。从业人数和资产总额指标,应按企业全年的季度平均值确定。

5.《财政部 税务总局关于中小微企业设备器具所得税税前扣除有关政策的公告》(财政部 税务总局公告2022年第12号)中所称的小微企业标准有( )。

A. 信息传输业、建筑业、租赁和商务服务业,从业人员2 000人以下,或营业收入10亿元以下或资产总额12亿元以下

B. 房地产开发经营,营业收入20亿元以下或资产总额1亿元以下

C. 其他行业,从业人员1 000人以下或营业收入4亿元以下

D. 从事国家非限制和禁止行业

【参考答案】 A B C D

【答案解析】 根据《财政部 税务总局关于中小微企业设备器具所得税税前扣除有关政策的公告》(财政部 税务总局公告2022年第12号)第二条的规定。

6. 依据企业所得税的相关规定,企业发生的广告费和业务宣传费可按当年销售(营业)收入的30%的比例扣除的有( )。

A. 白酒制造企业
B. 饮料销售企业
C. 医药制造企业
D. 化妆品销售企业

【参考答案】 C D

【答案解析】 对化妆品制造或销售、医药制造和饮料制造(不含酒类制造)企业发生的广告费和业务宣传费支出,不超过当年销售(营业)收入30%的部分,准予扣除;超过部分,准予在以后纳税年度结转扣除。

7. 下列收入中会影响本期业务招待费扣除金额的有( )。

A. 产品销售收入
B. 提供劳务收入
C. 房屋租金收入
D. 转让无形资产收入

【参考答案】 A B C

【答案解析】 企业发生的与生产经营活动有关的业务招待费支出,按照发生额的60%扣除,但最高不得超过当年销售(营业)收入的5‰。营业收入=主营业务收入+其他业务收入。

选项A产品销售收入和选项B提供劳务收入属于主营业务收入;选项C房屋租金收入属于其他收入;选项D转让无形资产收入属于营业外收入。

8. 企业从事下列项目的所得,减半征收企业所得税的有( )。

A. 中药材的种植

B. 海水养殖、内陆养殖

C. 林木的培育和种植

D. 花卉、茶以及其他饮料作物和香料作物的种植

【参考答案】 BD

【答案解析】 企业从事农、林、牧、渔业项目的所得,可以免征、减征企业所得税。是指企业从事下列项目的所得,减半征收企业所得税:(1)花卉、茶以及其他饮料作物和香料作物的种植;(2)海水养殖、内陆养殖。

9. 企业取得的下列收入,属于企业所得税免税收入的有( )。

A. 国债利息收入

B. 企业债券利息收入

C. 符合条件的居民企业之间的股息、红利等权益性投资收益

D. 符合条件的非营利组织的收入

【参考答案】 ACD

【答案解析】 企业的下列收入为免税收入:(1)国债利息收入;(2)符合条件的居民企业之间的股息、红利等权益性投资收益;(3)在中国境内设立机构、场所的非居民企业从居民企业取得与该机构、场所有实际联系的股息、红利等权益性投资收益;(4)符合条件的非营利组织的收入。

10. 企业享受安置残疾职工工资 100% 加计扣除应同时具备的条件有( )。

A. 依法与安置的每位残疾人签订了 1 年以上(含 1 年)的劳动合同或服务协议,并且安置的每位残疾人在企业实际上岗工作

B. 为安置的每位残疾人按月足额缴纳了企业所在区县人民政府根据国家政策规定的基本养老保险、基本医疗保险、失业保险和工伤保险等社会保险

C. 定期通过银行等金融机构向安置的每位残疾人实际支付了不低于企业所在区县适用的经省级人民政府批准的最低工资标准的工资

D. 具备安置残疾人上岗工作的基本设施

【参考答案】 ABCD

【答案解析】 企业享受安置残疾职工工资100%加计扣除应同时具备如下条件:(1)依法与安置的每位残疾人签订了1年以上(含1年)的劳动合同或服务协议,并且安置的每位残疾人在企业实际上岗工作;(2)为安置的每位残疾人按月足额缴纳了企业所在区县人民政府根据国家政策规定的基本养老保险、基本医疗保险、失业保险和工伤保险等社会保险;(3)定期通过银行等金融机构向安置的每位残疾人实际支付了不低于企业所在区县适用的经省级人民政府批准的最低工资标准的工资;(4)具备安

置残疾人上岗工作的基本设施。

11. 根据企业所得税法律制度的规定,下列依照中国法律、行政法规成立的公司、企业中,属于企业所得税纳税人的有( )。

A. 国有独资公司 B. 合伙企业

C. 个人独资企业 D. 一人有限责任公司

【参考答案】 AD

【答案解析】 在中国境内,企业和其他取得收入的组织为企业所得税的纳税人,依照《企业所得税法》的规定缴纳企业所得税。个人独资企业、合伙企业不适用《企业所得税法》。选项BC错误。

12. 依据企业所得税的相关规定,下列行为应视同销售确认收入的有( )。

A. 将外购货物用于交际应酬 B. 将自产货物用于职工奖励

C. 将自建商品房转为固定资产 D. 将自产货物用于职工宿舍建设

【参考答案】 AB

【答案解析】 企业发生非货币性资产交换,以及将货物、财产、劳务用于捐赠、偿债、赞助、集资、广告、样品、职工福利或者利润分配等用途的,应当视同销售货物、转让财产或者提供劳务,但国务院财政、税务主管部门另有规定的除外。选项AB,企业资产所有权转移出企业,在企业所得税中应视同销售。选项CD企业资产所有权未转移出企业,不视同销售。

13. 企业的下列支出,可以在计算应纳税所得额时加计扣除的有( )。

A. 开发新技术、新产品、新工艺发生的研究开发费用

B. 安置残疾人员及国家鼓励安置的其他就业人员所支付的工资

C. 创业投资企业从事国家需要重点扶持和鼓励的创业投资费用

D. 企业购置用于环境保护、节能节水、安全生产等专用设备的投资额

【参考答案】 AB

【答案解析】 企业的下列支出,可以在计算应纳税所得额时加计扣除:(1)开发新技术、新产品、新工艺发生的研究开发费用;(2)安置残疾人员及国家鼓励安置的其他就业人员所支付的工资。

14. 企业从事下列项目的所得,免征企业所得税的有( )。

A. 蔬菜、谷物、薯类、油料、豆类、棉花、麻类、糖料、水果、坚果的种植

B. 农作物新品种的选育

C. 牲畜、家禽的饲养

D. 远洋捕捞

【参考答案】 ABCD

【答案解析】 企业从事农、林、牧、渔业项目的所得,可以免征、减征企业所得税,是指企业从事下列项目的所得,免征企业所得税:(1)蔬菜、谷物、薯类、油料、豆类、棉花、麻类、糖料、水果、坚果的种植;(2)农作物新品种的选育;(3)中药材的种植;(4)林木的培育和种植;(5)牲畜、家禽的饲养;(6)林产品的采集;(7)灌溉、农产品初加工、兽医、农技推广、农机作业和维修等农、林、牧、渔服务业项目;(8)远洋捕捞。

15. 以下关于企业所得税的说法,不正确的有( )。

A. 兴隆投资管理公司是一家从事股权投资的企业,其企业所得税不能核定征收

B. 大庆公司的企业所得税采用核定定额征收方式征收,则无需进行企业所得税汇算清缴

C. 红利外贸有限公司委托第三方给国外某公司支付一笔货款,应由第三方公司承担扣缴义务

D. 居民企业的年度技术转让所得不超过 500 万元的部分,免征企业所得税;超过 500 万元的部分,全额征收企业所得税

【参考答案】 C D

【答案解析】 选项 A,专门从事股权(股票)投资业务的企业,不得核定征收企业所得税。选项 B,实行核定定额征收企业所得税的纳税人,不进行汇算清缴。选项 C,支付人自行委托代理人或指定其他第三方代为支付相关款项,或者因担保合同或法律规定等原因由第三方保证人或担保人支付相关款项的,仍由委托人、指定人或被保证人、被担保人承担扣缴义务。选项 D,关于技术转让所得企业所得税政策,自 2015 年 10 月 1 日起,全国范围内的居民企业转让 5 年以上非独占许可使用权取得的技术转让所得,纳入享受企业所得税优惠的技术转让所得范围。居民企业的年度技术转让所得不超过 500 万元的部分,免征企业所得税;超过 500 万元的部分,减半征收企业所得税。

16. 某房地产企业财务人员对企业开发、建造的开发产品的各项计税成本核算政策把握不准,就此咨询办税大厅前台工作人员,以下工作人员答复正确的有( )。

A. 土地成本,一般按占地面积法进行分配

B. 单独作为过渡性成本对象核算的公共配套设施开发成本,一般按制造成本法进行分配

C. 借款费用属于不同成本对象共同负担的,按直接成本法进行分配

D. 借款费用属于不同成本对象共同负担的,按预算造价法进行分配

【参考答案】 A C D

【答案解析】 企业开发、建造的开发产品应按制造成本法进行计量与核算,按以

下方法进行分配:(1)土地成本,一般按占地面积法进行分配。如果确需结合其他方法进行分配的,应商税务机关同意。(2)单独作为过渡性成本对象核算的公共配套设施开发成本,应按建筑面积法进行分配。(3)借款费用属于不同成本对象共同负担的,按直接成本法或按预算造价法进行分配。(4)其他成本项目的分配法由企业自行确定。

17. 以下情形符合企业的二级分支机构不就地分摊缴纳企业所得税的规定的有（　　）。

A. 上年度认定为小型微利企业的,其二级分支机构不就地分摊缴纳企业所得税

B. 当年撤销的二级分支机构,自办理注销税务登记之日所属企业所得税预缴期间起,不就地分摊缴纳企业所得税

C. 新设立的二级分支机构,设立当年不就地分摊缴纳企业所得税

D. 不具有主体生产经营职能,且在当地不缴纳增值税的产品售后服务、内部研发、仓储等汇总纳税企业内部辅助性的二级分支机构

【参考答案】 A B C D

【答案解析】 以下二级分支机构不就地分摊缴纳企业所得税:(1)不具有主体生产经营职能,且在当地不缴纳增值税的产品售后服务、内部研发、仓储等汇总纳税企业内部辅助性的二级分支机构,不就地分摊缴纳企业所得税。(2)上年度认定为小型微利企业的,其二级分支机构不就地分摊缴纳企业所得税。(3)新设立的二级分支机构,设立当年不就地分摊缴纳企业所得税。(4)当年撤销的二级分支机构,自办理注销税务登记之日所属企业所得税预缴期间起,不就地分摊缴纳企业所得税。

18. 在计算企业所得税应纳税所得额时,企业发生以下支出可以作为长期待摊费用,按照规定摊销的准予扣除的有（　　）。

A. 租入固定资产的改建支出

B. 未足额提取折旧的固定资产的改建支出

C. 固定资产的大修理支出

D. 已足额提取折旧的固定资产的改建支出

【参考答案】 A C D

【答案解析】 在计算应纳税所得额时,企业发生的下列支出作为长期待摊费用,按照规定摊销的,准予扣除:(1)已足额提取折旧的固定资产的改建支出;(2)租入固定资产的改建支出;(3)固定资产的大修理支出;(4)其他应当作为长期待摊费用的支出。

19. 企业应当自搬迁开始年度至次年5月31日前,向税务机关报送政策性搬迁依据、搬迁规划等相关材料,材料包括（　　）。

A. 搬迁可行性分析报告 B. 政府搬迁文件或公告

C. 资产处置计划 D. 拆迁补偿协议

【参考答案】 BCD

【答案解析】 企业应当自搬迁开始年度至次年5月31日前,向主管税务机关(包括迁出地和迁入地)报送政策性搬迁依据、搬迁规划等相关材料。逾期未报的,除特殊原因并经主管税务机关认可外,按非政策性搬迁处理,不得执行本办法的规定。企业应向主管税务机关报送的政策性搬迁依据、搬迁规划等相关材料,包括:(1)政府搬迁文件或公告;(2)搬迁重置总体规划;(3)拆迁补偿协议;(4)资产处置计划;(5)其他与搬迁相关的事项。

20. 纳税人发生以下业务,不符合企业所得税优惠的有(   )。

A. 长宏公司承包建设国家重点扶持的公共基础设施项目的投资经营所得,可以享受第一年至第三年免征企业所得税,第四年至第六年减半征收企业所得税优惠

B. 绿城水务有限公司从事符合条件的环境保护、节能节水项目所得,自该环境保护、节能节水项目投入使用的第一年起,可以享受第一年至第三年免征企业所得税,第四年至第六年减半征收企业所得税优惠

C. 取得符合条件的节能服务公司阳光企业实施合同能源管理项目,自项目取得第一笔生产经营收入所属纳税年度起,可以享受第一年至第三年免征企业所得税,第四年至第六年减半征收企业所得税优惠

D. 国家规划布局内的重点软件企业谷谷公司2018年如当年未享受免税优惠,可以补享受第一年至第三年免征企业所得税,第四年至第六年减半征收企业所得税优惠

【参考答案】 ABD

【答案解析】 选项A,居民企业经有关部门批准,从事符合《公共基础设施项目企业所得税优惠目录》(以下简称为《目录》)规定范围、条件和标准的公共基础设施项目的投资经营所得,自该项目取得第一笔生产经营收入所属纳税年度起,第一年至第三年免征企业所得税,第四年至第六年减半征收企业所得税。企业从事承包经营、承包建设和内部自建自用《目录》规定项目的所得,不得享受前款规定的企业所得税优惠。

选项B,企业从事《环境保护、节能节水项目企业所得税优惠目录》所列项目的所得,自项目取得第一笔生产经营收入所属纳税年度起,第一年至第三年免征企业所得税,第四年至第六年减半征收企业所得税。

选项C,取得符合条件的节能服务公司阳光企业实施合同能源管理项目,自项目

取得第一笔生产经营收入所属纳税年度起,可以享受第一年至第三年免征企业所得税,第四年至第六年减半征收企业所得税优惠。

选项 D,国家规划布局内的重点软件企业和集成电路设计企业,如当年未享受免税优惠的,可减按 10% 的税率征收企业所得税。

21. 宏达公司 2020 年发生的以下业务,可以免征企业所得税的有(　　)。

A. 2020 年 10 月收到国债利息分配 15 万元

B. 2020 年 7 月购进 H 股,在 12 个月取得 10 万元股息红利

C. 2020 年 8 月取得的地方政府债券利息收入 20 万元

D. 2020 年 1 月购入中国铁路建设等企业债券,10 月底获得的利息收入 20 万元

【参考答案】　A C

【答案解析】　选项 A,企业取得的国债利息收入,免征企业所得税。具体按以下规定执行:企业从发行者直接投资购买的国债持有至到期,其从发行者取得的国债利息收入,全额免征企业所得税。

选项 B,内地企业投资者通过沪港通投资香港联交所上市股票取得的股息、红利所得,计入其收入总额,依法计征企业所得税。其中,内地居民企业连续持有 H 股满 12 个月取得的股息、红利所得,依法免征企业所得税。

选项 C,企业和个人取得的 2012 年及以后年度发行的地方政府债券利息收入,免征企业所得税和个人所得税。

选项 D,经国务院批准,对企业投资者持有 2019—2023 年发行的铁路债券取得的利息收入,减半征收企业所得税。

22. 国家重点扶持的高新技术企业 H 发生以下业务,说法不正确的有(　　)。

A. 2020 年 1 月企业取得技术转让收入 800 万元,该项技术成本 200 万元,该项所得应纳企业所得税 7.5 万元

B. 2020 年企业安置残疾人员 5 人,支付工资 25 万元,在按照支付给残疾职工工资据实扣除的基础上,在进行企业所得税预缴申报时按照支付给残疾职工工资的 100% 加计扣除

C. 2020 年对产品进行常规升级发生的研究开发费用 50 万元,允许加计 75% 进行扣除

D. 企业享受企业所得税优惠事项采取"自行判别、申报享受、相关资料留存备查",留存备查资料应从企业享受优惠事项当年的企业所得税汇算清缴期结束次日起保留 10 年

【参考答案】　B C

【答案解析】　选项 A,自 2015 年 10 月 1 日起,全国范围内的居民企业转让 5 年

(含,下同)以上非独占许可使用权取得的技术转让所得,纳入享受企业所得税优惠的技术转让所得范围。居民企业的年度技术转让所得不超过 500 万元的部分,免征企业所得税;超过 500 万元的部分,减半征收企业所得税。

应纳税所得额=800-200-500=100(万元),100×50％×15％=7.5(万元)。

选项 B,企业安置残疾人员的,在按照支付给残疾职工工资据实扣除的基础上,可以在计算应纳税所得额时按照支付给残疾职工工资的 100％加计扣除。企业就支付给残疾职工的工资,在进行企业所得税预缴申报时,允许据实计算扣除;在年度终了进行企业所得税年度申报和汇算清缴时,再依照相关规定计算加计扣除。

选项 C,根据《财政部 国家税务总局科技部关于完善研究开发费用税前加计扣除政策的通知》(财税〔2015〕119 号)第一条第(二)项,下列活动不适用税前加计扣除政策,企业产品(服务)的常规性升级,故选项 C 不正确。

选项 D,企业享受优惠事项采取"自行判别、申报享受、相关资料留存备查"的办理方式。企业应当根据经营情况以及相关税收规定自行判断是否符合优惠事项规定的条件,符合条件的可以按照《企业所得税优惠事项管理目录(2017 年版)》列示的时间自行计算减免税额,并通过填报企业所得税纳税申报表享受税收优惠。企业留存备查资料应从企业享受优惠事项当年的企业所得税汇算清缴期结束次日起保留 10 年。

23. 甲企业 2020 年发生符合条件的境内研发费用 120 万元,未形成无形资产计入当期损益,下列说法不正确的有(　　)。

A. 委托境外机构发生的研发费 110 万元,计入境外研发费用加计扣除基础 88 万元

B. 委托英国的约翰先生进行研发活动,向其个人支付研发费 100 万元,该研发费支出可在企业所得税前加计扣除

C. 该企业的境内研发费用允许按照 210 万元扣除

D. 该企业应留存备查以下资料:企业委托研发项目计划书和企业有权部门立项的决议文件、"研发支出"辅助账及汇总表等资料

【参考答案】 A B

【答案解析】 选项 A,委托境外进行研发活动所发生的费用,按照费用实际发生额的 80％计入委托方的委托境外研发费用。委托境外研发费用不超过境内符合条件的研发费用 2/3 的部分,可以按规定在企业所得税前加计扣除。该笔计入委托方的委托境外研发费用=110×80％=88(万元),最多允许计入境外研发费用=120×2÷3=80(万元),88 万元>80 万元,故最多允许计入境外研发费用加计扣除基础 80 万元。

选项 B,委托境外进行研发活动不包括委托境外个人进行的研发活动。

选项 C,企业开展研发活动中实际发生的研发费用,未形成无形资产计入当期损

益的,在按规定据实扣除的基础上,在2018年1月1日至2020年12月31日,再按照实际发生额的75%在税前加计扣除;形成无形资产的,在上述期间按照无形资产成本的175%在税前摊销。

选项D,企业应在年度申报享受优惠时,按照《国家税务总局关于发布修订后的〈企业所得税优惠政策事项办理办法〉的公告》(国家税务总局公告2018年第23号)的规定办理有关手续,并留存备查以下资料:(1)企业委托研发项目计划书和企业有权部门立项的决议文件;(2)委托研究开发专门机构或项目组的编制情况和研发人员名单;(3)经科技行政主管部门登记的委托境外研发合同;(4)"研发支出"辅助账及汇总表;(5)委托境外研发银行支付凭证和受托方开具的收款凭据;(6)当年委托研发项目的进展情况等资料。

24. 下列各项中,应取消其公益性捐赠税前扣除资格的有(　　)。

A. 存在为他人逃避缴纳税款提供便利的行为

B. 受到行政处罚的

C. 接受的捐赠款项用于组织章程规定用途之外的支出情况

D. 前2年接受捐赠的总收入中用于公益事业的支出比例低于75%的

【参考答案】 ABC

【答案解析】 选项D,前3年接受捐赠的总收入中用于公益事业的支出比例低于70%的公益性群众团体,应取消其公益性捐赠税前扣除资格。

25. 下列各项中,不得在企业所得税税前扣除的有(　　)。

A. 自创商誉

B. 外购商誉的支出

C. 以融资租赁方式租入的固定资产

D. 单独估价作为固定资产入账的土地计提的折旧

【参考答案】 AD

【答案解析】 选项B,外购商誉的支出,在企业整体转让或者清算时,准予扣除;选项C,以融资租赁方式租入固定资产发生的租赁费支出,按照规定构成融资租入固定资产价值的部分应当提取折旧费用,分期扣除。

26. 企业投资经营符合条件和标准的公共基础设施项目,采用一次核准、分批次建设的,凡符合规定条件的,可按每一批次为单位计算所得,并享受企业所得税"三免三减半"优惠。下列关于"规定条件"的表述中,正确的有(　　)。

A. 不同批次在空间上相互独立

B. 每一批次自身具备取得收入的功能

C. 以每一批次为单位进行会计核算,单独计算所得,并合理分摊期间费用

D. 需要县级以上地方人民政府批准

【参考答案】 A B C

【答案解析】 企业投资经营符合条件和标准的公共基础设施项目,采用一次核准、分批次建设的,凡同时符合以下条件的,可按每一批次为单位计算所得,并享受企业所得税"三免三减半"优惠:(1)不同批次在空间上相互独立;(2)每一批次自身具备取得收入的功能;(3)以每一批次为单位进行会计核算,单独计算所得,并合理分摊期间费用。

27. 下列关于研究开发费用加计扣除的涉税规定的表述中,正确的有(   )。

A. 企业开展研发活动中实际发生的研发费用,未形成无形资产计入当期损益的,在按规定据实扣除的基础上,自 2021 年 1 月 1 日起,再按照实际发生额的 100% 在税前加计扣除

B. 企业委托境外进行研发活动所发生的研发费用,不得加计扣除

C. 企业委托境外进行研发活动所发生的费用,按照费用实际发生额的 80% 计入委托方的委托境外研发费用

D. 企业为获得创新性的产品进行创意设计活动而发生的相关费用,可按照规定进行税前加计扣除

【参考答案】 A D

【答案解析】 选项BC错误,自2018年1月1日起,委托境外进行研发活动所发生的费用,按照费用实际发生额的80%计入委托方的委托境外研发费用。委托境外研发费用不超过境内符合条件的研发费用 2/3 的部分,可以按规定在企业所得税前加计扣除。

28. 下列关于利息费用扣除的表述中,正确的有(   )。

A. 非金融企业向金融企业借款的利息支出可据实扣除

B. 非金融企业向非金融企业借款的利息支出,不超过按照金融企业同期同类贷款利率计算的数额的部分可据实扣除,超过部分不允许扣除

C. 企业实际支付给关联方的利息支出,除另有规定外,其接受关联方债权性投资与其权益性投资比例为金融企业 2:1

D. 企业从其关联方接受的债权性投资与权益性投资的比例超过规定标准而发生的利息支出,不得在计算应纳税所得额时扣除

【参考答案】 A B D

【答案解析】 企业实际支付给关联方的利息支出,除另有规定外,其接受关联方债权性投资与其权益性投资比例为:金融企业 5:1;其他企业 2:1。

29. 根据企业所得税相关规定,下列关于企业弥补亏损的说法,正确的

有（ ）。

A. 被投资企业发生的经营亏损，由被投资企业按规定结转弥补

B. 特殊性税务处理下被合并企业的亏损可以由合并企业继续全额弥补

C. 一般性税务处理下被分立企业的亏损不得由分立企业弥补

D. 税务机关对企业进行检查时调增的应纳税所得额，应允许弥补符合税法规定条件的以前年度亏损

【参考答案】 ACD

【答案解析】 特殊性税务处理下被合并企业的亏损可以由合并企业继续弥补，弥补的限额＝被合并企业净资产公允价值×截至合并业务发生当年年末国家发行的最长期限的国债利率。

30. 根据《企业所得税法》的规定，企业的下列各项支出，在计算应纳税所得额时，准予从收入总额中直接扣除的有（ ）。

A. 会议费及差旅费

B. 软件生产企业的职工培训费用

C. 固定资产的减值准备

D. 子公司支付的母公司以管理费形式提取的费用

【参考答案】 AB

【答案解析】 选项 C，固定资产的减值准备，不得在税前直接扣除；选项 D，母公司以管理费形式向子公司提取费用，子公司因此支付给母公司的管理费，不得在税前扣除。

31. 企业缴纳的下列保险金可以在税前直接扣除的有（ ）。

A. 为特殊工种的职工支付的人身安全保险费

B. 为没有工作的董事长夫人缴纳的社会保险费用

C. 为投资者或者职工支付的商业保险费

D. 按照国家规定标准和范围为董事长缴纳的补充养老保险金

【参考答案】 AD

【答案解析】 选项 B，因为董事长的夫人和关系客户不属于企业的职工，为其缴纳的社会保险费属于与本企业的收入没有关系的支出，所以不得在税前扣除；选项 C，企业为投资者或者职工支付的商业保险费，不得税前扣除。

32. 企业购置并实际使用税法规定的环境保护、节能节水、安全生产等专用设备的，该专用设备的投资额的 10% 可以从企业当年的应纳税额中抵免。其中关于投资额进项税额的相关处理，正确的有（ ）。

A. 抵扣过进项税额的，专用设备投资额不包括进项税额

B. 不允许抵扣进项税额的，专用设备投资额应为增值税专用发票上注明的价税

合计金额

C. 企业购买专用设备取得增值税普通发票的,其专用设备投资额为增值税普通发票上注明的金额

D. 企业购买专用设备取得增值税普通发票的,其专用设备投资额应换算为不含税的金额

【参考答案】 A B C

【答案解析】 企业购置并实际使用税法规定的环境保护、节能节水、安全生产等专用设备的,该专用设备的投资额的10%可以从企业当年的应纳税额中抵免。购置固定资产的进项税额适用优惠政策具体处理如下:抵扣过进项税额的,专用设备投资额不包括进项税额;不允许抵扣进项税额的,专用设备投资额应为增值税专用发票上注明的价税合计金额;企业购买专用设备取得增值税普通发票的,其专用设备投资额为增值税普通发票上注明的金额。

33. 根据企业所得税相关规定,下列属于外国企业常驻代表机构经费支出的有( )。

A. 工作人员的福利费

B. 汽车采购费

C. 发生的交际应酬费

D. 以货币形式用于我国境内的公益、救济性质的捐赠

【参考答案】 A B C

【答案解析】 以货币形式用于我国境内的公益、救济性质的捐赠、滞纳金、罚款,以及为其总机构垫付的不属于其自身业务活动所发生的费用,不应作为代表机构的经费支出额。

34. 下列各项表述,符合企业所得税规定的有( )。

A. 股权转让收入减除股权净值后的余额为股权转让所得应纳税所得额

B. 股权转让收入是指股权转让人转让股权所收取的对价,包括货币形式和非货币形式的各种收入

C. 股权的计税基础是股权转让人投资入股时向中国居民企业实际支付的出资成本,或购买该项股权时向该股权的原转让人实际支付的股权受让成本

D. 企业在计算股权转让所得时,可以扣除被投资企业未分配利润等股东留存收益中按该项股权所可能分配的金额

【参考答案】 A B C

【答案解析】 企业在计算股权转让所得时,不得扣除被投资企业未分配利润等股东留存收益中按该项股权所可能分配的金额。

35. 企业取得的下列收入,属于企业所得税免税收入的有(   )。

A. 国债利息收入

B. 企业取得 2018 年发行的地方政府债券利息

C. 居民企业直接投资于其他居民企业取得的投资收益

D. 在中国境内未设立机构、场所的非居民企业从居民企业取得的股息、红利等权益性投资收益

【参考答案】　A B C

【答案解析】　选项 D,在中国境内设立机构、场所的非居民企业从居民企业取得与该机构、场所有实际联系的股息、红利等权益性投资收益,是免税收入。

36. 根据企业所得税的相关规定,下列说法中不正确的有(   )。

A. 企业自年度终了之日起 4 个月内,向税务机关报送年度企业所得税纳税申报表,并汇算清缴,结清应缴应退税款

B. 企业在年度中间终止经营活动的,应当自实际经营终止之日起 30 日内,向税务机关办理当期企业所得税汇算清缴

C. 企业应当自清算结束之日起 15 日内,向主管税务机关报送企业所得税纳税申报表,并结清税款

D. 企业所得税按年计征,分月或者分季预缴,年终汇算清缴,多退少补

【参考答案】　A B

【答案解析】　企业自年度终了之日起 5 个月内,向税务机关报送年度企业所得税纳税申报表,并汇算清缴,结清应缴应退税款;企业在年度中间终止经营活动的,应当自实际经营终止之日起 60 日内,向税务机关办理当期企业所得税汇算清缴。

37. 根据企业所得税相关规定,关于企业亏损弥补的说法,正确的有(   )。

A. 企业某一纳税年度发生的亏损可以用下一年度的所得弥补,下一年度所得不足弥补的,可以逐年延续弥补,但最长不得超过 5 年

B. 企业筹办期不得计算为亏损年度,企业开始生产经营的年度,为开始计算企业损益年度

C. 亏损企业追补确认以前年度未在企业所得税前扣除的支出,应先调整该项支出所属年度的亏损额,然后再按照弥补亏损的原则计算以后年度多缴纳的企业所得税款

D. 境内营业机构的亏损可以用境外营业机构的盈利弥补

【参考答案】　A B C D

【答案解析】　一般性税务处理下被分立企业的亏损不得由分立企业弥补,特殊性税务处理下被分立企业未超过法定弥补期限的亏损额可按分立资产占全部资产的

比例进行分配,由分立企业继续弥补。

38. 某国有公司 2020 年度境内应纳税所得额为 3 000 万元,该公司在 A、B 两国设有分支机构,A 国分支机构当年应纳税所得额 600 万元,其中生产经营所得 500 万元,A 国规定税率为 20%;特许权使用费所得 100 万元,A 国规定的税率为 30%;B 国分支机构当年应纳税所得额 400 万元,其中生产经营所得 300 万元,B 国规定的税率为 30%,租金所得 100 万元,B 国规定的税率为 20%,实行分国不分项计算方法。则下列说法正确的有( )。

A. 来源于 A、B 两国的所得应当汇总计算抵免限额

B. A 国所得的抵免限额是 130 万元

C. B 国所得的抵免限额是 100 万元

D. 境内外所得汇总缴纳的企业所得税 770 万元

E. 境内外所得汇总缴纳的企业所得税 790 万元

【参考答案】 C D

【答案解析】 企业所得税实行分国不分项计算,因此来源于 A、B 两国的所得应当分别计算抵免限额。该企业当年境内外应纳税所得额=3 000+600+400=4 000(万元)。

境内外所得按照我国税法应纳税额=4 000×25%=1 000(万元)。

A 国分支机构在境外实际缴纳的税额=500×20%+100×30%=130(万元),在 A 国的分支机构境外所得的抵免限额=1 000×600÷4 000=150(万元),按照实际缴纳的 130 万元抵扣。

B 国分支机构在境外实际缴纳的税额=300×30%+100×20%=110(万元),在 B 国的分支机构境外所得的抵免限额=1 000×400÷4 000=100(万元),按照抵免限额抵扣。

A、B 两国分支机构境外所得可从应纳税额中扣除的税额分别为 130 万元和 100 万元。

全年应纳税额=1 000-130-100=770(万元)。

39. 根据税法规定,企业取得的下列各项所得中,可以免征企业所得税的有( )。

A. 中药材的种植所得

B. 海水养殖所得

C. 花卉的种植所得

D. 农作物新品种的选育所得

【参考答案】 A D

【答案解析】 选项 BC 为减半征收企业所得税。

40. 下列选项中,符合企业所得税减计收入和税额抵免优惠政策的有( )。

A. 企业综合利用资源生产符合国家产业政策规定的产品所取得的收入,可以在

计算应纳税所得额时减计收入

B. 企业购置并实际使用规定的环境保护专用设备的,该专用设备的投资额的10％可以从企业当年的应纳税额中抵免

C. 企业购置规定的专用设备在5年内转让、出租的,应当停止享受企业所得税优惠,并补缴已经抵免的企业所得税税款

D. 综合利用资源是指企业以规定的资源作为主要原材料,生产国家非限制和禁止并符合国家和行业相关标准的产品取得的收入,减按80％计入收入总额

【参考答案】 ＡＢＣ

【答案解析】 选项D,综合利用资源是指企业以规定的资源作为主要原材料,生产国家非限制和禁止并符合国家和行业相关标准的产品取得的收入,减按90％计入收入总额。

(三) 判断题

1. 自2023年1月1日至2027年12月31日,对个体工商户年应纳税所得额不超过200万元的部分,减半征收个人所得税。个体工商户在享受现行其他个人所得税优惠政策的基础上,不能叠加享受本优惠政策。 （ ）

【参考答案】 ×

【答案解析】 根据《财政部 税务总局关于进一步支持小微企业和个体工商户发展有关税费政策的公告》(财政部 税务总局公告2023年第12号)规定,自2023年1月1日至2027年12月31日,对个体工商户年应纳税所得额不超过200万元的部分,减半征收个人所得税。个体工商户在享受现行其他个人所得税优惠政策的基础上,可叠加享受本优惠政策。

2. 小微企业的从业人数和资产总额指标,应按企业全年的月度平均值确定。
（ ）

【参考答案】 ×

【答案解析】 根据《财政部 税务总局关于进一步支持小微企业和个体工商户发展有关税费政策的公告》(财政部 税务总局公告2023年第12号)的规定,从业人数,包括与企业建立劳动关系的职工人数和企业接受的劳务派遣用工人数。所称从业人数和资产总额指标,应按企业全年的季度平均值确定。具体计算公式如下:

季度平均值＝(季初值＋季末值)÷2

全年季度平均值＝全年各季度平均值之和÷4

年度中间开业或者终止经营活动的,以其实际经营期作为一个纳税年度确定上述相关指标。

3. 中小微企业可根据自身生产经营核算需要自行选择享受中小微企业设备器具所得税税前扣除政策，当年度未选择享受的，以后年度不得再变更享受。（　　）

【参考答案】　√

【答案解析】　略。

4. 中小微企业需在汇算清缴时享受设备器具所得税税前扣除有关政策。

（　　）

【参考答案】　×

【答案解析】　略。

5. 好运来公司是一家中小微企业，2022年购置一套房屋，价值450万元，该企业可以选择2022年一次性税前扣除50%，其余50%按规定在剩余年度计算折旧进行税前扣除。（　　）

【参考答案】　×

【答案解析】　根据《财政部　税务总局关于设备器具扣除有关企业所得税政策的通知》（财税〔2018〕54号）、《财政部　税务总局关于延长部分税收优惠政策执行期限的公告》（财政部　税务总局公告2021年第6号）的规定，企业在2018年1月1日至2023年12月31日新购进的设备、器具，单位价值不超过500万元的，允许一次性计入当期成本费用在计算应纳税所得额时扣除，不再分年度计算折旧；单位价值超过500万元的，仍按《企业所得税法实施条例》《财政部　国家税务总局关于完善固定资产加速折旧企业所得税政策的通知》（财税〔2014〕75号）、《财政部　国家税务总局关于进一步完善固定资产加速折旧企业所得税政策的通知》（财税〔2015〕106号）等相关规定执行，本通知所称设备、器具，是指除房屋、建筑物以外的固定资产。

6. 兴旺公司是一家中小微企业，2022年购置一辆货车，价值45万元，该企业可以选择2022年一次性税前扣除50%，其余50%按规定在剩余年度计算折旧进行税前扣除。（　　）

【参考答案】　√

【答案解析】　略。

7. 企业选择适用中小微企业设备器具所得税税前扣除有关政策，2022年度不足扣除形成亏损，2023年被认定为高新技术企业，2022形成的亏损可在以后10个纳税年度结转弥补。（　　）

【参考答案】　√

【答案解析】　略。

8. 符合条件的小型微利企业在年度中间开业不能自行享受所得税优惠政策。

（　　）

【参考答案】　×

【答案解析】　符合条件的小型微利企业在年度中间开业可以自行享受所得税优惠政策。

9. 小型微利企业所得税统一实行按季度预缴。　　　　　　　　　　（　　）

【参考答案】　√

【答案解析】　依据是《国家税务总局关于小型微利企业所得税优惠政策征管问题的公告》（国家税务总局公告 2022 年第 5 号）第七条。

10. 按月度预缴企业所得税的企业,在当年度 4 月、7 月、10 月预缴申报时,若按相关政策标准判断符合小型微利企业条件的,下一个预缴申报期起调整为按季度预缴申报,一经调整,当年度内不再变更。　　　　　　　　　　　　（　　）

【参考答案】　√

【答案解析】　依据是《国家税务总局关于小型微利企业所得税优惠政策征管问题的公告》（国家税务总局公告 2022 年第 5 号）第七条。

11. 小型微利企业,是指从事国家非限制和禁止行业,且同时符合年度应纳税额不超过 300 万元、从业人数不超过 500 人、资产总额不超过 5 000 万元三个条件的企业。　　　　　　　　　　　　　　　　　　　　　　　　（　　）

【参考答案】　×

【答案解析】　小型微利企业,是指从事国家非限制和禁止行业,且同时符合年度应纳税所得额不超过 300 万元、从业人数不超过 300 人、资产总额不超过 5 000 万元三个条件的企业。

12. 小型微利企业无论按查账征收方式或核定征收方式缴纳企业所得税,均可享受小型微利企业所得税优惠。　　　　　　　　　　　　　　（　　）

【参考答案】　√

【答案解析】　小型微利企业无论按查账征收方式或核定征收方式缴纳企业所得税,均可享受企业所得税优惠政策。

13. 小型微利企业要求从业人员不超过 300 人,所称从业人数指标,应按企业全年的季度平均值确定。　　　　　　　　　　　　　　　　（　　）

【参考答案】　√

【答案解析】　小型微企业从业人数,包括与企业建立劳动关系的职工人数和企业接受的劳务派遣用工人数。所称从业人数和资产总额指标,应按企业全年的季度平均值确定。

14. 初创科技型企业要求从业人数不超过 200 人,资产总额和年销售收入均不超过 5 000 万元。　　　　　　　　　　　　　　　　　　　　（　　）

【参考答案】 ×

【答案解析】 关于初创科技型企业条件中的"从业人数不超过 200 人"调整为"从业人数不超过 300 人","资产总额和年销售收入均不超过 3 000 万元"调整为"资产总额和年销售收入均不超过 5 000 万元"。

15. 烟草公司的烟草广告宣传费,不超过当年销售(营业)收入 30％的部分,准予扣除。 （ ）

【参考答案】 ×

【答案解析】 根据《财政部 税务总局关于广告费和业务宣传费支出税前扣除有关事项的公告》(财政部 税务总局公告 2020 年第 43 号)的规定,烟草企业的烟草广告费和业务宣传费支出,一律不得在计算应纳税所得额时扣除。

16. 企业之间支付的管理费、企业内营业机构之间支付的租金和特许权使用费,以及非银行企业内营业机构之间支付的利息,准予扣除。 （ ）

【参考答案】 ×

【答案解析】 企业之间支付的管理费、企业内营业机构之间支付的租金和特许权使用费,以及非银行企业内营业机构之间支付的利息,不得扣除。

17. 民族自治地方的自治机关对本民族自治地方的企业应缴纳的企业所得税中属于中央的部分,可以决定减征或者免征。自治州、自治县决定减征或者免征的,须报国务院批准。 （ ）

【参考答案】 ×

【答案解析】 民族自治地方的自治机关对本民族自治地方的企业应缴纳的企业所得税中属于地方分享的部分,可以决定减征或者免征。自治州、自治县决定减征或者免征的,须报省、自治区、直辖市人民政府批准。

18. 企业招用就业人员既可以适用《财政部 税务总局 人力资源社会保障部 国务院扶贫办关于进一步支持和促进重点群体创业就业有关税收政策的通知》(财税〔2019〕22 号)规定的税收优惠政策,又可以适用其他扶持就业专项税收优惠政策的,企业可以选择适用最优惠的政策,也可以重复享受。 （ ）

【参考答案】 ×

【答案解析】 企业招用就业人员既可以适用财税〔2019〕22 号文件规定的税收优惠政策,又可以适用其他扶持就业专项税收优惠政策的,企业可以选择适用最优惠的政策,但不得重复享受。

19. 企业购置的节能节水专用设备在 5 年内转让的,应停止享受企业所得税优惠,其结转的尚未抵免的企业所得税税款,受让企业可以继续进行抵免。 （ ）

【参考答案】 ×

【答案解析】 5年内转让的,应补缴已抵免的企业所得税税款,受让企业可按规定全额抵免。

20. 金融企业根据规定,对涉农贷款和中小企业贷款进行风险分类后,可对关注类贷款计提10%的贷款损失准备金,准予税前扣除。发生的符合条件的贷款损失,可据实在计算当年应纳税所得额时扣除。 （ ）

【参考答案】 ×

【答案解析】 金融企业根据《贷款风险分类指引》,对其涉农贷款和中小企业贷款进行分类后,按照以下比例计提的贷款损失准备金,准予在计算应纳税所得额时扣除:(1)关注类贷款,计提比例为2%;(2)次级类贷款,计提比例为25%;(3)可疑类贷款,计提比例为50%;(4)损失类贷款,计提比例为100%。

21. 金融企业发生的符合条件的涉农贷款和中小企业贷款损失,应冲减已在税前扣除的贷款损失准备金,不得在计算应纳税所得额时扣除。 （ ）

【参考答案】 ×

【答案解析】 金融企业发生的符合条件的涉农贷款和中小企业贷款损失,应先冲减已在税前扣除的贷款损失准备金,不足冲减部分可据实在计算应纳税所得额时扣除。

22. 保险企业发生与其经营活动有关的手续费及佣金支出,不超过当年全部保费收入扣除退保金等后余额的18%(含本数)的部分,在计算应纳税所得额时准予扣除;超过部分,不得结转以后年度扣除。 （ ）

【参考答案】 ×

【答案解析】 保险企业发生与其经营活动有关的手续费及佣金支出,不超过当年全部保费收入扣除退保金等后余额的18%(含本数)的部分,在计算应纳税所得额时准予扣除;超过部分,允许结转以后年度扣除。

23. 依法成立且符合条件的集成电路设计企业和软件企业,自获利年度起计算优惠期,第一年至第二年免征企业所得税,第三年至第五年按照25%的法定税率减半征收企业所得税,并享受至期满为止。 （ ）

【参考答案】 ×

【答案解析】 依法成立且符合条件的集成电路设计企业和软件企业,在2018年12月31日前自获利年度起计算优惠期,第一年至第二年免征企业所得税,第三年至第五年按照25%的法定税率减半征收企业所得税,并享受至期满为止。

24. 嘉和电影放映公司2020年亏损700万元,其亏损最长结转年限为2024年。 （ ）

【参考答案】 ×

【答案解析】 对电影行业企业2020年、2021年度发生的亏损,最长结转年限由

5 年延长至 8 年。

25. 对企业投资者持有 2019—2023 年发行的铁路债券取得的利息收入,免征企业所得税。 （　）

【参考答案】　✕

【答案解析】　对企业投资者持有 2019—2023 年发行的铁路债券取得的利息收入,减半征收企业所得税。

26. 企业发行的永续债,发行方支付的永续债利息支出不得在企业所得税税前扣除。 （　）

【参考答案】　✓

【答案解析】　企业发行的永续债,可以适用股息、红利企业所得税政策,即投资方取得的永续债利息收入属于股息、红利性质,按照现行企业所得税政策相关规定进行处理。其中,发行方和投资方均为居民企业的,永续债利息收入可以适用企业所得税法规定的居民企业之间的股息、红利等权益性投资收益免征企业所得税规定;同时发行方支付的永续债利息支出不得在企业所得税税前扣除。

27. 对符合条件的从事污染防治的第三方企业减按 10% 的税率征收企业所得税。 （　）

【参考答案】　✕

【答案解析】　对符合条件的从事污染防治的第三方企业减按 15% 的税率征收企业所得税。

28. 自 2019 年 1 月 1 日至 2025 年 12 月 31 日,企业通过公益性社会组织或者县级(含县级)以上人民政府及其组成部门和直属机构,用于目标脱贫地区的扶贫捐赠支出,在公益支出限额内扣除。 （　）

【参考答案】　✕

【答案解析】　自 2019 年 1 月 1 日至 2025 年 12 月 31 日,企业通过公益性社会组织或者县级(含县级)以上人民政府及其组成部门和直属机构,用于目标脱贫地区的扶贫捐赠支出,准予在计算企业所得税应纳税所得额时据实扣除。

29. 甲企业将公司员工宿舍捐赠作为公租房,其捐赠支出可在计算应纳税所得额时全额扣除。 （　）

【参考答案】　✕

【答案解析】　自 2019 年 1 月 1 日至 2025 年 12 月 31 日,企事业单位、社会团体以及其他组织捐赠住房作为公租房,符合税收法律法规规定的,对其公益性捐赠支出在年度利润总额 12% 以内的部分,准予在计算应纳税所得额时扣除,超过年度利润 12% 的部分,准予结转以后 3 年内在计算应纳税所得额时扣除。

30. 贝仙食品有限公司在 2020 年 5 月购买 50 万元的口罩的防护服捐赠给本市中心医院（承担本市疫情防治任务），取得医院开具的捐赠接收函，2021 年 5 月进行汇算清缴时，该笔捐赠支出允许全额税前扣除。 （ ）

【参考答案】 √

【答案解析】 企业和个人直接向承担疫情防治任务的医院捐赠用于应对新冠疫情的物品，允许在计算应纳税所得额时全额扣除，捐赠人凭承担疫情防治任务的医院开具的捐赠接收函办理税前扣除事项。

五、个人所得税

(一) 单项选择题

1. 有关居民个人选择由扣缴义务人代为办理 2022 年个人所得税综合所得年度汇算的说法错误的是(   )。

A. 居民个人需要在 2023 年 4 月 30 日前与扣缴义务人书面确认

B. 汇算清缴地可以选择户籍地或经常居住地主管税务机关

C. 年度汇算信息有误的,可以由扣缴义务人更正或者纳税人自己更正

D. 由居民个人对自己提供资料的真实性负责

【参考答案】 B

【答案解析】 根据《国家税务总局关于办理 2022 年度个人所得税综合所得汇算清缴事项的公告》(国家税务总局公告 2023 年第 3 号)的规定,按照方便就近原则,纳税人自行办理或受托人为纳税人代为办理 2022 年度汇算的,向纳税人任职受雇单位所在地的主管税务机关申报;有两处及以上任职受雇单位的,可自主选择向其中一处单位所在地的主管税务机关申报。纳税人没有任职受雇单位的,向其户籍所在地或者经常居住地的主管税务机关申报。选项 B 错误。

2. 下列关于个人所得税申报纳税期限的表述,不正确的是(   )。

A. 居民个人取得综合所得,按年计算个人所得税;有扣缴义务人的,由扣缴义务人按月或者按次预扣预缴税款

B. 纳税人取得应税所得,扣缴义务人未扣缴税款的,纳税人应当在取得所得的次年 6 月 30 日前,缴纳税款

C. 纳税人取得经营所得,按年计算个人所得税,由纳税人在月度或者季度终了后 15 日内向税务机关报送纳税申报表,并预缴税款

D. 非居民个人在中国境内从两处以上取得工资、薪金所得的,应当在取得所得的次年 3 月 1 日至 6 月 30 日内申报纳税

【参考答案】 D

【答案解析】 根据《中华人民共和国个人所得税法》(以下简称《个人所得税法》)第十三条的规定,非居民个人在中国境内从两处以上取得工资、薪金所得的,应当在

取得所得的次月 15 日内申报纳税。

3. 下列个人所得税年度汇算申报方式错误的是( )。

A. 纳税人自行办理或受托人为纳税人代为办理 2022 年度汇算的,向纳税人任职受雇单位所在地的主管税务机关申报

B. 扣缴义务人在年度汇算期内为纳税人办理年度汇算的,向扣缴义务人的主管税务机关申报

C. 有两处及以上任职受雇单位的,必须在先入职的单位所在地的主管税务机关申报

D. 纳税人没有任职受雇单位的,向其户籍所在地或者经常居住地的主管税务机关申报

【参考答案】 C

【答案解析】 根据《国家税务总局关于办理 2022 年度个人所得税综合所得汇算清缴事项的公告》(国家税务总局公告 2023 年第 3 号)第九条的规定,按照方便就近原则,纳税人自行办理或受托人为纳税人代为办理的,向纳税人任职受雇单位的主管税务机关申报;有两处及以上任职受雇单位的,可自主选择向其中一处申报。纳税人没有任职受雇单位的,向其户籍所在地、经常居住地或者主要收入来源地的主管税务机关申报。主要收入来源地,是指 2022 年向纳税人累计发放劳务报酬、稿酬及特许权使用费金额最大的扣缴义务人所在地。

4. 纳税人接受技能人员职业资格继续教育、专业技术人员职业资格继续教育支出,在取得证书的当年,按照标准定额扣除是( )元。

A. 1 000　　　　　B. 2 000　　　　　C. 3 200　　　　　D. 3 600

【参考答案】 D

【答案解析】 根据《个人所得税专项附加扣除暂行办法》(国发〔2018〕41 号印发)第八条的规定,纳税人在中国境内接受学历(学位)继续教育的支出,在学历(学位)教育期间按照每月 400 元定额扣除。同一学历(学位)继续教育的扣除期限不能超过 48 个月。纳税人接受技能人员职业资格继续教育、专业技术人员职业资格继续教育的支出,在取得相关证书的当年,按照 3 600 元定额扣除。

5. 居民个人的综合所得每一纳税年度的收入减除费用是( )万元。

A. 6　　　　　　　B. 5　　　　　　　C. 4　　　　　　　D. 3

【参考答案】 A

【答案解析】 根据《个人所得税法》第六条的规定,应纳税所得额的计算:居民个人的综合所得,以每一纳税年度的收入额减除费用 6 万元以及专项扣除、专项附加扣除和依法确定的其他扣除后的余额,为应纳税所得额。

6. 下列属于综合所得中依法确定的其他扣除项目的是( )。

A. "三险一金"   B. 商业健康险支出

C. 大病医疗   D. 保险赔款

【参考答案】 B

【答案解析】 根据《中华人民共和国个人所得税法实施条例》(以下简称《个人所得税实施条例》)第十三条的规定,《个人所得税法》第六条第一款第一项所称依法确定的其他扣除,包括个人缴付符合国家规定的企业年金、职业年金,个人购买符合国家规定的商业健康保险、税收递延型商业养老保险的支出,以及国务院规定可以扣除的其他项目。

7. 2022 年度个人所得税综合所得汇算清缴时间是( )。

A. 2023 年 1 月 1 日至 2023 年 5 月 31 日

B. 2023 年 3 月 1 日至 2023 年 6 月 30 日

C. 2023 年 1 月 1 日至 2023 年 3 月 31 日

D. 2023 年 1 月 1 日至 2023 年 6 月 30 日

【参考答案】 B

【答案解析】 根据《国家税务总局关于办理 2022 年度个人所得税综合所得汇算清缴事项的公告》(国家税务总局公告 2023 年第 3 号)第五条的规定,2022 年度汇算办理时间为 2023 年 3 月 1 日至 6 月 30 日。在中国境内无住所的纳税人在 3 月 1 日前离境的,可以在离境前办理。

8. 个人购买体育彩票一次中奖收入可以暂免征收个人所得税的是( )万元。

A. 1   B. 3   C. 5   D. 10

【参考答案】 A

【答案解析】 《财政部 国家税务总局关于个人取得体育彩票中奖所得征免个人所得税问题的通知》(财税字〔1998〕12 号)中明确,凡一次中奖收入不超过 1 万元的,暂免征收个人所得税;超过 1 万元的,应按税法规定全额征收个人所得税。

9. 对个人出租住房取得的所得征收个人所得税,适用的税率是( )。

A. 5%   B. 3%   C. 1.5%   D. 10%

【参考答案】 D

【答案解析】 根据《财政部 国家税务总局关于廉租住房经济适用住房和住房租赁有关税收政策的通知》(财税〔2008〕24 号)第二条的规定,对个人出租住房取得的所得减按 10% 的税率征收个人所得税。

10. 根据《个人所得税法》相关规定,在中国境内居住累计满 183 天的年度连续满 6 年的个人,各年均不存在单次离境超过 30 天的情形,对其第 7 年来源于境内外的所得,下列税务处理中,正确的是(　　)。

    A. 仅就其来源于中国境内的所得缴纳个人所得税

    B. 应当就其来源于境内、境外的所得缴纳个人所得税

    C. 仅就其来源于中国境外的所得缴纳个人所得税

    D. 经向主管税务机关备案,其来源于中国境外且由境外单位或者个人支付的所得,免予缴纳个人所得税

【参考答案】　B

【答案解析】　《个人所得税法》及其实施条例规定,在中国境内无住所的个人,在中国境内居住累计满183天的年度连续不满6年的(居民纳税人),经向主管税务机关备案,其来源于中国境外且由境外单位或者个人支付的所得,免予缴纳个人所得税;在中国境内居住累计满183天的任一年度中有一次离境超过30天的,其在中国境内居住累计满183天的年度的连续年限重新起算。在境内居住累计满183天的年度连续满6年后,不符合《个人所得税法实施条例》第四条优惠条件的无住所居民个人,其从境内、境外取得的全部工资薪金所得均应计算缴纳个人所得税。

11. 2023年1月1日起,纳税人子女接受全日制学历教育的支出,按照每月每个子女标准扣除是(　　)元。

    A. 500　　　　　　B. 1 000　　　　　　C. 1 500　　　　　　D. 2 000

【参考答案】　D

【答案解析】　《个人所得税专项附加扣除暂行办法》(国发〔2018〕41号印发)第五条规定,纳税人的子女接受全日制学历教育的相关支出,按照每个子女每月1 000元的标准定额扣除。《国务院关于提高个人所得税有关专项附加扣除标准的通知》(国发〔2023〕13号)规定,自2023年1月1日起,子女教育专项附加扣除标准,由每个子女每月1 000元提高到2 000元。

12. 纳税人发生的首套住房贷款利息支出,在实际发生贷款利息的年度,按照标准扣除每月是(　　)元。

    A. 500　　　　　　B. 1 000　　　　　　C. 1 200　　　　　　D. 2 000

【参考答案】　B

【答案解析】　《个人所得税专项附加扣除暂行办法》(国发〔2018〕41号印发)第十四条规定,纳税人本人或者配偶单独或者共同使用商业银行或者住房公积金个人住房贷款为本人或者其配偶购买中国境内住房,发生的首套住房贷款利息支出,在实际发生贷款利息的年度,按照每月1 000元的标准定额扣除,扣除期限最长不超过240个月。纳税人只能享受一次首套住房贷款的利息扣除。本办法所称首套住房贷款是指购买住房享受首套住房贷款利率的住房贷款。

13. 在医保目录范围内的个人负担部分超过 15 000 元的,在限额内纳税人发生符合条件的大病医疗支出据实扣除。该限额是( )元。

A. 60 000   B. 80 000   C. 70 000   D. 15 000

【参考答案】 B

【答案解析】 《个人所得税专项附加扣除暂行办法》(国发〔2018〕41 号印发)第十一条规定,在一个纳税年度内,纳税人发生的与基本医保相关的医药费用支出,扣除医保报销后个人负担(指医保目录范围内的自付部分)累计超过 15 000 元的部分,由纳税人在办理年度汇算清缴时,在 80 000 元限额内据实扣除。

14. 纳税人在主要工作城市没有自有住房而发生的住房租金支出,可以按照以下标准定额扣除的是( )。

A. 直辖市、省会(首府)城市、计划单列市以及国务院确定的其他城市,扣除标准为每月 1 500 元

B. 市辖区户籍人口超过 100 万的城市,扣除标准为每月 1 000 元

C. 市辖区户籍人口不超过 100 万的城市,扣除标准为每月 900 元

D. 直辖市、省会(首府)城市、计划单列市以及国务院确定的其他城市,扣除标准为每月 1 200 元

【参考答案】 A

【答案解析】 《个人所得税专项附加扣除暂行办法》(国发〔2018〕41 号印发)第十七条规定,直辖市、省会(首府)城市、计划单列市以及国务院确定的其他城市,扣除标准为每月 1 500 元;除第一项所列城市以外,市辖区户籍人口超过 100 万的城市,扣除标准为每月 1 100 元;市辖区户籍人口不超过 100 万的城市,扣除标准为每月 800 元。

15. 刘先生有一儿一女。2023 年,刘先生的儿子 3 岁,女儿 1 岁。刘先生 2023 年每月可以享受婴幼儿专项附加扣除的金额是( )元。

A. 1 000   B. 2 000   C. 3 000   D. 4 000

【参考答案】 D

【答案解析】 《国务院关于设立 3 岁以下婴幼儿照护个人所得税专项附加扣除的通知》(国发〔2022〕8 号)规定,有 3 岁以下婴幼儿的纳税人,可以从 2022 年 1 月 1 日起享受新的专项附加扣除。纳税人照护 3 岁以下婴幼儿子女的相关支出,按照每个婴幼儿每月 1 000 元的标准定额扣除。《国务院关于提高个人所得税有关专项附加扣除标准的通知》(国发〔2023〕13 号)规定,自 2023 年 1 月 1 日起,3 岁以下婴幼儿照护专项附加扣除标准,由每个婴幼儿每月 1 000 元提高到 2 000 元。

16. 下列有关我国现行个人所得税法的特点,不正确的是( )。

A. 实行综合征收与分类征收相结合的征税模式

B. 设立六项专项附加扣除

C. 采用源泉扣缴和个人申报两种征纳方法

D. 实行家庭(夫妻联合)申报纳税

【参考答案】 D

【答案解析】 根据《个人所得税法》的相关规定,个人所得税以所得人为纳税人,目前不实行家庭(夫妻联合)申报纳税。

17. 个人所得税的纳税义务人不包括(   )。

A. 一人有限公司 B. 个体工商户

C. 合伙企业的合伙人 D. 个人独资企业投资者

【参考答案】 A

【答案解析】 根据《企业所得税法》的相关规定,一人有限公司为企业所得税纳税人。

18. 小李(居民个人)从新时代互联网公司每月取得税前工资20 000元,每月个人负担社保2 100元,公积金2 400元(假设符合条件)。小李是独生子女,父母均已满60周岁。小李2023年9月预缴个人所得税(   )元。

A. 327 B. 285 C. 225 D. 195

【参考答案】 C

【答案解析】 根据《个人所得税法》第六条第(一)项的规定,居民个人的综合所得,以每一纳税年度的收入额减除费用6万元以及专项扣除、专项附加扣除和依法确定的其他扣除后的余额,为应纳税所得额。上述所称专项扣除,包括居民个人按照国家规定的范围和标准缴纳的基本养老保险、基本医疗保险、失业保险等社会保险费和住房公积金等;专项附加扣除,包括子女教育、继续教育、大病医疗、住房贷款利息或者住房租金、赡养老人等支出。

根据《个人所得税专项附加扣除暂行办法》(国发〔2018〕41号印发)第二十二条的规定,纳税人赡养一位及以上被赡养人的赡养支出,统一按照以下标准定额扣除:纳税人为独生子女的,按照每月2 000元的标准定额扣除;小李父母年满60岁,可以享受2 000元赡养老人的专项附加扣除。根据《国务院关于提高个人所得税有关专项附加扣除标准的通知》(国发〔2023〕13号)的规定,自2023年1月1日起,赡养老人专项附加扣除标准,由每月2 000元提高到3 000元。其中,独生子女按照每月3 000元的标准定额扣除;非独生子女与兄弟姐妹分摊每月3 000元的扣除额度,每人分摊的额度不能超过每月1 500元。

根据《个人所得税税率表一》的规定,全年应纳税所得额不超过36 000元的,适用税率为3%。

小李2023年9月预缴个人所得税＝(20 000－5 000－2 100－2 400－3 000)×3％＝225(元)。

19. 陈老师是中学教师,2023年3月被某培训机构聘请授课3天,每天课酬税前800元。该培训机构2023年3月为陈老师预扣预缴个人所得税( )元。

A. 0　　　　　　B. 320　　　　　　C. 384　　　　　　D. 500

【参考答案】 B

【答案解析】 根据《国家税务总局关于发布〈个人所得税扣缴申报管理办法(试行)〉的公告》(国家税务总局公告2018年第61号)的规定,扣缴义务人向居民个人支付劳务报酬所得、稿酬所得、特许权使用费所得时,应当按照以下方法按次或者按月预扣预缴税款:劳务报酬所得、稿酬所得、特许权使用费所得以收入减除费用后的余额为收入额;其中,稿酬所得的收入额减按70％计算。减除费用:预扣预缴税款时,劳务报酬所得、稿酬所得、特许权使用费所得每次收入不超过4 000元的,减除费用按800元计算;每次收入4 000元以上的,减除费用按收入的20％计算。

陈老师2023年3月预缴个人所得税＝(800×3－800)×20％＝320(元)。

20. 《个人所得税法》规定,在中国境内有住所,或者无住所而一个纳税年度内在中国境内居住累计满一定时间的个人,为居民个人。这个时间是( )天。

A. 1年　　　　　B. 183　　　　　　C. 90　　　　　　D. 30

【参考答案】 B

【答案解析】 根据《个人所得税法》的规定,在中国境内有住所,或者无住所而一个纳税年度内在中国境内居住累计满183天的个人,为居民个人。

21. 国内某杂志社2021年3月发表了作者方某(居民个人)的一篇中篇小说,支付稿费6 000元,该杂志社在支付方某稿费时应预扣预缴个人所得税( )元。

A. 1 200　　　　B. 1 040　　　　　C. 960　　　　　D. 672

【参考答案】 D

【答案解析】 该杂志社预扣预缴个人所得税＝6 000×80％×70％×20％＝672(元)。

22. 杨某(居民个人)2023年3月31日与企业解除劳动合同,其在企业工作年限为10年,领取经济补偿金150 000元,其所在地区上年职工平均工资为36 000元,杨某应缴纳个人所得税为( )元。(适用税率10％,速算扣除数2 520)

A. 1 480　　　　B. 1 280　　　　　C. 1 880　　　　D. 1 680

【参考答案】 D

【答案解析】 根据《财政部 税务总局关于个人所得税法修改后有关优惠政策衔接问题的通知》(财税〔2018〕164号)的规定,个人与用人单位解除劳动关系取得一次性补偿收入(包括用人单位发放的经济补偿金、生活补助费和其他补助费),在当地上年职工平均工资3倍数额以内的部分,免征个人所得税;超过3倍数额的部分,不并入当年综合所得,单独适用综合所得税率表,计算纳税。

杨某应缴纳个人所得税=(150 000−36 000×3)×10%−2 520=1 680(元)。

23. 张俊(居民个人)是A市(省会城市)一家公司的总经理,在B市有一套享受首套贷款利率的住房,为方便工作在A市租房居住。张俊2023年在职攻读MBA课程,家中有两个孩子均在读小学,父母已退休(年满60周岁),一个妹妹在读大学。张俊2023年每月的专项附加扣除额最多为( )元。

A. 4 400　　　　　　B. 7 400　　　　　　C. 5 400　　　　　　D. 5 900

【参考答案】 B

【答案解析】 张俊住房租金扣除1 500元,继续教育支出扣除400元,子女教育支出扣除4 000元,赡养老人支出扣除1 500元,因此,张俊每月最多专项附加扣除额=1 500+400+2 000×2+1 500=7 400(元)。

24. 计算个人独资企业投资者取得的经营所得时,下列费用不得税前扣除的是( )。

A. 企业缴纳的行政性收费

B. 投资者的亲属就职于该企业而取得的工资、薪金

C. 企业生产经营和投资者生活共用但难以划分的固定资产折旧费

D. 企业计提的坏账准备金

【参考答案】 D

【答案解析】 根据《个人所得税法》的相关规定,除国务院、税务主管部门规定的特定行业计提的准备金可以税前扣除,其他一律不得税前扣除。

25. 按现行个人所得税政策,上市公司员工股票期权行权时,股票实际购买价低于购买日市价的差额,单独计征个人所得税所对应的项目是( )。

A. 工资、薪金所得　　　　　　　　B. 劳务报酬所得

C. 利息、股息、红利所得　　　　　　D. 偶然所得

【参考答案】 A

【答案解析】 按现行个人所得税政策,上市公司员工股票期权行权时,股票实际购买价低于购买日市价的差额,单独计征个人所得税所对应的项目是工资、薪金所得。

26. 关于取得综合所得需要办理汇算清缴的情形,下列表述不正确的是( )。

A. 从两处以上取得综合所得,且综合所得年收入额减除专项扣除及专项附加扣除的余额超过6万元

B. 取得劳务报酬所得、稿酬所得、特许权使用费所得中一项或者多项所得，且综合所得年收入额减除专项扣除的余额超过6万元

C. 纳税年度内预缴税额低于应纳税额

D. 纳税人申请退税

【参考答案】 A

【答案解析】 根据《个人所得税法》的相关规定，取得综合所得需要办理汇算清缴的情形包括：(1)从两处以上取得综合所得，且综合所得年收入额减除专项扣除的余额超过6万元；(2)取得劳务报酬所得、稿酬所得、特许权使用费所得中一项或者多项所得，且综合所得年收入额减除专项扣除的余额超过6万元；(3)纳税年度内预缴税额低于应纳税额；(4)纳税人申请退税。

27. 中国公民张某有一件拍卖品经文物部门认定为海外回流文物，财产原值凭证金额栏填写没有金额，转让收入额为15万元，其应缴纳的个人所得税为（ ）万元。

A. 3　　　　　B. 0　　　　　C. 0.3　　　　　D. 1.5

【参考答案】 C

【答案解析】 《国家税务总局关于加强和规范个人取得拍卖收入征收个人所得税有关问题的通知》(国税发〔2007〕38号)规定，纳税人如不能提供合法、完整、准确的财产原值凭证，不能正确计算财产原值的，按转让收入额的3%征收率计算缴纳个人所得税；拍卖品为经文物部门认定是海外回流文物的，按转让收入额的2%征收率计算缴纳个人所得税。应缴纳个人所得税=15×2%=0.3(万元)。

28. 居民纳税人取得下列所得按次征收个人所得税的是（ ）。

A. 特许权使用费所得　　　　　B. 利息、股息、红利所得

C. 劳务报酬所得　　　　　D. 经营所得

【参考答案】 B

【答案解析】 根据《个人所得税法》的相关规定，纳税人取得利息、股息、红利所得，按次征收个人所得税。居民纳税人取得特许权使用费所得、劳务报酬所得按纳税年度合并计算个人所得税；纳税人取得经营所得，按年计算个人所得税，由纳税人在月度或者季度终了后15日内向税务机关报送纳税申报表，并预缴税款；在取得所得的次年3月31日前办理汇算清缴。

29. 李某应邀参加某剧团演出，一次性获得表演收入30 000元，将收入的一半直接捐赠给了家乡贫困户张某，该剧团应对李某预扣预缴个人所得税（ ）元。

A. 2 400　　　　　B. 3 648　　　　　C. 5 200　　　　　D. 7 000

【参考答案】 C

【答案解析】 根据《个人所得税法》的规定,个人将其所得对教育、扶贫、济困等公益慈善事业进行捐赠,捐赠额未超过纳税人申报的应纳税所得额30%的部分,可以从其应纳税所得额中扣除。根据《财政部 国家税务总局关于公益慈善事业捐赠个人所得税政策的公告》(财政部 国家税务总局公告2019年第99号)个人通过中华人民共和国境内公益性社会组织、县级以上人民政府及其部门等国家机关,向教育、扶贫、济困等公益慈善事业的捐赠(以下简称公益捐赠),发生的公益捐赠支出,可以按照个人所得税法有关规定在计算应纳税所得额时扣除。但直接捐赠的不可以扣除。

李某预缴个人所得税＝30 000×80%×30%－2 000＝5 200(元)。

30. 个体工商户在计算经营所得时,下列关于扣除项目范围和标准的表述错误的是(   )。

A. 按规定的范围和标准为业主和从业人员缴纳的"五险一金"准予扣除

B. 从2018年1月1日起,职工教育经费支出按工资、薪金总额的8%据实扣除

C. 发生与其生产经营活动直接相关的广告费和业务宣传费按当年销售(营业)收入的15%以内,据实扣除

D. 在生产经营活动中发生的合理的不需要资本化的借款费用,准予扣除

【参考答案】 B

【答案解析】 选项B,"从2018年1月1日起,职工教育经费支出按工资、薪金总额的8%据实扣除"只适用于企业所得税,不适用于个人所得税。

31. 下列有关个人所得税申报期限的规定,说法不正确的是(   )。

A. 纳税人取得应税所得没有扣缴义务人的,应当在取得所得的次月15日内向税务机关申报纳税

B. 纳税人取得应税所得,扣缴义务人未扣缴税款的,应当在取得所得的次月15日内向税务机关申报纳税

C. 扣缴义务人每月或者每次预扣、代扣的税款,应当在次月15日内缴入国库,并向税务机关报送扣缴个人所得税申报表

D. 非居民个人在中国境内从两处以上取得工资、薪金所得的,应当在取得所得的次月15日内申报纳税

【参考答案】 B

【答案解析】 根据《个人所得税法》的相关规定,纳税人取得应税所得,扣缴义务人未扣缴税款的,纳税人应当在取得所得的次年6月30日前,缴纳税款;税务机关通知限期缴纳的,纳税人应当按照期限缴纳税款。

32. 关于股权激励有关个人所得税的征收方法,下列说法中错误的是(   )。

A. 任职于上市公司的员工取得的限制性股票所得,按照"工资、薪金所得"纳税

B. 限制性股票个人所得税纳税义务发生时间为每一批限制性股票解禁的日期

C. 被激励对象为缴纳个人所得税款而出售股票,其出售价格与原计税价格不一致的,按照出售价格计算税额

D. 个人在纳税年度内取得 2 次以上股票增值权所得的,应合并纳税

【参考答案】 C

【答案解析】 被激励对象为缴纳个人所得税款而出售股票,其出售价格与原计税价格不一致的,按照原计税价格计算税额。

33. 下列各项中,按"经营所得"税目缴纳个人所得税的是( )。

A. 个人独资企业的投资者用企业资金支付家庭成员的个人消费

B. 公司以盈余公积转增股本,个人股东获利部分

C. 公司的个人投资者用企业的资金为自己购买住房

D. 个人投资者从公司借款,在纳税年度终了后既未归还,又未用于企业生产经营

【参考答案】 A

【答案解析】 根据《个人所得税法》的相关规定,选项 BCD 按"利息、股息、红利所得"税目征税。

34. 境内居民张某 2021 年 3 月 1 日购入某创新企业境内发行存托凭证(CDR),6 月 3 日,取得该 CDR 派发的股息红利 10 000 万元,张某应缴纳个人所得税为( )万元。

A. 0   B. 1 000   C. 2 000   D. 3 000

【参考答案】 B

【答案解析】 对个人投资者持有创新企业 CDR 取得的股息、红利所得,3 年内实施股息、红利差别化个人所得税政策,具体参照《财政部 国家税务总局 证监会关于实施上市公司股息、红利差别化个人所得税政策有关问题的通知》(财税〔2012〕85 号)、《财政部 国家税务总局 证监会关于上市公司股息、红利差别化个人所得税政策有关问题的通知》(财税〔2015〕101 号)的相关规定执行。个人从公开发行和转让市场取得的上市公司股票,持股期限在 1 个月以内(含 1 个月)的,其股息红利所得全额计入应纳税所得额;持股期限在 1 个月以上至 1 年(含 1 年)的,暂减按 50% 计入应纳税所得额;所得统一适用 20% 的税率计征个人所得税。应纳个人所得税=10 000×50%×20%=1 000(万元)。

35. 王某在中国境内无住所,2020 年在境内居住 200 天,下列关于王某身份的说法正确的是( )。

A. 系非居民纳税人,就来源于境内、境外所得缴纳个人所得税

B. 系居民纳税人，来源于中国境外且由境外单位或者个人支付的所得，免予缴纳个人所得税

C. 系非居民纳税人，就境内所得缴纳个人所得税

D. 系居民纳税人，就来源于境内、境外所得缴纳个人所得税

【参考答案】 D

【答案解析】 根据《个人所得税法》的相关规定，一个纳税年度内在中国境内居住满183天，构成中国税收居民。根据《财政部 税务总局关于在中国境内无住所的个人居住时间判定标准的公告》(财政部 税务总局公告2019年第34号)的规定，无住所个人一个纳税年度在中国境内累计居住满183天的，如果此前6年在中国境内每年累计居住天数都满183天而且没有任何一年单次离境超过30天，该纳税年度来源于中国境内、境外所得应当缴纳个人所得税；如果此前6年的任一年在中国境内累计居住天数不满183天或单次离境超过30天，该纳税年度来源于中国境外且境外单位或个人支付的所得，免予缴纳个人所得税。此前6年的起始年度自2019年（含）以后年度开始计算。

36. 允许在计算个人所得税税前全额扣除的捐赠是( )。

A. 对政府机构的捐赠

B. 直接对革命老区的捐赠

C. 通过非营利性的社会团体和国家机关向贫困地区的捐赠

D. 通过非营利性的社会团体向非营利性的老年服务机构的捐赠

【参考答案】 D

【答案解析】 《财政部 国家税务总局关于对老年服务机构有关税收政策问题的通知》(财税〔2000〕97号)规定，对企事业单位、社会团体和个人等社会力量，通过非营利性的社会团体和政府部门向福利性、非营利性的老年服务机构的捐赠，在缴纳企业所得税和个人所得税前准予全额扣除。

37. 下列关于年金的个人所得税处理中，正确的是( )。

A. 企业根据国家有关政策规定的办法和标准，为本单位全体职工缴付的企业年金单位缴费部分，在计入个人账户时，暂不缴纳个人所得税

B. 年金的企业缴费计入个人账户的部分，应视为个人一个月的工资缴纳个人所得税

C. 个人按本人缴费工资计税基数的5%缴纳的年金，在计算个人所得税时可全额扣除

D. 按年缴纳年金的企业缴费部分，应按照全年一次性奖金的计税方法缴纳个人所得税

【参考答案】 A

【答案解析】 企业根据国家有关政策规定的办法和标准,为本单位全体职工缴付的企业年金单位缴费部分,在计入个人账户时,暂不缴纳个人所得税。

38. 下列关于个人所得税纳税申报时间的表述,正确的是( )。

A. 钱先生是个体经营者,2020 年应在月度或季度终了 15 日内向税务机关申报纳税预缴税款,并在 2021 年 6 月 30 日前办理汇算清缴

B. 某财经大学吴老师 2020 年 2 月为某私营企业进行财税培训,该私营企业在支付培训费时忘记扣缴个人所得税,吴老师应在 2020 年 3 月 15 日前办理纳税申报并缴纳税款

C. 某工业大学张教授 2020 年 4 月应邀到美国解决波音飞机的自动操纵系统故障,取得报酬 100 万美元,张教授应在 2021 年 3 月 1 日至 6 月 30 日内申报纳税

D. 赵女士于 2020 年 3 月将其一处住房租赁给徐先生,租期 12 个月,3 月 1 日收取全年租金 9 万元,徐先生应履行代扣代缴义务,并在租期结束后 15 日内(即 2021 年 3 月 15 日前)向税务机关报送扣缴个人所得税申报表

【参考答案】 C

【答案解析】 根据《个人所得税法》的相关规定,经营所得办理汇算清缴时间是在取得所得的次年 3 月 31 日前;未扣缴个人所得税的,纳税人应在取得所得的次年 6 月 30 日前缴纳税款;居民个人取得境外所得的,应当在取得所得的次年 3 月 1 日至 6 月 30 日内申报纳税;纳税人取得财产租赁所得,有扣缴义务人的,由扣缴义务人按月或按次代扣代缴税款。

39. 工资、薪金所得由扣缴义务人缴入国库的期限是( )。

A. 次月 5 日内　　B. 次月 7 日内　　C. 次月 10 日内　　D. 次月 15 日内

【参考答案】 D

【答案解析】 工资、薪金所得的个人所得税按月预扣预缴,扣缴义务人每月或者每次预扣、代扣的税款,应当在次月 15 日内缴入国库,并向税务机关报送扣缴个人所得税申报表。

40. 某企业 2020 年建造住宅楼一幢,建造成本每平方米 3 000 元,但是以每平方米 2 400 元的价格销售给本企业职工。该企业职工周女士 2020 年 5 月购买的房屋面积是 100 平方米,周女士 5 月应缴纳个人所得税( )元。

A. 3 480　　　　B. 8 875　　　　C. 11 530　　　　D. 5 790

【参考答案】 D

【答案解析】 低价购买住房应纳税所得额＝(3 000－2 400)×100＝60 000(元),

$60\,000 \div 12 = 5\,000$（元），适用的税率和速算扣除数分别为 10%、210 元。应纳税额 = $60\,000 \times 10\% - 210 = 5\,790$（元）。

41. 计算个人所得税时，允许税前全额扣除的公益、救济性捐赠是（　　）。

A. 用于政府机构的捐赠

B. 通过境内非营利性的社会团体向教育事业的捐赠

C. 通过非营利性的社会团体和国家机关向革命老区的捐赠

D. 通过非营利性的社会团体和国家机关向贫困地区的捐赠

【参考答案】　B

【答案解析】　选项 A，向政府机构捐赠没有全额扣除的规定；选项 CD，属于限额扣除的项目；根据《财政部　国家税务总局关于教育税收政策的通知》（财税〔2004〕39 号）第一条的规定，纳税人通过中国境内非营利的社会团体、国家机关向教育事业的捐赠，准予在企业所得税和个人所得税前全额扣除。故选项 B 正确。

42. 陈某 2020 年 8 月购买某上市公司的股票 10 000 股，该上市公司 2019 年度的利润方案为每 10 股送 3 股，并于 2021 年 1 月实施，该股票的面值为每股 1 元。上市公司应扣缴陈某的个人所得税为（　　）元。

A. 300　　　　　B. 600　　　　　C. 1 500　　　　　D. 3 000

【参考答案】　A

【答案解析】　配股分红属于股息、红利所得，对个人投资者从上市公司取得的股息、红利所得，持股期限在 1 个月以上至 1 年的，暂减按 50% 计入个人应纳税所得额。个人所得税 = $10\,000 \div 10 \times 3 \times 1 \times 50\% \times 20\% = 300$（元）。

43. 彩民小王经常性购买体育彩票，请问小王一次中奖收入超过（　　）万元的，应全额征收个人所得税。

A. 1　　　　　B. 2　　　　　C. 3　　　　　D. 5

【参考答案】　A

【答案解析】《财政部　国家税务总局关于个人取得体育彩票中奖所得征免个人所得税问题的通知》（财税字〔1998〕12 号）规定，凡一次中奖收入不超过 1 万元的，暂免征收个人所得税；超过 1 万元的，应按税法规定全额征收个人所得税。

44. 自（　　）起，外籍个人不再享受住房补贴、语言训练费、子女教育费津补贴免税优惠政策，应按规定享受专项附加扣除。

A. 2020 年 1 月 1 日　　　　　　　　B. 2021 年 1 月 1 日

C. 2028 年 1 月 1 日　　　　　　　　D. 2025 年 1 月 1 日

【参考答案】　C

【答案解析】　根据《财政部　税务总局关于个人所得税法修改后有关优惠政策

衔接问题的通知》(财税〔2018〕164号)第七条《财政部 税务总局关于延续实施外籍个人有关津补贴个人所得税政策的公告》(财政部 税务总局公告2023年第29号)的规定,自2028年1月1日起,外籍人员不再享受住房补贴、语言训练费、子女教育费津补贴免税优惠政策,应按规定享受专项附加扣除。

45. 对个人出租住房取得的所得减按(　　)的税率征收个人所得税。

A. 5% 　　　　B. 3% 　　　　C. 1.5% 　　　　D. 10%

【参考答案】　D

【答案解析】　根据《财政部 国家税务总局关于廉租住房 经济适用住房和住房租赁有关税收政策的通知》(财税〔2008〕24号)第二条的规定,对个人出租住房取得的所得减按10%的税率征收个人所得税。

46. 下列关于个人所得税申报纳税期限的表述,不正确的是(　　)。

A. 居民个人取得综合所得,按年计算个人所得税;有扣缴义务人的,由扣缴义务人按月或者按次预扣预缴税款

B. 纳税人取得应税所得,扣缴义务人未扣缴税款的,纳税人应当在取得所得的次年6月30日前,缴纳税款

C. 纳税人取得经营所得,按年计算个人所得税,由纳税人在月度或者季度终了后15日内向税务机关报送纳税申报表,并预缴税款

D. 非居民个人在中国境内从两处以上取得工资、薪金所得的,应当在取得所得的次年3月1日至6月30日内申报纳税

【参考答案】　D

【答案解析】　根据《个人所得税法》第十三条的规定,非居民个人在中国境内从两处以上取得工资、薪金所得的,应当在取得所得的次月15日内申报纳税。

47. 下列各项中,不作为个人专项附加扣除的是(　　)。

A. 子女抚养 　　　　　　　　　　B. 继续教育

C. 赡养老人 　　　　　　　　　　D. 子女教育

【参考答案】　A

【答案解析】　综合所得中允许扣除的专项附加扣除包括子女教育、继续教育、大病医疗、首套住房贷款利息、住房租金、赡养老人。

48. 根据个人所得税股票期权的相关规定,下列税务处理中,正确的是(　　)。

A. 分得的股息按"工资、薪金所得"税目缴纳个人所得税

B. 股票期权行权后转让净收入应按"财产转让所得"税目缴纳个人所得税

C. 行权时的行权价与实际购买价之间的差额按"财产转让所得"税目缴纳个人所得税

D. 行权时的行权价与施权价之间的差额按"股息、红利所得"税目缴纳个人所得税

【参考答案】 B

【答案解析】 选项A,分得的股息按"利息、股息、红利所得"税目缴纳个人所得税;选项CD,行权时的行权价与施权价之间的差额按"工资、薪金所得"税目缴纳个人所得税。

49. 根据个人所得税相关规定,计算合伙企业生产经营所得时准予扣除的是( )。

A. 合伙企业留存的利润   B. 分配给合伙人的利润

C. 支付的工商业联合会会费   D. 合伙个人缴纳的个人所得税

【参考答案】 C

【答案解析】 合伙企业按照规定缴纳的摊位费、行政性收费、协会会费等,按实际发生数额扣除。

50. 2023年1月1日起,纳税人子女接受全日制学历教育的支出,按照每个子女每月( )元标准扣除。

A. 500   B. 1 000   C. 1 500   D. 2 000

【参考答案】 D

【答案解析】 《个人所得税专项附加扣除暂行办法》(国发〔2018〕41号印发)第五条规定,纳税人的子女接受全日制学历教育的相关支出,按照每个子女每月1 000元的标准定额扣除。《国务院关于提高个人所得税有关专项附加扣除标准的通知》(国发〔2023〕13号)规定,自2023年1月1日起,子女教育专项附加扣除标准,由每个子女每月1 000元提高到2 000元。

51. 纳税人接受技能人员职业资格继续教育、专业技术人员职业资格继续教育支出,在取得证书的当年,按照( )元标准定额扣除。

A. 1 000   B. 2 000   C. 3 200   D. 3 600

【参考答案】 D

【答案解析】 《个人所得税专项附加扣除暂行办法》(国发〔2018〕41号印发)第八条规定,纳税人在中国境内接受学历(学位)继续教育的支出,在学历(学位)教育期间按照每月400元定额扣除。同一学历(学位)继续教育的扣除期限不能超过48个月。纳税人接受技能人员职业资格继续教育、专业技术人员职业资格继续教育的支出,在取得相关证书的当年,按照3 600元定额扣除。

52. 个人将其所得对教育、扶贫、济困等公益慈善事业进行捐赠,捐赠额未超过纳税人申报的应纳税所得额( )的部分,可以从其应纳税所得额中扣除。

A. 50% 　　　　B. 40% 　　　　C. 30% 　　　　D. 20%

【参考答案】　C

【答案解析】　根据《个人所得税法》第六条第（六）项的规定，个人将其所得对教育、扶贫、济困等公益慈善事业进行捐赠，捐赠额未超过纳税人申报的应纳税所得额30%的部分，可以从其应纳税所得额中扣除；国务院规定对公益慈善事业捐赠实行全额税前扣除的，从其规定。

53. 居民个人的综合所得，以每一纳税年度的收入减除费用（　　）万元以及专项扣除、专项附加扣除和依法确定的其他扣除后的余额，为应纳税所得额。

A. 6 　　　　B. 5 　　　　C. 4 　　　　D. 3

【参考答案】　A

【答案解析】　根据《个人所得税法》第六条的规定，应纳税所得额的计算：居民个人的综合所得，以每一纳税年度的收入额减除费用6万元以及专项扣除、专项附加扣除和依法确定的其他扣除后的余额，为应纳税所得额。

54. 纳税人发生的首套住房贷款利息支出，在实际发生贷款利息的年度，按照每月（　　）元的标准扣除。

A. 500 　　　　B. 1 000 　　　　C. 1 200 　　　　D. 2 000

【参考答案】　B

【答案解析】　根据《个人所得税专项附加扣除暂行办法》（国发〔2018〕41号印发）第十四条的规定，纳税人本人或者配偶单独或者共同使用商业银行或者住房公积金个人住房贷款为本人或者其配偶购买中国境内住房，发生的首套住房贷款利息支出，在实际发生贷款利息的年度，按照每月1 000元的标准定额扣除，扣除期限最长不超过240个月。纳税人只能享受一次首套住房贷款的利息扣除。上述所称首套住房贷款是指购买住房享受首套住房贷款利率的住房贷款。

55. 纳税人赡养（　　）父母以及子女均已去世的祖父母、外祖父母的赡养支出，可以按照标准定额扣除。

A. 50岁以上 　　　　　　　　B. 60岁以上

C. 50岁（含）以上 　　　　　　D. 60岁（含）以上

【参考答案】　D

【答案解析】　根据《个人所得税专项附加扣除暂行办法》（国发〔2018〕41号印发）第二十三条的规定，被赡养人是指年满60岁的父母，以及子女均已去世的年满60岁的祖父母、外祖父母。

56. 下列各项中，只能在办理汇算清缴时扣除的是（　　）。

A. 继续教育支出 　　　　　　B. 住房租金支出

C. 3 岁以下婴幼儿照护支出　　　　　　　D. 大病医疗支出

【参考答案】 D

【答案解析】 根据《国家税务总局关于修订发布〈个人所得税专项附加扣除操作办法(试行)〉的公告》(国家税务总局公告 2022 年第 7 号)的规定,享受大病医疗专项附加扣除的纳税人,由其在次年 3 月 1 日至 6 月 30 日内,自行向汇缴地主管税务机关办理汇算清缴申报时扣除。

57. 从事个体经营的军队转业干部,可在(　　)年内免征个人所得税。

A. 2　　　　　　　B. 3　　　　　　　C. 5　　　　　　　D. 6

【参考答案】 B

【答案解析】 根据《财政部　国家税务总局关于自主择业的军队转业干部有关税收政策问题的通知》(财税〔2003〕26 号)的规定,从事个体经营的军队转业干部,可在 3 年内免征个人所得税。

58. 关于个人所得税纳税申报期限的规定,下列选项错误的是(　　)。

A. 需要办理汇算清缴的纳税人,应当在取得所得的次年 1 月 1 日至 6 月 30 日内,向任职、受雇单位所在地主管税务机关办理纳税申报

B. 扣缴义务人每月或者每次预扣、代扣的税款,应当在次月 15 日内缴入国库,并向税务机关报送《个人所得税扣缴申报表》

C. 纳税人取得经营所得,按年计算个人所得税,由纳税人在月度或季度终了后 15 日内,向经营管理所在地主管税务机关办理预缴纳税申报

D. 居民个人从中国境外取得所得的,应当在取得所得的次年 3 月 1 日至 6 月 30 日内,向中国境内任职、受雇单位所在地主管税务机关办理纳税申报

【参考答案】 A

【答案解析】 选项 A,需要办理汇算清缴的纳税人,应当在取得所得的次年 3 月 1 日至 6 月 30 日内,向任职、受雇单位所在地主管税务机关办理纳税申报。

59. 下列各项中,不按照"财产转让所得"项目计征个人所得税的是(　　)。

A. 个人销售无偿受赠不动产的所得

B. 职工将企业改制中取得的量化资产转让

C. 个人转让房屋

D. 股份制企业为个人股东购买住房而支出的款项

【参考答案】 D

【答案解析】 选项 D,应按照"利息、股息、红利所得"项目征收个人所得税。

60. 纳税人吴某经营个体工商户 D,年应纳税所得额为 1 200 000 元(适用税率 35%,速算扣除数 65 500),同时可以享受残疾人政策减免税额 6 000 元,那么吴某该

项政策的减免税额是(   )元。

A. 139 750   B. 139 550   C. 6 000   D. 1 000 000

【参考答案】 A

【答案解析】 根据《国家税务总局关于落实支持个体工商户发展个人所得税优惠政策有关事项的公告》(国家税务总局公告 2023 年第 5 号)第三条的规定,减免税额＝(个体工商户经营所得应纳税所得额不超过 100 万元部分的应纳税额－其他政策减免税额×个体工商户经营所得应纳税所得额不超过 100 万元部分÷经营所得应纳税所得额)×(1－50%)。因此,吴某该项政策的减免税额＝[(1 000 000×35%－65 500)－6 000×1 000 000÷1 200 000]×(1－50%)＝139 750(元)。

61. 下列表述中,符合个人独资企业和合伙企业纳税规定的是(   )。

A. 个人独资企业的投资者以全部生产经营所得和对外投资分回的利润作为企业的应纳税所得额

B. 个人以独资企业和合伙企业的形式开办两个或两个以上的企业,应分别按每个企业的应纳税所得额计算缴纳各自的所得税额

C. 个人独资企业的投资者以企业资金为本人、家庭成员支付与企业生产经营无关的消费性支出,依照"利息、股息、红利所得"项目征税

D. 实行查账征税方式的个人独资企业和合伙企业改为核定征收以后,在原征税方式下认定的年度经营亏损未弥补完的部分,不得再继续弥补

【参考答案】 D

【答案解析】 选项 A,个人独资企业的投资者以全部生产经营所得为应纳税所得额,对外投资分回的利润按照"利息、股息、红利所得"项目征税;选项 B,个人以独资企业和合伙企业的形式开办两个或两个以上的企业,应该汇总合并计算应纳所得税额;选项 C,个人独资企业的投资者以企业资金为本人、家庭成员支付与企业生产经营无关的消费性支出,应该并入生产经营所得,按"经营所得"项目缴纳个人所得税。

62. 下列事项应按照"利息、股息、红利所得"缴纳个人所得税的是(   )。

A. 出租汽车经营单位将出租车所有权转移给驾驶员的,出租车驾驶员从事客货运营取得的收入

B. 员工因拥有股权而参与企业税后利润分配取得的所得

C. 单位为职工支付的超过规定标准的基本养老保险

D. 非本单位报纸、杂志的专业人员在本单位的报纸、杂志上发表作品取得的所得

【参考答案】 B

【答案解析】 选项A，出租汽车经营单位将出租车所有权转移给驾驶员的，出租车驾驶员从事客货运营取得的收入，比照"经营所得"项目征税；选项C，单位为职工支付的超过规定标准的基本养老保险，按"工资、薪金所得"项目缴纳个人所得税；选项D，非本单位报纸、杂志的专业人员在本单位的报纸、杂志上发表作品取得的所得，按"稿酬所得"项目征收个人所得税。

63. 按照现行个人所得税的规定，下列表述正确的是（　　）。

A. 纳税人在两处或两处以上取得工资、薪金所得，可从两处或两处收入来源地选择并固定在一地税务机关申报纳税

B. 个人经政府有关部门批准，取得执照从事办学、医疗等活动，应按"劳务报酬所得"项目征收个人所得税

C. 个人对企事业单位承包、承租经营，一律按"经营所得"项目征收个人所得税

D. 个人投资兴办两个或两个以上企业的，其费用扣除标准由税务机关核定在其中一处扣除

【参考答案】 A

【答案解析】 选项B，个人经政府有关部门批准，取得执照从事办学、医疗等活动，应按"经营所得"项目征收个人所得税；选项C，个人对企事业单位承包、承租经营，要分不同情况：对经营成果不拥有所有权的，按"工资、薪金所得"项目征税；对经营成果拥有所有权的，按"经营所得"项目征个人所得税；选项D，个人投资兴办两个或两个以上企业的，其费用扣除标准由投资者选择在其中一个企业的生产经营所得中扣除，不是由税务机关核定。

64. 下列残疾人员的所得中，不能减征个人所得税的是（　　）。

A. 工资、薪金所得

B. 对企事业单位的承包和承租经营所得

C. 特许权使用费所得

D. 财产转让所得

【参考答案】 D

【答案解析】 对于残疾人员的下列具体所得项目可以申请减征个税：工资、薪金所得；个体工商户的生产经营所得；对企事业单位的承包经营、承租经营所得；劳务报酬所得；稿酬所得；特许权使用费所得。

65. 根据《个人所得税法》的有关规定，下列说法正确的是（　　）。

A. 个人独资企业的投资者以企业资金为家庭成员支付与企业生产经营无关的消费性支出，依照利息、股息、红利所得项目征税

B. 纳税人在广告设计中提供名义、形象取得所得，按"特许权使用费"项目计算

纳税

C. 非专利技术使用权让渡给他人使用按"财产租赁所得"缴纳个人所得税

D. 实行查账征税方式的个人独资企业和合伙企业改为核定征税方式后,在查账征税方式下认定的年度经营亏损未弥补完的部分,不得再继续弥补

【参考答案】 D

【答案解析】 选项A,个人独资企业的投资者以企业资金为本人、家庭成员支付与企业生产经营无关的消费性支出,应该并入生产经营所得,按"经营所得"项目缴纳个人所得税;选项B,个人提供名义、形象取得所得,按"劳务报酬所得"项目计算纳税;选项C,非专利技术使用权让渡给他人使用按"特许权使用费所得"缴纳个人所得税。

66. 以下关于量化资产个人所得税方面的规定,表述正确的是(   )。

A. 职工个人以股份形式取得的拥有所有权的企业量化资产,征收个人所得税

B. 职工个人将股份转让时,就其转让收入额,减除个人取得该股份时实际支付的费用支出和合理转让费用后的余额按"财产转让所得"项目计征个人所得税

C. 职工个人以股份形式取得的企业量化资产参与企业分配获得股息,按取得"工资、薪金所得"项目征收个人所得税

D. 对职工个人以股份形式取得的量化资产仅作为分红依据,不拥有所有权的企业量化资产,征收个人所得税

【参考答案】 B

【答案解析】 选项A,暂缓征收个人所得税;选项C,按照"利息、股息、红利所得"项目征收个人所得税;选项D,不拥有所有权的企业量化资产,不征收个人所得税。

67. 下列各项中,应按"经营所得"项目征税的是(   )。

A. 个人因从事彩票代销业务而取得的所得

B. 个人因专利权被侵害获得的经济赔偿所得

C. 法人企业的个人投资者以企业资金为本人购买的汽车

D. 出租汽车经营单位对出租车驾驶员采取单车承包或承租方式运营,出租车驾驶员从事客货营运取得的所得

【参考答案】 A

【答案解析】 个人因专利权被侵害获得的经济赔偿所得,按"特许权使用费所得"项目征收个人所得税;除个人独资企业、合伙企业以外的其他企业的个人投资者以企业资金为本人购买的汽车,按"利息、股息、红利所得"项目征收个人所得税;出租

汽车经营单位对出租车驾驶员采取单车承包或承租方式运营,出租车驾驶员从事客货营运取得的所得,按"工资、薪金所得"项目征税。

68. 吴某购买"打包"债权实际支出为40万元,2021年3月处置该债权的40%,处置收入25万元,在债权处置过程中发生评估费用2万元。吴某处置"打包"债权应缴纳个人所得税( )万元。

A. 1.20　　　　　　B. 1.40　　　　　　C. 1.56　　　　　　D. 1.80

【参考答案】 B

【答案解析】 处置债权成本费用＝个人购置"打包"债权实际支出×当次处置债权账面价值(或拍卖机构公布价值);"打包"债权账面价值(或拍卖机构公布价值)、个人购买和处置债权过程中发生的拍卖招标手续费、诉讼费、审计评估费以及缴纳的税金等合理税费,在计算个人所得税时允许扣除。处置债权成本费用＝40×40％＝16(万元);应缴纳个人所得税＝(25－16－2)×20％＝1.4(万元)。

69. 下列关于个人独资企业计算个人所得税时有关扣除项目的表述,正确的是( )。

A. 个人独资企业生产经营费用与其家庭生活费用无法划分,由税务机关核定

B. 投资者及职工工资不得在税前扣除

C. 企业年度内发生的业务招待费超出当年销售收入5‰的部分,可在以后纳税年度内扣除

D. 企业计提的各种准备金不得在税前扣除

【参考答案】 D

【答案解析】 选项A,个人独资企业生产经营费用与其家庭生活费用无法划分,不得税前扣除;选项B,投资者的工资不得税前扣除,但是职工工资可税前扣除;选项C,业务招待费不得结转以后年度扣除。

70. 小明2022年帮一家公司翻译外文,取得了12万元的劳务报酬,该公司按照相关规定代扣了个人所得税。假设小明不存在其他收入,且没有可扣除项目,则汇算清缴时,小明应补(退)个人所得税( )元。

A. 31 400　　　　B. 1 080　　　　C. －2 880　　　　D. －30 320

【参考答案】 D

【答案解析】 预扣时:应缴纳个人所得税＝(120 000－120 000×20％)×40％－7 000＝31 400(元)。汇算清缴时:应缴纳个人所得税＝(120 000－120 000×20％－60 000)×3％－0＝1 080(元)。小明应补(退)个人所得税＝1 080－31 400＝－30 320(元)。

71. 个人取得的下列所得中,免征个人所得税的是( )。

A. 转让国债取得的所得

B. 保险赔偿款

C. 转让自用达 3 年的家庭唯一生活用房取得的所得

D. 个人与原单位解除劳动合同后再次任职取得的工资、薪金所得

【参考答案】 B

【答案解析】 选项 A,国债和国家发行的金融债券利息免征个人所得税,国债转让所得不免税;选项 C,转让自用达 5 年以上家庭唯一生活用房取得的所得,暂免征收个人所得税;选项 D,个人与原单位解除劳动合同后再次任职取得的工资、薪金所得,按正常情况纳税。

72. 下列对于个人以非货币性资产投资所得的说法,不正确的是(   )。

A. 个人以非货币性资产投资,应按评估后的公允价值确认非货币性资产转让收入

B. 个人应在发生相关规定的应税行为的次月 10 日内向主管税务机关申报纳税

C. 非货币性资产投资,包括以非货币性资产出资设立新的企业,以及以非货币性资产出资参与企业增资扩股、定向增发股票、股权置换、重组改制等投资行为

D. 个人在非货币性资产投资交易过程中取得现金补价的,现金部分应优先用于缴税

【参考答案】 B

【答案解析】 选项 B,个人应在发生相关规定的应税行为的次月 15 日内向主管税务机关申报纳税。

73. 根据个人所得税的有关规定,下列表述错误的是(   )。

A. 扣缴义务人应扣未扣、应收而不收税款的,由税务机关向扣缴义务人追缴税款,同时纳税人负有连带责任

B. 个体工商户从事生产经营所得应自行申报纳税

C. 对扣缴义务人按照规定扣缴的税款,按年付给 2% 的手续费。不包括税务机关、司法机关等查补或者责令补扣的税款

D. 纳税人取得经营所得,按年计算个人所得税,由纳税人在月度或者季度终了后 15 日内向税务机关报送纳税申报表,并预缴税款;在取得所得的次年 3 月 31 日前办理汇算清缴

【参考答案】 A

【答案解析】 扣缴义务人应扣未扣、应收而不收税款的,由税务机关向纳税人追缴税款,对扣缴义务人处应扣未扣、应收未收税款 50% 以上 3 倍以下的罚款。

74. 个人取得下列所得应缴纳个人所得税的是(   )。

A. 个人取得福利费、救济金

B. 个人购买社会福利有奖募捐奖券一次中奖收入 8 000 元

C. 企业对累计消费达到一定额度,给予额外抽奖机会,个人的获奖所得

D. 个人转让自用 5 年以上的家庭唯一住房

【参考答案】 C

【答案解析】 对个人购买社会福利有奖募捐奖券一次中奖收入不超过 1 万元的,暂免征收个人所得税,超过 1 万元的,按全额征税;个人转让自用 5 年以上的家庭唯一住房免征个人所得税。根据《中华人民共和国个人所得税法》的规定,个人取得福利金、抚恤金、救济金等免征个人所得税。

75. 2022 年年初余某将自有商铺对外出租,不含增值税租金 8 000 元/月。在不考虑其他税费的情况下,余某每月租金应缴纳个人所得税(　　)元。

A. 528　　　　　B. 640　　　　　C. 1 280　　　　　D. 1 440

【参考答案】 C

【答案解析】 根据《个人所得税法》第三条第(三)项的规定,利息、股息、红利所得,财产租赁所得,财产转让所得和偶然所得,适用比例税率,税率为 20%。第六条第(四)项规定,财产租赁所得,每次收入不超过 4 000 元的,减除费用 800 元;4 000 元以上的,减除 20% 的费用,其余额为应纳税所得额。出租商铺应纳税所得额的计算公式为:(1)每次(月)收入不超过 4 000 元的:应纳税所得额＝每次(月)收入额－800;(2)每次(月)收入超过 4 000 元的:应纳税所得额＝每次(月)收入额×(1－20%)取得的财产租赁收入。

余某应缴纳个人所得税＝8 000×(1－20%)×20%＝1 280(元)。

76. 个人作品以图书、报刊形式出版、发表取得的所得应按(　　)项目计征个人所得税。

A. 工资、薪金所得　　　　　　　　B. 劳务报酬所得

C. 特许权使用费所得　　　　　　　D. 稿酬所得

【参考答案】 D

【答案解析】 个人作品以图书、报刊形式出版、发表取得的所得按稿酬所得计征个人所得税。

77. 按照现行《个人所得税法》的规定,下列各项表述中正确的是(　　)。

A. 任职、受雇于报纸、杂志等单位的记者、编辑等专业人员,因在本单位的报纸、杂志上发表作品取得的所得,应按照"稿酬所得"项目缴纳个人所得税

B. 个人经政府有关部门批准,取得执照从事办学、医疗等活动,应按"经营所得"项目征收个人所得税

C. 个人对企事业单位承包、承租经营,无论采用何种形式经营,一律按"经营所得"项目征收个人所得税

D. 个人独资企业的投资者张某用企业资金为其本人购买汽车和住房,该财产购置支出应按"利息、股息、红利所得"项目计征个人所得税

【参考答案】 B

【答案解析】 任职、受雇于报纸、杂志等单位的记者、编辑等专业人员,因在本单位的报纸、杂志上发表作品取得的所得,属于因任职、受雇而取得的所得,应与其当月工资收入合并,按"工资、薪金所得"项目征收个人所得税;个人对企事业单位承包、承租经营,要分不同情况,分别按"工资、薪金所得""企事业单位的承包经营、承租经营所得"项目征个人所得税;个人独资企业的投资者张某以企业资金为其本人购买汽车和住房,该财产购置支出应按"经营所得"项目计征个人所得税。

78. 一般说来,居民纳税人应就其来源于中国境内、境外的所得缴纳个人所得税,非居民纳税人仅就来源于中国境内的所得缴纳个人所得税。下列收入中属于中国境内所得的是(   )。

A. 居民纳税人转让非专利技术在中国境外使用的所得

B. 中国公民在境外取得的提供各种劳务的劳务报酬所得

C. 将财产出租给承租人在中国境外使用而取得的所得

D. 转让中国境内的建筑物给外国人取得的所得

【参考答案】 D

【答案解析】 选项 A,应该是转让的非专利技术在中国境内使用的所得;选项 B,应该是因任职、受雇、履约等而在中国境内提供各种劳务取得的劳务报酬所得;选项 C,应该是将财产出租给承租人在中国境内使用而取得的所得。

79. 下列各项,按"经营所得"项目缴纳个人所得税的是(   )。

A. 个人独资企业的投资者以独资企业资本金进行个人消费

B. 股份制企业以盈余公积转增股本,个人股东获利部分

C. 股份制企业的个人投资者以该企业的资本金进行个人消费

D. 股份制企业的个人投资者从该企业借款,超过 12 个月仍未归还的借款

【参考答案】 A

【答案解析】 选项 BCD 按股息红利所得缴纳个人所得税。

80. 下列个人收入中,应按"劳务报酬所得"项目缴纳个人所得税的是(   )。

A. 在其他单位兼职取得的收入   B. 退休后再受雇取得的收入

C. 在任职单位取得董事费收入   D. 个人购买彩票取得的中奖收入

【参考答案】 A

【答案解析】 选项 B,退休后再任职取得的收入,属于工资、薪金所得;选项 C,在任职单位取得的董事费收入,属于工资、薪金所得。在非任职单位取得的董事费收入,属于劳务报酬所得;选项 D,个人购买彩票取得的中奖收入属于偶然所得。

81. 2023 年某作家出版一部长篇小说,1 月取得预付稿酬 2 万元,4 月小说正式出版,取得稿酬 2 万元,5 月将该小说手稿公开拍卖获得收入 10 万元,同时该小说在一家晚报连载 100 次,每次稿酬 420 元。扣缴义务人应共预扣预缴该作家的个人所得税( )元。

A. 20 384　　　　B. 20 480　　　　C. 25 184　　　　D. 26 680

【参考答案】 C

【答案解析】 扣缴义务人向居民个人支付劳务报酬所得、稿酬所得、特许权使用费所得时,应当按照以下方法按次或者按月预扣预缴税款:劳务报酬所得、稿酬所得、特许权使用费所得以收入减除费用后的余额为收入额;其中,稿酬所得的收入额减按 70% 计算。减除费用:预扣预缴税款时,劳务报酬所得、稿酬所得、特许权使用费所得每次收入不超过 4 000 元的,减除费用按 800 元计算;每次收入 4 000 元以上的,减除费用按收入的 20% 计算。应纳税所得额:劳务报酬所得、稿酬所得、特许权使用费所得,以每次收入额为预扣预缴应纳税所得额,计算应预扣预缴税额。劳务报酬所得适用《个人所得税预扣率表二》,稿酬所得、特许权使用费所得适用 20% 的比例预扣率。个人的同一作品在报刊上连载,应合并其因连载而取得的所得为一次。出版取得所得应预扣个人所得税 = (20 000 + 20 000) × (1 − 20%) × (1 − 30%) × 20% = 4 480(元);连载取得的所得应预扣预缴个人所得税 = 100 × 420 × (1 − 20%) × (1 − 30%) × 20% = 4 704(元);小说手稿拍卖所得按照特许权使用费所得征收个人所得税。拍卖所得应预扣预缴个人所得税 = 100 000 × (1 − 20%) × 20% = 16 000(元);合计应预扣预缴该作家个人所得税 = 4 480 + 4 704 + 16 000 = 25 184(元)。

82. 内地张先生通过沪港通机制购买香港联交所股票,下列各项关于个人所得税的税收处理中,正确的是( )。

A. 股票转让差价免税

B. 股票转让差价按"财产转让所得"项目缴纳个人所得税

C. 取得的股息红利,按照 10% 的税率缴纳个人所得税

D. 取得的股息红利,实行差别化待遇缴纳个人所得税

【参考答案】 A

【答案解析】 股票转让差价免税;股息、红利所得按照 20% 的税率征税。

83. 某公司于 2020 年 5 月建立了企业年金制度,职工张某上年月平均工资为 5 000 元,单位当月为其缴纳企业年金 200 元,不考虑其他因素,则张某当月应缴纳个

人所得税为(   )元。

A. 3   B. 0   C. 6   D. 10

【参考答案】 B

【答案解析】 根据《财政部　人力资源社会保障部　国家税务总局关于企业年金职业年金个人所得税有关问题的通知》(财税〔2013〕103 号)第一条第一款的规定,企业和事业单位根据国家有关政策规定的办法和标准,为在本单位任职或者受雇的全体职工缴付的企业年金或职业年金单位缴费部分,在计入个人账户时,个人暂不缴纳个人所得税。

84. 下列个人财产转让所得不需缴纳个人所得税的是(   )。

A. 境内上市公司股票转让所得   B. 土地使用权转让所得

C. 机器设备转让所得   D. 建筑物转让所得

【参考答案】 A

【答案解析】 对个人转让境内上市公司股票取得的所得暂不征收个人所得税。

85. 居民个人洪某 2022 年 5 月底与任职单位解除了劳动关系,获得一次性经济补偿收入 400 000 元,其所在地上年职工平均工资为 6 000 元/月。洪某应缴纳个人所得税税额为(   )元。

A. 7 880   B. 15 880   C. 19 880   D. 63 580

【参考答案】 C

【答案解析】 洪某应缴纳个人所得税税额＝(400 000－6 000×12×3)×20％－16 920＝19 880(元)。

86. 关于个人所得税的相关规定,下列表述正确的是(   )。

A. 个人对企事业单位承包、承租经营后,工商登记改变为个体工商户的,应征收企业所得税,再按"经营所得"项目缴纳个人所得税

B. 个人转让自用 3 年以上离婚析产房屋所取得的收入,免征个人所得税

C. 个人因离婚办理房屋产权过户手续,按照财产转让所得征收个人所得税

D. 房屋产权所有人将房屋无偿赠与父母,不征收个人所得税

【参考答案】 D

【答案解析】 选项 A,个人对企事业单位承包、承租经营后,工商登记改变为个体工商户的,不再征收企业所得税,仅按"经营所得"项目缴纳个人所得税;选项 B,个人转让离婚析产房屋所取得的收入,符合家庭生活自用 5 年以上唯一住房的,可以申请免征个人所得税;选项 C,个人因离婚办理房屋产权过户手续,不征收个人所得税。

87. 下列关于个体工商户生产经营所得征税的说法,正确的是(   )。

A. 个体工商户按规定缴纳的工商管理费不得税前扣除

B. 个体工商户将其所得通过中国境内的社会团体向贫困地区的捐赠,捐赠额不超过其应纳税所得额 30% 的部分可以据实扣除

C. 个体工商户购入低值易耗品的支出,一律一次摊销

D. 个体工商户生产经营所得的应纳税额不实行按年计算,分月或分季预缴,年终汇算清缴、多退少补的方法

【参考答案】 B

【答案解析】 选项 A,个体工商户按规定缴纳的工商管理费、个体劳动者协会会费、摊位费,按实际发生数扣除;选项 C,个体工商户购入低值易耗品的支出,原则上一次摊销,但一次性购入价值较大的,应分期摊销;选项 D,个体工商户生产经营所得的应纳税额实行按年计算,分月或分季预缴,年终汇算清缴、多退少补的方法。

88. 2023 年 1 月,某上市公司员工周某以 1 元/股的价格持有该公司的限制性股票 5 万股(通过股权激励方式取得),该股票在中国证券登记结算公司登记日收盘价为 4 元/股,2022 年 12 月解禁股票 3 万股,解禁当日收盘价 7 元/股。暂不考虑交易环节发生的相关税费。周某本次解禁股票的应纳税所得额为( )元。

A. 135 000   B. 147 000   C. 180 000   D. 286 000

【参考答案】 A

【答案解析】 根据《财政部 国家税务总局 中国证券监督管理委员会关于个人转让上市公司限售股所得征收个人所得税有关问题的通知》(财税〔2009〕167 号)的规定,个人转让限售股,以每次限售股转让收入,减除股票原值和合理税费后的余额,为应纳税所得额。即:应纳税所得额=限售股转让收入-(限售股原值+合理税费)。

周某应纳税所得额=(4+7)÷2×30 000-50 000×(30 000÷50 000)=135 000(元)。

89. 根据《个人所得税法》的规定,下列说法正确的是( )。

A. 房屋产权所有人将房屋产权无偿赠与兄弟姐妹需征收个人所得税

B. 企业年金的个人缴费部分,不得在计算个人当月工资、薪金所得个人所得税时扣除

C. 个人取得的国家发行的金融债券利息免征个人所得税

D. 个人在广告设计、制作、发布过程中提供形象而取得的所得,属于特许权使用费所得

【参考答案】 C

【答案解析】 房屋产权所有人将房屋产权无偿赠与兄弟姐妹不征收个人所得税;企业年金个人缴费的部分,在不超过本人缴费工资计税基数的 4% 标准内的部分,暂从个人当期的应纳税所得额中扣除;个人在广告设计、制作、发布过程中因提供形

象而取得的所得,属于劳务报酬所得。

90. 根据《个人所得税法》的有关规定,下列表述正确的是(   )。

A. 同一作品先在报刊上连载,然后再出版取得的稿酬所得应合并为一次纳税

B. 作者去世后,对取得其遗作稿酬的个人,按稿酬所得征税

C. 同一作品出版后,加印取得的稿酬应按两次所得纳税

D. 同一作品在两处同时出版、发表取得的稿酬所得合并为一次纳税

【参考答案】 B

【答案解析】 同一作品先在报刊上连载,然后再出版取得的稿酬所得,应当分次纳税;同一作品出版后,加印取得的稿酬应合并为一次所得纳税;同一作品在两处同时出版、发表取得的稿酬所得为分别在各处取得的所得分次纳税。

91. 下列不属于特许权使用费所得的是(   )。

A. 提供非专利技术的所得

B. 发表稿件取得的所得

C. 文字作品手稿原件公开拍卖取得的所得

D. 提供专利取得的所得

【参考答案】 B

【答案解析】 选项B,属于稿酬所得,不是特许权使用费。

92. 下列关于个人所得税财产租赁所得的说法中,正确的是(   )。

A. 由纳税人负担的出租财产实际开支的修缮费用,不得从收入中扣除

B. 对租金收入计征的附加税费,允许从税前收入中扣除

C. 在确认财产租赁所得的纳税义务人时,应以产权凭证为依据,对无产权凭证的,以领取租金的个人为纳税义务人

D. 在确定财产租赁所得的纳税义务人时,产权所有人死亡,在未办理产权继承手续期间,该财产出租而有租金收入的,由主管税务机关根据实际情况确定

【参考答案】 B

【答案解析】 选项A,由纳税人负担的出租财产实际开支的修缮费用,准予从收入中扣除;选项C,无产权凭证的,由主管税务机关根据实际情况确定;选项D,应是以领取租金的个人为纳税义务人。

93. 以下关于个人所得税有关规定的表述中,正确的是(   )。

A. 房屋产权所有人死亡,对依法取得房屋产权的法定继承人征收个人所得税

B. 个人在行使股票认购权后,将已认购的股票转让所取得的所得,应按照"利息、股息、红利所得"项目缴纳个人所得税

C. 演职员参加非任职单位组织的演出取得的报酬,应按"劳务报酬所得"项目,

按次纳税

D. 股票增值权个人所得税纳税义务发生时间为上市公司向被授权人授予股票增值权的日期

【参考答案】 C

【答案解析】 选项A,不征收个人所得税;选项B,按"财产转让所得"项目征收个人所得税;选项D,股票增值权个人所得税纳税义务发生时间为上市公司向被授权人兑现增值权所得的日期。

94. 下列说法不符合劳务报酬所得和稿酬所得的相关规定的是( )。

A. 甲某受出版社委托为出版社提供审稿劳务所取得的所得,应当按照劳务报酬所得纳税

B. 乙某提供翻译,并且在作品上署名取得的所得,应当按照劳务报酬所得纳税

C. 稿酬就是指个人因其作品以图书、报刊形式出版、发表而取得的所得

D. 劳务报酬所得一般属于个人独立从事自由职业取得的所得或属于独立个人劳动所得

【参考答案】 B

【答案解析】 稿酬是指个人因其作品以图书、报刊形式出版、发表而取得的所得。一般就指首次发表,而且强调的是个人自己的作品。劳务报酬主要是指接受别人的委托所从事的劳务等应得的收入。翻译作品关键看是否署名,如果署名的则按照稿酬计税,如果没有署名的,则按照劳务报酬计税。选项B,出版的书上译者是署名的,所以是稿酬。如果只是提供翻译劳务而与是否出版无关,则是劳务报酬所得。

95. 不属于个人所得税"综合所得"项目的是( )。

A. 报社专业编辑在本报社发表文章取得的收入

B. 王某在甲公司兼职取得的收入

C. 张某自营运输车辆取得的收入

D. 某知名作家出版新书取得的收入

【参考答案】 C

【答案解析】 根据《个人所得税法》第二条的规定,综合所得为:(1)工资、薪金所得;(2)劳务报酬所得;(3)稿酬所得;(4)特许权使用费所得。选项A,报社专业编辑在本人工作报社发表文章取得的收入属于工资、薪金所得;选项B,王某兼职取得的收入属于劳务报酬所得;选项C,张某自营运输车辆取得的收入属于生产经营所得;选项D,知名作家出版新书取得收入属于稿酬所得。

96. 个体工商户为从业人员缴纳的补充养老保险费,在计算个人所得税时,可按从业人员工资总额一定比例据实扣除,具体可扣除的比例是( )。

A. 2％   B. 3％   C. 4％   D. 5％

【参考答案】 D

【答案解析】 根据《个体工商户个人所得税计税办法》(国家税务总局令第 35 号印发)第二十二条的规定,个体工商户按照国务院有关主管部门或者省级人民政府规定的范围和标准为其业主和从业人员缴纳的基本养老保险费、基本医疗保险费、失业保险费、生育保险费、工伤保险费和住房公积金,准予扣除。个体工商户为从业人员缴纳的补充养老保险费、补充医疗保险费,分别在不超过从业人员工资总额 5％标准内的部分据实扣除;超过部分,不得扣除。

97. 自 2020 年 1 月 1 日起至 2024 年 12 月 31 日,在海南自由贸易港工作的高端人才和紧缺人才,其个人所得税实际税负超过(   )的部分,予以免征。

A. 5％   B. 10％   C. 15％   D. 25％

【参考答案】 C

【答案解析】 根据《财政部 税务总局关于海南自由贸易港高端紧缺人才个人所得税的通知》(财税〔2020〕32 号)的规定,对在海南自由贸易港工作的高端人才和紧缺人才,其个人所得税实际税负超过 15％的部分,予以免征。文件自 2020 年 1 月 1 日起执行至 2024 年 12 月 31 日。

98. 根据《个人所得税法》的规定,纳税人取得经营所得,按年计算个人所得税,由纳税人在月度或者季度终了后 15 日内向税务机关报送纳税申报表,并预缴税款;在取得所得的次年办理汇算清缴,则办理汇算清缴的期限是(   )。

A. 取得所得的次年 1 月 31 日前   B. 取得所得的次年 6 月 30 日前
C. 取得所得的次年 4 月 30 日前   D. 取得所得的次年 3 月 31 日前

【参考答案】 D

【答案解析】 根据《个人所得税法》第十二条的规定,在取得所得的次年 3 月 31 日前办理汇算清缴。

99. 中国居民李某使用住房公积金贷款购买了首套住房,按照相关规定,李某的贷款利息支出可以在实际发生贷款利息的年度按照一定标准定额扣除,扣除期限最长不得超过(   )个月。

A. 60   B. 12   C. 120   D. 240

【参考答案】 D

【答案解析】 根据《个人所得税专项附加扣除暂行办法》(国发〔2018〕41 号印发)第十四条的规定,纳税人本人或者配偶单独或者共同使用商业银行或者住房公积金个人住房贷款为本人或者其配偶购买中国境内住房,发生的首套住房贷款利息支出,在实际发生贷款利息的年度,按照每月 1 000 元的标准定额扣除,扣除期限最长不超过 240 个月,因此,选项 D 正确。

100. 中国居民刘某为独生子女,父母健在且均已年满 60 周岁,刘某 2023 年每月可扣除赡养父母的支出为( )元。

A. 1 000   B. 2 000   C. 3 000   D. 1 500

【参考答案】 C

【答案解析】 根据《个人所得税专项附加扣除暂行办法》(国发〔2018〕41 号印发)第二十二条的规定,纳税人赡养一位及以上被赡养人的赡养支出,纳税人为独生子女的,按照每月 2 000 元的标准定额扣除。《国务院关于提高个人所得税有关专项附加扣除标准的通知》(国发〔2023〕13 号)规定,自 2023 年 1 月 1 日起,赡养老人专项附加扣除标准,由每月 2 000 元提高到 3 000 元。其中,独生子女按照每月 3 000 元的标准定额扣除;非独生子女与兄弟姐妹分摊每月 3 000 元的扣除额度,每人分摊的额度不能超过每月 1 500 元。

101. 2021 年 1 月,中国公民李某取得翻译收入 20 000 元,通过非营利性社会团体向福利性老年机构捐赠 5 000 元,李某就该笔翻译收入应预缴的个人所得税为( )元。

A. 1 052   B. 2 150   C. 3 200   D. 1 072

【参考答案】 C

【答案解析】 根据《财政部 税务总局关于公益慈善事业捐赠个人所得税政策的公告》(财政部 税务总局公告 2019 年第 99 号)第四条"居民个人在综合所得中扣除公益捐赠支出的,应按照以下规定处理"的规定,居民个人取得劳务报酬所得、稿酬所得、特许权使用费所得的,预扣预缴时不扣除公益捐赠支出,统一在汇算清缴时扣除。应预缴个人所得税＝20 000×(1－20%)×20%＝3 200(元)。

102. 下列通过公益性社会团体进行捐赠的事项中,不可以在个人所得税前全额扣除的是( )。

A. 向农村教育事业的捐赠   B. 向红十字基金的捐赠

C. 向教育发展基金会的捐赠   D. 向某贫困户的捐赠

【参考答案】 D

【答案解析】 根据《个人所得税法》及相关规定,向农村义务教育、红十字基金会、教育发展基金等的捐赠可以全额在税前扣除,但向贫困户个人的捐赠在不超过纳税人申报的应纳税所得额 30% 以内的部分可以据实扣除。因此选项 D 符合题意。

103. 小王 2023 年 3 月在税务发票抽奖中获中奖收入 20 000 元,当即拿出 7 000 元通过国家机关捐赠给受灾地区,选择将公益性捐赠支出从偶然所得中扣除。小王就上述中奖所得应缴纳个人所得税( )元。

A. 2 600   B. 2 800   C. 4 200   D. 4 400

【参考答案】　B

【答案解析】　公益性捐赠支出税前扣除限额＝20 000×30％＝6 000(元)＜实际发生额7 000元，按照6 000元在税前扣除，王某应缴纳个人所得税＝(20 000－6 000)×20％＝2 800(元)。

104. 某大学2020年11月支付给中国公民陈教授工资8 000元，支付给美国籍英语口语老师汤姆工资26 000元，则该大学应代扣代缴的个人所得税为(　　)元。

A. 2 790   B. 2 880   C. 2 648   D. 2 788

【参考答案】　B

【答案解析】　根据《个人所得税税率表一》的规定，全年应纳税所得额不超过36 000元的，适用税率为3％。

应代扣代缴陈教授个人所得税＝(8 000－5 000)×3％＝90(元)；应代扣代缴汤姆个人所得税＝(26 000－5 000)×20％－1 410＝2 790(元)，合计应代扣代缴个人所得税2 880元(2 790＋90)。

(二) 多项选择题

1. 综合所得专项附加扣除包含(　　)方面。

A. 子女教育支出   B. 婴幼儿照护支出

C. 住房贷款利息支出   D. 赡养老人支出

【参考答案】　A B C D

【答案解析】　综合所得的专项附加扣除包括子女教育支出、继续教育支出、大病医疗支出、住房贷款利息支出、住房租金支出、赡养老人支出，以及2022年1月1日起可享受新的婴幼儿照护专项附加扣除。

2. 以下关于赡养老人专项附加扣除的说法中，正确的有(　　)。

A. 纳税人为独生子女的，按照每年36 000元(每月3 000元)的标准定额扣除

B. 纳税人为非独生子女的，应当与其兄弟姐妹分摊每年36 000元(每月3 000元)的扣除额度

C. 分摊方式包括平均分摊、被赡养人指定分摊或者赡养人约定分摊，具体分摊方式在一个纳税年度内不得变更

D. 采取指定分摊或约定分摊方式的，每一纳税人分摊的扣除额最高不得超过每年18 000元(每月1 500元)，并签订书面分摊协议

【参考答案】　A B C D

【答案解析】　根据《个人所得税专项附加扣除暂行办法》(国发〔2018〕41号印发)

第二十二条、《国务院关于提高个人所得税有关专项附加扣除标准的通知》(国发〔2023〕13号)的规定,纳税人赡养一位及以上被赡养人的赡养支出,统一按照以下标准定额扣除:(1)纳税人为独生子女的,按照每月3 000元的标准定额扣除;(2)纳税人为非独生子女的,由其与兄弟姐妹分摊每月3 000元的扣除额度,每人分摊的额度不能超过每月1 500元。可以由赡养人均摊或者约定分摊,也可以由被赡养人指定分摊。约定或者指定分摊的须签订书面分摊协议,指定分摊优先于约定分摊。具体分摊方式和额度在一个纳税年度内不能变更。《个人所得税专项附加扣除暂行办法》(国发〔2018〕41号印发)第二十三条规定,本办法所称被赡养人是指年满60岁的父母,以及子女均已去世的年满60岁的祖父母、外祖父母。

3. 居民个人取得的收入,按纳税年度合并计算个人所得税的有( )。

A. 工资、薪金所得
B. 劳务报酬所得
C. 稿酬所得
D. 利息、股息、红利所得

【参考答案】 ABC

【答案解析】 《个人所得税法》第二条规定,下列各项个人所得,应当缴纳个人所得税:(1)工资、薪金所得;(2)劳务报酬所得;(3)稿酬所得;(4)特许权使用费所得;(5)经营所得;(6)利息、股息、红利所得;(7)财产租赁所得;(8)财产转让所得;(9)偶然所得。居民个人取得上述第(1)项至第(4)项所得,按纳税年度合并计算个人所得税。

4. 下列关于住房租金专项附加扣除的表述中,正确的有( )。

A. 纳税人应当留存住房租赁合同、协议等有关资料备查
B. 住房租金支出由签订租赁住房合同的承租人扣除
C. 纳税人及其配偶在一个纳税年度内不能同时分别享受住房贷款利息和住房租金专项附加扣除
D. 纳税人及其配偶在一个纳税年度内能同时分别享受住房贷款利息和住房租金专项附加扣除

【参考答案】 ABC

【答案解析】 根据《个人所得税专项附加扣除暂行办法》(国发〔2018〕41号印发)第十八条、第二十条、第二十一条的规定,夫妻双方主要工作城市相同的,只能由一方扣除住房租金支出。纳税人及其配偶在一个纳税年度内不能同时分别享受住房贷款利息和住房租金专项附加扣除。纳税人应当留存住房租赁合同、协议等有关资料备查。

5. 纳税人办理年度汇算需要退税的情况有( )。

A. 纳税年度综合所得年收入额不足6万元,但平时预缴过个人所得税的

B. 没有任职受雇单位,仅取得劳务报酬、稿酬、特许权使用费所得,需要通过年度汇算办理各种税前扣除的

C. 纳税人取得劳务报酬、稿酬、特许权使用费所得,年度中间适用的预扣预缴率低于全年综合所得年适用税率的

D. 纳税年度有符合享受条件的专项附加扣除,但预缴税款时没有申报扣除的

【参考答案】 A B D

【答案解析】 依据是《国家税务总局关于办理 2022 年度个人所得税综合所得汇算清缴事项的公告》(国家税务总局公告 2023 年第 3 号)的规定。

6. 无需办理年度汇算的情形有( )。

A. 年度汇算需补税但综合所得收入全年不超过 12 万元的

B. 年度汇算需补税金额不超过 400 元的

C. 已预缴税额与年度汇算应纳税额一致的

D. 符合年度汇算退税条件但不申请退税的

【参考答案】 A B C D

【答案解析】 依据是《国家税务总局关于办理 2022 年度个人所得税综合所得汇算清缴事项的公告》(国家税务总局公告 2023 年第 3 号)的规定。

7. 需要办理年度汇算的情形有( )。

A. 已预缴税额大于年度汇算应纳税额且申请退税的

B. 已预缴税额与年度汇算应纳税额一致的

C. 纳税年度内取得的综合所得收入超过 12 万元且需要补税金额超过 400 元的

D. 因适用所得项目错误或者扣缴义务人未依法履行扣缴义务,造成纳税年度内少申报或者未申报综合所得的

【参考答案】 A C D

【答案解析】 依据是《国家税务总局关于办理 2022 年度个人所得税综合所得汇算清缴事项的公告》(国家税务总局公告 2023 年第 3 号)的规定。

8. 以下情形属于在纳税年度内发生的,且未申报扣除或未足额扣除的税前扣除项目,纳税人可在年度汇算期间填报扣除或补充扣除有( )。

A. 纳税人及其配偶、未成年子女符合条件的大病医疗支出

B. 纳税人符合条件的子女教育、继续教育、住房贷款利息或住房租金、赡养老人专项附加扣除,以及减除费用、专项扣除、依法确定的其他扣除

C. 符合条件的公益慈善事业捐赠

D. 同时取得综合所得和经营所得的纳税人,可重复申报减除

【参考答案】 A B C

【答案解析】 根据《国家税务总局关于办理2022年度个人所得税综合所得汇算清缴事项的公告》(国家税务总局公告2023年第3号)的规定,同时取得综合所得和经营所得的纳税人,不能重复申报减除。

9. 2019年1月以后,初创型科技企业的标准为( )。

A. 接受投资时从业人数不超过200人

B. 接受投资时从业人数不超过300人

C. 接受投资时资产总额和年销售收入均不超过3 000万元

D. 接受投资时资产总额和年销售收入均不超过5 000万元

【参考答案】 BD

【答案解析】 《财政部 税务总局关于创业投资企业和天使投资个人有关税收政策的通知》(财税〔2018〕55号)第二条第(一)项规定,关于初创科技型企业条件中的"从业人数不超过200人"调整为"从业人数不超过300人","资产总额和年销售收入均不超过3 000万元"调整为"资产总额和年销售收入均不超过5 000万元"。

10. 下列各项所得中,免征个人所得税的有( )。

A. 按照国家统一规定发放的补贴、津贴

B. 保险赔款

C. 因自然灾害遭受重大损失的

D. 市级人民政府颁发的科学方面的奖金

【参考答案】 AB

【答案解析】 根据《个人所得税法》的相关规定,下列各项个人所得,免征个人所得税:(1)省级人民政府、国务院部委和中国人民解放军军以上单位,以及外国组织、国际组织颁发的科学、教育、技术、文化、卫生、体育、环境保护等方面的奖金;(2)国债和国家发行的金融债券利息;(3)按照国家统一规定发放的补贴、津贴;(4)福利费、抚恤金、救济金;(5)保险赔款;(6)军人的转业费、复员费、退役金;(7)按照国家统一规定发给干部、职工的安家费、退职费、基本养老金或者退休费、离休费、离休生活补助费;(8)依照有关法律规定应予免税的各国驻华使馆、领事馆的外交代表、领事官员和其他人员的所得;(9)中国政府参加的国际公约、签订的协议中规定免税的所得;(10)国务院规定的其他免税所得。

11. 下列各项中,应按"利息、股息、红利所得"项目征收个人所得税的有( )。

A. 公司为其个人股东购买小汽车将汽车办理在股东名下

B. 个体工商户生产经营所得

C. 个人独资企业经营所得

D. 职工因股权奖励获得股票后,取得企业税后利润分配收益

【参考答案】　A D

【答案解析】　选项 BC 都属于经营所得。

12. 下列各项所得,按"工资、薪金所得"项目缴纳个人所得税的有(　　)。

A. 个人因解除劳动合同而取得一次性经济补偿收入

B. 从非任职单位取得的董事费收入

C. 退休后再返聘取得的收入

D. 年终一次性奖金

【参考答案】　A C D

【答案解析】　选项 B,按照"劳务报酬所得"项目缴纳个人所得税。

13. 下列有关专项附加扣除政策的表述正确的有(　　)。

A. 子女在幼儿园学习期间不得享受子女教育专项附加扣除

B. 个人接受本科以下学历(学位)教育的,可以由父母按子女教育享受专项附加扣除,也可以由本人按继续教育享受专项附加扣除

C. 大病医疗专项附加扣除在年度汇算清缴时享受

D. 住房贷款利息和住房租金专项附加扣除不可同时享受

【参考答案】　B C D

【答案解析】　根据《个人所得税法》、《国务院关于提高个人所得税有关专项附加扣除标准的通知》(国发〔2023〕13 号)的规定,纳税人的子女接受全日制学历教育的相关支出,按每个子女每月 2 000 元的标准定额扣除。学历教育包括义务教育(小学、初中教育)、高中阶段教育(普通高中、中等职业、技工教育)、高等教育(大学专科、大学本科、硕士研究生、博士研究生教育)。年满 3 岁至小学入学前处于学前教育阶段的子女,也按每个子女每月 2 000 元标准定额扣除。

14. 下列关于股票期权的个人所得税处理的表述中,正确的有(　　)。

A. 员工接受股票期权时,除另有规定外,一般不作为应税所得征收个人所得税

B. 员工因特殊情况在行权日之前将股票期权转让的,以股票期权的净收入,作为财产转让所得征收个人所得税

C. 员工行权后转让股票的,应按照财产转让所得征免个人所得税

D. 取得股票期权的员工在行权日不实际买卖股票,而是直接从授权企业取得行权日股票期权所指定的股票市场价与施权价之间的差额,该差价收益作为财产转让所得征收个人所得税

【参考答案】　A C

【答案解析】　选项 B,对因特殊情况,员工在行权日之前将股票期权转让的,以股票期权的转让净收入,作为工资、薪金所得征收个人所得税。选项 D,凡取得股票期权

的员工在行权日不实际买卖股票,而按行权日股票期权所指定股票的市场价与施权价之间的差额,直接从授权企业取得价差收益的,该项价差收益应作为员工取得的股票期权形式的工资、薪金所得,按照《财政部 国家税务总局关于个人股票期权所得征收个人所得税问题的通知》(财税〔2005〕35 号)的有关规定计算缴纳个人所得税。

15. 纳税人取得综合所得办理汇算清缴时,下列关于办理地点的描述,正确的有( )。

A. 对有两处以上任职、受雇单位的,可以选择其中一处任职、受雇单位所在地主管税务机关申报

B. 对只有一处任职、受雇单位的,可以选择其任职、受雇单位所在地主管税务机关申报,也可以选择户籍所在地主管税务机关申报

C. 纳税人没有任职、受雇单位的,可以向户籍所在地主管税务机关办理汇算清缴申报

D. 纳税人没有任职、受雇单位的,可以向经常居住地主管税务机关办理汇算清缴申报

【参考答案】 A C D

【答案解析】 根据《国家税务总局关于个人所得税自行纳税申报有关问题的公告》(国家税务总局公告 2018 年第 62 号)第一条的规定,需要办理汇算清缴的纳税人,应当在取得所得的次年 3 月 1 日至 6 月 30 日内,向任职、受雇单位所在地主管税务机关办理纳税申报,并报送《个人所得税年度自行纳税申报表》。纳税人有两处以上任职、受雇单位的,选择向其中一处任职、受雇单位所在地主管税务机关办理纳税申报;纳税人没有任职、受雇单位的,向户籍所在地或经常居住地主管税务机关办理纳税申报。

16. 个体工商户业主、个人独资企业投资者、合伙企业个人合伙人、承包承租经营者个人以及其他从事生产、经营活动的个人取得应税经营所得包括的情形有( )。

A. 个人通过在中国境内注册登记的个体工商户、个人独资企业、合伙企业从事生产、经营活动取得的所得

B. 个人依法取得执照,从事办学、医疗、咨询以及其他有偿服务活动取得的所得

C. 个人从事设计、审稿、打字等劳务取得的所得

D. 个人从事其他生产、经营活动取得的所得

【参考答案】 A B D

【答案解析】 选项 C,个人从事设计、审稿、打字等劳务取得的所得属于劳务报酬所得。

17. 综合所得汇缴期内,下列纳税人可自行向汇缴地主管税务机关报送《个人所得税专项附加扣除信息表》办理专项附加扣除的情形有(　　)。

A. 大病医疗专项附加扣除

B. 纳税人未取得工资、薪金所得,仅取得劳务报酬所得、稿酬所得、特许权使用费所得需要享受专项附加扣除的

C. 一个纳税年度内,纳税人在扣缴义务人预扣预缴税款环节未享受或未足额享受专项附加扣除的

D. 纳税人取得经营所得需要享受专项附加扣除的

【参考答案】　A B C

【答案解析】　纳税人取得经营所得不属于综合所得汇算清缴范围。

18. 下列关于个人所得税递延纳税报告描述正确的是(　　)。

A. 非上市公司授予本公司员工的股票期权、股权期权、限制性股票和股权奖励,符合规定条件的,经向主管税务机关备案,可实行递延纳税政策

B. 上市公司授予个人的股票期权、限制性股票和股权奖励,经向主管税务机关备案,个人可自股票期权行权、限制性股票解禁或取得股权奖励之日起,在不超过 20 个月的期限内缴纳个人所得税

C. 个人以技术成果投资入股到境内居民企业,被投资企业支付的对价全部为股票(权)的,经向主管税务机关备案,投资入股当期可暂不纳税,允许递延至转让股权时,按股权转让收入计算缴纳所得税

D. 个人因非上市公司实施股权激励或以技术成果投资入股取得的股票(权),实行递延纳税期间,扣缴义务人应向主管税务机关报告

【参考答案】　A D

【答案解析】　上市公司授予个人的股票期权、限制性股票和股权奖励,经向主管税务机关备案,个人可自股票期权行权、限制性股票解禁或取得股权奖励之日起,在不超过 12 个月的期限内缴纳个人所得税;个人以技术成果投资入股到境内居民企业,被投资企业支付的对价全部为股票(权)的,经向主管税务机关备案,投资入股当期可暂不纳税,允许递延至转让股权时,按股权转让收入减去技术成果原值和合理税费后的差额计算缴纳所得税。

19. 符合《创业投资企业管理暂行办法》(国家发展和改革委员会令第 39 号)或者《私募投资基金监督管理暂行办法》(中国证券监督管理委员会令第 105 号)有关规定完成备案且规范运作的合伙制创业投资企业(基金),可以选择(　　)两种方式之一,对其个人合伙人来源于创投企业的所得计算个人所得税应纳税额。

A. 按单一投资基金核算　　　　　　　　B. 按创投企业年度所得整体核算

C. 按创投企业核算　　　　　　　　D. 按合伙制创业投资基金核算

【参考答案】 A B

【答案解析】 根据《财政部　国家发展和改革委员会　国家税务总局　中国证券监督管理委员会关于创业投资企业个人合伙人所得税政策问题的通知》(财税〔2019〕8号)、《财政部　税务总局　国家发展改革委　中国证监会关于延续实施创业投资企业个人合伙人所得税政策的公告》(财政部　税务总局　国家发展改革委　中国证监会公告2023年第24号)的规定,创投企业可以选择按单一投资基金核算或者按创投企业年度所得整体核算两种方式之一,对其个人合伙人来源于创投企业的所得计算个人所得税应纳税额。

20. 下列各项中,属于"综合所得"项目按年计算征税的有(　　)。

A. 工资、薪金所得　　　　　　　　B. 劳务报酬所得

C. 经营所得　　　　　　　　　　　D. 稿酬所得

【参考答案】 A B D

【答案解析】 对于居民纳税人而言,综合所得只包括工资、薪金所得,劳务报酬所得,稿酬所得和特许权使用费所得,不包括其他税目。故选项C错误。

21. 在计算综合所得的应纳税所得额时,专项附加扣除包括(　　)。

A. 子女教育支出　　　　　　　　　B. 大病医疗支出

C. 住房贷款利息支出　　　　　　　D. 赡养老人支出

【参考答案】 A B C D

【答案解析】 综合所得的专项附加扣除包括子女教育支出、继续教育支出、大病医疗支出、住房贷款利息支出、住房租金支出、赡养老人支出。

22. 下列各项中,不适用5%～35%的五级超额累进税率征收个人所得税的有(　　)。

A. 出租汽车经营单位将出租车所有权转移给驾驶员的,出租车驾驶员从事客货运营取得的收入

B. 个体工商户对外投资取得的股息所得

C. 个人依法从事办学、医疗、咨询以及其他有偿服务活动取得的所得

D. 承租人对企业经营成果不拥有所有权取得的所得

【参考答案】 B D

【答案解析】 个体工商户对外投资取得的股息所得按照"利息、股息、红利所得"项目计征个人所得税;承租人对企业经营成果不拥有所有权取得的所得,应按"工资、薪金所得"项目计征个人所得税。

23. 下列说法中,符合个人所得税相关规定的有(　　)。

A. 从事建筑安装业的个体工商户从事的建筑安装业取得的收入,依照"经营所得"项目计征个人所得税

B. 在异地从事建筑安装业工程作业的单位,应在机构所在地缴纳个人所得税

C. 纳税人在广告设计、制作、发布过程中提供名义、形象而取得的所得,应按"特许权使用费所得"项目计算纳税

D. 员工因拥有股权而参加企业税后利润分配取得的所得,应按照"利息、股息、红利所得"项目适用的规定计算缴纳个人所得税

【参考答案】 A D

【答案解析】 选项B,在异地从事建筑安装业工程作业的单位,应在工程作业所在地扣缴个人所得税;选项C,纳税人在广告设计、制作、发布过程中提供名义、形象而取得的所得,应按"劳务报酬所得"项目计算纳税。

24. 下列各项中,以每次收入额为个人所得税计税依据的有( )。

A. 偶然所得

B. 经营所得

C. 工资、薪金所得

D. 利息、股息、红利所得

【参考答案】 A D

【答案解析】 利息、股息、红利所得,偶然所得和其他所得以每次收入额为应纳税所得额。

25. 单位或个人(扣缴义务人)支付以下所得时,应按照国家规定办理全员全额扣缴申报( )。

A. 工资、薪金所得,劳务报酬所得,稿酬所得,特许权使用费所得

B. 利息、股息、红利所得

C. 财产租赁所得、财产转让所得、偶然所得

D. 经营所得

【参考答案】 A B C

【答案解析】 根据《国家税务总局关于发布〈个人所得税扣缴申报管理办法(试行)〉的公告》(国家税务总局公告2018年第61号)第四条的规定,实行个人所得税全员全额扣缴申报的应税所得包括:(1)工资、薪金所得;(2)劳务报酬所得;(3)稿酬所得;(4)特许权使用费所得;(5)利息、股息、红利所得;(6)财产租赁所得;(7)财产转让所得;(8)偶然所得。

26. 纳税人发生的( )的教育支出,可以按照继续教育专项附加扣除政策扣除。

A. 在职MBA

B. 注册会计师

C. 税务师

D. 舞蹈培训班

【参考答案】 A B C

【答案解析】《个人所得税专项附加扣除暂行办法》(国发〔2018〕41号印发)第八

条规定,纳税人在中国境内接受学历(学位)继续教育的支出,在学历(学位)教育期间按照每月400元定额扣除。同一学历(学位)继续教育的扣除期限不能超过48个月。纳税人接受技能人员职业资格继续教育、专业技术人员职业资格继续教育的支出,在取得相关证书的当年,按照3 600元定额扣除。

27. 以下属于个人所得税"子女教育"专项附加扣除的"子女"的有(   )。

A. 婚生子女　　　　B. 继子女　　　　C. 养子女　　　　D. 侄子(女)

【参考答案】 ＡＢＣ

【答案解析】 根据《个人所得税专项附加扣除暂行办法》(国发〔2018〕41号印发)第二十九条的规定,父母,是指生父母、继父母、养父母。子女,是指婚生子女、非婚生子女、继子女、养子女。父母之外的其他人担任未成年人的监护人的,比照本办法规定执行。

28. "子女教育"专项附加扣除,夫妻双方可以选择扣除的方式包括(   )。

A. 一方扣100％　　　　　　　　B. 双方各扣50％

C. 一方扣70％,一方扣30％　　　D. 一方扣60％,一方扣40％

【参考答案】 ＡＢ

【答案解析】 根据《个人所得税专项附加扣除暂行办法》(国发〔2018〕41号印发)第六条的规定,父母可以选择由其中一方按扣除标准的100％扣除,也可以选择由双方分别按扣除标准的50％扣除,具体扣除方式在一个纳税年度内不能变更。

29. "子女教育"专项附加扣除中,教育阶段包括(   )。

A. 小学教育　　　　　　　　　　B. 初中教育

C. 高中阶段教育　　　　　　　　D. 高等教育

【参考答案】 ＡＢＣＤ

【答案解析】 根据《个人所得税专项附加扣除暂行办法》(国发〔2018〕41号印发)第五条、《国务院关于提高个人所得税有关专项附加扣除标准的通知》(国发〔2023〕13号)的规定,纳税人的子女接受全日制学历教育的相关支出,按照每个子女每月2 000元的标准定额扣除。学历教育包括义务教育(小学、初中教育)、高中阶段教育(普通高中、中等职业、技工教育)、高等教育(大学专科、大学本科、硕士研究生、博士研究生教育)。

30. 个人所得税专项附加扣除,包括(   )等支出。

A. 子女教育、继续教育　　　　　B. 大病医疗

C. 住房贷款利息或者住房租金　　D. 赡养老人

【参考答案】 ＡＢＣＤ

【答案解析】 根据《个人所得税专项附加扣除暂行办法》(国发〔2018〕41号印发)

第二条的规定,个人所得税专项附加扣除,是指个人所得税法规定的子女教育、继续教育、大病医疗、住房贷款利息或者住房租金、赡养老人等6项专项附加扣除。

31. 以下属于《个人所得税法》规定综合所得的有( )。

A. 工资、薪金所得

B. 劳务报酬所得

C. 稿酬所得

D. 特许权使用费所得

【参考答案】 ＡＢＣＤ

【答案解析】 根据《个人所得税法》第二条的规定,下列各项个人所得,应当缴纳个人所得税:(1)工资、薪金所得;(2)劳务报酬所得;(3)稿酬所得;(4)特许权使用费所得;(5)经营所得;(6)利息、股息、红利所得;(7)财产租赁所得;(8)财产转让所得;(9)偶然所得。居民个人取得上述第(1)项至第(4)项所得,按纳税年度合并计算个人所得税。

32. 取得综合所得且符合( )情形之一的纳税人,应当依法办理汇算清缴。

A. 从两处以上取得综合所得,且综合所得年收入额减除专项附加扣除后的余额不超过6万元

B. 取得劳务报酬所得、稿酬所得、特许权使用费所得中一项或者多项所得,且综合所得年收入额减除专项扣除的余额超过6万元

C. 纳税年度内预缴税额低于应纳税额

D. 纳税人申请退税

【参考答案】 ＢＣＤ

【答案解析】 根据《国家税务总局关于个人所得税自行纳税申报有关问题的公告》(国家税务总局公告2018年第62号)的规定,取得综合所得需要办理汇算清缴的情形包括:(1)从两处以上取得综合所得,且综合所得年收入额减除专项扣除的余额超过6万元;(2)取得劳务报酬所得、稿酬所得、特许权使用费所得中一项或者多项所得,且综合所得年收入额减除专项扣除的余额超过6万元;(3)纳税年度内预缴税额低于应纳税额;(4)纳税人申请退税。

33. 以下情况能免征个人所得税的有( )。

A. 小王由于房屋拆迁,取得政府发放的拆迁补偿款

B. 小李遇见落水儿童奋不顾身将其救起,获得见义勇为奖金

C. 小周购买的体育彩票中了10万元大奖

D. 小陈转让自己2000年购买的家庭唯一生活用房

【参考答案】 ＡＢＤ

【答案解析】 根据《财政部 国家税务总局关于个人取得体育彩票中奖所得征免个人所得税问题的通知》(财税字〔1998〕12号)的规定,凡一次中奖收入不超过1万

元的,暂免征收个人所得税;超过 1 万元的,应按税法规定全额征收个人所得税。

34. 个人取得的下列所得中,暂免或免征个人所得税的有( )。

A. 国债利息收入

B. 军人的转业安置费

C. 个人转让自用 3 年且是家庭唯一住房取得的所得

D. 符合地方政府规定条件的城镇住房保障家庭从地方政府领取的住房租赁补贴

【参考答案】 ＡＢＤ

【答案解析】 选项 C,个人转让自用达 5 年以上并且是唯一的家庭生活用房取得的所得,免征个人所得税。

35. 下列有关个体工商户计算缴纳个人所得税的表述,正确的有( )。

A. 向其从业人员实际支付的合理的工资、薪金支出,允许税前据实扣除

B. 每一纳税年度发生的与其生产经营业务直接相关的业务招待费支出,按照发生额的 50％扣除

C. 每一纳税年度发生的广告费和业务宣传费不超过当年销售(营业)收入 15％的部分,可据实扣除;超过部分,准予在以后纳税年度结转扣除

D. 研究开发新产品、新技术、新工艺发生的开发费用,以及研究开发新产品、新技术而购置单台价值在 10 万元以下的测试仪器和试验性装置的购置费,准予扣除

【参考答案】 ＡＣＤ

【答案解析】 选项 B,业务招待费处理同企业所得税,企业发生的与生产经营活动有关的业务招待费支出,按照发生额的 60％扣除,但最高不得超过当年销售(营业)收入的 0.5％。

36. 依据个人所得税相关规定,下列说法中正确的有( )。

A. 个人取得的教育储蓄存款利息免征个人所得税

B. 作者去世后,财产继承人取得的遗作稿酬免征个人所得税

C. 个人取得特许权的经济赔偿收入,应按“偶然所得”项目缴纳个人所得税

D. 个人独资企业为投资者支付的个人工资,不得在所得税前扣除

【参考答案】 ＡＤ

【答案解析】 选项 B,作者去世后,财产继承人取得的遗作稿酬应征收个人所得税;选项 C,个人取得特许权的经济赔偿收入,应按“特许权使用费所得”项目缴纳个人所得税。

37. 下列收入中,应按“财产租赁所得”缴纳个人所得税的有( )。

A. 房产转租收入

B. 将房产提供给债权人使用而放弃的租金收入

C. 将非专利技术的使用权让渡给他人使用的收入

D. 有限责任公司将企业仓库对外出租而获得的租金收入

【参考答案】 A B

【答案解析】 选项C,非专利技术使用权让渡给他人使用取得的收入属于"特许权使用费所得";选项D,有限责任公司将企业仓库对外出租而获得的租金收入,缴纳企业所得税。

38. 下列收入中,应按"特许权使用费所得"缴纳个人所得税的有(　　　)。

A. 个人取得特许权经济赔偿收入

B. 某作家的文字作品手稿复印件公开拍卖取得的收入

C. 某电视剧编剧从任职的电视剧制作中心获得的剧本使用费收入

D. 出版社专业作者翻译作品后,由本社以图书形式出版而取得的收入

【参考答案】 A B C

【答案解析】 选项D,出版社专业作者翻译作品后,由本社以图书形式出版而取得的收入按照"稿酬所得"缴纳个人所得税。

39. 根据《个人所得税法》的有关规定,下列说法正确的有(　　　)。

A. 个人独资企业以投资者为纳税义务人,合伙企业以合伙企业为纳税义务人

B. 个人独资企业和合伙企业的投资者兴办两个或两个以上企业的,企业年度经营亏损可以跨企业弥补

C. 实行查账征税方式的个人独资企业和合伙企业改为核定征税方式后,在查账征税方式下认定的年度经营亏损未弥补完的部分,不得再继续弥补

D. 个人独资企业的投资者及其家庭发生的生活费用与企业生产经营费用混合在一起,并且难以划分的,全部视为投资者个人及其家庭发生的生活费用,不允许在税前扣除

【参考答案】 C D

【答案解析】 选项A,个人独资企业以投资者为纳税义务人,合伙企业以每一个合伙人为纳税义务人;选项B,个人独资企业和合伙企业的投资者兴办两个或两个以上企业的,企业年度经营亏损不可以跨企业弥补。

40. 下列关于个人取得拍卖收入,表述正确的有(　　　)。

A. 作者将自己的文字作品手稿原件或复印件拍卖取得的所得,按"财产转让所得"项目征税

B. 对个人财产拍卖所得征收个人所得税时,以该项财产最终拍卖成交价格为其

转让收入额

  C. 纳税人按照规定实际支付的拍卖费(佣金)、鉴定费、评估费、图录费、证书费可在税前扣除

  D. 纳税人如不能提供合法、完整、准确的财产原值凭证,不能正确计算财产原值的,按转让收入额的5%征收率计算缴纳个人所得税

【参考答案】　BC

【答案解析】　选项A,作者将自己的文字作品手稿原件或复印件拍卖取得的所得,按照"特许权使用费所得"项目缴纳个人所得税;选项D,纳税人如不能提供合法、完整、准确的财产原值凭证,不能正确计算财产原值的,按转让收入额的3%征收率计算缴纳个人所得税。

41. 下列各项中,应按照"利息、股息、红利所得"项目计征个人所得税的有(　　)。

  A. 合伙企业为股东购买住房

  B. 员工因拥有股权而参与企业税后利润分配取得的所得

  C. 员工将行权后的股票再转让时获得的高于购买日公平市场价的差额

  D. 股份制企业的个人投资者,在年度终了后既不归还又未用于企业生产经营的借款

【参考答案】　BD

【答案解析】　选项A,合伙企业为股东购买住房,应该按照"经营所得"项目计征个人所得税;选项C,员工将行权后的股票再转让时获得的高于购买日公平市场价的差额,应当按照"财产转让所得"项目按规定征免个人所得税。

42. 对企事业单位的承包、承租经营所得的税务处理办法正确的有(　　)。

  A. 对企事业单位的承包、承租经营所得,是指个人承包经营、承租经营以及转包、转租取得的所得,还包括个人按月或者按次取得的工资、薪金性质的所得

  B. 承包人对被承包企业经营成果拥有所有权的,在计算个人所得税时,承包者上缴的承包费用可作为费用扣除

  C. 纳税人的承包期在一个纳税年度内,经营期不足12个月的,应将收入换算为12个月计算缴纳个人所得税

  D. 纳税人在一个纳税年度内分次取得承包承租经营所得,应在每一次取得承包承租经营所得后预缴税款,年终汇算清缴,多退少补

【参考答案】　ABD

【答案解析】　选项C,纳税人的承包期在一个纳税年度内,经营期不足12个月的,将实际经营的期限作为一个纳税年度计算所得税。

43. 下列关于个人所得税的说法中正确的有（　　）。

A. 未达到法定退休年龄、正式办理提前退休手续的人，取得的一次性补贴收入免税

B. 投资者兴办两个或两个以上个人独资或合伙企业的，企业的年度经营亏损不能跨企业弥补

C. 外籍个人从外商投资企业取得的股息、红利所得免征个人所得税

D. 实行核定征税的投资者不能享受个人所得税优惠政策

【参考答案】　ＢＣＤ

【答案解析】　选项Ａ，未达到法定退休年龄、正式办理提前退休手续的人，取得的一次性补贴收入要按照规定计算缴纳个人所得税。

44. 按照《个人所得税法》的有关规定，下列各项个人所得中，属于稿酬所得征税范围的有（　　）。

A. 文学作品发表取得的所得

B. 文学作品手稿原件公开拍卖所得

C. 文学作品出版取得的所得

D. 出版社的专业作者撰写作品以图书形式出版取得的所得

【参考答案】　ＡＣＤ

【答案解析】　选项Ｂ，对于作者将自己的文字作品手稿原件或复印件公开拍卖（竞价）取得的所得，应按"特许权使用费所得"项目征收个人所得税。

45. 下列项目中，免征个人所得税的有（　　）。

A. 单位发放的补贴、津贴　　　　　　B. 保险赔偿款

C. 个人取得的福利费、救济金　　　　D. 残疾、孤老人员和烈属的所得

【参考答案】　ＢＣ

【答案解析】　选项Ａ，单位发放的补贴、津贴，除了一些不属于工资、薪金性质的补贴、津贴，其余要并入工资、薪金计征个人所得税；选项Ｄ，残疾、孤老人员和烈属的所得，属于减征个人所得税的项目。

46. 根据《个人所得税法》的相关规定，以下项目的收入应作为一次收入计算个人所得税的有（　　）。

A. 陈某7月在校外举办的补习班上讲两次课，即7月5日和7月25日各讲一次课，共取得讲课收入2 000元

B. 张某出书一本，出版社分3次支付稿酬，每次得稿酬5 000元

C. 周某转让两项专利，分别为9万元、13万元，合计22万元

D. 李某出租一房，期限1年，9月取得本月租金收入为8 000元

【参考答案】　A B D

【答案解析】　选项C,特许权使用费所得,以某项使用权的一次转让取得的收入为一次,所以转让两项专利应判定为取得两次收入。

47. 对于上市公司采取激励机制为员工发放期权的个人所得税税务处理,下列选项正确的有(　　)。

A. 员工接受股票期权时,除另有规定外,一般不作为应税所得征税

B. 员工在行权日之前,因特殊情况转让的,以股票期权的转让净收入,作为"财产转让所得"项目缴纳个人所得税

C. 员工行权时,从企业取得股票的实际购买价低于购买日公平市场价的差额,可按"工资、薪金所得"项目缴纳个人所得税

D. 员工将行权之后的股票再转让,获得的高于购买日公平市场价的差额,应按照"财产转让所得"项目征免个人所得税

【参考答案】　A C D

【答案解析】　选项B,员工在行权日之前,股票期权一般不得转让;因特殊情况转让,以股票期权的转让净收入,作为"工资、薪金所得"项目缴纳个人所得税。

48. 下列关于个人财产转让所得的个人所得税的说法中,正确的有(　　)。

A. 转让债券时,通常采用"移动平均法"确定其应予减除的财产原值和合理费用

B. 转让债权时,不允许扣除购买和处置债权时缴纳的税金、诉讼费和审计评估费用

C. 个人通过招标购置债权以后,处置部分债权时的应税收入为取得的货币资产和非货币资产的评估价值或市场价值的合计数

D. 个人购买和处置债权过程中发生的拍卖招标手续费、诉讼费、审计评估费以及缴纳的税金等合理税费,在计算个人所得税时允许扣除

【参考答案】　C D

【答案解析】　选项A,转让债券时,通常采用"加权平均法"确定其应予减除的财产原值和合理费用;选项B,个人购买和处置债权过程中发生的拍卖招标手续费、诉讼费、审计评估费以及缴纳的税金等合理税费,在计算个人所得税时允许扣除。

49. 个人取得的下列所得中,可以免征个人所得税的有(　　)。

A. 国有企业职工从依法破产的企业中取得的一次性安置费

B. 个人实际领(支)取原提存的基本医疗保险金,免征个人所得税

C. 被拆迁人依法取得的拆迁补偿款

D. 企业职工参加本企业组织的运动会所获得的奖金

【参考答案】　A B C

【答案解析】 省级人民政府、国务院部委和中国人民解放军军以上单位,以及外国组织、国际组织颁发的科学、教育、技术、文化、卫生、体育、环境保护等方面的奖金,免征个人所得税。选项D属于企业颁发的奖金,因此需要征收个人所得税。

50. 下列所得中,应按照"稿酬所得"项目缴纳个人所得税的有( )。

A. 书法家为企业题字获得的报酬

B. 杂志社记者在本社杂志发表文章获得的报酬

C. 出版社的专业作者翻译的小说由该出版社出版获得的报酬

D. 报社印刷车间工作人员在该社报纸发表作品获得的报酬

【参考答案】 C D

【答案解析】 选项A,按"劳务报酬所得"项目缴纳个人所得税;选项B,按"工资、薪金所得"项目缴纳个人所得税。

51. 下列关于个人财产转让所得的个人所得税的说法中,正确的有( )。

A. 转让债券时,通常采用"移动平均法"确定其应予减除的财产原值和合理费用

B. 转让债权时,允许扣除购买和处置债权时缴纳的税金、诉讼费和审计评估费用

C. 转让债券时,允许从转让收入中扣除买价,但不能扣除转让和买入时发生的有关费用

D. 个人通过招标购置债权以后,处置部分债权时的应税收入为取得的货币资产和非货币资产的评估价值或市场价值的合计数

【参考答案】 B D

【答案解析】 选项A,转让债券时,通常采用"加权平均法"确定其应予减除的财产原值和合理费用;选项C,对于有价证券,其原值为买入价以及买入时按规定缴纳的有关费用,所以可以扣除转让和买入时发生的有关费用。

52. 个人独资企业的投资者缴纳所得税时,下列各项应作为生产经营所得的有( )。

A. 投资者买彩票中奖所得

B. 个人独资企业对外投资分回来的股息

C. 投资者个人从独资企业领取的工资

D. 个人独资企业分配给投资者个人的所得

【参考答案】 C D

【答案解析】 选项A,中奖所得按照"偶然所得"项目计算缴纳个人所得税;选项B,个人独资企业和合伙企业对外投资分回的利息或者股息、红利,不并入企业的收入,而应单独作为投资者个人取得的利息、股息、红利所得,按"利息、股息、红利所得"

项目计算缴纳个人所得税。

53. 下列房产处置应缴个人所得税的有（　　　）。

A. 将房产赠与子女

B. 转让无偿受赠的房产

C. 转让离婚析产房屋

D. 通过离婚析产的方式分割房屋产权

【参考答案】 B C

【答案解析】 选项 A,房屋产权所有人将房屋产权无偿赠与配偶、父母、子女等不征收个人所得税;选项 D,不缴纳个人所得税。

54. 下列情形中,应按照"特许权使用费所得"项目征收个人所得税的有（　　　）。

A. 某电视剧编剧从任职的电视剧制作中心获得的剧本使用费

B. 出租土地使用权取得的收入

C. 作者将自己的文学作品手稿拍卖取得的收入

D. 转让土地使用权取得的收入

【参考答案】 A C

【答案解析】 选项 B,按照"财产租赁所得"项目征收个人所得税;选项 D,按照"财产转让所得"项目征收个人所得税。

55. 以下关于个人转让上市公司限售股所得征收个人所得税的表述正确的有（　　　）。

A. 对个人转让限售股取得的所得,按照"财产转让所得"项目征收个人所得税

B. 个人转让限售股,以每次转让的全部收入为应纳税所得额,不扣除任何费用

C. 个人持有限售股中存在部分限售股原值不明确,导致无法准确计算全部限售股成本原值的,其成本费用一律不得扣除

D. 限售股转让所得个人所得税,采取证券机构预扣预缴、纳税人自行申报清算和证券机构直接扣缴相结合的方式征收

【参考答案】 A D

【答案解析】 选项 B,个人转让限售股,以每次限售股转让收入,减除股票原值和合理税费后的余额,为应纳税所得额;选项 C,个人持有限售股中存在部分限售股原值不明确,导致无法准确计算全部限售股成本原值的,证券登记结算公司一律以实际转让收入的 15％作为限售股成本原值和合理税费。

56. 下列所得项目中,采用预扣预缴或代扣代缴方式征收个人所得税的有（　　　）。

A. 劳务报酬所得

B. 财产转让所得

C. 财产租赁所得

D. 个体工商户的生产经营所得

【参考答案】 A B C

【答案解析】 个体工商户从事生产经营的所得,采用自行申报纳税的方式。

57. 对于个人的财产转让所得,在计算征收个人所得税时,准予从收入中扣除的财产原值及合理费用有( )。

A. 有价证券的买入价以及买入时按规定缴纳的有关费用

B. 取得土地使用权所支付的金额、开发土地的费用以及其他有关税费

C. 建筑物的购进价格以及有关税费

D. 纳税人未提供完整、准确的财产原值凭证,不能正确计算财产原值,由纳税人参照同类市场价格确定

【参考答案】 ABC

【答案解析】 纳税人未提供完整、准确的财产原值凭证,不能正确计算财产原值,由主管税务机关核定其财产原值。

58. 根据税法的规定,个人财产对外转移提交税收证明的规定表述正确的有( )。

A. 申请人拟转移的财产已取得完税凭证的,可直接向外汇管理部门提供完税凭证,不需要向税务机关另外申请税收证明

B. 申请人拟转移的财产总价值在人民币20万元以下的,无须向税务机关申请税收证明

C. 开具税收证明的税务机关为县级或者县级以上税务局

D. 申请人按照规定提交相关资料,按财产类别和来源地,分别向税务局申请开具税收证明

【参考答案】 ACD

【答案解析】 选项B,申请人拟转移的财产总价值在人民币15万元以下的,无须向税务机关申请税收证明。

59. 下列关于个人所得税政策的说法中,正确的有( )。

A. 对个人拍卖的物品经文物部门认定是海外回流文物的,如果不能提供合法、完整、准确的财产原值凭证的,不能正确计算财产原值的,按转让收入额的3%计算征收个人所得税

B. 实行核定征税的合伙企业,不能享受税收优惠

C. 某省政府给全省税务人员颁发的超额完成任务奖免税

D. 个人通过非营利的社会团体向公益性青少年活动场所的捐赠,允许在税前全额扣除

【参考答案】 BD

【答案解析】 选项A,应该是2%的征收率,其他拍卖品是3%的征收率;选项C,

虽然是省政府颁发的奖金,但不属于科教文卫体环保等方面的奖金,不免税。

60. 下列关于个人独资企业和合伙企业投资者计算缴纳个人所得税的表述,正确的有(   )。

A. 投资者兴办两个或两个以上企业的,年度终了时,应汇总从所有企业取得应纳税所得额,据此确定使用税率并计算缴纳个人所得税

B. 投资者应纳的个人所得税税款,按年计算,分月或分季预缴,年度终了后 5 个月内汇算清缴,多退少补

C. 企业生产经营和投资者家庭生活共用的固定资产,难以划分的,不得计提折旧在税前扣除

D. 投资者及其家庭发生的生活费用不允许在税前扣除

【参考答案】 A D

【答案解析】 选项 B,投资者应纳的个人所得税税款,按年计算,分月或分季预缴,年度终了后 3 个月内汇算清缴,多退少补;选项 C,企业生产经营和投资者及家庭生活共用的固定资产,难以划分的,由主管税务机关根据企业的生产经营类型、规模等具体情况,核定准予在税前扣除的折旧费用的数额或比例。

61. 下列与个人任职有关的收入中,可按全年一次性奖金的计税方法计算缴纳个人所得税的有(   )。

A. 年终加薪

B. 与单位解除劳动关系而取得的一次性补偿收入

C. 实行年薪制而兑现的年薪

D. 实行绩效工资办法兑现的绩效工资

【参考答案】 A C D

【答案解析】 一次性奖金包括年终加薪、实行年薪制和绩效工资办法的单位根据考核情况兑现的年薪和绩效工资。年终双薪比照全年一次性奖金的征税办法。

62. 下列表述中,符合《个人所得税法》规定的有(   )。

A. 个人在解除劳动合同后又再次任职、受雇的,对已缴纳个人所得税的一次性经济补偿收入,应与再次任职、受雇的工资、薪金所得合并计算补缴个人所得税

B. 干部或职工从其所在单位领取的所有退职费,均免征个人所得税

C. 个人取得教育储蓄存款利息免征个税

D. 来华为我国大专院校国际交流项目工作两年以内的文教专家,由该国负担的工资、薪金暂免征收个人所得税

【参考答案】 C D

【答案解析】 选项A,个人在解除劳动合同后又再次任职、受雇的,对个人已缴纳个人所得税的一次性经济补偿收入,不再与再次任职、受雇的工资、薪金所得合并计算补缴个人所得税;选项B,免征个人所得税的退职费必须是符合《国务院关于工人退休、退职的暂行办法》规定的退职条件,并按该办法规定的退职费标准所领取的退职费。

63. 以下关于个人所得税中财产租赁所得的说法中,不正确的有(　　)。

A. 个人出租土地使用权取得的所得按照特许权使用费所得征收

B. 个人取得的财产转租收入,允许扣除向房屋出租方支付的租金

C. 在确认财产租赁所得的纳税义务人时,应以产权凭证为依据,对无产权凭证的,以领取租金的个人为纳税义务人

D. 在确定财产租赁所得的纳税义务人时,产权所有人死亡,在未办理产权继承手续期间,该财产出租而有租金收入的,由主管税务机关根据实际情况确定

【参考答案】 ACD

【答案解析】 选项A,应该按照财产租赁所得征收;选项C,对于无产权凭证的,由主管税务机关根据实际情况确定;选项D才是以领取租金的个人为纳税义务人。

64. 根据个人所得税的相关规定,在计算个体工商户的应纳税所得额时,允许据实扣除支出的有(　　)。

A. 向其他企业借款利息支出　　　　　B. 缴纳的个体劳动者协会会费

C. 与生产经营有关的修理费用　　　　D. 实际支付的合理的工资、薪金支出

【参考答案】 BCD

【答案解析】 选项A,借款利息支出,未超过中国人民银行规定的同类、同期贷款利率计算的数额部分准予扣除,超过规定的部分,不能扣除。

65. 下列说法符合劳务报酬所得和稿酬所得的相关规定的有(　　)。

A. 甲某单纯的为出版社提供翻译所取得的所得,应当按照劳务报酬所得纳税

B. 乙某提供翻译,并且在出版作品上署名取得的所得,应当按照劳务报酬所得纳税

C. 稿酬是指个人因其作品以图书、报刊形式出版、发表而取得的所得

D. 劳务报酬所得主要是指接受别人的委托所从事的劳务所得

【参考答案】 ACD

【答案解析】 稿酬是指个人因其作品以图书、报刊形式出版、发表而取得的所得。劳务报酬所得主要是指接受别人的委托所从事的劳务所取得的所得。翻译作品关键看是否署名,如果署名的则按照稿酬计税,如果没有署名的,则按照劳务报酬计税。选项B,出版的书上译者是署名的,所以是稿酬所得。

66. 以下关于个人取得拍卖收入计征个人所得税的表述,正确的有(　　)。

A. 作者将自己的文字作品手稿原件或复印件拍卖计征个人所得税时,不涉及财产原值确定问题

B. 纳税人的财产原值凭证内容填写不规范,或者一份财产原值凭证包括多件拍卖品且无法确认每件拍卖品一一对应的原值的,不得将其作为扣除财产原值的计算依据

C. 纳税人能够提供合法、完整、准确的财产原值凭证,但不能提供有关税费凭证的,应按征收率计算纳税

D. 纳税人如不能提供合法、完整、准确的财产原值凭证,不能正确计算财产原值的,一律按转让收入额的3‰征收率计算缴纳个人所得税

【参考答案】　AB

【答案解析】　选项C,不能按征收率计算纳税,应当就财产原值凭证上注明的金额据实扣除,并按照税法规定计算缴纳个人所得税;选项D,一般都是3‰,但是存在特殊情况,就是经文物部门认定是海外回流文物的,按转让收入额的2‰征收率缴纳个人所得税。

67. 实行查账征收的个人独资企业和合伙企业在计算个人所得税时,允许税前据实扣除的有(　　)。

A. 个人投资者的工资费用

B. 分配给投资者的股利

C. 研究开发新技术而购置的一台价值3万元的试验性装置

D. 不超过当年销售(营业)收入15‰的广告费和业务宣传费

【参考答案】　CD

【答案解析】　选项AB,税法明确规定,个人投资者的工资、分配给投资者的股利不得在个税前扣除。

(三) 判断题

1. 2023年,对个体工商户年应纳税所得额不超过100万元的部分,在现行优惠政策基础上,减半征收个人所得税。　　　　　　　　　　　(　　)

【参考答案】　√

【答案解析】　依据是《财政部　税务总局关于小微企业和个体工商户所得税优惠政策的公告》(财政局　税务总局公告2023年第6号)。

2. 纳税人放弃个人所得税汇算清缴退税后,仍然可以根据《中华人民共和国税收征收管理法》规定在3年内重新申请退税。　　　　　　　　(　　)

【参考答案】 √

【答案解析】 根据《中华人民共和国税收征收管理法》第五十一条的规定,纳税人超过应纳税额缴纳的税款,税务机关发现后应当立即退还;纳税人自结算缴纳税款之日起 3 年内发现的,可以向税务机关要求退还多缴的税款并加算银行同期存款利息,税务机关及时查实后应当立即退还;涉及从国库中退库的,依照法律、行政法规有关国库管理的规定退还。

3. 纳税人发生的医药费用支出可以选择由本人或者其配偶扣除;未成年子女发生的医药费用支出可以选择由其父母一方扣除。 ( )

【参考答案】 √

【答案解析】 依据是《个人所得税专项附加扣除暂行办法》(国发〔2018〕41 号印发)第十二条。

4. 符合需要办理居民个人所得税综合所得汇算清缴情形的纳税人,应当在取得所得的次年 1 月 1 日至 5 月 31 日内,向任职、受雇单位所在地主管税务机关办理汇算清缴。 ( )

【参考答案】 ×

【答案解析】 居民个人取得工资、薪金所得,劳务报酬所得,稿酬所得和特许权使用费所得,由扣缴义务人按月或者按次预扣预缴税款。符合需要办理汇算清缴情形的纳税人,应当在取得所得的次年 3 月 1 日至 6 月 30 日内,向任职、受雇单位所在地主管税务机关办理汇算清缴。

5. 纳税人综合所得年收入不超过 12 万元或者补税金额不超过 400 元,不需办理年度汇算清缴。 ( )

【参考答案】 √

【答案解析】 依据是《国家税务总局关于办理 2022 年度个人所得税综合所得汇算清缴事项的公告》(国家税务总局公告 2023 年第 3 号)第二条"无需办理汇算的情形"的规定。

6. 纳税人赡养 2 个及以上老人的,个人所得税专项扣除标准按老人人数加倍。

( )

【参考答案】 ×

【答案解析】 根据《个人所得税专项附加扣除暂行办法》(国发〔2018〕41 号印发)第二十二条、《国务院关于提高个人所得税有关专项附加扣除标准的通知》(国发〔2023〕13 号)的规定,纳税人赡养一位及以上被赡养人的赡养支出,统一按照以下标准定额扣除:(1)纳税人为独生子女的,按照每月 3 000 元的标准定额扣除;(2)纳税人为非独生子女的,由其与兄弟姐妹分摊每月 3 000 元的扣除额度,每人分摊的额度不能超过每月 1 500 元。可以由赡养人均摊或者约定分摊,也可以由被赡养人指定分摊。约定或者指定分摊的须签订书面分摊协议,指定分摊优先于约定分摊。具体分摊方式和额度在一个纳税年度内不能变更。《个人所得税专项附加扣除暂行办法》(国发〔2018〕41 号印发)第二十三条规定,本办法所称被赡养人是指年满 60 岁的父母,以及子女均已去世的年满 60 岁的祖父母、外祖父母。

7. 纳税人办理年度汇算的相关资料应自年度汇算期结束之日起留存 2 年。

( )

【参考答案】 ×

【答案解析】 为便于后续服务和管理,纳税人及为其代办年度汇算的单位需各自将办理年度汇算的相关资料,自年度汇算期结束之日起留存 5 年。

8. 纳税人在办理年度汇算时,申报信息填写错误造成年度汇算多退或少缴税款,纳税人主动或经税务机关提醒后及时改正的,税务机关可以按照"首违不罚"原则免予处罚。

( )

【参考答案】 √

【答案解析】 依据是《国家税务总局关于办理 2022 年度个人所得税综合所得汇算清缴事项的公告》(国家税务总局公告 2023 年第 3 号)的规定。

9. 对于年度汇算需补税的纳税人,如在年度汇算期结束后未申报并补缴税款,税务部门将依法加收滞纳金,并在其《个人所得税纳税记录》中予以标注。 ( )

【参考答案】 √

【答案解析】 依据是《国家税务总局关于办理 2022 年度个人所得税综合所得汇算清缴事项的公告》(国家税务总局公告 2023 年第 3 号)的规定。

10. 对于同时取得经营所得及综合所得的纳税人,只能在经营所得汇算清缴时申报减除费用 6 万元、专项扣除、专项附加扣除以及依法确定的其他扣除。 ( )

【参考答案】 ×

【答案解析】 根据《国家税务总局关于办理 2022 年度个人所得税综合所得汇算清缴事项的公告》(国家税务总局公告 2023 年第 3 号)的规定,同时取得综合所得和经营所得的纳税人,可在综合所得或经营所得中申报减除费用 6 万元、专项扣除、专项附加扣除以及依法确定的其他扣除,但不得重复申报减除。

11. 王先生父母均已故世,但他与妻子共同赡养岳父母,因此也可以申报赡养老人专项附加扣除。

( )

【参考答案】 ×

【答案解析】 被赡养人是指年满 60 岁的父母,以及子女均已去世的年满 60 岁的祖父母、外祖父母。

12. 纳税人有任职受雇单位的,向其任职受雇单位所在地主管税务机关申报;有两处及以上任职受雇单位的,选择向其中一处申报。 ( )

【参考答案】 √

【答案解析】 依据是《国家税务总局关于办理 2022 年度个人所得税综合所得汇算清缴事项的公告》(国家税务总局公告 2023 年第 3 号)的规定。

13. 纳税人办理年度汇算后申请退税的,税务机关和国库按规定履行必要的审核程序后即可办理退税,退税款将退至扣缴义务人银行账户。 ( )

【参考答案】 √

【答案解析】 根据《国家税务总局关于办理 2022 年度个人所得税综合所得汇算清缴事项的公告》(国家税务总局公告 2023 年第 3 号)的规定,纳税人申请汇算退税,应当提供其在中国境内开设的符合条件的银行账户。税务机关按规定审核后,按照国库管理有关规定办理税款退库。

14. 已预缴税额与年度应纳税额一致的纳税人,无需办理年度汇算清缴。 ( )

【参考答案】 √

【答案解析】 根据《国家税务总局关于办理 2022 年度个人所得税综合所得汇算清缴事项的公告》(国家税务总局公告 2023 年第 3 号)第二条第(三)项的规定。

15. 纳税人李先生 2021 年上半年在北京市海淀区某公司任职,下半年到深圳市宝安区某单位从事保险营销员工作,该单位按累计预扣法为其预扣预缴劳务报酬所得个人所得税,上述两个单位均视为李先生的任职受雇单位,其可以在北京市海淀区税务局或者深圳市宝安区税务局之间选择办理年度汇算。 ( )

【参考答案】 √

【答案解析】 依据是《国家税务总局关于办理 2022 年度个人所得税综合所得汇算清缴事项的公告》(国家税务总局公告 2023 年第 3 号)第九条的规定。

16. 个人没有及时报送专项附加扣除,导致未充分享受扣除优惠的,可以在该纳税年度剩余月份补充享受,也可以在次年办理综合所得汇算清缴申报时享受扣除。

( )

【参考答案】 √

【答案解析】 依据是《国家税务总局关于修订发布〈个人所得税专项附加扣除操作办法(试行)〉的公告》(国家税务总局公告 2022 年第 7 号)第七条的规定。

17. 年度汇算时,稿酬所得以收入减除 20% 的费用后的余额为收入额。稿酬所得的收入额减按 70% 计算。 ( )

【参考答案】 √

【答案解析】 依据是《个人所得税法》第六条的规定。

18. 单位为职工缴纳的年金,据实扣除,免征个人所得税。 （　　）

【参考答案】 ×

【答案解析】 根据《财政部　国家税务总局　人力资源和社会保障部关于企业年金职业年金个人所得税有关问题的通知》（财税〔2013〕103号）的规定,单位缴费8％,在计入个人账户时,个人暂不缴纳个人所得税。个人缴费部分,在不超过本人缴费工资计税基数的4％标准内的部分,暂从个人当期的应纳税所得额中扣除。超过以上标准缴付的年金单位缴费和个人缴费部分,应并入个人当期的工资、薪金所得,依法计征个人所得税。

19. 限制性股票所得不并入当年综合所得,全额单独适用综合所得税率表,计算纳税。 （　　）

【参考答案】 √

【答案解析】 根据《个人所得税法》的相关规定,居民个人综合所得包括工资、薪金所得,劳务报酬所得,稿酬所得,特许权使用费所得。

20. 子女教育的专项附加扣除父母可以选择由其中一方按扣除标准的100％扣除,也可由双方自行商议扣除比例。 （　　）

【参考答案】 ×

【答案解析】 根据《个人所得税法》的相关规定,父母可以选择由其中一方按扣除标准的100％扣除,也可以选择由双方分别按扣除标准的50％扣除,具体扣除方式在一个纳税年度内不能变更。

21. 自然人甲以自有汽车一辆作价30万元出资,与自然人乙、丙等人成立A有限责任公司,甲将汽车作价投资的行为应按照"财产转让所得"缴纳个人所得税。

（　　）

【参考答案】 √

【答案解析】 个人以非货币资产投资,属于个人转让非货币性资产和投资同时发生。对个人转让非货币性资产的所得,应按照"财产转让所得"项目计算缴纳个人所得税。

22. 居民个人从中国境内和境外取得的综合所得、经营所得,应当分别合并计算应纳税额;从中国境内和境外取得的其他所得,应当分别单独计算应纳税额。（　　）

【参考答案】 √

【答案解析】 根据《个人所得税法》的相关规定,居民个人从中国境内和境外取得的综合所得、经营所得,应当分别合并计算应纳税额;从中国境内和境外取得的其他所得,应当分别单独计算应纳税额。

23. 在中国境内停留的当天不足24小时的,不计入中国境内居住天数。 （　　）

【参考答案】 ✓

【答案解析】 根据《财政部 税务总局关于在中国境内无住所的个人居住时间判定标准的公告》(财政部 税务总局公告 2019 年第 34 号)的规定,无住所个人一个纳税年度内在中国境内累计居住天数,按照个人在中国境内累计停留的天数计算。在中国境内停留的当天满 24 小时的,计入中国境内居住天数,在中国境内停留的当天不足 24 小时的,不计入中国境内居住天数。

24. 个人所得税中专项附加扣除一个纳税年度扣除不完的,可以结转以后年度扣除。 (　　)

【参考答案】 ✕

【答案解析】 根据《个人所得税法》的相关规定,个人所得税专项附加扣除额一个纳税年度扣除不完的,不能结转以后年度扣除。

25. 在一个纳税年度内,纳税人若没有及时将扣除信息报送任职单位,导致在单位预扣预缴个人所得税未享受或未足额享受扣除的,可以在当年剩余月份内向单位申请补充扣除。 (　　)

【参考答案】 ✕

【答案解析】 根据《个人所得税法》的相关规定,一个纳税年度内,纳税人在扣缴义务人预扣预缴税款环节未享受或未足额享受专项附加扣除的,可以在当年内向支付工资、薪金的扣缴义务人申请在剩余月份发放工资、薪金时补充扣除,也可以在次年 3 月 1 日至 6 月 30 日内,向汇缴地主管税务机关办理汇算清缴时申报扣除。

26. 居民个人取得综合所得需要办理汇算清缴的,应当在取得所得的次年 3 月 1 日前办理汇算清缴。 (　　)

【参考答案】 ✕

【答案解析】 根据《个人所得税法》的相关规定,居民个人取得综合所得,按年计算个人所得税;有扣缴义务人的,由扣缴义务人按月或者按次预扣预缴税款;需要办理汇算清缴的,应当在取得所得的次年 3 月 1 日至 6 月 30 日内办理汇算清缴。

27. 非居民个人取得工资、薪金所得,劳务报酬所得,稿酬所得和特许权使用费所得,有扣缴义务人的,由扣缴义务人按月或者按次代扣代缴税款,不办理汇算清缴。 (　　)

【参考答案】 ✓

【答案解析】 根据《个人所得税法》的相关规定,非居民个人取得工资、薪金所得,劳务报酬所得,稿酬所得和特许权使用费所得,有扣缴义务人的,由扣缴义务人按月或者按次代扣代缴税款,不办理汇算清缴。

28. 非居民个人的工资、薪金所得,以每月收入额减除费用 5 000 元后的余额为

应纳税所得额;其劳务报酬所得、稿酬所得、特许权使用费所得,以每月收入额为应纳税所得额。 （ ）

【参考答案】 ✕

【答案解析】 《个人所得税法》第六条规定,劳务报酬所得、稿酬所得、特许权使用费所得,以每次收入额为应纳税所得额。

29. 对于担任境内居民企业的董事、监事及高层管理职务的个人,如果在境外履行职务,取得由境内居民企业支付或者负担的董事费,监事费,工资、薪金或者其他类似报酬,属于来源于境外的所得。 （ ）

【参考答案】 ✕

【答案解析】 对于担任境内居民企业的董事、监事及高层管理职务的个人,无论是否在境内履行职务,取得由境内居民企业支付或者负担的董事费,监事费,工资、薪金或者其他类似报酬,属于来源于境内的所得。

30. 创投企业可以选择按单一投资基金核算或者按创投企业年度所得整体核算两种方式之一,对其个人合伙人来源于创投企业的所得计算个人所得税应纳税额。 （ ）

【参考答案】 ✓

【答案解析】 略。

31. 对个人取得企业派发的现金网络红包,不征收个人所得税。 （ ）

【参考答案】 ✕

【答案解析】 根据《国家税务总局关于加强网络红包个人所得税征收管理的通知》(税总函〔2015〕409号)的规定,对个人取得的企业派发的现金网络红包,应按照偶然所得项目计算缴纳个人所得税,税款由派发红包的企业代扣代缴。

32. 境内单位向非居民支付稿酬,按20%的税率扣缴个人所得税。 （ ）

【参考答案】 ✕

【答案解析】 扣缴义务人向非居民个人支付工资、薪金所得,劳务报酬所得,稿酬所得和特许权使用费所得时,应当按以下方法按月或者按次代扣代缴个人所得税:非居民个人的稿酬所得以每次收入额为应纳税所得额,适用按月换算后的非居民个人月度税率表计算应纳税额。

33. 中国居民小强在西部A县"未来教育培训中心"当专职物理老师,每月工资薪金收入均为4 800元。该培训中心按月为小强办理了个人所得税的预扣预缴。2022年7月,小强到税务局申请开具其2022年1~6月的《纳税记录》,由于小强每月的个人所得税额为0,税务局无法为其开具《纳税记录》。 （ ）

【参考答案】 ✕

【答案解析】 纳税人2019年1月1日以后取得应税所得并由扣缴义务人向税务机关办理了全员全额扣缴申报,或根据税法规定自行向税务机关办理纳税申报的,不论是否实际缴纳税款,均可以申请开具《纳税记录》。

34. 黄先生是国内某私企财务经理,2021年2月取得全年一次性奖金20万元。这20万元奖金的个人所得税,黄先生只能单独计税,不能并入2021年综合所得计算纳税。 （ ）

【参考答案】 ×

【答案解析】 居民个人取得全年一次性奖金,在2027年12月31日前,可以不并入当年综合所得,单独计算,也可以选择并入当年综合所得计算纳税。

35. 2020年5月8日,中国居民季节将其持有的某新三板挂牌公司的原始股转让,取得所得21万元,应按照"财产转让所得"项目,暂减按10%的税率征收个人所得税,以股票托管的证券机构为扣缴义务人,由新三板挂牌公司所在地税务机关负责征收管理。 （ ）

【参考答案】 ×

【答案解析】 对个人转让新三板挂牌公司原始股取得的所得,按照"财产转让所得"项目,适用20%的比例税率征收个人所得税。2019年9月1日之前,个人转让新三板挂牌公司原始股的个人所得税,以股票受让方为扣缴义务人,由被投资企业所在地税务机关负责征收管理。

36. 2021年5月2日,老王就餐后取得一张有奖餐饮发票,结果幸运中奖,奖金为1600元。因这次中奖收入不超过10000元,故老王发票中奖所得暂免征收个人所得税。 （ ）

【参考答案】 ×

【答案解析】 个人取得单张有奖发票奖金所得不超过800元(含800元)的,暂免征收个人所得税;个人取得单张有奖发票奖金所得超过800元的,应全额按照"偶然所得"项目征收个人所得税。

37. 张三是江苏某合伙企业的合伙人,2022年合伙企业对外投资分得的股息100万元,该笔股息应并入合伙企业的经营所得,按照"先分后税"的原则计算应缴纳的个人所得税。 （ ）

【参考答案】 ×

【答案解析】 合伙企业对外投资分回的利息或股息、红利,不并入合伙企业的收入,而应单独作为投资者个人取得利息、股息、红利所得项目计算缴纳个人所得税。

38. 个人转让2年以上唯一住房免征个人所得税。 （ ）

【参考答案】 ×

【答案解析】 根据《财政部 国家税务总局关于个人所得税若干政策问题的通知》(财税字〔1994〕20号)的规定,个人转让5年以上家庭唯一住房,免征个人所得税。

39. 周教授为某领域的高级专家,经常被全国各地的机构邀请授课,其延长离休退休期间在外单位取得的培训费、讲课费、顾问费、稿酬等收入视同离退休工资,免征个人所得税。 （ ）

【参考答案】 ×

【答案解析】 根据《财政部 国家税务总局关于高级专家延长离休退休期间取得工资、薪金所得有关个人所得税问题的通知》(财税〔2008〕7号)的规定,高级专家从其劳动人事关系所在单位之外的其他地方取得的培训费、讲课费、顾问费、稿酬等各种收入,依法计征个人所得税。

40. 王先生购买体育彩票中奖10万元,根据"凡一次中奖收入不超过1万元的,暂免征收个人所得税"原则,王先生应该对差额部分的9万元缴纳个人所得税。 （ ）

【参考答案】 ×

【答案解析】 根据《财政部 国家税务总局关于个人取得体育彩票中奖所得征免个人所得税问题的通知》(财税字〔1998〕12号)的规定,凡一次中奖收入不超过1万元的,暂免征收个人所得税;超过1万元的,应按税法规定全额征收个人所得税。

41. 个人举报、协查各种违法、犯罪行为而获得的奖金免征个人所得税。 （ ）

【参考答案】 √

【答案解析】 根据《财政部 国家税务总局关于个人所得税若干政策问题的通知》(财税字〔1994〕20号)的规定,个人举报、协查各种违法、犯罪行为而获得的奖金暂免征收个人所得税。

42. 自2023年1月1日起,外籍个人不再享受住房补贴、语言训练费、子女教育费津补贴免税优惠政策,应按规定享受专项附加扣除。 （ ）

【参考答案】 ×

【答案解析】 根据《财政部 税务总局关于个人所得税法修改后有关优惠政策衔接问题的通知》(财税〔2018〕164号)、《财政部 税务总局关于延续实施外籍个人有关津补贴个人所得税政策的公告》(财政部 税务总局公告2023年第29号)的规定,自2028年1月1日起,外籍个人不再享受住房补贴、语言训练费、子女教育费津补贴免税优惠政策,应按规定享受专项附加扣除。

43. 单一投资基金核算方法仅适用于计算创投企业个人合伙人的应纳税额。 （ ）

【参考答案】 √

【答案解析】 根据《财政部 税务总局 发展改革委 证监会关于创业投资企业

个人合伙人所得税政策问题的通知》(财税〔2019〕8号)、《财政部　税务总局　国家发展改革委　中国证监会关于延续实施创业投资企业个人合伙人所得税政策的公告》(财政部　税务总局　国家发展改革委　中国证监会公告2023年第24号)的规定,单一投资基金核算方法仅适用于计算创投企业个人合伙人的应纳税额。

44. 居民个人取得工资、薪金所得,劳务报酬所得,稿酬所得和特许权使用费所得,由扣缴义务人按月或者按次预扣预缴税款。　　　　　　　　(　　)

【参考答案】　√

【答案解析】　略。

45. 符合需要办理居民个人所得税综合所得汇算清缴情形的纳税人,应当在取得所得的次年1月1日至3月31日内,向任职、受雇单位所在地主管税务机关办理汇算清缴。　　　　　　　　　　　　　　　　　　　　(　　)

【参考答案】　×

【答案解析】　居民个人取得工资、薪金所得,劳务报酬所得,稿酬所得和特许权使用费所得,由扣缴义务人按月或者按次预扣预缴税款。符合需要办理汇算清缴情形的纳税人,应当在取得所得的次年3月1日至6月30日内,向任职、受雇单位所在地主管税务机关办理汇算清缴。

46. 纳税人从两处以上取得经营所得的,应选择向其中一处经营管理所在地主管税务机关办理年度汇总申报。　　　　　　　　　　　　　　(　　)

【参考答案】　√

【答案解析】　略。

47. 非居民个人在中国境内从两处以上取得工资、薪金所得,无需办理个人所得税申报。　　　　　　　　　　　　　　　　　　　　　　　(　　)

【参考答案】　×

【答案解析】　根据《个人所得税法》第十条第(六)项的规定,非居民个人在中国境内从两处以上取得工资、薪金所得,纳税人应当依法办理纳税申报。

48. 因移居境外注销中国户籍,纳税人应当依法办理纳税申报。　　(　　)

【参考答案】　√

【答案解析】　根据《个人所得税法》第十条第(五)项的规定,因移居境外注销中国户籍,纳税人应当依法办理纳税申报。

49. 纳税人取得经营所得,在取得所得的次年6月30日前办理汇算清缴。(　　)

【参考答案】　×

【答案解析】　根据《个人所得税法》第十二条的规定,纳税人取得经营所得,按年计算个人所得税,由纳税人在月度或者季度终了后15日内向税务机关报送纳税申报表,并预缴税款;在取得所得的次年3月31日前办理汇算清缴。

50. 对上一完整纳税年度内每月均在同一单位预扣预缴工资、薪金所得个人所得税且全年工资、薪金收入不超过6万元的居民个人,扣缴义务人在预扣预缴本年度工资、薪金所得个人所得税时,直接按照全年6万元计算扣除。　　　　（　　）

【参考答案】　×

【答案解析】　对上一完整纳税年度内每月均在同一单位预扣预缴工资、薪金所得个人所得税且全年工资、薪金收入不超过6万元的居民个人,扣缴义务人在预扣预缴本年度工资、薪金所得个人所得税时,累计减除费用自1月起直接按照全年6万元计算扣除。

51. 保险营销员李某2022年1月取得不含增值税佣金收入10 000元,应按劳务报酬计算缴纳个人所得税,其中可扣除的展业成本为2 000元。　　　　（　　）

【参考答案】　√

【答案解析】　根据《财政部　税务总局关于个人所得税法修改后有关优惠政策衔接问题的通知》(财税〔2018〕164号)的规定,保险营销员、证券经纪人取得的佣金收入,属于劳务报酬所得的,以不含增值税的收入减除20%的费用后的余额为收入额,收入额减去展业成本以及附加税费后,并入当年综合所得,计算缴纳个人所得税。保险营销员、证券经纪人展业成本按照收入额的25%计算。可扣除的展业成本＝10 000×(1−20%)×25%＝2 000(元)。

52. 生育妇女按照县级以上人民政府根据国家有关规定制定的生育保险办法,取得的生育津贴、生育医疗费或其他属于生育保险性质的津贴、补贴,免征个人所得税。　　　　（　　）

【参考答案】　√

【答案解析】　根据《财政部　国家税务总局关于生育津贴和生育医疗费有关个人所得税政策的通知》(财税〔2008〕8号)第一条的规定,生育妇女按照县级以上人民政府根据国家有关规定制定的生育保险办法,取得的生育津贴、生育医疗费或其他属于生育保险性质的津贴、补贴,免征个人所得税。

53. 非居民个人为高管人员的,在境内居住时间超过90天不满183天,其取得的由境内雇主支付或者负担的工资薪金所得,应当计算缴纳个人所得税。　　　　（　　）

【参考答案】　√

【答案解析】　根据《财政部　税务总局关于非居民个人和无住所居民个人有关个人所得税政策的公告》(财政部　税务总局公告2019年第35号)的规定,非居民个人为高管人员的,按照以下规定处理:在一个纳税年度内,在境内居住累计超过90天但不满183天的高管人员,其取得的工资薪金所得,除归属于境外工作期间且不是由境内雇主支付或者负担的部分外,应当计算缴纳个人所得税。

54. 个体工商户经营所得年应纳税所得额不超过100万元的部分,在现行优惠政策基础上,再减半征收个人所得税。其中,个体工商户核定征收的,不可享受。

( )

【参考答案】 ×

【答案解析】 根据《国家税务总局关于落实支持个体工商户发展个人所得税优惠政策有关事项的公告》(国家税务总局公告2023年第5号)第一条的规定,对个体工商户经营所得年应纳税所得额不超过100万元的部分,在现行优惠政策基础上,再减半征收个人所得税。个体工商户不区分征收方式,均可享受。

55. 小张是一位跑货运的司机师傅,2021年5月到某办税服务代开货物运输业增值税普通发票,导税人员告知,需要预征1%的个人所得税,导税人员说法正确。

( )

【参考答案】 ×

【答案解析】 根据《国家税务总局关于落实支持小型微利企业和个体工商户发展所得税优惠政策有关事项的公告》(国家税务总局公告2021年第8号)的规定,自2021年4月1日起对个体工商户、个人独资企业、合伙企业和个人,代开货物运输业增值税普通发票时,不再预征个人所得税。

六、房 产 税

（一）单项选择题

1. 下列关于地下建筑物房产税的表述中正确的是（　　）。

A. 单独建造的地下建筑物不缴纳房产税

B. 对于与地上房屋相连的地下建筑物,应将地下部分和地上房屋视为一个整体按照地上房屋建筑的有关规定缴纳房产税

C. 地下建筑物若作工业用途,以房屋原价的10%～30%作为应税房产原值

D. 地下建筑物若作商业用途,以房屋原价的50%～60%作为应税房产原值

【参考答案】 B

【答案解析】 选项A,地下建筑物需要缴纳房产税;选项C,地下建筑物若作工业用途,以房屋原价的50%～60%作为应税房产原值;选项D,地下建筑物若作商业用途,以房屋原价的70%～80%作为应税房产原值。

2. 市区甲企业土地面积为25 000平方米,地价款为2 500万元,该土地上的房屋的总建筑面积为17 000平方米;乙企业土地面积为25 000平方米,地价款为2 000万元,土地上的房屋的总建筑面积为7 000平方米,则下列说法正确的是（　　）。

A. 甲企业容积率低于0.5

B. 乙企业容积率低于0.5

C. 甲企业无论会计上如何核算,房产原值都不包含地价

D. 乙企业按房产建筑面积的3倍计算土地面积并据此确定计入房产原值的地价

【参考答案】 B

【答案解析】 容积率＝总建筑面积÷总用地面积,甲企业容积率＝17 000÷25 000＝0.68,乙企业容积率＝7 000÷25 000＝0.28,选项A错误,选项B正确;选项C,对按照房产原值计税的房产,无论会计上如何核算,房产原值都应包含地价;选项D,容积率低于0.5,按房产建筑面积的2倍计算土地面积并据此确定计入房产原值的地价。

3. 下列关于房产税立法原则的说法,错误的是（　　）。

A. 筹集地方财政收入

B. 培养公民的依法纳税观念

C. 调节财富分配

D. 有利于加强房产管理,配合城市住房制度改革

【参考答案】 B

【答案解析】 选项B,属于印花税的立法原则。

4. 2022年1月,甲企业拥有房产原值8 500万元,4月1日将原值500万元的房产出租,出租期限5年,不含增值税租金每月2万元,其中4~6月为免租期,已知当地政府规定计算房产余值的扣除比例为30%,则2022年甲企业应该缴纳的房产税( )万元。(注:甲企业为中型企业的一般纳税人)

    A. 70.39   B. 35.04   C. 66.54   D. 70.74

【参考答案】 D

【答案解析】 对于出租房产,租赁双方签订的租赁合同约定有免收租金期限的,免税租金期间由产权所有人按照房产原值缴纳房产税。甲企业2022年应该缴纳的房产税=(8 500-500)×(1-30%)×1.2%+500×(1-30%)×1.2%×6÷12+2×6×12%=70.74(万元)。

5. 下列各项中,符合房产税规定的是( )。

A. 房屋出租的由承租人纳税

B. 房屋产权出典的由出典人缴纳

C. 无租使用房产管理部门的房产由使用人代为缴纳

D. 房屋产权未确定的暂不缴纳房产税

【参考答案】 C

【答案解析】 选项A,房屋出租的由出租人纳税;选项B,产权出典的由承典人缴纳房产税;选项D,房屋产权未确定的由代管人或使用人纳税。

6. 房屋大修停用在( )以上的,在大修期间免征房产税,免征税额由纳税人在申报缴纳房产税时自行计算扣除,并在申报表附表或备注栏中作相应说明。

    A. 3个月   B. 半年   C. 1年   D. 2年

【参考答案】 B

【答案解析】 根据《财政部 国家税务总局关于认真落实抗震救灾及灾后重建税收政策问题的通知》(财税〔2008〕62号)第三条的规定,房屋大修停用在半年以上的,在大修期间免征房产税,免征税额由纳税人在申报缴纳房产税时自行计算扣除,并在申报表附表或备注栏中作相应说明。

7. 某工业企业自建的综合楼于2022年3月正式投入使用,房屋建造成本600万元,建筑面积6 000平方米。综合楼所属宗地面积为10 000平方米,地价450万元。则该综合楼应纳房产税的计税原值为( )万元。

A. 1 050　　　　　　B. 1 500　　　　　　C. 960　　　　　　D. 780

【参考答案】　A

【答案解析】　根据《财政部　国家税务总局关于房产税、城镇土地使用税有关问题的通知》(财税〔2008〕152号)的规定,关于房产原值如何确定的问题,对依照房产原值计税的房产,不论是否记载在会计账簿的"固定资产"科目中,均应按照房屋原价计算缴纳房产税。房屋原价应根据国家有关会计制度规定进行核算。对纳税人未按国家会计制度规定核算并记载的,应按规定予以调整或重新评估。

该综合楼应纳房产税的计税原值＝600＋450＝1 050(万元)。

8. 市区某商业企业拥有一个大型的地下商场,该地下房产原值为400万元,2022年7月将商场出租,每月不含增值税租金10万元,商场所在省确定的减除比例是30%,折算比例是80%,则商场2022年应缴纳的房产税是(　　)元。

A. 85 440　　　　　B. 56 880　　　　　C. 86 400　　　　　D. 77 760

【参考答案】　A

【答案解析】　根据《中华人民共和国房产税暂行条例》(以下简称《房产税暂行条例》)第三条规定,房产税依照房产原值一次减除10%至30%后的余值计算缴纳。具体减除幅度,由省、自治区、直辖市人民政府规定。没有房产原值作为依据的,由房产所在地税务机关参考同类房产核定。房产出租的,以房产租金收入为房产税的计税依据。第四条规定,房产税的税率,依照房产余值计算缴纳的,税率为1.2%;依照房产租金收入计算缴纳的,税率为12%。

应纳房产税税额＝400×80%×(1－30%)×1.2%×6÷12＋10×12%×6＝8.544(万元)＝85 440(元)。

9. 环宇公司2022年将市区一栋厂房租赁给甲企业,甲企业每年支付给环宇公司共计1 000万元(其中厂房租金800万元,水电费130万元,变电塔租金70万元)。则环宇公司当年应纳房产税(　　)万元。(增值税采用简易计税办法计算)

A. 67.2　　　　　B. 91.43　　　　　C. 96　　　　　D. 120

【参考答案】　B

【答案解析】　变电塔不属于房产税的征税范围;纳税人出租房产的,以房产不含增值税租金收入作为房产税的计税依据,不包括代为收取的水电费。环宇公司当年应纳房产税＝800÷(1＋5%)×12%＝91.43(万元)。

10. 下列关于公共租赁住房房产税优惠说法正确的是(　　)。

A. 对公租房建设期间用地及公租房建成后占地,免征房产税

B. 对企事业单位、社会团体以及其他组织转让旧房作为公租房房源,且增值额未超过扣除项目金额20%的,免征房产税

C. 对符合地方政府规定条件的城镇住房保障家庭从地方政府领取的住房租赁补贴,免征房产税

D. 对公租房免征房产税

【参考答案】 D

【答案解析】 对公租房建设期间用地及公租房建成后占地,免征城镇土地使用税。对企事业单位、社会团体以及其他组织转让旧房作为公租房房源,且增值额未超过扣除项目金额20%的,免征土地增值税。对符合地方政府规定条件的城镇住房保障家庭从地方政府领取的住房租赁补贴,免征个人所得税。

11. 对实施天然林二期工程造成森工企业房产土地闲置1年以上不用的,其房产税处理正确的是( )。

A. 征收房产税 B. 减征房产税

C. 不征房产税 D. 暂免征收房产税

【参考答案】 D

【答案解析】 对实施天然林二期工程造成森工企业房产、土地闲置1年以上不用的,暂免征收房产税和城镇土地使用税。

12. 下列关于出租的地下建筑计算征收房产税的表述正确的是( )。

A. 按照出租地上房屋建筑的有关规定计算减征房产税

B. 按照出租地上房屋建筑的有关规定计算免征房产税

C. 按照出租地下房屋建筑的有关规定计算不征房产税

D. 按照出租地上房屋建筑的有关规定计算征收房产税

【参考答案】 D

【答案解析】 出租的地下建筑,按照出租地上房屋建筑的有关规定计算征收房产税。

13. 下列关于房产不在一地的纳税人的房产税纳税地点表述正确的是( )。

A. 应按房产管理人所在地,分别税务机关缴纳房产税

B. 应按房产所有人所在地,分别税务机关缴纳房产税

C. 应按房产代管人所在地,分别税务机关缴纳房产税

D. 应按房产的坐落地点,分别向房产所在地的税务机关缴纳房产税

【参考答案】 D

【答案解析】 房产不在一地的纳税人,应按房产的坐落地点,分别向房产所在地的税务机关缴纳房产税。

14. 购置新建商品房,计征房产税的纳税义务发生时间为( )。

A. 自房屋交付使用之当月起 B. 自房屋交付使用之次月起

C. 自房屋交付使用之当季起 D. 自房屋交付使用之当年起

【参考答案】 B

【答案解析】 购置新建商品房,自房屋交付使用之次月起计征房产税和城镇土地使用税。

15. 下列关于农民居住用房屋房产税的规定正确的是( )。

A. 不征收房产税
B. 减征50%房产税
C. 减征60%房产税
D. 减征70%房产税

【参考答案】 A

【答案解析】 对农林牧渔业用地和农民居住用房屋及土地,不征收房产税和土地使用税。

16. 甲企业从乙公司融资租赁房产,下列选项中确认的融资租赁房产纳税人正确的是( )。

A. 甲企业
B. 乙公司
C. 甲企业和乙公司
D. 甲企业或乙公司

【参考答案】 A

【答案解析】 融资租赁的房产,由承租人自融资租赁合同约定开始日的次月起依照房产余值缴纳房产税。

17. 对饮水工程运营管理单位自用的生产、办公用房产,其房产税处理正确的是( )。

A. 免征房产税
B. 减征房产税
C. 征收房产税
D. 不征房产税

【参考答案】 A

【答案解析】 对饮水工程运营管理单位自用的生产、办公用房产、土地,免征房产税、城镇土地使用税。

18. 不在开征地区范围之内的工厂、仓库,其房产税处理正确的是( )。

A. 给予免征房产税
B. 给予减征房产税
C. 应当征收房产税
D. 不应征收房产税

【参考答案】 D

【答案解析】 略。

19. 纳税人因房产的实物或权利状态发生变化而依法终止房产税纳税义务的,其应纳税款的计算应截止到一定的时点,这里的一定的时点是指( )。

A. 房产的实物或权利状态发生变化的当年末
B. 房产的实物或权利状态发生变化的当季末
C. 房产的实物或权利状态发生变化的当月末

D. 房产的实物或权利状态发生变化的当月初

【参考答案】 C

【答案解析】 纳税人因房产、土地的实物或权利状态发生变化而依法终止房产税、城镇土地使用税纳税义务的,其应纳税款的计算应截止到房产、土地的实物或权利状态发生变化的当月末。

20. 自2019年1月1日至2023年12月31日,对向居民供热而收取采暖费的供热企业,为居民供热所使用的厂房,房产税处理正确的是(   )。

A. 减征房产税
B. 免征房产税
C. 征收房产税
D. 不征房产税

【参考答案】 B

【答案解析】 自2019年1月1日至2023年12月31日,对向居民供热而收取采暖费的供热企业,为居民供热所使用的厂房及土地免征房产税、城镇土地使用税。

21. 宏达公司从国土资源部门购买一宗土地建设厂房,宗地容积率低于0.5,下列选项中关于土地价款计入房产原值计征房产税的表述正确的是(   )。

A. 按房产建筑面积的4倍计算土地面积并据此确定计入房产原值的地价
B. 按房产建筑面积的3倍计算土地面积并据此确定计入房产原值的地价
C. 按房产建筑面积的2倍计算土地面积并据此确定计入房产原值的地价
D. 按房产建筑面积的1倍计算土地面积并据此确定计入房产原值的地价

【参考答案】 C

【答案解析】 对按照房产原值计税的房产,无论会计上如何核算,房产原值均应包含地价,包括为取得土地使用权支付的价款、开发土地发生的成本费用等。宗地容积率低于0.5的,按房产建筑面积的2倍计算土地面积并据此确定计入房产原值的地价。

22. 按照税法的规定,对商品储备管理公司及其直属库承担商品储备业务自用的房产,房产税税务处理正确的是(   )。

A. 减征房产税　　B. 免征房产税　　C. 征收房产税　　D. 不征房产税

【参考答案】 B

【答案解析】 对商品储备管理公司及其直属库承担商品储备业务自用的房产、土地,免征房产税、城镇土地使用税。

23. 公园、名胜古迹中附设的营业单位,如照相馆等所使用的房产及出租的房产,其房产税处理正确的是(   )。

A. 给予免征房产税
B. 给予减征房产税
C. 应当征收房产税
D. 不应征收房产税

【参考答案】 C

【答案解析】 略。

24. 甲加油站公司的加油站罩棚的房产税处理正确的是( )。

A. 征收房产税
B. 不征收房产税
C. 减征 50％房产税
D. 减征 60％房产税

【参考答案】 B

【答案解析】 加油站罩棚不属于房产,不征收房产税。

25. 对个人出租住房,不区分用途,征收房产税的税率为( )。

A. 4％   B. 5％   C. 6％   D. 12％

【参考答案】 A

【答案解析】 略。

26. 房产税按年征收、分期缴纳。纳税期限规定的机关是( )。

A. 省、自治区、直辖市税务局
B. 省、自治区、直辖市人民政府
C. 国家税务总局
D. 财政部

【参考答案】 B

【答案解析】 略。

27. 甲企业自建办公大楼没有房产税的计税依据,正确的税务处理是( )。

A. 由房产所在地税务机关参考同类房产核定
B. 由房产所在地财政部门参考同类房产核定
C. 由房产所在地房管部门参考同类房产核定
D. 由房产所在地中介机构参考同类房产核定

【参考答案】 A

【答案解析】 没有房产原值作为依据的,由房产所在地税务机关参考同类房产核定。

28. 甲企业承租 A 公司的办公大楼(已办理房产证),租赁合同约定免收租金 3 个月。你认为下列选项中关于免收租金期间房产税的处理正确的是( )。

A. 免收租金期间减征房产税
B. 免收租金期间不缴房产税
C. 免收租金期间由甲企业按照房产原值缴纳房产税
D. 免收租金期间由 A 公司按照房产原值缴纳房产税

【参考答案】 D

【答案解析】 对出租房产,租赁双方签订的租赁合同约定有免收租金期限的,免收租金期间由产权所有人按照房产原值缴纳房产税。

29. 对营利性医疗机构自用的房产,房产税处理正确的是( )。

A. 免征房产税,1年免税期满后恢复征税

B. 免征房产税,2年免税期满后恢复征税

C. 免征房产税,3年免税期满后恢复征税

D. 免征房产税,5年免税期满后恢复征税

【参考答案】 C

【答案解析】 对营利性医疗机构自用的房产、土地、车船免征房产税、城镇土地使用税和车船使用税。3年免税期满后恢复征税。

30. 对企事业单位、社会团体以及其他组织向个人、专业化规模化住房租赁企业出租住房的征收房产税,税率减按( )。

A. 1.2%　　　　B. 1.5%　　　　C. 3%　　　　D. 4%

【参考答案】 D

【答案解析】 对企事业单位、社会团体以及其他组织向个人、专业化规模化住房租赁企业出租住房的,减按4%的税率征收房产税。

31. 某企业2022年4月投资1 500万元取得5万平方米的土地使用权,用于建造面积2万平方米的厂房,发生建筑成本和相关费用为3 000万元,全部项目于2022年年底竣工验收并投入生产使用(不考虑增值税的影响)。该厂房征收房产税所确定的房产原值是( )万元。

A. 1 500　　　　B. 4 500　　　　C. 1 200　　　　D. 4 200

【参考答案】 D

【答案解析】 根据《财政部 国家税务总局关于安置残疾人就业单位城镇土地使用税等政策的通知》(财税〔2010〕121号)第三条规定,对按照房产原值计税的房产,无论会计上如何核算,房产原值均应包含地价,包括为取得土地使用权支付的价款、开发土地发生的成本费用等。宗地容积率低于0.5的,按房产建筑面积的2倍计算土地面积并据此确定计入房产原值的地价。

该地容积率低于0.5(即2÷5=0.4<0.5),应按建筑面积的2倍确定计入房产原值的地价,即1 500÷5×4=1 200(万元),因此,该厂房征收房产税所确定的房产原值=1 200+3 000=4 200(万元)。

(二) 多项选择题

1. 下列房产可以享受免征房产税优惠的有( )。

A. 国家机关、人民团体、军队自用的房产

B. 由国家财政部门拨付事业经费的单位出租的房产

C. 宗教寺庙、公园、名胜古迹自用的房产

D. 个人所有自用于对外营业的房产

【参考答案】 A C

【答案解析】 根据《房产税暂行条例》第五条的规定,下列房产免征房产税:(1)国家机关、人民团体、军队自用的房产;(2)由国家财政部门拨付事业经费的单位自用的房产;(3)宗教寺庙、公园、名胜古迹、自用的房产;(4)个人所有非营业用的房产。

2. 房地产开发企业将开发产品用于( )项目,属于视同销售房地产。

A. 开发的部分房地产用于换取其他单位的非货币性资产

B. 开发的部分房地产用于职工福利

C. 开发的部分房地产用于出租

D. 开发的部分房地产用于抵偿债务

【参考答案】 A B D

【答案解析】 房地产开发企业开发的部分房地产转为企业自用或用于出租等商业用途时,如果产权未发生转移,不征收土地增值税。

3. 房地产开发公司支付的下列相关税费,可列入加计 20% 扣除范围的有( )。

A. 支付建筑人员的工资福利费　　　　B. 占用耕地缴纳的耕地占用税

C. 销售过程中发生的销售费用　　　　D. 开发小区内的道路建设费用

【参考答案】 A B D

【答案解析】 销售费用属于房地产开发费用,不能加计扣除。故选项 C 错误。

4. 房产税的征收范围有( )。

A. 城市　　　　　B. 县城　　　　　C. 建制镇　　　　　D. 农村

【参考答案】 A B C

【答案解析】 根据《房产税暂行条例》第一条的规定,房产税在城市、县城、建制镇和工矿区征收。

5. 下列属于房产税征税范围的有( )。

A. 独立的露天游泳池　　　　　　　　B. 酒厂的酒池酒窖

C. 公司的职工宿舍　　　　　　　　　D. 企业的生产厂房

【参考答案】 C D

【答案解析】 独立于房屋之外的建筑物,如围墙、烟囱、水塔、变电塔、油池油柜、酒窖菜窖、酒精池、糖蜜池、室外游泳池、玻璃暖房、砖瓦石灰窑以及各种油气罐等,不属于房产。

6. 下列关于房产税纳税义务发生时间的说法中,正确的有( )。

A. 购置存量房,自房地产权属登记机关签发房屋权属证书之次月起计征房产税

B. 委托施工企业建设的房屋,从办理验收手续之日的次月起计征房产税

C. 房地产开发企业自用本企业建造的商品房,自房屋使用或交付之次月起计征房产税

D. 购置新建商品房,自房地产权属登记机关签发房屋权属证书之次月起计征房产税

【参考答案】 ABC

【答案解析】 选项D,购置新建商品房,自房屋交付使用之次月起计征房产税。

7. 下列关于居民住宅区内业主共有的经营性房产计税依据的表述中,正确的有( )。

A. 对居民住宅区内业主共有的经营性房产自营的,不征收房产税

B. 对居民住宅区内业主共有的经营性房产,其自营的,依照房产原值减除10%至30%后的余值计征房产税

C. 没有房产原值或不能将共有住房划分开的,一律按租金计征房产税

D. 对居民住宅区内业主共有的经营性房产出租的,依照租金计征房产税

【参考答案】 BD

【答案解析】 对居民住宅区内业主共有的经营性房产,由实际经营(包括自营和出租)的代管人或使用人缴纳房产税。其自营的,依照房产原值减除10%至30%后的余值计征,没有房产原值或不能将共有住房划分开的,由房产所在地税务机关参照同类房产核定房产原值;出租的,依照租金计征。

8. 根据房产税的相关规定,下列房产中,免征房产税的有( )。

A. 保险公司的房产

B. 房地产开发企业建造的尚未出售的商品房

C. 实行差额预算管理的事业单位自用的房产

D. 房管部门向居民出租的公有住房

【参考答案】 BCD

【答案解析】 保险公司没有免征房产税的优惠,选项A不符合题意;房地产开发企业自建的商品房尚未出售前,不征房产税,选项B符合题意;实行差额预算管理的事业单位对其本身自用的房产免征房产税,选项C符合题意;对房管部门按政府规定价格向居民出租的公有住房暂免征收房产税,选项D符合题意。

9. 下列关于房产税减免税的说法,正确的有( )。

A. 非营利性老年服务机构自用的房产,免征房产税

B. 毁损不堪居住的房屋停止使用后,免征房产税

C. 外商投资企业的自用房产,免征房产税

D. 用于天然林保护工程的房产,免征房产税

【参考答案】 ABD

【答案解析】 外商投资企业的自用房产需要正常交税。

10. 自 2019 年 1 月 1 日至 2023 年 12 月 31 日,对向居民供热收取采暖费的供热企业,为居民供热所使用的厂房及土地免征(   )。

A. 房产税　　　　　　　　　B. 城镇土地使用税

C. 增值税　　　　　　　　　D. 土地增值税

【参考答案】 AB

【答案解析】 自 2019 年 1 月 1 日至 2023 年 12 月 31 日,对向居民供热收取采暖费的供热企业,为居民供热所使用的厂房及土地免征房产税、城镇土地使用税;对供热企业其他厂房及土地,应当按照规定征收房产税、城镇土地使用税。

11. 对兼营供热企业,视其供热所使用的厂房及土地与其他生产经营活动所使用的厂房及土地是否可以区分,按照不同方法计算免征的房产税、城镇土地使用税。下列说法正确的有(   )。

A. 可以区分的,对其供热所使用厂房及土地,按向居民供热取得的采暖费收入占全部采暖费收入的比例,计算免征的房产税、城镇土地使用税

B. 可以区分的,对其供热所使用厂房及土地,按向居民供热的建筑面积占总供热建筑面积的比例,计算免征的房产税、城镇土地使用税

C. 难以区分的,对其全部厂房及土地,按向居民供热取得的采暖费收入占其营业收入的比例,计算免征的房产税、城镇土地使用税

D. 难以区分的,对其全部厂房及土地,按向居民供热的建筑面积占总供热建筑面积的比例,计算免征的房产税、城镇土地使用税

【参考答案】 AC

【答案解析】 对兼营供热企业,视其供热所使用的厂房及土地与其他生产经营活动所使用的厂房及土地是否可以区分,按照不同方法计算免征的房产税、城镇土地使用税。可以区分的,对其供热所使用厂房及土地,按向居民供热取得的采暖费收入占全部采暖费收入的比例,计算免征的房产税、城镇土地使用税。难以区分的,对其全部厂房及土地,按向居民供热取得的采暖费收入占其营业收入的比例,计算免征的房产税、城镇土地使用税。

12. 下列选项正确的有(   )。

A. 公园出租的房产免征房产税　　　B. 军队自用的房产免征房产税

C. 人民团体自用的房产免征房产税　　　D. 宗教寺庙自用的房产免征房产税

【参考答案】 BCD

【答案解析】 下列房产免纳房产税：(1)国家机关、人民团体、军队自用的房产；(2)由国家财政部门拨付事业经费的单位自用的房产；(3)宗教寺庙、公园、名胜古迹自用的房产；(4)个人所有非营业用的房产；(5)经财政部批准免税的其他房产。

13. 根据房屋附属设备和配套设施计征房产税的税法规定，下列选项正确的有(   )。

A. 对附属设备中易损坏、需要经常更换的零配件，更新后计入房产原值

B. 对附属设备中易损坏、需要经常更换的零配件，更新后不再计入房产原值

C. 对配套设施中易损坏、需要经常更换的零配件，更新后计入房产原值

D. 对配套设施中易损坏、需要经常更换的零配件，更新后不再计入房产原值

【参考答案】 BD

【答案解析】 对附属设备和配套设施中易损坏、需要经常更换的零配件，更新后不再计入房产原值。

14. 下列选项中房产税的征税范围表述正确的有(   )。

A. 武汉市的甲企业   B. 东安县的乙企业

C. 中华镇的丙企业   D. 在农村的丁企业

【参考答案】 ABC

【答案解析】 房产税在城市、县城、建制镇和工矿区征收。

15. 根据房屋附属设备和配套设施计征房产税的税法规定，下列选项正确的有(   )。

A. 对于更换房屋配套设施的，在将其价值计入房产原值时，可扣减原来相应设施的价值

B. 对于更换房屋配套设施的，在将其价值计入房产原值时，不扣减原来相应设施的价值

C. 对于更换房屋附属设备的，在将其价值计入房产原值时，可扣减原来相应设备的价值

D. 对于更换房屋附属设备的，在将其价值计入房产原值时，不扣减原来相应设备的价值

【参考答案】 AC

【答案解析】 对于更换房屋附属设备和配套设施的，在将其价值计入房产原值时，可扣减原来相应设备和设施的价值。

16. 下列房屋附属设备和配套设施需计征房产税的有(   )。

A. 以房屋为载体，不可随意移动的给排水设施

B. 以房屋为载体，不可随意移动的中央空调

C. 以房屋为载体,可随意移动的消防设施

D. 以房屋为载体,可随意移动的采暖设备

【参考答案】 A B

【答案解析】 凡以房屋为载体,不可随意移动的附属设备和配套设施,如给排水、采暖、消防、中央空调、电气及智能化楼宇设备等,无论在会计核算中是否单独记账与核算,都应计入房产原值,计征房产税。

17. 下列选项不属于房产税应税房产的有( )。

A. 甲公司办公楼内游泳池 B. 独立于房屋之外的围墙

C. 独立于房屋之外的烟囱 D. 独立于房屋之外的水塔

【参考答案】 B C D

【答案解析】 独立于房屋之外的建筑物,如围墙、烟囱、水塔、变电塔、油池油柜、酒窖菜窖、酒精池、糖蜜池、室外游泳池、玻璃暖房、砖瓦石灰窑以及各种油气罐等,不属于房产。

18. 对居民住宅区内业主共有的经营性房产,缴纳房产税的纳税人表述正确的有( )。

A. 实际经营(自营)的代管人或使用人

B. 实际经营(出租)的代管人或使用人

C. 实际经营(包括自营和出租)的代管人

D. 实际经营(包括自营和出租)的使用人

【参考答案】 C D

【答案解析】 对居民住宅区内业主共有的经营性房产,由实际经营(包括自营和出租)的代管人或使用人缴纳房产税。

19. 下列选项中对房产税的纳税义务人表述正确的有( )。

A. 产权所有人

B. 产权所有人不在房产所在地的,由房产所有人缴纳

C. 产权出典的,由承典人缴纳

D. 产权属于全民所有的,由经营管理的单位缴纳

【参考答案】 A C D

【答案解析】 房产税由产权所有人缴纳。产权属于全民所有的,由经营管理的单位缴纳。产权出典的,由承典人缴纳。产权所有人、承典人不在房产所在地的,或者产权未确定及租典纠纷未解决的,由房产代管人或者使用人缴纳。

20. 农产品批发市场、农贸市场享受房产税和城镇土地使用税优惠政策,应按规定进行免税申报,应将( )资料留存备查。

A. 不动产权属证明　　　　　　B. 载有房产原值的相关材料

C. 租赁协议　　　　　　　　　D. 房产土地用途证明

【参考答案】　ABCD

【答案解析】　自 2019 年 1 月 1 日至 2023 年 12 月 31 日,对农产品批发市场、农贸市场专门用于经营农产品的房产、土地,暂免征收房产税和城镇土地使用税。应按规定进行免税申报,并将不动产权属证明、载有房产原值的相关材料、租赁协议、房产土地用途证明等资料留存备查。

21. 甲企业为大型物流企业一般纳税人,2022 年 1 月取得国有土地 10 000 平方米,用于煤炭仓储,签订了土地使用权出让合同,办理土地使用证,记载的出让金额为 10 000 万元,并约定当月交付;然后在这块土地上委托施工企业建造仓库,建造合同价 6 000 万元,建筑面积 4 000 平方米,容积率 0.4,工程 4 月竣工,5 月办妥了验收手续。(其他相关资料:已知当地省政府规定的房产税计算余值的扣除比例为 30%,城镇土地使用税税率为每平方米 20 元,不考虑契税因素)。该项业务甲企业涉及的税收计算,以下正确的有(　　)。

A. 2022 年应缴纳印花税 68 000 元

B. 2022 年应缴纳房产税 68.6 万元

C. 2022 年应缴纳城镇土地使用税 183 333.33 元

D. 2022 年应缴纳城镇土地使用税 91 666.67 元

E. 2022 年应缴纳房产税 78.4 万元

【参考答案】　ABD

【答案解析】　应缴纳印花税＝土地出让合同印花税＋建筑工程合同印花税＝10 000×0.5‰＋6 000×0.3‰＝68 000(元);应缴纳房产税＝(4 000×2×10 000÷10 000＋6 000)×70%÷12×7×1.2%＝68.6(万元)。根据《财政部　税务总局关于继续实施物流企业大宗商品仓储设施用地城镇土地使用税优惠政策的公告》(财政部税务总局公告 2020 年第 16 号)第一条的规定,自 2020 年 1 月 1 日起至 2022 年 12 月 31 日止,对物流企业自有(包括自用和出租)或承租的大宗商品仓储设施用地,减按所属土地等级适用税额标准的 50% 计征城镇土地使用税。应缴纳城镇土地使用税＝20×10 000× 11÷12×50%＝91 666.67(元)。

22. 甲公司是一家小型企业(非个体工商户),属于按季纳税的增值税小规模纳税人。2021 年,甲公司将闲置厂房改建成保障性租赁住房(已取得保障性租赁住房认定书)。2021 年 10 月,甲公司将保障性租赁住房出租给住房租赁企业 A(未达到专业化规模化租赁企业标准),2021 年第四季度取得当季的含税租金收入 1 000 000 元。2022 年 1 月,甲公司向当地住建部门备案成为住房租赁企业,并将保障性租赁住房直接出租给个人,2022 年第一季度收取当季的含税租金收入 1 015 000 元。下列说法正确的是(　　)。

 A. 2021 年第四季度甲公司应缴纳增值税 47 619.05 元

 B. 2021 年第四季度甲公司应缴纳房产税 57 142.86 元

 C. 2022 年第一季度甲公司应缴纳增值税 145 000 元

 D. 2022 年第一季度甲公司应缴纳房产税 40 000 元

【参考答案】　A B C

【答案解析】　根据《财政部　税务总局　住房城乡建设部关于完善住房租赁有关税收政策的公告》(财政部　税务总局　住房城乡建设部公告 2021 年第 24 号)的规定,甲公司在第四季度时不属于住房租赁企业,不能适用减按 1.5% 征收率增值税优惠政策。甲公司 2021 年第四季度出租保障性租赁住房取得的收入,应缴纳增值税＝1 000 000÷(1＋5%)×5%＝47 619.05(元)。甲公司 2022 年 1 月已备案为住房租赁企业,其向个人出租符合规定的保障性租赁住房可适用减按 1.5% 征收率缴纳增值税政策。因此,2022 年第一季度,甲公司应缴纳增值税＝1 015 000÷(1＋5%)×1.5%＝145 000(元)。根据《财政部　税务总局关于实施小微企业普惠性税收减免政策的通知》(财税〔2019〕13 号)、《财政部　税务总局关于进一步实施小微企业"六税两费"减免政策的公告》(财政部　税务总局公告 2022 年第 10 号)和当地实际情况,其可以享受小规模纳税人房产税减半优惠,2021 年第四季度即应缴纳房产税＝1 000 000÷(1＋5%)×12%×50%＝57 142.86(元)。根据《财政部　税务总局关于进一步实施小微企业"六税两费"减免政策的公告》(财政部 税务总局公告 2022 年第 10 号)和当地实际情况,其可以叠加享受小规模纳税人房产税减半优惠,2022 年第一季度甲公司应缴纳房产税＝1 015 000÷(1＋1.5%)×4%×50%＝20 000(元)。

(三) 判断题

1. 无租使用其他单位房产的应税单位和个人,依照核定的租金收入缴纳房产税。 (　　)

【参考答案】　×

【答案解析】　无租使用其他单位房产的应税单位和个人,依照房产余值代缴纳房产税。

2. 房产税依照房产原值一次减除 10% 至 30% 后的余值计算缴纳。具体减除幅度,由省、自治区、直辖市人民政府规定。 (　　)

【参考答案】　√

【答案解析】　略。

3. 自 2021 年 6 月 1 日起,纳税人申报缴纳城镇土地使用税、房产税、车船税、印花税、耕地占用税、资源税、土地增值税、契税、环境保护税、烟叶税中一个或多个税种时,使用《财产和行为税纳税申报表》。纳税人新增税源或税源变化时,需先填报《财产和行为税税源明细表》。　　　　　　　　　　　　　　　　（　　）

【参考答案】　√

【答案解析】　依据是《国家税务总局关于简并税费申报有关事项的公告》(国家税务总局公告 2021 年第 9 号)的规定。

4. 2022 年甲企业门面商铺出租取得年含增值税租金 100 万元,计征房产税的租金收入为 100 万元。　　　　　　　　　　　　　　　　　　　　　　　（　　）

【参考答案】　×

【答案解析】　房产出租的,计征房产税的租金收入不含增值税。

5. 房产税中建制镇具体征税范围,由各省、自治区、直辖市税务局提出方案,经省、自治区、直辖市人民政府确定批准后执行,并报国家税务总局备案。　　（　　）

【参考答案】　√

【答案解析】　略。

6. 翱翔公司是一家研发大型客机的公司,其公司自用的办公楼和土地免征房产税。　　　　　　　　　　　　　　　　　　　　　　　　　　　　　　　　（　　）

【参考答案】　√

【答案解析】　根据《财政部　税务总局关于延长部分税收优惠政策执行期限的公告》(财政部　税务总局公告 2021 年第 6 号)的规定,自 2019 年 1 月 1 日至2023 年,对从事大型客机研制项目的纳税及其全资子公司自用的科研、生产、办公房产及土地,免征房产税。

7. 产权出典的房产,由出典人依照房产余值缴纳房产税。　　　　　（　　）

【参考答案】　×

【答案解析】　产权出典的房产,由承典人依照房产余值缴纳房产税。

8. 甲公司从乙企业租用办公大楼,年租金 100 万元,乙企业应当以办公大楼的计税余值作为房产税的计税依据。　　　　　　　　　　　　　　　　　　　（　　）

【参考答案】　×

【答案解析】　房产出租的,以房产租金收入为房产税的计税依据。

9. 甲公司将自有的商铺出租给乙公司经营,合同约定免收第一年租金,免收租金期间应由乙公司缴纳房产税。　　　　　　　　　　　　　　　　　　　　　（　　）

【参考答案】　×

【答案解析】　对出租房产,租赁双方签订的租赁合同约定有免收租金期限的,免收租金期限由产权所有人按照房产原值缴纳房产税。

10. 商场用于出租的地下部分,应与地上房屋视为一个整体按照房产余值计征房产税。　　　　　　　　　　　　　　　　　　　　　　　　　（　　）

【参考答案】　×

【答案解析】　出租房产应按照租金计税。

11. 纳税人黄先生将租用的一处办公楼转租给李先生,应当依法申报缴纳房产税。　　　　　　　　　　　　　　　　　　　　　　　　　　　　（　　）

【参考答案】　×

【答案解析】　转租行为不征收房产税。

12. 融资租赁的房产,合同未约定开始日的,由承租人自实际使用的当月起缴纳房产税。　　　　　　　　　　　　　　　　　　　　　　　　　　（　　）

【参考答案】　×

【答案解析】　融资租赁的房产,由承租人自融资租赁合同约定开始日的次月起依照房产余值缴纳房产税。合同未约定开始日的,由承租人自合同签订的次月起依照房产余值缴纳房产税。

13. 2022年11月,A公司将一处写字楼转让出去,其房产税应纳税款截止到2022年8月。　　　　　　　　　　　　　　　　　　　　　　　　　（　　）

【参考答案】　×

【答案解析】　纳税人因房产、土地的实物或权利状态发生变化而依法终止房产税、城镇土地使用税纳税义务的,其应纳税款的计算应截止到房产、土地的实物或权利状态发生变化的当月末。

14. 房地产开发企业自用本企业建造的商品房,自房屋使用或交付使用的当月起计征房产税。　　　　　　　　　　　　　　　　　　　　　　　（　　）

【参考答案】　×

【答案解析】　房地产开发企业自用本企业建造的商品房,自房屋使用或交付使用的次月起计征房产税。

15. 房产税的征税范围不包括农村,农村地区的房产用于经营的,也不计征房产税。　　　　　　　　　　　　　　　　　　　　　　　　　　（　　）

【参考答案】　√

【答案解析】　房产税的征税范围不包括农村。

七、城镇土地使用税

（一）单项选择题

1. 某公司属于小型微利企业的一般纳税人，2022年3月通过挂牌取得一宗土地，土地出让合同约定2020年4月交付，土地使用证记载占地面积为6 000平方米。该土地年税额每平方米4元，该公司应缴纳城镇土地使用税（　　）元。

A. 2 400　　　　　B. 1 600　　　　　C. 12 000　　　　　D. 8 000

【参考答案】 D

【答案解析】 通过招标、拍卖、挂牌方式取得的建设用地，不属于新征用的耕地，纳税人应按照规定从合同约定交付土地时间的次月起缴纳城镇土地使用税。次月起缴纳城镇土地使用税，根据《财政部 税务总局关于进一步实施小微企业"六税两费"减免政策的公告》（财政部 税务总局公告2022年第10号）和当地实际情况，其可以享受小型微利企业城镇土地使用税减半优惠。该公司应缴纳城镇土地使用税＝6 000×4×8÷12×50％＝8 000（元）。

2. 下列用地，可以免征城镇土地使用税的是（　　）。

A. 企业内道路占用的土地　　　　　B. 人民法院的办公楼用地

C. 公园的照相馆经营用地　　　　　D. 军队的家属院落用地

【参考答案】 B

【答案解析】 选项A，企业内道路占用的土地，要征收城镇土地使用税，没有免税规定；选项C，公园供公共参观游览的用地及其管理单位的办公用地，免征城镇土地使用税，公园中附设的营业场所，如影剧院、饮食部、茶社、照相馆等用地，应征收城镇土地使用税；选项D，军队本身的办公用地和公务用地，免征城镇土地使用税，军队的家属院落用地，不免税。

3. 经省级人民政府批准，经济落后地区的城镇土地使用税适用税额标准可适当降低，但不超过规定最低税额的（　　）。

A. 20％　　　　　B. 30％　　　　　C. 50％　　　　　D. 100％

【参考答案】 B

【答案解析】 略。

4. 下列选项中,不可以作为城镇土地使用税计税依据的是( )。

A. 实际占用的土地面积

B. 房地产管理部门核发的土地使用证书上确认的土地面积

C. 纳税人据实申报的土地面积

D. 税务机关核定的土地面积

【参考答案】 D

【答案解析】 城镇土地使用税以纳税人实际占用的土地面积为计税依据。实际占用的土地面积按下列办法确定:有房地产管理部门核发的土地使用证书的,以证书确认的土地面积为准;尚未核发土地使用证书的,应由纳税人据实申报土地面积,据以纳税,待核发土地使用证后再作调整。

5. 下列选项中,不属于城镇土地使用税立法原则的是( )。

A. 促进合理、节约使用土地

B. 调节土地级差收入,鼓励平等竞争

C. 广集财政资金,完善地方税体系

D. 实质课税原则

【参考答案】 D

【答案解析】 选项D属于税法的基本原则,不属于城镇土地使用税的立法原则。

6. 镇政府直接从集体经济组织承租土地后再出租给A企业,城镇土地使用税的纳税人应当是( )。

A. A企业   B. 镇政府

C. 镇政府和A企业   D. 镇政府或A企业

【参考答案】 B

【答案解析】 在城镇土地使用税征税范围内,承租集体所有建设用地的,由直接从集体经济组织承租土地的单位和个人,缴纳城镇土地使用税。

7. 甲县民政局自用的土地,刚参加工作的税务人员李明不清楚是否征收城镇土地使用税,他正确的税务处理方式是( )。

A. 缓征城镇土地使用税   B. 减征城镇土地使用税

C. 征收城镇土地使用税   D. 免缴城镇土地使用税

【参考答案】 D

【答案解析】 下列土地免缴城镇土地使用税:(1)国家机关、人民团体、军队自用的土地;(2)由国家财政部门拨付事业经费的单位自用的土地;(3)宗教寺庙、公园、名胜古迹自用的土地;(4)市政街道、广场、绿化地带等公共用地;(5)直接用于农、林、牧、渔业的生产用地;(6)经批准开山填海整治的土地和改造的废弃土地,从使用的月份起免缴城镇土地使用税 5 年至 10 年;(7)由财政部另行规定免税的能源、交通、水利设施用地和其他用地。

8. 甲大型煤炭企业成立于 2022 年 1 月,位于城镇土地使用税征收范围,已取得土地使用权、但未利用的塌陷地,下列选项中关于城镇土地使用税的表述正确的是(   )。

    A. 免征城镇土地使用税   B. 减征城镇土地使用税

    C. 不征城镇土地使用税   D. 征收城镇土地使用税

【参考答案】 D

【答案解析】 对位于城镇土地使用税征收范围内的煤炭企业已取得土地使用权、但未利用的塌陷地,自 2006 年 9 月 1 日起恢复征收城镇土地使用税。

9. 对免税单位无偿使用纳税单位的土地(如公安、海关等单位使用铁路、民航等单位的土地),关于城镇土地使用税的表述正确的是(   )。

    A. 免征城镇土地使用税   B. 减征城镇土地使用税

    C. 不征城镇土地使用税   D. 征收城镇土地使用税

【参考答案】 A

【答案解析】 略。

10. A 企业征用了非耕地,缴纳城镇土地使用税的起始时间正确的是(   )。

    A. 自批准征用次日起缴纳城镇土地使用税

    B. 自批准征用当天起缴纳城镇土地使用税

    C. 自批准征用当月起缴纳城镇土地使用税

    D. 自批准征用次月起缴纳城镇土地使用税

【参考答案】 D

【答案解析】 征用的非耕地,自批准征用次月起缴纳城镇土地使用税。

11. 对企业的铁路专用线、公路等用地,除另有规定者外,在企业厂区(包括生产、办公及生活区)以内的,城镇土地使用税处理正确的是(   )。

    A. 免征城镇土地使用税   B. 减征城镇土地使用税

    C. 不征城镇土地使用税   D. 征收城镇土地使用税

【参考答案】 D

【答案解析】 对企业的铁路专用线、公路等用地,除另有规定者外,在企业厂区(包括生产、办公及生活区)以内的,应照章征收土地使用税;在厂区以外、与社会公用地段未加隔离的,暂免征收城镇土地使用税。

12. 甲企业存放危险品的仓库、厂房,适用的土地使用税政策正确的是(   )。

    A. 免征城镇土地使用税   B. 减征城镇土地使用税

C. 不征城镇土地使用税　　　　　　D. 征收城镇土地使用税

【参考答案】　D

【答案解析】　对于各类危险品仓库、厂房所需的防火、防爆、防毒等安全防范用地,可由各省、自治区、直辖市税务局确定,暂免征收城镇土地使用税;对仓库库区、厂房本身用地,应照章征收城镇土地使用税。

13. 甲企业在厂区以外、与社会公用地段未加隔离的铁路专用线、公路等用地,土地使用税处理正确的是( )。

A. 免征城镇土地使用税　　　　　　B. 减征城镇土地使用税

C. 不征城镇土地使用税　　　　　　D. 征收城镇土地使用税

【参考答案】　A

【答案解析】　对企业的铁路专用线、公路等用地,除另有规定者外,在企业厂区(包括生产、办公及生活区)以内的,应照章征收城镇土地使用税;在厂区以外、与社会公用地段未加隔离的,暂免征收城镇土地使用税。

14. 甲企业的危险品仓库、厂房所需的防火、防爆、防毒等安全防范用地,可根据有权机关的规定,确定是否属于暂免征收城镇土地使用税的情形。这里的有权机关是指( )。

A. 各省、自治区、直辖市人民政府　　B. 各省、自治区、直辖市税务局

C. 各省、自治区、直辖市人大　　　　D. 各省、自治区、直辖市政协

【参考答案】　B

【答案解析】　对于各类危险品仓库、厂房所需的防火、防爆、防毒等安全防范用地,可由各省、自治区、直辖市税务局确定,暂免征收城镇土地使用税。

15. 2022年10月,甲物流企业承租用于大宗商品仓储设施的土地。下列选项中适用的城镇土地使用税的政策,你认为应当是( )。

A. 减按所属土地等级适用税额标准的20%计征

B. 减按所属土地等级适用税额标准的30%计征

C. 减按所属土地等级适用税额标准的50%计征

D. 减按所属土地等级适用税额标准的60%计征

【参考答案】　C

【答案解析】　自2020年1月1日起至2022年12月31日止,对物流企业承租用于大宗商品仓储设施的土地,减按所属土地等级适用税额标准的50%计征城镇土地使用税。

16. 下列关于城镇土地使用税纳税义务人的说法,不正确的是( )。

A. 土地使用权未确定的,暂不征收城镇土地使用税

243

B. 土地使用权共有的,由共有各方分别纳税

C. 土地使用权未确定或权属纠纷未解决的,由实际使用人纳税

D. 城镇土地使用税由拥有土地使用权的单位或个人缴纳

【参考答案】 A

【答案解析】 土地使用权未确定或权属纠纷未解决的,由实际使用人纳税。

17. 下列关于城镇土地使用税适用税额的说法,不正确的是( )。

A. 城镇土地使用税采用地区幅度差别定额税率

B. 经财政部批准,经济落后地区的城镇土地使用税适用税额标准可适当降低

C. 经批准,经济落后地区的城镇土地使用税适用税额标准可适当降低,但降低额不得超过税率表中规定的最低税额的30%

D. 经济发达地区的适用税额可适当提高,但须报财政部批准

【参考答案】 B

【答案解析】 城镇土地使用税适用地区幅度差别定额税率。经省、自治区、直辖市人民政府批准,经济落后地区的城镇土地使用税适用税额标准可适当降低,但降低额不得超过税率表中规定的最低税额的30%。《中华人民共和国城镇土地使用税暂行条例》第五条规定,经济发达地区的适用税额可适当提高,但须报财政部批准。

18. 下列关于城镇土地使用税计税依据的说法,正确的是( )。

A. 纳税人实际占用的土地面积大于房地产管理部门核发的土地使用证书面积的,以土地使用证书面积为准

B. 纳税人实际占用的土地面积大于房地产管理部门核发的土地使用证书面积的,以实际占用面积为准

C. 纳税人实际占用的土地面积小于房地产管理部门核发的土地使用证书面积的,以实际占用面积为准

D. 尚未核发土地使用证书的,暂不缴纳城镇土地使用税

【参考答案】 B

【答案解析】 纳税人实际占用的土地面积,以房地产管理部门核发的土地使用证书与确认的土地面积为准;纳税人实际占用的土地面积大于房地产管理部门核发的土地使用证书面积的,以实际占用面积为准。

19. 以下关于城镇土地使用税的纳税义务发生时间的说法,正确的是( )。

A. 纳税人新征收的耕地,自批准征收之日起开始缴纳城镇土地使用税

B. 纳税人新征收的耕地,自批准征收之日起满2年时开始缴纳城镇土地使用税

C. 纳税人新征收的耕地，自批准征收之日起满1年时开始缴纳城镇土地使用税

D. 纳税人新征收的非耕地，自批准征收当月起缴纳城镇土地使用税

【参考答案】 C

【答案解析】 纳税人新征收的耕地，自批准征收之日起满1年时开始缴纳城镇土地使用税；纳税人新征收的非耕地，自批准征收次月起缴纳城镇土地使用税。

20. 以下情形，免征城镇土地使用税的是( )。

A. 企业办公区内的绿化用地

B. 在城镇土地使用税征税范围内单独建造的地下建筑用地

C. 企业拥有并运营管理的大型体育场馆，其用于体育活动的土地

D. 个人出租住房

【参考答案】 D

【答案解析】 对企业厂区(包括生产、办公及生活区)以内的绿化用地，应照章征收土地使用税，厂区以外公共绿化用地和向社会开放的公园用地，暂免征收土地使用税；对在城镇土地使用税征税范围内单独建造的地下建筑用地，按规定征收城镇土地使用税；企业拥有并运营管理的大型体育场馆，其用于体育活动的房产、土地，减半征收房产税和城镇土地使用税。

21. 某大型公司名下在A区占地面积1 000平方米，性质为一般用地；在B区拥有车间2 000平方米，性质为工业用地；在C区拥有职工幼儿园，占地700平方米。假设A区税额为每平方米12元，B区税额为每平方米6元，C区税额为每平方米6元。该企业2022年应缴纳城镇土地使用税( )元。

A. 12 000　　　B. 24 000　　　C. 26 100　　　D. 28 200

【参考答案】 B

【答案解析】 企业办幼儿园自用土地免税，全年应纳城镇土地使用税＝12×1 000＋6×2 000＝24 000(元)。

22. 甲企业生产经营用地分布于A、B、C三个地域，A地域的土地使用权属于甲企业，面积10 000平方米，其中幼儿园占地1 000平方米，厂区内绿化占地2 000平方米；B地域的土地使用权属甲企业与乙企业共同拥有，面积5 000平方米，实际使用面积各半；C地域的面积为3 000平方米，甲企业一直使用但土地使用权未确定。假设A、B、C地域的城镇土地使用税的年税额为每平方米5元，2022甲企业全年应纳城镇土地使用税( )元。

A. 90 000　　　B. 85 000　　　C. 72 500　　　D. 67 500

【参考答案】 C

【答案解析】 甲企业全年应纳城镇土地使用税＝［（10 000－1 000）＋5 000÷2＋3 000］×5＝14 500×5＝72 500（元）。企业办的幼儿园用地，免征城镇土地使用税；厂区外公共绿化用地暂免征收城镇土地使用税，但厂区内绿化用地不免征城镇土地使用税；与其他单位共用土地按各自占地面积分别缴纳城镇土地使用税；土地使用权未确定的，由使用人缴纳城镇土地使用税。

23. 甲企业为大型物流企业一般纳税人，2022年1月取得国有土地10 000平方米，用于煤炭仓储，签订了土地使用权出让合同，办理土地使用证，记载的出让金额为10 000万元，并约定当月交付。（城镇土地使用税税率为每平方米20元，不考虑契税因素）。甲企业2022年应缴纳城镇土地使用税（　　　）元。

    A. 200 000   B. 183 333.33   C. 100 000   D. 91 666.67

【参考答案】 D

【答案解析】 根据《财政部 税务总局关于继续实施物流企业大宗商品仓储设施用地城镇土地使用税优惠政策的公告》（财政部 税务总局公告2020年第16号）第一条的规定，自2020年1月1日起至2022年12月31日止，对物流企业自有（包括自用和出租）或承租的大宗商品仓储设施用地，减按所属土地等级适用税额标准的50%计征城镇土地使用税。根据《财政部 国家税务总局关于房产税城镇土地使用税有关政策的通知》（财税〔2006〕186号）第二条的规定，以出让或转让方式有偿取得土地使用权的，应由受让方从合同约定交付土地时间的次月起缴纳城镇土地使用税；合同未约定交付土地时间的，由受让方从合同签订的次月起缴纳城镇土地使用税。甲企业2022年应缴城镇土地使用税＝20×10 000×11÷12×50%＝91 666.67（元）。

（二）多项选择题

1. 下列各项中，属于城镇土地使用税征税范围的有（　　　）。

    A. 位于南宁市市区的场地   B. 位于南宁市郊区的一块场地

    C. 位于某建制镇商铺占用的土地   D. 位于农村的工厂占用地

【参考答案】 A B C

【答案解析】 城镇土地使用税的征税范围是城市、县城、建制镇和工矿区。征税范围不包括农村。

2. 以下关于城镇土地使用税的纳税义务发生时间，说法正确的有（　　　）。

    A. 企业购置新建厂房的，自房屋交付使用之次月起计征

    B. 出租、出借房产，自交付出租、出借房产之次月起计征

    C. 以出让或转让方式有偿取得土地使用权的，合同未约定交付土地时间的，暂不缴纳城镇土地使用税

D. 以出让或转让方式有偿取得土地使用权的,应由受让方从合同约定交付土地使用时间的次月起缴纳城镇土地使用税

【参考答案】 ABD

【答案解析】 以出让或转让方式有偿取得土地使用权的,合同未约定交付土地时间的,由受让方从合同签订的次月起缴纳城镇土地使用税。

3. 以下关于民航机场适用城镇土地使用税优惠政策的说法,正确的有( )。

A. 机场飞行区用地,免征城镇土地使用税

B. 机场候机楼用地,免征城镇土地使用税

C. 机场内外通信导航设施用地,免征城镇土地使用税

D. 机场飞行区四周排水防洪设施用地,免征城镇土地使用税

【参考答案】 ACD

【答案解析】 机场工作区(包括办公、生产和维修用地及候机楼、停车场)用地、生活区用地、绿化用地,均须依照规定征收城镇土地使用税。

4. 关于体育场馆用地,免征城镇土地使用税需满足的条件有( )。

A. 具有封闭性,用于专业体育训练

B. 体育场馆取得的收入主要用于场馆的维护、管理和事业发展

C. 由经费自理事业单位、体育社会团体、体育基金会、体育类民办非企业单位拥有并运营管理且符合相关规定的条件

D. 拥有体育场馆的体育社会团体、体育基金会及体育类民办非企业单位,除当年新设立或登记的以外,前一年度登记管理机关的检查结论为"合格"

【参考答案】 BCD

【答案解析】 经费自理事业单位、体育社会团体、体育基金会、体育类民办非企业单位拥有并运营管理的体育场馆,同时符合下列条件的,其用于体育活动的房产、土地,免征房产税和城镇土地使用税:向社会开放,用于满足公众体育活动需要……

5. 下列关于单独建造的地下建筑计征城镇土地使用税的说法,正确的有( )。

A. 已取得地下土地使用权证的,按土地使用权证确认的土地面积计算应征税款

B. 未取得地下土地使用权证或地下土地使用权证上未标明土地面积的,按地下建筑垂直投影面积计算应征税款

C. 未取得地下土地使用权证或地下土地使用权证上未标明土地面积的,按建筑面积计算应征税款

D. 单独建造的地下建筑用地,暂按应征税款的50%征收城镇土地使用税

【参考答案】 ABD

【答案解析】 未取得地下土地使用权证或地下土地使用权证上未标明土地面积的,按地下建筑垂直投影面积计算应征税款。

6. 大明公司在甲省和乙省同时拥有两块土地。大明公司城镇土地使用税的纳税地点正确的有( )。

A. 甲省土地所在地

B. 乙省土地所在地

C. 甲省土地所在地或乙省所在地

D. 税务机关确定的其中一省的土地所在地

【参考答案】 A B

【答案解析】 纳税人使用的土地不属于同一省(自治区、直辖市)管辖范围的,应由纳税人分别向土地所在地的税务机关缴纳城镇土地使用税。

7. 甲企业在厂区以内的绿化用地,应照章征收城镇土地使用税。这里的厂区有( )。

A. 生产区　　　　B. 办公区　　　　C. 生活区　　　　D. 公园用地

【参考答案】 A B C

【答案解析】 对企业厂区(包括生产、办公及生活区)以内的绿化用地,应照章征收城镇土地使用税,厂区以外的公共绿化用地和向社会开放的公园用地,暂免征收城镇土地使用税。

8. 在城镇土地使用税征税范围内单独建造的地下建筑用地,按规定征收城镇土地使用税。下列选项中正确的有( )。

A. 已取得地下土地使用权证的,按土地使用权证确认的土地面积计算应征税款

B. 未取得地下土地使用权证或地下土地使用权证上未标明土地面积的,按地下建筑垂直投影面积计算应征税款

C. 地下建筑用地暂按应征税款的80%征收城镇土地使用税

D. 地下建筑用地暂按应征税款的50%征收城镇土地使用税

【参考答案】 A B D

【答案解析】 在城镇土地使用税征税范围内单独建造的地下建筑用地,按规定征收城镇土地使用税。其中,已取得地下土地使用权证的,按土地使用权证确认的土地面积计算应征税款;未取得地下土地使用权证或地下土地使用权证上未标明土地面积的,按地下建筑垂直投影面积计算应征税款。对规定范围内的地下建筑用地暂按应征税款的50%征收城镇土地使用税。

9. 对水电站的发电厂的用地,城镇土地使用税表述中正确的有( )。

A. 对水电站的发电厂房用地(包括坝内、坝外式厂房),生产用地,照章征收城镇

土地使用税

　　B. 对水电站的发电厂房用地(包括坝内、坝外式厂房),办公生活用地,免征城镇
土地使用税

　　C. 对水电站的发电厂房用地(包括坝内、坝外式厂房),办公生活用地,照章征收
城镇土地使用税

　　D. 对其他用地给予免税照顾

【参考答案】　ACD

【答案解析】　对水电站的发电厂房用地(包括坝内、坝外式厂房),生产、办公生
活用地,照章征收城镇土地使用税;对其他用地给予免税照顾。

10. 通过招标、拍卖、挂牌方式取得的建设用地,不属于新征收的耕地,下列选项
中关于城镇土地使用税的纳税义务发生时间正确的有(　　　)。

　　A. 从合同约定交付土地时间的当月起缴纳城镇土地使用税

　　B. 从合同约定交付土地时间的次月起缴纳城镇土地使用税

　　C. 合同未约定交付土地时间的,从合同签订的当月起缴纳城镇土地使用税

　　D. 合同未约定交付土地时间的,从合同签订的次月起缴纳城镇土地使用税

【参考答案】　BD

【答案解析】　通过招标、拍卖、挂牌方式取得的建设用地,不属于新征收的耕地,
纳税人应按规定,从合同约定交付土地时间的次月起缴纳城镇土地使用税;合同未约
定交付土地时间的,从合同签订的次月起缴纳城镇土地使用税。

11. 下列选项中关于华丽公司城镇土地使用税的计税依据正确的有(　　　)。

　　A. 由省、自治区、直辖市人民政府确定的单位组织测定的土地面积

　　B. 尚未组织测量,但纳税人持有政府部门核发的土地使用证书的,以证书确认
的土地面积为准

　　C. 尚未核发土地使用证书的,应由税务机关核定的土地面积

　　D. 尚未核发土地使用证书的,应由纳税人据实申报土地面积

【参考答案】　ABD

【答案解析】　纳税人实际占用的土地面积,是指由省、自治区、直辖市人民政府
确定的单位组织测定的土地面积。尚未组织测量,但纳税人持有政府部门核发的土
地使用证书的,以证书确认的土地面积为准;尚未核发土地使用证书的,应由纳税人
据实申报土地面积。

12. 下列选项中正确的有(　　　)。

　　A. 甲名胜古迹内的影剧院用地征收城镇土地使用税

　　B. 乙名胜古迹内的饮食部用地征收城镇土地使用税

C. 丙名胜古迹内的茶社用地征收城镇土地使用税

D. 丁名胜古迹内的自用土地征收城镇土地使用税

【参考答案】 ABC

【答案解析】 公园、名胜古迹中附设的营业单位,如影剧院、饮食部、茶社、照相馆等使用的土地,应征收城镇土地使用税。

13. 下列选项中正确的有( )。

A. 甲企业以出让方式有偿取得土地使用权,从合同约定交付土地时间的次月起缴纳城镇土地使用税

B. 甲企业以出让方式有偿取得土地使用权,从合同约定交付土地时间的当月起缴纳城镇土地使用税

C. 甲企业以出让方式有偿取得土地使用权,合同未约定交付土地时间,从合同签订的次月起缴纳城镇土地使用税

D. 甲企业以出让方式有偿取得土地使用权,合同未约定交付土地时间,从合同签订的当月起缴纳城镇土地使用税

【参考答案】 AC

【答案解析】 以出让或转让方式有偿取得土地使用权的,应由受让方从合同约定交付土地时间的次月起缴纳城镇土地使用税;合同未约定交付土地时间的,由受让方从合同签订的次月起缴纳城镇土地使用税。

14. 下列选项中,正确的有( )。

A. 在城镇土地使用税征收范围内,利用林场土地兴建度假村等休闲娱乐场所的,其经营用地,征收城镇土地使用税

B. 在城镇土地使用税征收范围内,利用林场土地兴建度假村等休闲娱乐场所的,其办公用地,征收城镇土地使用税

C. 在城镇土地使用税征收范围内,利用林场土地兴建度假村等休闲娱乐场所的,其办公用地,不征收城镇土地使用税

D. 在城镇土地使用税征收范围内,利用林场土地兴建度假村等休闲娱乐场所的,其生活用地,征收城镇土地使用税

【参考答案】 ABD

【答案解析】 在城镇土地使用税征收范围内,利用林场土地兴建度假村等休闲娱乐场所的,其经营、办公和生活用地,应按规定征收城镇土地使用税。

15. 下列选项正确的有( )。

A. 城镇土地使用税由拥有土地使用权的单位或个人缴纳

B. 拥有土地使用权的纳税人不在土地所在地的,由土地所有权人缴纳

C. 拥有土地使用权的纳税人不在土地所在地的,由代管人或实际使用人纳税

D. 土地使用权未确定或权属纠纷未解决的,由实际使用人纳税

【参考答案】 ACD

【答案解析】 城镇土地使用税由拥有土地使用权的单位或个人缴纳。拥有土地使用权的纳税人不在土地所在地的,由代管人或实际使用人纳税;土地使用权未确定或权属纠纷未解决的,由实际使用人纳税;土地使用权共有的,由共有各方分别纳税。

16. 下列说法中,符合城镇土地使用税税收政策的有(   )。

A. 经省、自治区、直辖市人民政府批准,经济落后地区的城镇土地使用税适用税额标准可以适当降低,但降低额不得超过规定的最低税额的30%

B. 城镇土地使用税按年计算,分期缴纳

C. 企业厂区以外的公共绿化用地应征收城镇土地使用税

D. 直接从事饲养的专业用地免征城镇土地使用税

【参考答案】 ABD

【答案解析】 选项C,对企业厂区(包括生产、办公及生活区)以内的绿化用地,应照章征收城镇土地使用税,厂区以外的公共绿化地和向社会开放的公园用地,暂免征收城镇土地使用税。

17. 下列关于城镇土地使用税征收管理的表述中,正确的有(   )。

A. 城镇土地使用税按年计算,分期缴纳

B. 纳税人新征收的土地,自批准征用之日起的15日内申报登记

C. 纳税人新征收的耕地,自批准征用之日起满1年开始缴纳城镇土地使用税

D. 纳税人新征收的非耕地,自批准征用之日起满1年开始缴纳城镇土地使用税

【参考答案】 AC

【答案解析】 选项B,纳税人新征收的土地,自批准征收之日起的30日内申报登记;选项D,纳税人新征收的非耕地,自批准征收次月起开始缴纳城镇土地使用税。

18. 下列用地免征城镇土地使用税的有(   )。

A. 公园的自用土地

B. 非营利性老年服务机构自用土地

C. 企业厂区内的铁路专用线用地

D. 专门经营农产品的农贸市场

【参考答案】 ABD

【答案解析】 选项C,对企业的铁路专用线、公路等用地,除另有规定者外,在企业厂区(包括生产、办公及生活区)以内的,应照章征收城镇土地使用税;在厂区以外、与社会公用地段未加隔离的,暂免征收城镇土地使用税。

19. 对下列用地,应按规定缴纳城镇土地使用税的有(　　)。

A. 厂区内的绿化用地 B. 公园内的茶楼用地

C. 县政府的办公用地 D. 村民自用的宅基地

【参考答案】　A B

【答案解析】　选项C,国家机关自用的土地免征城镇土地使用税。选项D,在城市、县城、建制镇、工矿区范围内使用土地的单位和个人,为城镇土地使用税的纳税义务人。

20. 支持公共交通发展,对(　　)免征城镇土地使用税。

A. 城市公交站场运营用地 B. 道路客运站场运营用地

C. 旅游景区轨道交通系统运营用地 D. 城市轨道交通系统运营用地

【参考答案】　A B D

【答案解析】　对城市公交站场、道路客运站场、城市轨道交通系统运营用地,免征城镇土地使用税。

21. 下列项目中,免征城镇土地使用税执行期限延长至 2023 年 12 月 31 日的有(　　)。

A. 对城市公交站场、道路客运站场、城市轨道交通系统运营用地

B. 对专门经营农产品的农产品批发市场、农贸市场使用的房产、土地

C. 对国家级、省级科技企业孵化器、大学科技园和国家备案众创空间自用以及无偿或通过出租等方式提供给在孵对象使用的房产、土地

D. 对物流企业自有(包括自用和出租)或承租的大宗商品仓储设施用地

【参考答案】　A B

【答案解析】　根据《财政部　税务总局关于延长部分税收优惠政策执行期限的公告》(财政部　税务总局公告 2022 年第 4 号)的规定,对《财政部　税务总局　科技部　教育部关于科技企业孵化器　大学科技园和众创空间税收政策的通知》(财税〔2018〕120 号)、《财政部　税务总局关于继续对城市公交站场　道路客运站场　城市轨道交通系统减免城镇土地使用税优惠政策的通知》(财税〔2019〕11 号)、《财政部　税务总局关于继续实行农产品批发市场　农贸市场房产税　城镇土地使用税优惠政策的通知》(财税〔2019〕12 号)中规定的税收优惠政策,执行期限延长至 2023 年 12 月 31 日。

根据《财政部　税务总局　科技部　教育部关于继续实施科技企业孵化器、大学科技园和众创空间有关税收政策的公告》(财政部　税务总局　科技部　教育部公告 2023 年第 42 号)的规定,决自 2024 年 1 月 1 日至 2027 年 12 月 31 日继续实施科技企业孵化器、大学科技园和众创空间一系列优惠政策。

22. 以下不属于制造业中小微企业符合规定可以延缓缴纳的相关税费有(　　)。

A. 土地增值税　　　　　　　　B. 城镇土地使用税

C. 房产税　　　　　　　　　　D. 城市建设维护税

【参考答案】 Ａ Ｂ Ｃ

【答案解析】 根据《国家税务总局　财政部关于延续实施制造业中小微企业延缓缴纳部分税费有关事项的公告》(国家税务总局公告 2022 年第 2 号)的规定,延缓缴纳的税费包括企业所得税、个人所得税(代扣代缴除外)、国内增值税、国内消费税及附征的城市维护建设税、教育费附加、地方教育附加,不包括向税务机关申请代开发票时缴纳的税费。

(三) 判断题

1. 纳税人机构所在地与使用的土地不属于同一省管辖范围内的,由纳税人分别向土地所在地的税务机关申报缴纳城镇土地使用税。　　　　　　　　　( )

【参考答案】 √

【答案解析】 略。

2. 对核电站的核岛、常规岛、辅助厂房和通信设施用地(不包括地下线路用地)、生活、办公用地按规定征收城镇土地使用税,其他用地免征城镇土地使用税。( )

【参考答案】 √

【答案解析】 略。

3. 2021 年 12 月,A 公司将一处场地进行转让,其城镇土地使用税应纳税款截止到 2021 年 12 月末。　　　　　　　　　　　　　　　　　　　　　　( )

【参考答案】 √

【答案解析】 纳税人因房产、土地的实物或权利状态发生变化而依法终止房产税、城镇土地使用税纳税义务的,其应纳税款的计算应截止到房产、土地的实物或权利状态发生变化的当月末。

4. 甲企业和乙企业共同拥有一宗土地的使用权,则甲企业是城镇土地使用税的纳税人。　　　　　　　　　　　　　　　　　　　　　　　　　　　( )

【参考答案】 ×

【答案解析】 土地使用权共有的,由共有各方分别纳税。

5. 纳税人新征收的土地,必须于批准新征收之日起 15 日内申报登记。　( )

【参考答案】 ×

【答案解析】 纳税人新征收的土地,必须于批准新征收之日起 30 日内申报登记。

6. 公园、名胜古迹内的索道公司经营用地,应按规定缴纳城镇土地使用税。

　　　　　　　　　　　　　　　　　　　　　　　　　　　　　　　( )

【参考答案】 √

【答案解析】 略。

7. 对核电站应税土地在基建期内免征城镇土地使用税。 （ ）

【参考答案】 ×

【答案解析】 对核电站应税土地在基建期内减半征收城镇土地使用税。

8. 自 2018 年 1 月 1 日至 2028 年 12 月 31 日,对安置住房用地,免征城镇土地使用税。 （ ）

【参考答案】 ×

【答案解析】 自 2018 年 1 月 1 日至 2025 年 12 月 31 日,对安置住房用地,免征城镇土地使用税。

9. 对供电部门的输电线路用地、变电站用地,免征土地使用税。 （ ）

【参考答案】 √

【答案解析】 略。

10. 对同时经营其他产品的农产品批发市场和农贸市场使用的土地,征收城镇土地使用税。 （ ）

【参考答案】 ×

【答案解析】 对同时经营其他产品的农产品批发市场和农贸市场使用的房产、土地,按其他产品与农产品交易场地面积的比例确定征免房产税和城镇土地使用税。

11. 纳税单位与免税单位共同使用共有使用权土地上的多层建筑,对纳税单位可按其占用的建筑面积占建筑总面积的比例计征土地使用税。 （ ）

【参考答案】 √

【答案解析】 略。

12. 甲企业办的学校、医院、托儿所、幼儿园,其用地能与企业其他用地明确区分的,免征土地使用税。 （ ）

【参考答案】 √

【答案解析】 企业办的学校、医院、托儿所、幼儿园,其用地能与企业其他用地明确区分的,可以比照由国家财政部门拨付事业经费的单位自用的土地,免征土地使用税。

13. 对专门经营农产品的农产品批发市场、农贸市场使用(包括自有和承租)的土地,征收城镇土地使用税。 （ ）

【参考答案】 ×

【答案解析】 对专门经营农产品的农产品批发市场、农贸市场使用(包括自有和承租)的房产、土地,暂免征收房产税和城镇土地使用税。

14. 对在一个纳税年度内月平均实际安置残疾人就业人数占单位在职职工总数的比例高于25%(含25%)的单位,可减征或免征该年度城镇土地使用税。　　(　　)

【参考答案】 ✕

【答案解析】 对在一个纳税年度内月平均实际安置残疾人就业人数占单位在职职工总数的比例高于25%(含25%)且实际安置残疾人人数高于10人(含10人)的单位,可减征或免征该年度城镇土地使用税。

15. 对公租房建设期间用地及公租房建成后占地,免征城镇土地使用税。

(　　)

【参考答案】 ✓

【答案解析】 自2019年1月1日至2025年12月31日,对公租房建设期间用地及公租房建成后占地,免征城镇土地使用税。

八、土地增值税

(一) 单项选择题

1. 某机械制造企业 2022 年 5 月转让一栋旧的生产车间，取得不含税转让收入 450 万元，缴纳相关税费共计 30 万元(不含增值税)。该生产车间原造价 380 万元，如果按现行市场价的材料、人工费计算，建造同样的生产车间需 700 万元，该生产车间成新度为五成。该企业转让生产车间应缴纳的土地增值税为(　　)万元。

A. 12.00　　　　　B. 21.00　　　　　C. 19.50　　　　　D. 15.50

【参考答案】 B

【答案解析】 根据《中华人民共和国土地增值税暂行条例》第六条的规定，计算增值额的扣除项目：(1)取得土地使用权所支付的金额；(2)开发土地的成本、费用；(3)新建房及配套设施的成本、费用，或者旧房及建筑物的评估价格；(4)与转让房地产有关的税金；(5)财政部规定的其他扣除项目。第七条规定，土地增值税实行四级超率累进税率：增值额未超过扣除项目金额 50% 的部分，税率为 30%。增值额超过扣除项目金额 50%、未超过扣除项目金额 100% 的部分，税率为 40%。增值额超过扣除项目金额 100%、未超过扣除项目金额 200% 的部分，税率为 50%。增值额超过扣除项目金额 200% 的部分，税率为 60%。

收入总额＝450(万元)，扣除项目＝700×50%＋30＝380(万元)，增值额＝450－380＝70(万元)，增值率＝70÷380×100%＝18.42%，适用税率 30%。应纳土地增值税＝70×30%＝21(万元)。

2. 下列行为属于土地增值税征税范围的是(　　)。

A. 政府向国有企业划转土地使用权

B. 事业单位出租闲置房产

C. 村委会自行转让土地

D. 企业以房地产抵债

【参考答案】 D

【答案解析】 企业以房地产抵债，发生房地产产权转让，属于土地增值税的征税范围。选项 A，政府向国有企业划转土地使用权，不属于土地增值税征税范围；选项

B,出租房产,没有发生房地产产权的转让,不属于土地增值税的征税范围;选项C,自行转让集体土地是一种违法行为,应由有关部门依照相关法律来处理,而不应纳入土地增值税的征税范围。

3. 某市房地产开发企业2021年开发一幢住宅楼,当年完工并销售了90%。已知该企业计入房地产开发成本中的有:拆迁补偿费900万元,前期工程费100万元,建筑工程费1 100万元,基础设施费200万元,公共配套设施费300万元,开发间接费用250万元,银行借款利息200万元,那么该企业当年清算土地增值税时,可以扣除的房地产开发成本为( )万元。

A. 3 050　　　　B. 2 850　　　　C. 2 565　　　　D. 2 745

【参考答案】 C

【答案解析】 土地增值税清算时,已经计入房地产开发成本的利息支出,应调整至财务费用中计算扣除。可扣除的房地产开发成本=(900+100+1 100+200+300+250)×90%=2 565(万元)。

4. 甲房地产开发企业于2022年3月把其市场价值1 000万元的商品房通过省政府无偿赠送给贫困小学,该商品房开发成本为800万元,甲企业应缴纳的土地增值税为( )万元。

A. 0　　　　B. 200　　　　C. 50　　　　D. 100

【参考答案】 A

【答案解析】 房产所有人、土地使用权所有人通过中国境内非营利社会团体、国家机关将房屋产权、土地使用权赠与教育、民政和其他社会福利、公益事业的不征收土地增值税。

5. 某房地产开发企业2021年开发一个办公楼项目,当年竣工验收。2021年12月销售了可售建筑面积的50%,剩余50%待售。至2022年3月,销售了可售建筑面积的88%,下列说法中正确的是( )。

A. 该企业应该在2021年12月进行土地增值税的清算

B. 税务机关可以要求该企业在2021年12月进行土地增值税的清算

C. 税务机关可以要求该企业在2022年3月进行土地增值税的清算

D. 该企业应该在2022年3月进行土地增值税的清算

【参考答案】 C

【答案解析】 已竣工验收的房地产开发项目,已转让的房地产建筑面积占整个项目可售建筑面积的比例在85%以上的,主管税务机关可要求纳税人进行土地增值税清算。

6. 下列关于房地产企业土地增值税清算的说法错误的是( )。

A. 房地产开发企业销售已装修的房屋,其装修费用可以计入房地产开发成本

B. 属于多个房地产项目共同的成本费用,应按清算项目可售建筑面积占多个项目可售总建筑面积的比例或其他合理的方法,计算确定清算项目的扣除金额

C. 在计算土地增值税时,建筑安装施工企业就质量保证金对房地产开发企业开具发票的,按发票所载金额予以扣除

D. 建筑安装施工企业就质量保证金未开具发票的,扣留的质保金可以按比例计算扣除

【参考答案】 D

【答案解析】 房地产开发企业在工程竣工验收后,根据合同约定,扣留建筑安装施工企业一定比例的工程款,作为开发项目的质量保证金,在计算土地增值税时,建筑安装施工企业就质量保证金对房地产开发企业开具发票的,按发票所载金额予以扣除;建筑安装施工企业就质量保证金未开具发票的,扣留的质保金不得计算扣除。

7. 根据土地增值税相关规定,东部地区省份土地增值税预征率不得低于( )。

A. 1%   B. 2%   C. 3.5%   D. 1.5%

【参考答案】 B

【答案解析】 东部地区省份土地增值税预征率不得低于2%。

8. 某企业转让一幢2015年建造的办公楼,当时的造价为500万元。经房地产评估机构评定,该楼的重置成本价为3 000万元,成新度折扣率为六成。在计算土地增值税时,其评估价格为( )万元。

A. 500   B. 3 000   C. 1 800   D. 1 200

【参考答案】 C

【答案解析】 用房地产重置成本价乘以成新度折扣率计算评估价格。评估价格=3 000×60%=1 800(万元)。

9. 房地产开发公司支付的下列相关费用,不可以列入土地增值税加计20%扣除范围的是( )。

A. 安置动迁用房支出   B. 支付建筑人员的工资福利费

C. 开发小区内的道路建设费用   D. 销售过程中发生的销售费用

【参考答案】 D

【答案解析】 销售费用计入开发费用,开发费用不作为加计扣除的基数。

10. 下列各项中,不能计入为取得土地使用权所支付金额中扣除的是( )。

A. 耕地占用税   B. 为取得土地使用权缴纳的契税

C. 按国家统一规定缴纳的过户手续费   D. 为取得土地使用权支付的地价款

【参考答案】 A

【答案解析】 耕地占用税计入房地产开发成本中扣除。

11. 下列各项中,不属于土地增值税纳税人的是( )。

A. 与国有企业换房的外资企业

B. 合作建房后出售房产的合作企业

C. 转让国有土地使用权的企业

D. 将办公楼用于出租的外商投资企业

【参考答案】 D

【答案解析】 土地增值税的纳税人是转让国有土地使用权及地上建筑物及其附着物产权,并取得收入的单位和个人,包括机关、团体、部队、企业事业单位、个体工商户及国内其他单位和个人,还包括外商投资企业、外国企业及外国机构、华侨、港澳台同胞及外国公民等。出租房产,产权并没有发生转移,不缴纳土地增值税。

12. 某公司职员张某因居住地点与单位太远,遂商议与其朋友王某互换住房一套,张某的住房市场价值 80 万元,购置价格为 75 万元;王某的住房市场价值 85 万元,购置价格为 80 万元。张某应缴纳的土地增值税为( )万元。

A. 2　　　　B. 1.5　　　　C. 3　　　　D. 0

【参考答案】 D

【答案解析】 对个人之间互换自有居住用房地产的,经税务机关核实,可免征土地增值税。

13. 自 2021 年 6 月 1 日起,纳税人申报缴费土地增值税,应报送的申报表为( )。

A.《财产和行为税纳税申报表》

B.《土地增值税纳税申报表》

C.《财产和行为税纳税申报表或土地增值税纳税申报表》

D.《财产和行为税税源信息采集表》

【参考答案】 A

【答案解析】 自 2021 年 6 月 1 日起,纳税人申报缴纳城镇土地使用税、房产税、车船税、印花税、耕地占用税、资源税、土地增值税、契税、环境保护税、烟叶税中一个或多个税种时,使用《财产和行为税纳税申报表》,纳税人新增税源或税源变化时,需先填报《财产和行为税税源明细表》。

14. 建造普通住宅出售,增值额未超过扣除项目金额之和( )的享受土地增值税减免优惠。

A. 20%　　　　B. 25%　　　　C. 30%　　　　D. 40%

【参考答案】 A

【答案解析】 有下列情形之一的,免征土地增值税:(1)纳税人建造普通标准住宅出售,增值额未超过扣除项目金额20%的;(2)因国家建设需要依法征收、收回的房地产。

15. 企事业单位、社会团体以及其他组织转让旧房作为改造安置住房房源且增值额未超过扣除项目金额( )的,免征土地增值税。

A. 10% B. 20% C. 30% D. 40%

【参考答案】 B

【答案解析】 略。

16. 下列各项中,不属于土地增值税征税范围的是( )。

A. 子女继承父母的房产 B. 公立学校转让办公楼

C. 企业之间互换房屋 D. 企业合作建房后出售

【参考答案】 A

【答案解析】 转让国有土地使用权、地上的建筑物及其附着物并取得收入,是指以出售或者其他方式有偿转让房地产的行为,不包括以继承、赠与方式无偿转让房地产的行为。

17. 下列不属于土地增值税计算增值额的扣除项目的是( )。

A. 取得土地使用权所支付的金额

B. 开发土地的成本、费用

C. 新建房及配套设施的成本、费用,或者旧房及建筑物的评估价格

D. 与转让房地产无关的税金

【参考答案】 D

【答案解析】 计算增值额的扣除项目:(1)取得土地使用权所支付的金额;(2)开发土地的成本、费用;(3)新建房及配套设施的成本、费用,或者旧房及建筑物的评估价格;(4)与转让房地产有关的税金;(5)财政部规定的其他扣除项目。

18. 土地增值税实行( )。

A. 三级超额累进税率 B. 三级超率累进税率

C. 四级超额累进税率 D. 四级超率累进税率

【参考答案】 D

【答案解析】 土地增值税实行四级超率累进税率:增值额未超过扣除项目金额50%的部分,税率为30%;增值额超过扣除项目金额50%、未超过扣除项目金额100%的部分,税率为40%;增值额超过扣除项目金额100%、未超过扣除项目金额200%的部分,税率为50%;增值额超过扣除项目金额200%的部分,税率为60%。

19. 下列不符合土地增值税清算审核扣除项目要求的是( )。

A. 在土地增值税清算中,计算扣除项目金额时,其实际发生的支出应当取得但未取得合法凭据的不得扣除

B. 对同一类事项,应当采取相同的会计政策或处理方法。会计核算与税务处理规定不一致的,以会计核算规定为准

C. 扣除项目金额应当准确地在各扣除项目中分别归集,不得混淆

D. 扣除项目金额中所归集的各项成本和费用,必须是实际发生的

【参考答案】 B

【答案解析】 审核扣除项目是否符合下列要求:

(1) 在土地增值税清算中,计算扣除项目金额时,其实际发生的支出应当取得但未取得合法凭据的不得扣除。

(2) 扣除项目金额中所归集的各项成本和费用,必须是实际发生的。

(3) 扣除项目金额应当准确地在各扣除项目中分别归集,不得混淆。

(4) 扣除项目金额中所归集的各项成本和费用必须是在清算项目开发中直接发生的或应当分摊的。

(5) 纳税人分期开发项目或者同时开发多个项目的,或者同一项目中建造不同类型房地产的,应按照受益对象,采用合理的分配方法,分摊共同的成本费用。

(6) 对同一类事项,应当采取相同的会计政策或处理方法。会计核算与税务处理规定不一致的,以税务处理规定为准。

20. 下列不符合企业在改制重组过程中涉及的土地增值税政策的是(   )。

A. 按照法律规定或者合同约定,两个或两个以上企业合并为一个企业,且原企业投资主体存续的,对原企业将房地产转移、变更到合并后的企业,暂不征土地增值税

B. 按照法律规定或者合同约定,企业分设为两个或两个以上与原企业投资主体相同的企业,对原企业将房地产转移、变更到分立后的企业,暂不征土地增值税

C. 单位、个人在改制重组时以房地产作价入股进行投资,对其将房地产转移、变更到被投资的企业,减半征收土地增值税

D. 按照《中华人民共和国公司法》的规定,非公司制企业整体改制为有限责任公司或者股份有限公司,有限责任公司(股份有限公司)整体改制为股份有限公司(有限责任公司),对改制前的企业将国有土地使用权、地上的建筑物及其附着物转移、变更到改制后的企业,暂不征土地增值税

【参考答案】 C

【答案解析】 单位、个人在改制重组时以房地产作价入股进行投资,对其将房地产转移、变更到被投资的企业,暂不征土地增值税。

(二) 多项选择题

1. 房地产开发企业销售新建的商品房,在计算土地增值税的过程中,允许单独计算扣除的项目有( )。

A. 取得土地使用权所支付的契税

B. 销售商品房缴纳的增值税

C. 转让环节缴纳的教育费附加

D. 直接组织、管理开发项目发生的费用

【参考答案】 A C D

【答案解析】 选项 B,增值税是价外税,不得在计算土地增值税的时候扣除;选项 ACD,属于房地产开发成本中的开发间接费用,可据实扣除。

2. 在计算土地增值税时,属于允许扣除的利息支出的有( )。

A. 超过贷款期限的利息部分和加罚的利息

B. 8 年以上的借款利息

C. 向金融机构借款可按项目分摊的利息部分

D. 超过国家规定上浮幅度的利息部分

【参考答案】 B C

【答案解析】 选项 A,对于超过贷款期限的利息部分和加罚的利息不允许扣除;选项 D,利息的上浮幅度按国家的有关规定执行,超过上浮幅度的利息部分不得扣除。

3. 下列关于土地增值税收入额确定的说法,正确的有( )。

A. 营改增后,纳税人转让房地产的土地增值税应税收入不含增值税

B. 对取得的实物收入,要按收入时的市场价格折算成货币收入

C. 对取得的无形资产收入,要进行专门的评估,在确定其价值后折算成货币收入

D. 当月以分期收款方式取得的外币收入,应按实际收款日或收款当月 1 日国家公布的市场汇价折合成人民币

【参考答案】 A B C D

【答案解析】 选项 A 属价外税,选项 BC 符合《国家税务总局关于房地产开发企业土地增值税清算管理有关问题的通知》(国税发〔2006〕187 号)第三条的规定,选项 D 符合《中华人民共和国土地增值税暂行条例实施细则》第二十条的规定。

4. 根据土地增值税有关规定,房地产开发企业发生下列成本、费用可以扣除的有( )。

A. 建设公共配套设施,建成后产权属于全体业主所有的

B. 建设公共配套设施,建成后无偿转交给政府、公共事业单位用于非营利性社会公共事业

C. 建设公共配套设施,建成后有偿转让的

D. 房地产开发企业预提的费用

【参考答案】 A B C

【答案解析】 房地产开发企业的预提费用,除另有规定外,不得扣除。

5. 下列对法人转让房地产纳税地点的说法正确的有( )。

A. 转让房地产坐落地与其机构所在地或经营所在地一致的,应在办理税务登记的原管辖税务机关申报纳税

B. 转让房地产坐落地与其机构所在地或经营所在地一致的,应在受让人机构所在地税务机关申报纳税

C. 转让房地产坐落地与其机构所在地或经营所在地不一致的,则应在办理税务登记的原管辖税务机关申报纳税

D. 转让房地产坐落地与其机构所在地或经营所在地不一致的,则应在房地产坐落地所管辖的税务机关申报纳税

【参考答案】 A D

【答案解析】 纳税人是法人的,转让房地产坐落地与其机构所在地或经营所在地一致的,应在办理税务登记的原管辖税务机关申报纳税;如果不一致的,则应在房地产坐落地所管辖的税务机关申报纳税。

6. 下列关于土地增值税纳税时间和缴纳方法的表述,正确的有( )。

A. 以一次交割、付清价款方式转让房地产的,主管税务机关可在纳税人办理纳税申报后,根据其应纳税额的大小及向有关部门办理过户、登记手续的期限等,规定其在办理过户、登记手续前数日内一次性缴纳全部土地增值税

B. 纳税人进行小区开发建设的,其中一部分房地产项目因先行开发并已转让出去,但小区内的部分配套设施往往在转让后才建成,在这种情况下,税务机关可以对先行转让的项目,在取得收入时预征土地增值税

C. 纳税人以预售方式转让房地产的,对在办理结算和转交手续前就取得的收入,税务机关也可以预征土地增值税

D. 以分期收款方式转让房产的,根据实际的收款日期确定纳税期限

【参考答案】 A B C

【答案解析】 以分期收款方式转让房地产的,可根据合同规定的收款日期来确定具体的纳税期限。

7. 下列情况中,主管税务机关可要求纳税人进行土地增值税清算的有( )。

A. 已竣工验收的房地产开发项目,已转让的房地产建筑面积占整个项目可售建筑面积的比例在85%以上,或该比例虽未超过85%,但剩余的可售建筑面积已经出租或自用的

B. 取得销售(预售)许可证满3年仍未销售完毕的

C. 纳税人申请注销税务登记但未办理土地增值税清算手续的,应在办理注销登记前进行土地增值税清算

D. 主管税务机关规定的其他情况

【参考答案】 ABCD

【答案解析】 对符合以下条件之一的,主管税务机关可要求纳税人进行土地增值税清算。

(1)已竣工验收的房地产开发项目,已转让的房地产建筑面积占整个项目可售建筑面积的比例在85%以上,或该比例虽未超过85%,但剩余的可售建筑面积已经出租或自用的。

(2)取得销售(预售)许可证满3年仍未销售完毕的。

(3)纳税人申请注销税务登记但未办理土地增值税清算手续的。

(4)省(自治区、直辖市、计划单列市)税务机关规定的其他情况。

8. 以下情况可享受土地增值税免税优惠的有(   )。

A. 对于一方出地,一方出资金,双方合作建房,建成后按比例分房自用的,暂免征收土地增值税

B. 非公司制企业整体改制为有限责任公司,改制前的企业将国有土地使用权、地上的建筑物及其附着物变更到改制后的企业

C. 企事业单位转让旧房作为公租房房源,且增值额未超过扣除项目金额30%的

D. 对个人销售住房

【参考答案】 ABD

【答案解析】 对企事业单位、社会团体以及其他组织转让旧房作为公租房房源,且增值额未超过扣除项目金额20%的,免征土地增值税。故选项C错误。

9. 我国目前已由全国人民代表大会立法征税的税种有(   )。

A. 个人所得税   B. 车辆购置税   C. 土地增值税   D. 烟叶税

【参考答案】 ABD

【答案解析】 上述税种中,已由全国人民代表大会立法通过的有《中华人民共和国个人所得税法》《中华人民共和国车辆购置税法》《中华人民共和国烟叶税法》。土地增值税暂未立法。故排除选项C。

10. 按照房地产评估价格计算征收的情形有(   )。

A. 隐瞒、虚报房地产成交价格的

B. 提供扣除项目金额不实的

C. 转让房地产的成交价格低于房地产评估价格,又无正当理由的

D. 因城市实施规划、国家建设的需要而搬迁,由纳税人自行转让原房地产的

【参考答案】 ABC

【答案解析】 纳税人有下列情形之一的,按照房地产评估价格计算征收:(1)隐瞒、虚报房地产成交价格的;(2)提供扣除项目金额不实的;(3)转让房地产的成交价格低于房地产评估价格,又无正当理由的。

11. 下列关于营改增后土地增值税征管规定的说法正确的有( )。

A. 纳税人转让房地产的土地增值税应税收入不含增值税

B. 房地产开发企业采取预收款方式销售自行开发的房地产项目的,可按照"土地增值税预征的计征依据＝预收款－应预缴增值税税款"的方法计算土地增值税预征计征依据

C. 计算土地增值税增值额的扣除项目中"与转让房地产有关的税金"包括增值税

D. 房地产开发企业实际缴纳的城市维护建设税、教育费附加,凡能够按清算项目准确计算的,允许据实扣除

【参考答案】 ABD

【答案解析】 营改增后,纳税人转让房地产的土地增值税应税收入不含增值税。房地产开发企业采取预收款方式销售自行开发的房地产项目的,可按照以下方法计算土地增值税预征计征依据:土地增值税预征的计征依据＝预收款－应预缴增值税税款。计算土地增值税增值额的扣除项目中"与转让房地产有关的税金"不包括增值税。房地产开发企业实际缴纳的城市维护建设税、教育费附加,凡能够按清算项目准确计算的,允许据实扣除;凡不能按清算项目准确计算的,则按该清算项目预缴增值税时实际缴纳的城市维护建设税、教育费附加扣除。

12. 下列关于个人因工作调动或改善居住条件而转让原自用住房的土地增值税征收政策说法正确的有( )。

A. 经向税务机关申报核准,凡居住满5年或5年以上的,免予征收土地增值税

B. 经向税务机关申报核准,凡居住满3年或未满5年的,免予征收土地增值税

C. 居住满3年未满5年的,减半征收土地增值税。居住未满3年的,按规定计征土地增值税

D. 居住满5年未满10年的,减半征收土地增值税。居住未满5年的,按规定计征土地增值税

【参考答案】 ＡＣ

【答案解析】 个人因工作调动或改善居住条件而转让原自用住房,经向税务机关申报核准,凡居住满5年或5年以上的,免予征收土地增值税;居住满3年未满5年的,减半征收土地增值税。居住未满3年的,按规定计征土地增值税。

13. 下列关于旧房转让时"取得土地使用权所支付的金额"和"新建房及配套设施的成本、费用,或者旧房及建筑物的评估价格"的土地增值税扣除计算方法说法正确的有(　　)。

A. 提供的购房凭据为营改增前取得的营业税发票的,按照发票所载金额(不扣减营业税)并从购买年度起至转让年度止每年加计5%计算

B. 提供的购房凭据为营改增后取得的增值税普通发票的,按照发票所载价税合计金额从购买年度起至转让年度止每年加计5%计算

C. 提供的购房凭据为营改增后取得的增值税普通发票的,按照发票所载价税合计金额从购买年度起至转让年度止每年加计10%计算

D. 提供的购房发票为营改增后取得的增值税专用发票的,按照发票所载不含增值税金额加上不允许抵扣的增值税进项税额之和,并从购买年度起至转让年度止每年加计5%计算

【参考答案】 ＡＢＤ

【答案解析】 营改增后,纳税人转让旧房及建筑物,凡不能取得评估价格,但能提供购房发票的,按照下列方法计算:

(1) 提供的购房凭据为营改增前取得的营业税发票的,按照发票所载金额(不扣减营业税)并从购买年度起至转让年度止每年加计5%计算。

(2) 提供的购房凭据为营改增后取得的增值税普通发票的,按照发票所载价税合计金额从购买年度起至转让年度止每年加计5%计算。

(3) 提供的购房发票为营改增后取得的增值税专用发票的,按照发票所载不含增值税金额加上不允许抵扣的增值税进项税额之和,并从购买年度起至转让年度止每年加计5%计算。

14. 审核取得土地使用权支付金额和土地征用及拆迁补偿费时应当重点关注(　　)。

A. 同一宗土地有多个开发项目,是否予以分摊,分摊办法是否合理、合规,具体金额的计算是否正确

B. 是否存在将房地产开发费用计入取得土地使用权支付金额以及土地征用及拆迁补偿费的情形

C. 拆迁补偿费是否实际发生,尤其是支付给个人的拆迁补偿款、拆迁(回迁)合

同和签收花名册或签收凭证是否一一对应

D. 是否将利息支出从房地产开发成本中调整至开发费用

【参考答案】　ＡＢＣ

【答案解析】　审核取得土地使用权支付金额和土地征用及拆迁补偿费时应当重点关注：

（1）同一宗土地有多个开发项目，是否予以分摊，分摊办法是否合理、合规，具体金额的计算是否正确。

（2）是否存在将房地产开发费用计入取得土地使用权支付金额以及土地征用及拆迁补偿费的情形。

（3）拆迁补偿费是否实际发生，尤其是支付给个人的拆迁补偿款、拆迁（回迁）合同和签收花名册或签收凭证是否一一对应。

15. 下列关于土地增值税纳税申报表描述正确的有（　　　）。

A. 从事房地产开发的纳税人预征适用《土地增值税纳税申报表（一）》

B. 从事房地产开发的纳税人清算适用《土地增值税纳税申报表（二）》

C. 非从事房地产开发的纳税人适用《土地增值税纳税申报表（四）》

D. 从事房地产开发的纳税人清算方式为核定征收适用《土地增值税纳税申报表（六）》

【参考答案】　ＡＢ

【答案解析】　土地增值税纳税申报表（修订版）表样，非从事房地产开发的纳税人适用《土地增值税纳税申报表（三）》；从事房地产开发的纳税人清算方式为核定征收适用《土地增值税纳税申报表（五）》。

16. 下列土地增值税计算公式错误的有（　　　）。

A. 增值额未超过扣除项目金额30％的，土地增值税额＝增值额×30％

B. 增值额超过扣除项目金额30％，未超过50％的，土地增值税额＝增值额×40％－扣除项目金额×5％

C. 增值额超过扣除项目金额100％的，未超过200％的，土地增值税额＝增值额×50％－扣除项目金额×10％

D. 增值额超过扣除项目金额200％的，土地增值税额＝增值额×60％－扣除项目金额×35％

【参考答案】　ＡＢＣ

【答案解析】　计算土地增值税额，可按增值额乘以适用的税率减去扣除项目金额乘以速算扣除系数的简便方法计算，具体公式如下：

（1）增值额未超过扣除项目金额50％：土地增值税额＝增值额×30％。

（2）增值额超过扣除项目金额 50%，未超过 100% 的：土地增值税额＝增值额×40%－扣除项目金额×5%。

（3）增值额超过扣除项目金额 100%，未超过 200% 的：土地增值税额＝增值额×50%－扣除项目金额×15%。

（4）增值额超过扣除项目金额 200%：土地增值税额＝增值额×60%－扣除项目金额×35%。

公式中的 5%、15%、35% 为速算扣除系数。

17. 下列关于土地增值税扣除项目的说法，正确的有( )。

A. 对于代收费用作为转让收入计税的，在计算扣除项目金额时，可予以扣除，但不允许作为加计 20% 扣除的基数

B. 对于代收费用作为转让收入计税的，在计算扣除项目金额时，可予以扣除，也可以作为加计 20% 扣除的基数

C. 代收费用未计入房价中，而是在房价之外单独收取的，可以不作为转让房地产的收入

D. 对于代收费用未作为转让房地产的收入计税的，在计算增值额时不允许扣除代收费用

【参考答案】 A C D

【答案解析】 如果代收费用是计入房价中向购买方一并收取的，可作为转让房地产所取得的收入计税；如果代收费用未计入房价中，而是在房价之外单独收取的，可以不作为转让房地产的收入。对于代收费用作为转让收入计税的，在计算扣除项目金额时，可予以扣除，但不允许作为加计 20% 扣除的基数；对于代收费用未作为转让房地产的收入计税的，在计算增值额时不允许扣除代收费用。

18. 下列关于土地增值税申报说法正确的有( )。

A. 纳税人转让房地产坐落在两个或两个以上地区的，应按房地产所在地分别申报

B. 纳税人享受减税、免税待遇的，在减税、免税期间应当按照规定办理申报纳税

C. 纳税人在纳税期内没有应纳税款的，也应当按照规定办理申报纳税

D. 纳税人应当自转让房地产合同签订之日起 15 日内向房地产所在地主管税务机关办理纳税申报，并在税务机关核定的期限内缴纳土地增值税

【参考答案】 A B C

【答案解析】 纳税人应当自转让房地产合同签订之日起 7 日内向房地产所在地主管税务机关办理纳税申报，并在税务机关核定的期限内缴纳土地增值税。

19. 下列关于房地产企业土地增值税清算的说法，正确的有( )。

A. 对于确定需要进行清算的项目,由主管税务机关下达清算通知,纳税人应当在收到清算通知之日起 180 日内办理清算手续

B. 办税服务厅收到土地增值税清算管理部门反馈后,于 1 个工作日内通知纳税人领取审核结果

C. 如果清算方式为核定征收,必须先做土地增值税清算核定

D. 企业申请注销税务登记,必须先办理土地增值税清算手续

【参考答案】 BCD

【答案解析】 根据《土地增值税清算管理规程》(国税发〔2009〕91 号印发)的相关规定,对于确定需要进行清算的项目,由主管税务机关下达清算通知,纳税人应当在收到清算通知之日起 90 日内办理清算手续。选项 D 符合《土地增值税清算管理规程》(国税发〔2009〕91 号印发)第十条的规定。

20. 以下关于拆迁安置涉及的土地增值税计算问题中,说法正确的有(   )。

A. 房地产企业用建造的本项目房地产安置回迁户的,安置用房视同销售处理

B. 房地产开发企业支付给回迁户的补差价款,计入拆迁补偿费;回迁户支付给房地产开发企业的补差价款,应抵减本项目拆迁补偿费

C. 开发企业采取异地安置,异地安置的房屋属于自行开发建造的,按本企业在同一地区、同一年度销售的同类房地产的平均价格计入本项目的拆迁补偿费

D. 开发企业采取异地安置,异地安置的房屋属于购入的,以实际支付的购房支出计入拆迁补偿费

【参考答案】 ABCD

【答案解析】 关于拆迁安置土地增值税计算问题:(1)本地安置:房地产企业用建造的本项目房地产安置回迁户的,安置用房视同销售处理,房屋价值按《国家税务总局关于房地产开发企业土地增值税清算管理有关问题的通知》(国税发〔2006〕187 号)第三条第(一)项(本企业在同一地区、同一年度销售的同类房地产的平均价格确定)的规定确认收入,同时将此确认为房地产开发项目的拆迁补偿费。房地产开发企业支付给回迁户的补差价款,计入拆迁补偿费;回迁户支付给房地产开发企业的补差价款,应抵减本项目拆迁补偿费。(2)异地安置:开发企业采取异地安置,异地安置的房屋属于自行开发建造的,按本企业在同一地区、同一年度销售的同类房地产的平均价格计入本项目的拆迁补偿费;异地安置的房屋属于购入的,以实际支付的购房支出计入拆迁补偿费。(3)货币安置拆迁的,房地产开发企业凭合法有效凭据计入拆迁补偿费。

21. 在企业改制重组中,有关土地增值税政策说法正确的是(   )。

A. 2021 年 1 月 1 日至 2023 年 12 月 31 日,单位、个人在改制重组时以房地产作

价入股进行投资,对其将房地产转移、变更到被投资的企业,暂不征土地增值税

B. 2021年1月1日至2023年12月31日,按照法律规定或者合同约定,两个或两个以上企业合并为一个房地产企业,且原企业投资主体存续的,对原企业将房地产转移、变更到合并后的企业,暂不征土地增值税

C. 2021年1月1日至2023年12月31日,企业按照《中华人民共和国公司法》有关规定整体改制,对改制前的企业将国有土地使用权、地上的建筑物及其附着物转移、变更到改制后的企业,暂不征土地增值税

D. 2021年1月1日至2023年12月31日,按照法律规定或者合同约定,企业分设为两个或两个以上与原企业投资主体相同的企业,对原企业将房地产转移、变更到分立后的企业,暂不征土地增值税

【参考答案】 ACD

【答案解析】 根据《财政部 税务总局关于继续实施企业改制重组有关土地增值税政策的公告》(财政部 税务总局公告2021年第21号)的规定,改制重组有关土地增值税政策不适用于房地产转移任意一方为房地产开发企业的情形。

(三)判断题

1. 华雅集团将其2016年建成的一栋办公楼进行转让,作为公租房房源,免征土地增值税。 ( )

【参考答案】 ×

【答案解析】 对企事业单位、社会团体以及其他组织转让旧房作为公租房租赁,且增值额未超过扣除项目金额20%的,免征土地增值税。

2. 房地产开发企业向金融机构借款,支付的逾期贷款利息和罚息有合法凭据且实际支付的,在计算土地增值税时可据实扣除。 ( )

【参考答案】 ×

【答案解析】 对于超过贷款期限的利息部分和加罚的利息不允许扣除。

3. 房地产开发企业逾期开发缴纳的土地闲置费可以扣除。 ( )

【参考答案】 ×

【答案解析】 房地产开发企业逾期开发缴纳的土地闲置费不得扣除。

4. 宏达房地产开发有限公司在工程竣工验收后,天安建筑公司按合同金额全额开具发票,但扣留300万元工程款作为开发项目的质量保证金,在计算土地增值税时,扣除的质保金可以扣除。 ( )

【参考答案】 √

【答案解析】 房地产开发企业在工程竣工验收后,根据合同约定,扣留建筑安装施工企业一定比例的工程款,作为开发项目的质量保证金,在计算土地增值税时,建筑安装施工企业就质量保证金对房地产开发企业开具发票的,按发票所载金额予以扣除;未开具发票的,扣留的质保金不得计算扣除。

5. 财务费用中的利息支出,凡能够按转让房地产项目计算分摊并提供金融机构证明的,允许据实扣除,可以超过按商业银行同类同期贷款利率计算的金额。（ ）

【参考答案】 ✕

【答案解析】 财务费用中的利息支出,凡能够按转让房地产项目计算分摊并提供金融机构证明的,允许据实扣除,但最高不能超过按商业银行同类同期贷款利率计算的金额。

6. 纳税人建造普通标准住宅出售,增值额未超过扣除项目金额之和20%的,免征土地增值税;增值额超过扣除项目金额之和20%的,应就其超出部分增值额计税。

（ ）

【参考答案】 ✕

【答案解析】 纳税人建造普通标准住宅出售,增值额未超过规定扣除项目金额之和20%的,免征土地增值税;增值额超过扣除项目金额之和20%的,应就其全部增值额按规定计税。

7. 王小明出售一套2018年购买的90平方米住房,不需要缴纳土地增值税。

（ ）

【参考答案】 ✓

【答案解析】 对个人销售住房暂免征收土地增值税。

8. 个人之间互换自有居住用房地产的,经当地税务机关核实,可以免征土地增值税。 （ ）

【参考答案】 ✓

【答案解析】 略。

9. 对于一方出地,一方出资金,双方合作建房,建成后按比例分房自用的,应征收土地增值税。 （ ）

【参考答案】 ✕

【答案解析】 对于一方出地,一方出资金,双方合作建房,建成后按比例分房自用的,暂免征收土地增值税;建成后转让的,应征收土地增值税。

10. 纳税人既建普通标准住宅又搞其他房地产开发的,应分别核算增值额。不分别核算增值额或不能准确核算增值额的,其建造的普通标准住宅不能适用"纳税人建造普通标准住宅出售,增值额未超过扣除项目金额20%的免征土地增值税"的规

定。 ( )

【参考答案】 √

【答案解析】 对纳税人既建普通标准住宅又搞其他房地产开发的,应分别核算增值额。不分别核算增值额或不能准确核增值额的,其建造的普通标准住宅不能免税。

11. 凡不能按转让房地产项目计算分摊利息支出或不能提供金融机构证明的,房地产开发费用在按"取得土地使用权所支付的金额"与"房地产开发成本"金额之和的 10% 以内计算扣除。 ( )

【参考答案】 √

【答案解析】 财务费用中的利息支出,凡能够按转让房地产项目计算分摊并提供金融机构证明的,允许据实扣除,但最高不能超过按商业银行同类同期贷款利率计算的金额。凡不能按转让房地产项目计算分摊利息支出或不能提供金融机构证明的,房地产开发费用在按"取得土地使用权所支付的金额"与"房地产开发成本"全额之和的 10% 以内计算扣除。

12. A 房地产公司支付的建筑人员工资,可以列入土地增值税加计 20% 扣除的基数。 ( )

【参考答案】 √

【答案解析】 从事房地产开发的纳税人可按取得土地使用权所支付的金额与房地产开发成本之和,加计 20% 的扣除。

13. 旧房及建筑物的评估价格,是指在转让已使用的房屋及建筑物时,由政府批准设立的房地产评估机构评定的重置成本价乘以成新度折扣率后的价格。评估价格须经当地人民政府确认。 ( )

【参考答案】 ×

【答案解析】 评估价格须经当地税务机关确认。

14. A 房地产公司建造高级公寓出售,增值额未超过 20% 的,免征土地增值税。 ( )

【参考答案】 ×

【答案解析】 纳税人建造普通标准住宅出售,增值额未超过扣除项目金额 20% 的,免征土地增值税;高级公寓、别墅、度假村等不属于普通标准住宅。

15. 纳税人转让旧房及建筑物时因计算纳税的需要而对房地产进行评估,其支付的评估费用允许在计算增值额时予以扣除。 ( )

【参考答案】 √

【答案解析】 略。

16. 对于分期开发的房地产项目,各期土地增值税清算的方式可以自行选择。

( )

【参考答案】 ×

【答案解析】 对于分期开发的房地产项目,各期清算的方式应保持一致。

17. 房地产开发企业的预提费用,在计算土地增值税时,一般可以按比例扣除。

( )

【参考答案】 ×

【答案解析】 房地产开发企业的预提费用,除另有规定外,不得扣除。

18. 2022年1月1日至2024年12月31日,对增值税小规模纳税人、小型微利企业和个体工商户可以在50%的税额幅度内减征土地增值税、城市维护建设税、房产税、城镇土地使用税、印花税(不含证券交易印花税)、耕地占用税和教育费附加、地方教育附加。

( )

【参考答案】 ×

【答案解析】 2022年1月1日至2024年12月31日,对增值税小规模纳税人、小型微利企业和个体工商户可以在50%的税额幅度内减征资源税、城市维护建设税、房产税、城镇土地使用税、印花税(不含证券交易印花税)、耕地占用税和教育费附加、地方教育附加。

九、耕 地 占 用 税

(一) 单项选择题

1. 铁路线路、公路线路、飞机场跑道、停机坪、港口、航道、水利工程占用耕地,减按每平方米( )元的税额征收耕地占用税。

A. 2　　　　　B. 8　　　　　C. 12　　　　　D. 24

【参考答案】 A

【答案解析】 略。

2. 农村居民在规定用地标准以内占用耕地新建自用住宅,按照当地适用税额的( )征收耕地占用税。

A. 60%　　　　B. 50%　　　　C. 80%　　　　D. 90%

【参考答案】 B

【答案解析】 农村居民在规定用地标准以内占用耕地新建自用住宅,按照当地适用税额减半征收耕地占用税。

3. 下列农村人员在规定用地标准以内新建自用住宅不能免征耕地占用税的是( )。

A. 农村烈士遗属

B. 因公牺牲军人遗属

C. 退伍军人

D. 符合农村最低生活保障条件的农村居民

【参考答案】 C

【答案解析】 农村烈士遗属、因公牺牲军人遗属、残疾军人以及符合农村最低生活保障条件的农村居民,在规定用地标准以内新建自用住宅,免征耕地占用税。

4. 下列各项中,不征收耕地占用税的是( )。

A. 占用养殖的滩涂修建飞机场跑道

B. 占用耕地建设农田水利设施

C. 占用耕地建造食品加工厂

D. 占用农用土地建造住宅区

【参考答案】 B

【答案解析】 在中华人民共和国境内占用耕地建设建筑物、构筑物或者从事非农业建设的单位和个人,为耕地占用税的纳税人。占用耕地建设农田水利设施的,不缴纳耕地占用税。上述所称耕地,是指用于种植农作物的土地。

5. 纳税人应当自纳税义务发生之日起( )日内申报缴纳耕地占用税。

A. 5　　　　　　B. 10　　　　　　C. 15　　　　　　D. 30

【参考答案】 D

【答案解析】 耕地占用税的纳税义务发生时间为纳税人收到自然资源主管部门办理占用耕地手续的书面通知的当日。纳税人应当自纳税义务发生之日起30日内申报缴纳耕地占用税。

6. 纳税人在批准临时占用耕地期满之日起( )依法复垦,恢复种植条件的,全额退还已经缴纳的耕地占用税。

A. 6个月内　　　B. 1年内　　　C. 2年内　　　D. 3年内

【参考答案】 B

【答案解析】 略。

7. 耕地占用税的税额不正确的是( )。

A. 人均耕地不超过1亩的地区(以县、自治县、不设区的市、市辖区为单位,下同),每平方米为10元至50元

B. 人均耕地超过1亩但不超过2亩的地区,每平方米为8元至40元

C. 人均耕地超过2亩但不超过3亩的地区,每平方米为6元至30元

D. 人均耕地超过3亩的地区,每平方米为4元至20元

【参考答案】 D

【答案解析】 耕地占用税的税额如下:人均耕地不超过1亩的地区(以县、自治县、不设区的市、市辖区为单位,下同),每平方米为10元至50元;人均耕地超过1亩但不超过2亩的地区,每平方米为8元至40元;人均耕地超过2亩但不超过3亩的地区,每平方米为6元至30元;人均耕地超过3亩的地区,每平方米为5元至25元。

8. 占用基本农田的,应当按照《中华人民共和国耕地占用税法》(以下简称为《耕地占用税法》)第四条第二款或者第五条确定的当地适用税额,加按( )征收。

A. 50%　　　　　B. 100%　　　　　C. 150%　　　　　D. 200%

【参考答案】 C

【答案解析】 占用基本农田的,应当按照《耕地占用税法》第四条第二款或者第五条确定的当地适用税额,加按150%征收。

9. 2022年1月,某企业占用耕地5万平方米建造厂房,7月该企业占用耕地1万

275

平方米建设学校。已知该企业2022年除以上耕地占用外未占用其他耕地,且该企业适用税额为每平方米40元,2022年该企业应缴纳的耕地占用税为( )万元。

A. 220   B. 240   C. 200   D. 40

【参考答案】 C

【答案解析】 军事设施、学校、幼儿园、社会福利机构、医疗机构占用耕地,免征耕地占用税。故2022年该企业应缴纳的耕地占用税=5×40=200(万元)。

10.《耕地占用税法》自( )起实行。

A. 2019年9月1日   B. 2019年10月1日

C. 2019年11月1日   D. 2019年12月1日

【参考答案】 A

【答案解析】 略。

11. 在人均耕地低于_____亩的地区,省、自治区、直辖市可以根据当地经济发展情况,适当提高耕地占用税的适用税额,但提高的部分不得超过《耕地占用税法》第四条第二款确定的适用税额的_____。( )

A. 0.5;20% B. 0.5;50% C. 1;30% D. 1.5;50%

【参考答案】 B

【答案解析】 在人均耕地低于0.5亩的地区,省、自治区、直辖市可以根据当地经济发展情况,适当提高耕地占用税的适用税额,但提高的部分不得超过《耕地占用税法》第四条第二款确定的适用税额的50%。具体适用税额按照《耕地占用税法》第四条第二款规定的程序确定。

(二) 多项选择题

1. 下列关于耕地占用税征收管理的说法,正确的有( )。

A. 纳税人在批准临时占用耕地期满之日起1年内依法复垦,恢复种植条件的,全额退还已经缴纳的耕地占用税

B. 税务机关发现纳税人的纳税申报数据资料异常或者纳税人未按照规定期限申报纳税的,可以提请相关部门进行复核,相关部门应当自收到税务机关复核申请之日起30日内向税务机关出具复核意见

C. 自然资源主管部门凭耕地占用税完税凭证或者免税凭证和其他有关文件发放建设用地批准书

D. 纳税人应当自纳税义务发生之日起15日内申报缴纳耕地占用税

【参考答案】 A B C

【答案解析】 纳税人应当自纳税义务发生之日起30日内申报缴纳耕地占用税,

故选项 D 错误。

2. 下列可享受免征耕地占用税优惠的事项有( )。

A. 学校、幼儿园、社会福利机构、医疗机构占用耕地

B. 交通运输设施占用耕地

C. 军事设施占用耕地

D. 北京 2022 年冬奥会场馆及其配套设施建设占用耕地

【参考答案】 ACD

【答案解析】 军事设施、学校、幼儿园、社会福利机构、医疗机构占用耕地,免征耕地占用税,故选项 AC 正确。对北京 2022 年冬奥会场馆及其配套设施建设占用耕地,免征耕地占用税,故选项 D 正确。交通运输设施占用耕地减征耕地占用税,故选项 B 错误。

3. 耕地占用税纳税人依法纳税申报时,应填报《耕地占用税纳税申报表》,同时依占用应税土地的不同情形分别提交( )材料。

A. 农用地转用审批文件复印件

B. 临时占用耕地批准文件复印件

C. 农用地转用审批文件原件

D. 未经批准占用应税土地的,应提供实际占地的相关证明材料复印件

【参考答案】 ABD

【答案解析】 耕地占用税纳税人依法纳税申报时,应填报《耕地占用税纳税申报表》,同时依占用应税土地的不同情形分别提交下列材料:(1)经批准占用应税土地的,应提供农用地转用审批文件复印件或临时占用耕地批准文件复印件;(2)未经批准占用应税土地的,应提供实际占地的相关证明材料复印件。

4. 交通运输设施占用耕地享受减征优惠的包括( )。

A. 铁路线路 　　　 B. 公路线路 　　　 C. 飞机场跑道 　　　 D. 停机坪

【参考答案】 ABCD

【答案解析】 铁路线路、公路线路、飞机场跑道、停机坪、港口、航道、水利工程占用耕地,减按每平方米 2 元的税额征收耕地占用税。

5. 符合耕地占用税减免条件的纳税人,应留存( )。

A. 军事设施占用应税土地的证明材料

B. 学校、幼儿园、社会福利机构、医疗机构占用应税土地的证明材料

C. 铁路线路、公路线路、飞机场跑道、停机坪、港口、航道、水利工程占用应税土地的证明材料

D. 农村居民建房占用土地及其他相关证明材料

【参考答案】 ＡＢＣＤ

【答案解析】 符合耕地占用税减免条件的纳税人,应留存下列材料:(1)军事设施占用应税土地的证明材料;(2)学校、幼儿园、社会福利机构、医疗机构占用应税土地的证明材料;(3)铁路线路、公路线路、飞机场跑道、停机坪、港口、航道、水利工程占用应税土地的证明材料;(4)农村居民建房占用土地及其他相关证明材料。

6. 纳税人、建设用地人符合《中华人民共和国耕地占用税法实施办法》(财政部公告2019年第81号发布)第二十九条规定共同申请退税的,纳税人、建设用地人应提供(　　)。

A. 纳税人、建设用地人应提供身份证明查验

B. 纳税人应提交税收缴款书、税收完税证明复印件

C. 建设用地人应提交使用耕地用途符合免税规定的证明材料复印件

D. 建设用地人应提交使用耕地用途符合免税规定的证明材料原件

【参考答案】 ＡＢＣ

【答案解析】 纳税人、建设用地人符合《中华人民共和国耕地占用税法实施办法》(财政部公告2019年第81号发布)第二十九条规定共同申请退税的,纳税人、建设用地人应提供身份证明查验,并提交以下材料复印件:(1)纳税人应提交税收缴款书、税收完税证明。(2)建设用地人应提交使用耕地用途符合免税规定的证明材料。

7. 下列关于耕地占用税说法正确的有(　　)。

A. 耕地占用税以纳税人实际占用的属于耕地占用税征税范围的土地面积为计税依据

B. 按应税土地当地适用税额计税,实行一次性征收

C. 耕地占用税计算公式为:应纳税额＝应税土地面积×适用税额

D. 当地适用税额是指省级税务机关决定的应税土地所在地县级行政区的现行适用税额

【参考答案】 ＡＢＣ

【答案解析】 当地适用税额是指省、自治区、直辖市人民代表大会常务委员会决定的应税土地所在地县级行政区的现行适用税额。因此,选项D错误。

8. 以下占用土地行为不缴纳耕地占用税的有(　　)。

A. 农田水利占用耕地的

B. 占用林地建设直接为农业生产服务的生产设施

C. 农村居民经批准搬迁,原宅基地恢复耕种,凡新建住宅占用耕地不超过原宅基地面积的

D. 占用草地建设建筑物、构筑物或者从事非农业建设的

【参考答案】 ＡＢＣ

【答案解析】 占用耕地建设农田水利设施的,不缴纳耕地占用税。农村居民在规定用地标准以内占用耕地新建自用住宅,按照当地适用税额减半征收耕地占用税;其中农村居民经批准搬迁,新建自用住宅占用耕地不超过原宅基地面积的部分,免征耕地占用税。占用园地、林地、草地、农田水利用地、养殖水面、渔业水域滩涂以及其他农用地建设建筑物、构筑物或者从事非农业建设的,依照《耕地占用税法》的规定缴纳耕地占用税。占用《耕地占用税法》第十二条第一款规定的农用地建设直接为农业生产服务的生产设施的,不缴纳耕地占用税。

9. 以下有关耕地占用税免税规定的说法,正确的有(　　　　)。

A. 免税的医疗机构,是指县级以上人民政府卫生健康行政部门批准设立的医疗机构内专门从事疾病诊断、治疗活动的场所及其配套设施

B. 免税的养老服务机构,是指为老年人提供养护、康复、托管等服务的老年人社会福利机构,具体包括老年社会福利院、养老院(或老人院)、老年公寓、护老院、护养院、敬老院、托老所、老年人服务中心等

C. 免税的残疾人服务机构,是指为残疾人提供养护、康复、托管等服务的社会福利机构,具体包括为肢体、智力、视力、听力、语言、精神方面有残疾的人员提供康复和功能补偿的辅助器具,进行康复治疗、康复训练,承担教育、养护和托管服务的社会福利机构

D. 免税的儿童福利机构,是指为孤、弃、残儿童提供养护、康复、医疗、教育、托管等服务的儿童社会福利服务机构,具体包括儿童福利院、社会福利院、SOS儿童村、孤儿学校、残疾儿童康复中心等,不包括社区特教班

【参考答案】 ＡＢＣ

【答案解析】 免征耕地占用税的学校,免税的社会福利机构,是指依法登记的养老服务机构、残疾人服务机构、儿童福利机构及救助管理机构、未成年人救助保护机构内专门为老年人、残疾人、未成年人及生活无着的流浪乞讨人员提供养护、康复、托管等服务的场所。免征耕地占用税儿童福利机构,是指为孤、弃、残儿童提供养护、康复、医疗、教育、托管等服务的儿童社会福利服务机构,具体包括儿童福利院、社会福利院、SOS儿童村、孤儿学校、残疾儿童康复中心、社区特教班等。

10. 下列关于耕地占用税的说法正确的有(　　　　)。

A. 未经批准占用耕地的,纳税人为实际用地人

B. 学校内经营性场所和教职工住房占用耕地的,按照当地适用税额缴纳耕地占用税

C. 免税的幼儿园,具体范围限于市级以上人民政府教育行政部门批准成立的幼儿园内专门用于幼儿保育、教育的场所

D. 医疗机构内职工住房占用耕地的,按照当地适用税额缴纳耕地占用税

【参考答案】　ＡＢＤ

【答案解析】　免征耕地占用税的幼儿园,具体范围限于县级以上人民政府教育行政部门批准成立的幼儿园内专门用于幼儿保育、教育的场所。

11. 小微企业"六税两费"减免政策中的"六税两费"不包括(　　)。

A. 契税　　　　　B. 车船税　　　　　C. 耕地占用税　　　　D. 环境保护税

【参考答案】　ＡＢＤ

【答案解析】　2022 年 1 月 1 日至 2024 年 12 月 31 日,对增值税小规模纳税人、小型微利企业和个体工商户可以在 50% 的税额幅度内减征资源税、城市维护建设税、房产税、城镇土地使用税、印花税(不含证券交易印花税)、耕地占用税和教育费附加、地方教育附加。

(三) 判断题

1. 未经批准占用耕地的,耕地占用税纳税义务发生时间为收到主管税务机关通知申报的当天。　　　　　　　　　　　　　　　　　　　　　　　　　　(　　)

【参考答案】　×

【答案解析】　未经批准占用耕地的,耕地占用税纳税义务发生时间为自然资源主管部门认定的纳税人实际占用耕地的当日。

2. 纳税人改变原占地用途,不再属于免征或者减征耕地占用税情形的,应当按照当地适用税额补缴耕地占用税。　　　　　　　　　　　　　　　　　　(　　)

【参考答案】　√

【答案解析】　免征或者减征耕地占用税后,纳税人改变原占地用途,不再属于免征或者减征耕地占用税情形的,应当按照当地适用税额补缴耕地占用税。

3. 国务院财政、税务主管部门根据人均耕地面积和经济发展情况确定各省、自治区、直辖市的平均税额。　　　　　　　　　　　　　　　　　　　　　　(　　)

【参考答案】　×

【答案解析】　各地区耕地占用税的适用税额,由省、自治区、直辖市人民政府根据人均耕地面积和经济发展等情况,在相关规定的税额幅度内提出,报同级人民代表大会常务委员会决定,并报全国人民代表大会常务委员会和国务院备案。各省、自治区、直辖市耕地占用税适用税额的平均水平,不得低于《耕地占用税法》所附《各省、自治区、直辖市耕地占用税平均税额表》规定的平均税额。

4. 在人均耕地低于 0.5 亩的地区,省、自治区、直辖市可以根据当地经济发展情况,适当提高耕地占用税的适用税额。 （ ）

【参考答案】 √

【答案解析】 在人均耕地低于 0.5 亩的地区,省、自治区、直辖市可以根据当地经济发展情况,适当提高耕地占用税的适用税额,但提高的部分不得超过《耕地占用税法》第四条第二款确定的适用税额的 50%。

5. 税务机关应当与相关部门建立耕地占用税涉税信息共享机制和工作配合机制。县级以上地方人民政府自然资源、农业农村、水利等相关部门应当定期向税务机关提供农用地转用、临时占地等信息,协助税务机关加强耕地占用税征收管理。

（ ）

【参考答案】 √

【答案解析】 略。

6. 因挖损、采矿塌陷、压占、污染等损毁耕地的纳税义务发生时间为自然资源、农业农村等相关部门认定损毁耕地的次日。 （ ）

【参考答案】 ×

【答案解析】 因挖损、采矿塌陷、压占、污染等损毁耕地的纳税义务发生时间为自然资源、农业农村等相关部门认定损毁耕地的当日。

7. 农村居民经批准搬迁,新建住宅占用应税土地不超过原宅基地面积的部分,对整个占用按照当地适用税额减半征收耕地占用税。 （ ）

【参考答案】 ×

【答案解析】 农村居民在规定用地标准以内占用耕地新建自用住宅,按照当地适用税额减半征收耕地占用税;其中,农村居民经批准搬迁,新建自用住宅占用耕地不超过原宅基地面积的部分,免征耕地占用税。

8. 水利工程占用耕地,减按每平方米 4 元的税额征收耕地占用税。 （ ）

【参考答案】 ×

【答案解析】 铁路线路、公路线路、飞机场跑道、停机坪、港口、航道、水利工程占用耕地,减按每平方米 2 元的税额征收耕地占用税。

9. 农村居民占用耕地新建住宅,按照当地适用税额减半征收耕地占用税。（ ）

【参考答案】 ×

【答案解析】 农村居民在规定用地标准以内占用耕地新建自用住宅,按照当地适用税额减半征收耕地占用税。

10. 增值税一般纳税人不可以享受"六税两费"减免政策。 （ ）

【参考答案】 ×

【答案解析】 根据《财政部 税务总局关于进一步实施小微企业"六税两费"减免政策的公告》(财政部 税务总局公告2022年第10号)的规定,属于小型微利企业的增值税一般纳税人可以享受"六税两费"减免。

11. D公司于2021年6月成立,从事国家非限制和禁止行业,12月1日登记为增值税一般纳税人,于2022年4月20日按规定期限办理了2021年度汇算清缴,结果确定不属于小型微利企业。D公司于4月23日依照规定按次申报耕地占用税,不可以申报享受"六税两费"减免优惠。   (   )

【参考答案】 √

【答案解析】 按次申报的,自首次办理汇算清缴确定不属于小型微利企业之日起至次年6月30日,不得再申报享受"六税两费"减免优惠。

十、资　源　税

(一) 单项选择题

1. 纳税人开采或者生产不同资源税税目应税产品的,应当分别核算不同税目应税产品的销售额或者销售数量;未分别核算或者不能准确提供不同税目应税产品的销售额或者销售数量的,(　　)适用税率。

A. 选择其中一个税目确定

B. 从低

C. 从高

D. 按不同税目税率的平均值确定

【参考答案】　C

【答案解析】　根据《中华人民共和国资源税法》(以下简称《资源税法》)第四条的规定,纳税人开采或者生产不同税目应税产品的,应当分别核算不同税目应税产品的销售额或者销售数量;未分别核算或者不能准确提供不同税目应税产品的销售额或者销售数量的,从高适用税率。

2. 根据资源税法,以下资源减征 30% 资源税的是(　　)。

A. 稠油、高凝油

B. 煤炭开采企业因安全生产需要抽采的煤成(层)气

C. 从衰竭期矿山开采的矿产品

D. 充填开采置换出来的煤炭

【参考答案】　C

【答案解析】　根据《财政部　税务总局关于继续执行的资源税优惠政策的公告》(财政部　税务总局公告 2020 年第 32 号)第四条和《资源税法》第六条的规定,选项A,稠油、高凝油减征 40% 资源税。选项 B,煤炭开采企业因安全生产需要抽采的煤成(层)气免征资源税。选项 C,从衰竭期矿山开采的矿产品减征 30% 资源税。选项 D,2014 年 12 月 1 日至 2027 年 12 月 31 日,充填开采置换出来的煤炭减征 50% 资源税。

3. 下列关于资源税的说法中,正确的是(　　)。

A. 自采的原煤加工为洗选煤销售,在原矿移送环节缴纳资源税

B. 将自采的铁矿原矿加工为选矿自用,按原矿缴纳资源税

C. 将自采的原油连续生产汽油,不缴纳资源税

D. 将自采的铜矿原矿加工为选矿进行投资,按选矿产品缴纳资源税

【参考答案】 D

【答案解析】 根据《财政部 税务总局关于资源税有关问题执行口径的公告》(财政部 税务总局公告 2020 年第 34 号)第七条的规定,纳税人以自采原矿(经过采矿过程采出后未进行选矿或者加工的矿石)直接销售,或者自用于应当缴纳资源税情形的,按照原矿计征资源税。纳税人以自采原矿洗选加工为选矿产品(通过破碎、切割、洗选、筛分、磨矿、分级、提纯、脱水、干燥等过程形成的产品,包括富集的精矿和研磨成粉、粒级成型、切割成型的原矿加工品)销售,或者将选矿产品自用于应当缴纳资源税情形的,按照选矿产品计征资源税,在原矿移送环节不缴纳资源税。

4. 根据资源税相关规定,纳税人将其在浙江开采的应税产品销售给江西某公司,计算销售额的依据是( )。

A. 含增值税的全部价款收入

B. 不含增值税的全部价款收入

C. 含增值税的矿产品价格

D. 不含增值税的矿产品价格

【参考答案】 B

【答案解析】 依据是《财政部 税务总局关于资源税有关问题执行口径的公告》(财政部 税务总局公告 2020 年第 34 号)第一条的规定。

5. 某煤矿将外购原煤和自采原煤按照 2∶1 的比例混合在一起销售,7月销售混合原煤 900 吨,取得不含增值税销售额 50 万元,经增值税发票确认,外购原煤单价每吨 500 元(不含增值税),该煤矿原煤资源税税率为 8%,当期该煤矿应纳的资源税为( )万元。

A. 0   B. 0.9   C. 1.6   D. 4

【参考答案】 C

【答案解析】 根据《国家税务总局关于资源税征收管理若干问题的公告》(国家税务总局公告 2020 年第 14 号)第一条的规定,纳税人以外购原矿与自采原矿混合为原矿销售,或者以外购选矿产品与自产选矿产品混合为选矿产品销售的,在计算应税产品销售额或者销售数量时,直接扣减外购原矿或者外购选矿产品的购进金额或者购进数量。外购原煤的购进金额＝900×(2÷3)×500÷10 000＝30(万元);应税原煤计税依据＝50－30＝20(万元),应纳资源税＝20×8%＝1.6(万元)。

6. 某油田企业系一般纳税人,2020 年 9 月销售原油 86 000 吨,收取不含增值税价款 34 400 万元;销售与原油同时开采的天然气 47 500 千立方米,收取不含税价款 2 375 万元;自用原油 25 吨,其中 18 吨用于本企业职工福利,7 吨用于开采过程中的加热。该油田本月应纳资源税是(   )万元。(原油和天然气资源税税率为 6%)

A. 2 000　　　　　B. 1 838.75　　　　　C. 1 839.11　　　　　D. 2 206.93

【参考答案】　D

【答案解析】　根据《资源税法》第五条、第六条和《财政部　税务总局关于资源税有关问题执行口径的公告》(财政部　税务总局公告 2020 年第 34 号)第三条的规定,纳税人开采或者生产应税产品自用的,应当依照本法规定缴纳资源税;用于本企业职工福利属于资源税自用范围,用于开采过程中加热的原油免征资源税。自用应税产品行为而无销售额的,可按纳税人最近时期同类产品的平均销售价格确定。应纳资源税=(34 400+34 400÷86 000×18+2 375)×6%=2 206.93(万元)。

(二) 多项选择题

1. 资源税的纳税义务人包括(   )。

A. 在中国境内开采并销售煤炭的个人

B. 在中国境内生产销售天然气的国有企业

C. 在中国境内生产自用应税资源的个人

D. 境外开采并进口应税资源的国有企业

【参考答案】　A B C

【答案解析】　根据《资源税法》第一条的规定,在中华人民共和国领域和中华人民共和国管辖的其他海域开发应税资源税的单位和个人为资源税的纳税人。选项 ABC 属于资源税的征税范围,应征收资源税。资源税是对在中国境内(领域及管辖的其他海域)开发应税资源的单位或个人征收,资源税进口环节不征,出口环节不退。故选项 D 错误。

2. 以下由省、自治区、直辖市决定免征或者减征资源税的有(   )。

A. 从衰竭期矿山开采的矿产品

B. 开采共伴生矿

C. 开采低品位矿

D. 开采尾矿

【参考答案】　B C D

【答案解析】　选项 A,属于法定减免的范畴。选项 BCD,纳税人开采共伴生矿、低品位矿、尾矿,由省、自治区、直辖市决定免征或者减征资源税。

3. 下列有关资源税申报说法正确的有( )。

A. 纳税人申报资源税时,应当填报《资源税纳税申报表》

B. 纳税人申报资源税时,应当使用《财产和行为税纳税申报表》进行合并申报,申报前填写资源税税源明细表

C. 纳税人享受资源税优惠政策,实行"自行判别、申报享受、有关资料留存备查"的办理方式,另有规定的除外

D. 纳税人对资源税优惠事项留存材料的真实性和合法性承担法律责任

【参考答案】 ＢＣＤ

【答案解析】 根据《国家税务总局关于简并税费申报有关事项的公告》(国家税务总局公告2021年第9号)的规定,自2021年6月1日起,纳税人申报缴纳城镇土地使用税、房产税、车船税、印花税、耕地占用税、资源税、土地增值税、契税、环境保护税、烟叶税中一个或多个税种时,使用《财产和行为税纳税申报表》。故选项A错误。

4. 下列属于资源税应税产品的有( )。

A. 天然原油   B. 人造石油

C. 伴采矿   D. 商店销售的食盐

【参考答案】 ＡＣ

【答案解析】 依据是《资源税法》所附《资源税目税率表》的规定。

5. 下列资源税中,属于资源税征税范围的有( )。

A. 天然原木   B. 天然原油

C. 天然卤水   D. 铁矿石原矿

【参考答案】 ＢＣＤ

【答案解析】 根据《资源税法》所附《资源税目税率表》的规定,天然原木不为征税范围,故选项A不符合题意。

6. 下列关于资源税说法正确的有( )。

A. 从低丰度油气田开采的原油、天然气,减征20%资源税

B. 高含硫天然气、三次采油和从深水油气田开采的原油、天然气,减征30%资源税

C. 稠油、高凝油减征40%资源税

D. 从衰竭期矿山开采的矿产品,减征30%资源税

【参考答案】 ＡＢＣＤ

【答案解析】 根据《资源税法》第六条的规定,有下列情形之一的,免征资源税:(1)开采原油以及在油田范围内运输原油过程中用于加热的原油、天然气;(2)煤炭开采企业因安全生产需要抽采的煤成(层)气。

有下列情形之一的,减征资源税:(1)从低丰度油气田开采的原油、天然气,减征20％资源税;(2)高含硫天然气、三次采油和从深水油气田开采的原油、天然气,减征30％资源税;(3)稠油、高凝油减征40％资源税;(4)从衰竭期矿山开采的矿产品,减征30％资源税。

7. 下列关于资源税说法正确的有(　　)。

A. 纳税人开采或者生产应税产品过程中,因自然灾害或者不可抗力造成的意外事故等原因遭受重大损失的,可免征或减征资源税

B. 纳税人开采伴生矿,伴生矿与主矿产品销售额分开核算的,伴生矿矿产品可免征或减征资源税

C. 纳税人开采尾矿,可免征资源税

D. 纳税人开采共生矿,可免征资源税

【参考答案】　ＡＢＣ

【答案解析】　根据《资源税法》第七条的规定,有下列情形之一的,省、自治区、直辖市可以决定免征或者减征资源税:(1)纳税人开采或者生产应税产品过程中,因意外事故或者自然灾害等原因遭受重大损失;(2)纳税人开采共伴生矿、低品位矿、尾矿。

上述规定的免征或者减征资源税的具体办法,由省、自治区、直辖市人民政府提出,报同级人民代表大会常务委员会决定,并报全国人民代表大会常务委员会和国务院备案。

8. 下列关于资源税优惠政策的表述,不正确的有(　　)。

A. 煤炭开采企业因安全生产需要抽采的煤成(层)气免征资源税

B. 对三次采油资源税减征30％

C. 对稠油、高凝油和高含硫天然气资源税减征30％

D. 从低丰度油气田开采的原油、天然气资源税减征30％

【参考答案】　ＣＤ

【答案解析】　根据《资源税法》第六条的规定,有下列情形之一的,免征资源税:(1)开采原油以及在油田范围内运输原油过程中用于加热的原油、天然气;(2)煤炭开采企业因安全生产需要抽采的煤成(层)气。有下列情形之一的,减征资源税:(1)从低丰度油气田开采的原油、天然气,减征20％资源税;(2)高含硫天然气、三次采油和从深水油气田开采的原油、天然气,减征30％资源税;(3)稠油、高凝油减征40％资源税;(4)从衰竭期矿山开采的矿产品,减征30％资源税。

(三) 判断题

1. 砂石实行从量定额征收资源税。　　　　　　　　　　　　　　　　(　　)

【参考答案】 ×

【答案解析】 根据《资源税法》附录《资源税税目税率表》的规定,砂石可以选择采取从价定率征或实行从量定额计征。

2. 纳税人资源税的免税、减税项目,应当单独核算销售额或者销售数量;未单独核算或者不能准确提供销售额或者销售数量的,不予免税或者减税。 ( )

【参考答案】 √

【答案解析】 根据《资源税法》第八条的规定,纳税人的免税、减税项目,应当单独核算销售额或者销售数量;未单独核算或者不能准确提供销售额或者销售数量的,不予免税或者减税。

3. 纳税人开采或者生产同一税目下适用不同税率应税产品的,应当分别核算不同税率应税产品的销售额或者销售数量;未分别核算或者不能准确提供不同税率应税产品的销售额或者销售数量的,从高适用税率。 ( )

【参考答案】 √

【答案解析】 根据《资源税法》第四条的规定,纳税人开采或者生产不同税目应税产品的,应当分别核算不同税目应税产品的销售额或者销售数量;未分别核算或者不能准确提供不同税目应税产品的销售额或者销售数量的,从高适用税率。

4.《资源税法》所附《资源税税目税率表》规定,煤的征税对象是原矿或选矿,税率是 2%至 10%。因此,主管税务机关可以在 2%至 10%的幅度内确定煤的适用税率。 ( )

【参考答案】 ×

【答案解析】 根据《资源税法》第二条的规定,资源税的税目、税率,依照《资源税税目税率表》执行。《资源税税目税率表》中规定实行幅度税率的,其具体适用税率由省、自治区、直辖市人民政府统筹考虑该应税资源的品位、开采条件以及对生态环境的影响等情况,在《资源税税目税率表》规定的税率幅度内提出,报同级人民代表大会常务委员会决定,并报全国人民代表大会常务委员会和国务院备案。《资源税税目税率表》中规定征税对象为原矿或者选矿的,应当分别确定具体适用税率。

5. 中石化公司从伊朗 E 公司进口原油,应缴纳资源税。 ( )

【参考答案】 ×

【答案解析】 根据《资源税法》第一条的规定,在中华人民共和国领域和中华人民共和国管辖的其他海域开发应税资源的单位和个人,为资源税的纳税人,应当依照本法规定缴纳资源税。题中所述不属于资源税征税范畴。

6. 开采原油以及在油田范围内运输原油过程中用于加热的原油、天然气,免征资源税。 ( )

【参考答案】　√

【答案解析】　根据《资源税法》第六条的规定,有下列情形之一的,免征资源税:(1)开采原油以及在油田范围内运输原油过程中用于加热的原油、天然气;(2)煤炭开采企业因安全生产需要抽采的煤成(层)气。

7. 煤炭开采企业因安全生产需要抽采的煤成(层)气,免征资源税。　　　　(　　)

【参考答案】　√

【答案解析】　根据《资源税法》第六条的规定,有下列情形之一的,免征资源税:(1)开采原油以及在油田范围内运输原油过程中用于加热的原油、天然气;(2)煤炭开采企业因安全生产需要抽采的煤成(层)气。

8. 中外合作开采陆上、海上石油资源的企业依法缴纳资源税。2011 年 11 月 1 日前已依法订立中外合作开采陆上、海上石油资源合同的,在该合同有效期内,继续依照国家有关规定缴纳矿区使用费,不缴纳资源税;合同期满后,依法缴纳资源税。

(　　)

【参考答案】　√

【答案解析】　根据《资源税法》第十五条的规定,中外合作开采陆上、海上石油资源的企业依法缴纳资源税。2011 年 11 月 1 日前已依法订立中外合作开采陆上、海上石油资源合同的,在该合同有效期内,继续依照国家有关规定缴纳矿区使用费,不缴纳资源税;合同期满后,依法缴纳资源税。

9.《资源税法》所附《资源税税目税率表》规定,原油的征税对象是原矿,税率是 6%。　　　　　　　　　　　　　　　　　　　　　　　　　(　　)

【参考答案】　√

【答案解析】　依据是《资源税法》所附《资源税税目税率表》的规定。

10. 纳税人开采或者生产应税产品过程中,因意外事故或者自然灾害等原因遭受重大损失,主管税务机关可以决定免征或减征资源税。　　　　　　(　　)

【参考答案】　✕

【答案解析】　根据《资源税法》第七条的规定,有下列情形之一的,省、自治区、直辖市可以决定免征或者减征资源税:(1)纳税人开采或者生产应税产品过程中,因意外事故或者自然灾害等原因遭受重大损失;(2)纳税人开采共伴生矿、低品位矿、尾矿。

上述规定的免征或者减征资源税的具体办法,由省、自治区、直辖市人民政府提出,报同级人民代表大会常务委员会决定,并报全国人民代表大会常务委员会和国务院备案。

11. 纳税人应当向应税产品开采地或者生产地的税务机关申报缴纳资源税。

(　　)

【参考答案】 √

【答案解析】 依据是《资源税法》第十一条的规定。

12. 资源税按月或者按季申报缴纳；不能按固定期限计算缴纳的，可以按季申报缴纳。 （ ）

【参考答案】 ×

【答案解析】 根据《资源税法》第十二条的规定，资源税按月或者按季申报缴纳；不能按固定期限计算缴纳的，可以按次申报缴纳。

纳税人按月或者按季申报缴纳的，应当自月度或者季度终了之日起 15 日内，向税务机关办理纳税申报并缴纳税款；按次申报缴纳的，应当自纳税义务发生之日起 15 日内，向税务机关办理纳税申报并缴纳税款。

十一、契 税

(一) 单项选择题

1. 对个人购买家庭第二套改善性住房,面积为 90 平方米及以下的,减按_____的税率征收契税;面积为 90 平方米以上的,按_____的税率征收契税。
( )

A. 1‰;1.5‰　　　B. 1.5‰;2‰　　　C. 1‰;2‰　　　D. 2‰;4‰

【参考答案】 C

【答案解析】 对个人购买家庭第二套改善性住房,面积为 90 平方米及以下的,减按 1‰的税率征收契税;面积为 90 平方米以上的,减按 2‰的税率征收契税。家庭第二套改善性住房是指已拥有一套住房的家庭,购买的家庭第二套住房。

2. 纳税人申请退还已缴纳契税时,提供的资料不符合规定的是( )。

A. 自然人甲在办理房屋权属登记前,权属转移合同被解除的,应提交合同或合同性质凭证被解除的证明材料

B. 乙公司因仲裁委员会裁决导致土地权属转移行为无效,将土地、房屋权属变更至其他权利人的,应提交人民法院、仲裁委员会的生效法律文书

C. 丙企业在受让土地使用权时,因实际交付面积小于合同约定面积需退还土地出让价款的,应提交补充合同(协议)和退款凭证

D. 自然人丁购置新建商品房时,因实际交付面积小于合同约定面积需返还房价款的,应提交补充合同(协议)和退款凭证

【参考答案】 B

【答案解析】 根据《国家税务总局关于契税纳税服务与征收管理若干事项的公告》(国家税务总局公告 2021 年第 25 号)第七条第(二)项的规定,人民法院判决或者仲裁委员会裁决导致土地、房屋权属转移行为无效、被撤销或者被解除,且土地、房屋权属变更至原权利人的,提交人民法院、仲裁委员会的生效法律文书。

3. 下列情形中,可以免征契税的是( )。

A. 甲有限公司改制为 A 股份有限公司(改制原股东持有 60‰股权),改制后 A 股份有限公司承受甲有限公司原有房屋的

B. 乙事业单位按规定改制为 B 公司,并将改制后持有的 B 公司股份出售给其他股东,B 公司承受乙事业单位原有房屋的

C. 丙公司实施破产,与丙企业无债务关系的 C 公司承受丙企业房屋的

D. 丁公司分立为 D、E 公司,股东不变,D、E 公司承受丁公司房屋的

【参考答案】 D

【答案解析】 根据《财政部 税务总局关于继续执行企业事业单位改制重组有关契税政策的公告》(财政部 税务总局公告 2021 年第 17 号)的规定,企业按照《中华人民共和国公司法》有关规定整体改制,包括非公司制企业改制为有限责任公司或股份有限公司,有限责任公司变更为股份有限公司,股份有限公司变更为有限责任公司,原企业投资主体存续并在改制(变更)后的公司中所持股权(股份)比例超过 75%,且改制(变更)后公司承继原企业权利、义务的,对改制(变更)后公司承受原企业土地、房屋权属,免征契税。事业单位按照国家有关规定改制为企业,原投资主体存续并在改制后企业中出资(股权、股份)比例超过 50% 的,对改制后企业承受原事业单位土地、房屋权属,免征契税。公司依照法律规定、合同约定分立为两个或两个以上与原公司投资主体相同的公司,对分立后公司承受原公司土地、房屋权属,免征契税。企业依照有关法律法规规定实施破产,对非债权人承受破产企业土地、房屋权属,凡按照《中华人民共和国劳动法》等国家有关法律法规政策妥善安置原企业全部职工规定,与原企业全部职工签订服务年限不少于 3 年的劳动用工合同的,对其承受所购企业土地、房屋权属,免征契税。

4. 甲企业于 2021 年 11 月取得土地 8 000 平方米用于建设厂房,实际缴纳土地出让金 800 万元,向原土地使用者支付土地补偿费 120 万元、青苗补偿费 30 万元、地上附着物补偿费 300 万元。经向国土部门核实,已减免土地出让金 100 万元。已知该类型土地适用的契税税率为 3%,甲企业取得土地使用权应缴纳契税税额为（　　）万元。

A. 24　　　　　B. 31.5　　　　　C. 33　　　　　D. 40.5

【参考答案】 D

【答案解析】 根据《财政部 税务总局关于贯彻实施契税法若干事项执行口径的公告》(财政部 税务总局公告 2021 年第 23 号)的规定,土地使用权出让的,计税依据包括土地出让金、土地补偿费、安置补助费、地上附着物和青苗补偿费、征收补偿费、城市基础设施配套费、实物配建房屋等应交付的货币以及实物、其他经济利益对应的价款。《国家税务总局关于免征土地出让金出让国有土地使用权征收契税的批复》(国税函〔2005〕436 号)规定,对承受国有土地使用权所应支付的土地出让金,要计征契税。不得因减免土地出让金,而减免契税。甲企业取得土地使用权应缴纳契

税＝(800＋120＋30＋300＋100)×3％＝40.5(万元)。

5. 某公司 2022 年 1 月以 1 200 万元(不含增值税)购入一幢旧写字楼作为办公用房,该写字楼原值 2 000 万元,已计提折旧 800 万元。当地适用契税税率 3％,该公司购入写字楼应缴纳契税(　　)万元。

A. 60　　　　　　B. 36　　　　　　C. 30　　　　　　D. 24

【参考答案】　B

【答案解析】　应缴纳的契税＝1 200×3％＝36(万元)。

6. 下列关于契税减免税优惠的说法,正确的是(　　)。

A. 驻华使领馆外交人员承受土地、房屋权属的,免征契税

B. 金融租赁公司通过售后回租承受承租人房屋土地权属的,免征契税

C. 单位承受荒滩用于仓储设施开发的,免征契税

D. 军事单位承受土地、房屋对外经营的,免征契税

【参考答案】　A

【答案解析】　选项 B,金融租赁公司开展售后回租业务,承受承租人房屋、土地权属的,照章征税;对售后回租合同期满,承租人回购原房屋、土地权属的,免征契税。选项 C,承受荒山、荒沟、荒丘、荒滩土地使用权,并用于农、林、牧、渔业生产的,免征契税。选项 D,承受土地、房屋对外经营的,照章征税。

7. 单位和个人发生下列行为,应该缴纳契税的是(　　)。

A. 转让土地使用权　　　　　　　B. 承受不动产所有权

C. 赠与不动产所有权　　　　　　D. 转让不动产所有权

【参考答案】　B

【答案解析】　契税是以所有权发生转移的不动产为征税对象,向产权承受人征收的一种财产税。

8. 2022 年 4 月,中国公民肖某首次购买普通住房一套(属于家庭唯一住房),面积 85 平方米,合同总价格 54.4 万元,其中含装修费 8.4 万元,金额均不含增值税。肖某购买该住房应缴纳契税(　　)元。

A. 4 600　　　　B. 5 440　　　　C. 6 900　　　　D. 8 160

【参考答案】　B

【答案解析】　房屋买卖的契税计税价格是房屋买卖的总价款,买卖装修的房屋,装修费用应包括在内。对个人购买 90 平方米及以下且属于家庭唯一住房的,减按 1％税率征收契税。肖某购买该住房应缴纳契税＝544 000×1％＝5 440(元)。

9. 对个人购买 90 平方米及以下普通住房,且该住房属于家庭唯一住房的,减按(　　)税率征收契税。

A. 1‰   B. 1.5‰   C. 2‰   D. 4‰

【参考答案】 A

【答案解析】 根据《财政部 国家税务总局 住房和城乡建设部关于调整房地产交易环节契税、营业税优惠政策的通知》(财税〔2016〕23号)第一条第(一)项的规定,对个人购买家庭唯一住房(家庭成员范围包括购房人、配偶以及未成年子女,下同),面积为90平方米及以下的,减按1‰的税率征收契税;面积为90平方米以上的,减按1.5‰的税率征收契税。

10. 下列关于契税的说法,正确的是(   )。

A. 契税由房屋产权转让方缴纳

B. 农民个人购买房屋不征收契税

C. 因他人抵债而获得的房屋不征契税

D. 契税的税率由省级人民政府在规定幅度内确定

【参考答案】 D

【答案解析】 选项A,契税由房屋产权承受方缴纳;选项BC均要征收契税;选项D,契税实行幅度比例税率。具体执行税率,由各省、自治区、直辖市人民政府在规定的幅度税率范围内,根据本地区的实际情况确定。

(二) 多项选择题

1. 甲将他买了6年的家庭唯一住房对外出售,可以免征(   )。

A. 个人所得税   B. 增值税   C. 契税   D. 印花税

【参考答案】 A B D

【答案解析】 个人将购买不足2年的住房对外销售的,按照5‰的征收率全额缴纳增值税;个人将购买2年以上(含2年)的非普通住房对外销售的,以销售收入减去购买住房价款后的差额按照5‰的征收率缴纳增值税;个人将购买2年以上(含2年)的普通住房对外销售的,免征增值税。上述政策仅适用于北京市、上海市、广州市和深圳市。个人转让自用达5年以上并且是唯一的家庭生活用房取得的所得,暂免征收个人所得税。对个人销售或购买住房暂免征收印花税。

2. 下列关于契税征收管理的说法正确的有(   )。

A. 纳税人不能取得销售不动产发票的,可持人民法院的裁决书原件及相关资料办理契税纳税申报

B. 纳税人因房地产开发企业被税务机关列为非正常户,不能取得销售不动产发票的,无法办理契税纳税申报

C. 纳税人应当自纳税义务发生之日起10日内,向征收机关办理申报

D. 纳税义务发生时间是纳税人签订土地、房屋权属转移合同的当天

【参考答案】 A C D

【答案解析】 选项 B,纳税人因房地产开发企业被税务机关列为非正常户,不能取得销售不动产发票的,税务机关在核实有关情况后应予受理。

3. 根据契税法律制度的规定,下列行为属于契税征税范围的有(　　　)。

A. 以赠与方式取得土地使用权

B. 以获奖方式取得的房产

C. 以接受投资方式取得的房产

D. 以清偿债务方式取得的房产

【参考答案】 A B C D

【答案解析】 根据《中华人民共和国契税法》第二条的规定,本法所称转移土地、房屋权属,是指下列行为:(1)土地使用权出让;(2)土地使用权转让,包括出售、赠与、互换;(3)房屋买卖、赠与、互换。上述第(2)项土地使用权转让,不包括土地承包经营权和土地经营权的转移。以作价投资(入股)、偿还债务、划转、奖励等方式转移土地、房屋权属的,应当依照本法规定征收契税。

4. 以下关于契税相关优惠的税法,正确的有(　　　)。

A. 承受荒山等土地使用权用于农、林、牧、渔业生产免征契税

B. 国家机关、事业单位、社会团体、军事单位承受土地、房屋用于办公、教学、医疗、科研和军事设施的,免征契税

C. 城镇职工按规定第一次购买公有住房的,免征契税

D. 个人购买家庭唯一住房 90 平方米及以下减按 1.5%

【参考答案】 A B C

【答案解析】 对个人购买家庭唯一住房(家庭成员范围包括购房人、配偶以及未成年子女,下同),面积为 90 平方米及以下的,减按 1% 的税率征收契税;面积为 90 平方米以上的,减按 1.5% 的税率征收契税。

5. 老杨因为房屋被征收而获得一笔补偿,他用这笔补偿费另外购买了一套住房,在购房交易中,老杨能享受的税收优惠有(　　　)。

A. 契税　　　　　　　　　　　　B. 个人所得税

C. 印花税　　　　　　　　　　　D. 增值税

【参考答案】 A C

【答案解析】 对改造安置住房经营管理单位、开发商与改造安置住房相关的印花税以及购买安置住房的个人涉及的印花税予以免征。《财政部 国家税务总局关于棚户区改造有关税收政策的通知》(财税〔2013〕101 号)第五条规定,个人因房屋被

征收而取得货币补偿并用于购买改造安置住房,或因房屋被征收而进行房屋产权调换并取得改造安置住房,按有关规定减免契税。

6. 异地扶贫搬迁可按规定免征契税的情形有( )。

A. 易地扶贫搬迁贫困人口按规定取得的安置住房

B. 易地扶贫搬迁项目实施主体取得用于建设安置住房的土地时

C. 项目实施主体购买商品住房或者回购保障性住房作为安置住房房源

D. 商品住房开发项目中配套建设安置住房

【参考答案】 ABCD

【答案解析】 选项ABCD符合《财政部 国家税务总局关于易地扶贫搬迁税收优惠政策的通知》(财税〔2018〕135号)第一条、第二条规定的异地扶贫搬迁免征契税的情形。

7. 根据契税的相关规定,下列各项中,说法正确的有( )。

A. 城镇职工按规定第一次购买公有住房的,免征契税

B. 对公租房经营管理单位购买住房作为公租房,免征契税

C. 对经营管理单位回购已分配的改造安置住房继续作为改造安置房源的,免征契税

D. 个人首次购买90平方米以下改造安置住房,按1%的税率计征契税

【参考答案】 ABCD

【答案解析】 略。

8. 2019年张先生购置家庭第一套住房,面积为90平方米,成交价格为70万元;2020年因工作调动,张先生用家庭唯一住房换取赵先生一套85平方米房屋,赵先生支付张先生10万元,当地契税税率为3%,金额均不含增值税。下列关于契税纳税义务的说法,正确的有( )。

A. 赵先生需要缴纳契税24 000元

B. 张先生购置家庭第一套住房缴纳契税7 000元

C. 张先生换取赵先生住房需要缴纳契税3 000元

D. 赵先生换取房屋行为契税纳税义务发生时间是纳税人签订房屋权属转移合同的当天

【参考答案】 BD

【答案解析】 张先生购置家庭第一套住房应缴纳契税＝700 000×1%＝7 000(元);赵先生换取房屋行为应缴纳契税＝100 000×3%＝3 000(元);赵先生缴纳契税的纳税义务发生时间为纳税人签订房屋权属转移合同的当天。

9. 2022年4月,居民甲某将其自有的市场价格160万元(不含增值税,下同)的

房产给乙某用于抵债。乙某以该房产换取丙某价值 140 万元的房产,同时丙某免除了乙某所欠的债务 20 万元。已知当地契税适用税率 4％,下列关于契税的处理正确的有(　　)。

A. 甲某不缴纳契税

B. 乙某缴纳契税 6.4 万元

C. 乙某缴纳契税 7.2 万元

D. 丙某缴纳契税 0.8 万元

【参考答案】　A B D

【答案解析】　契税由产权承受方缴纳,甲某不缴纳契税;乙某应缴纳契税＝160×4％＝6.4(万元);房屋交换的,以所交换的房屋价格差额为计税依据,由支付差价方缴纳契税,丙某应缴纳契税＝20×4％＝0.8(万元)。

10. 下列情形中,可免征契税的有(　　)。

A. 经县人民政府批准成立的小学承受土地、房屋权属用于教学的

B. 实施学历教育的职业教育学校承受土地、房屋权属用于教学的

C. 经区人民政府批准成立的技工院校承受土地、房屋权属用于教学的

D. 依法登记的未成年人救助保护机构承受土地、房屋权属用于救助的

【参考答案】　A B D

【答案解析】　根据《财政部　税务总局关于贯彻实施契税法若干事项执行口径的公告》(财政部　税务总局公告 2021 年第 23 号)第三条第(一)项的规定,享受契税免税优惠的非营利性的学校、医疗机构、社会福利机构,限于上述三类单位中依法登记为事业单位、社会团体、基金会、社会服务机构等的非营利法人和非营利组织。其中:学校的具体范围为经县级以上人民政府或者其教育行政部门批准成立的大学、中学、小学、幼儿园,实施学历教育的职业教育学校、特殊教育学校、专门学校,以及经省级人民政府或者其人力资源社会保障行政部门批准成立的技工院校。

11. 下列关于税务证明事项实行告知承诺制的说法,正确的有(　　)。

A. 对教育机构承受用于教学的土地、房屋权属按规定申报享受免征契税政策需提供的办学许可证实行告知承诺制

B. 对个人购买住房按规定申报享受减征契税政策需提供的家庭成员信息证明、家庭住房情况书面查询结果实行告知承诺制

C. 棚户区被征收人首次购买改造安置主方法申报享受减征契税政策需提供的家庭成员信息证明、家庭住房情况书面查询结果实行告知承诺制

D. 纳税人选择适用告知承诺制办理的,税务机关不再索要该事项需要的证明材料,并依据纳税人书面承诺办理相关税务事项

【参考答案】　A B C D

【答案解析】　根据《国家税务总局关于部分税务证明事项实行告知承诺制 进一

步优化纳税服务的公告》（国家税务总局公告 2021 年第 21 号）的规定，选项 ABCD 说法均正确。

（三）判断题

1. 在中华人民共和国境内转移土地、房屋权属，承受的单位和个人，应向土地、房屋所在税务机关办理契税申报。 （ ）

【参考答案】 √

【答案解析】 略。

2. 因房屋被县人民政府征用而重新购买房屋的，对成交价格不超过货币补偿的部分，各省、自治区、直辖市决定是否免征或者减征契税。 （ ）

【参考答案】 √

【答案解析】 根据《中华人民共和国契税法》第七条的规定，省、自治区、直辖市可以决定对下列情形免征或者减征契税：因土地、房屋被县级以上人民政府征收、征用，重新承受土地、房屋权属。

3. 自 2018 年 1 月 1 日至 2025 年 12 月 31 日，对易地扶贫搬迁贫困人口按规定取得的安置住房，免征契税。 （ ）

【参考答案】 √

【答案解析】 略。

4. 对经营管理单位回购已分配的改造安置住房继续作为改造安置房源的，免征契税、印花税。 （ ）

【参考答案】 ×

【答案解析】 对经营管理单位回购已分配的改造安置住房继续作为改造安置房源的，免征契税。

5. 军建离退休干部住房及附属用房移交地方政府管理所涉及的契税免征。 （ ）

【参考答案】 √

【答案解析】 军建离退休干部住房移交地方政府管理是军队离退休干部住房保障和管理方式的调整，是军队住房制度改革的重要措施之一。为配合国务院、中央军委决策的顺利实施，免征军建离退休干部住房及附属用房移交地方政府管理所涉及的契税。

6. 外交人员承受土地、房屋权属均可免征契税。 （ ）

【参考答案】 ×

【答案解析】 依照我国有关法律规定以及我国缔结或参加的双边和多边条约或

协定的规定应当予以免税的外国驻华使馆、领事馆、联合国驻华机构及其外交代表、领事官员和其他外交人员承受土地、房屋权属的,经外交部确认,可以免征契税。

7. 自2021年6月1日起,对个人购买住房按规定申报享受减征契税政策需提供的家庭成员信息证明、家庭住房情况书面查询结果实行告知承诺制。　　　　（　　）

【参考答案】　×

【答案解析】　自2021年7月1日起,对个人购买住房按规定申报享受减征契税政策需提供的家庭成员信息证明、家庭住房情况书面查询结果实行告知承诺制。

十二、印 花 税

(一) 单项选择题

1. 2022 年 7 月, A 公司下列取得下列凭证, 不属于印花税征税范围的是( )。

  A. 借款合同   B. 财产保险合同

  C. 工商营业执照   D. 建设工程合同

【参考答案】 C

【答案解析】 《中华人民共和国印花税法》(以下简称《印花税法》)于 2022 年 7 月 1 日正式实施。缩减了征税范围, "权利许可证照" 和 "营业账簿" 中的其他账簿, 不再征收印花税

2. 签订下列合同, 不征收印花税的是( )。

  A. 购房合同   B. 技术服务合同

  C. 土地租赁合同   D. 财产保险合同

【参考答案】 C

【答案解析】 财产租赁合同, 包括租赁房屋、船舶、飞机、机动车辆、机械、器具、设备等, 不包括土地租赁合同。

3. 根据《印花税法》的规定, 运输合同的税率是( )。

  A. 0.05‰   B. 0.20‰   C. 0.3‰   D. 5‰

【参考答案】 C

【答案解析】 根据《印花税法》的规定, 运输合同的税率是 0.3‰。

4. 根据《印花税法》的规定, 以下关于印花税计税依据的说法, 正确的是( )。

  A. 应税合同的计税依据, 为合同所列的金额, 包括列明的增值税税款

  B. 应税产权转移书据的计税依据, 为产权转移书据所列的金额, 包括列明的增值税税款

  C. 应税营业账簿的计税依据, 为账簿记载的实收资本(股本)、资本公积合计金额

  D. 证券交易的计税依据, 以实际差价金额

【参考答案】 C

【答案解析】 根据《印花税法》第五条的规定,印花税的计税依据如下:(1)应税合同的计税依据,为合同所列的金额,不包括列明的增值税税款;(2)应税产权转移书据的计税依据,为产权转移书据所列的金额,不包括列明的增值税税款;(3)应税营业账簿的计税依据,为账簿记载的实收资本(股本)、资本公积合计金额;(4)证券交易的计税依据,为成交金额。

5. 下列关于印花税优惠政策的说法,不正确的是(   )。

A. 个人销售住房暂免征收印花税

B. 房地产管理部门与个人订立的租房合同,暂免贴花

C. 金融机构与小型、微型企业签订的借款合同免印花税

D. 2018年5月1日起,对按0.5‰税率贴花的资金账簿减半征收印花税,对按件贴花5元的其他账簿免征印花税

【参考答案】 B

【答案解析】 房地产管理部门与个人订立的租房合同,凡房屋用于生活居住的,暂免贴花。

6. 下列选项中,印花税税率为0.5‰的经济凭证是(   )。

A. 财产保险合同   B. 产权转移书据   C. 借款合同   D. 技术合同

【参考答案】 B

【答案解析】 财产保险合同的印花税税率为1‰;产权转移书据的印花税税率为0.5‰;借款合同的印花税税率为0.05‰;技术合同的印花税税率为0.3‰。

7. 下列有关印花税的说法,错误的是(   )。

A. 印花税一般实行异地纳税

B. 如果合同是在国外签订,并且不便在国外贴花,应在将合同带入境时办理贴花纳税手续

C. 在确定适用税率时,如果一份合同载有一个或几个经济事项,可以同时适用一个或几个税率分别计算贴花

D. 印花税在书立或领受时贴花

【参考答案】 A

【答案解析】 印花税一般实行就地纳税。

8. 下列选项中,不属于印花税的特点的是(   )。

A. 兼有凭证税和行为税性质   B. 征税范围广

C. 税率低、税负轻   D. 由扣缴义务人代扣代缴

【参考答案】 D

【答案解析】 选项D,印花税是由纳税人自行完成纳税义务的。

9. 下列关于印花税票的说法中,错误的是( )。

A. 印花税的纳税人是指书立合同的当事人,不包括合同的担保人、证人和鉴定人

B. 代售单位要指定专人负责办理印花税票的领、售、存和交款等项代售业务

C. 代售单位所售印花税票取得的税款,无须专户存储

D. 代售户要建立印花税票领、售、存情况的登记、清点、检查制度

【参考答案】 C

【答案解析】 代售单位所售印花税票取得税款须专户存储,并按照规定的期限,向当地税务机关结报,或者填开专用缴款书直接向银行缴纳。

10. 下列各项中,不属于印花税纳税义务人的是( )。

A. 购销合同的立合同人　　　　　　　B. 记载资金账簿的立账簿人

C. 商标注册证的领受人　　　　　　　D. 专利证的发放人

【参考答案】 D

【答案解析】 专利证的领受人为印花税纳税义务人。

11. 下列各项合同中,不按照"技术合同"贴花的是( )。

A. 专利申请转让合同　　　　　　　　B. 非专利技术转让合同

C. 专利权转让合同　　　　　　　　　D. 技术咨询合同

【参考答案】 C

【答案解析】 技术转让包括专利权转让、专利申请权转让、专利实施许可和非专利技术转让。为这些不同类型技术转让所书立的凭证,按照印花税税目税率表的规定,分别适用不同的税目、税率。其中,专利申请权转让,非专利技术转让所书立的合同,适用"技术合同"税目;专利权转让、专利实施许可所书立的合同、书据,适用"产权转移书据"税目。

12. 2022年7月,甲企业和乙企业签订一份货物购销合同,合同注明甲企业向乙企业销售货物一批,货物价值为300 000元,当月已按规定贴花。2022年10月,甲企业实际向乙企业发出500 000元的货物,经双方协商,按实际发出货物金额将合同中金额进行了修改。已知购销合同印花税税率为0.3‰,则甲企业2022年10月针对该合同应补缴印花税( )元。

A. 0　　　　　　B. 60　　　　　　C. 150　　　　　　D. 240

【参考答案】 B

【答案解析】 已贴花的凭证,修改后所载金额增加的,其增加部分应当补贴印花税票。

甲企业2022年10月应补缴印花税=(500 000-300 000)×0.3‰=60(元)。

13. 2022 年 7 月，甲企业和乙企业签订一份建设工程合同，合同约定费用为 250 000 元，因某些原因，该合同未履行。已知建设工程合同印花税税率为 0.3‰，则甲企业 2022 年 7 月应缴纳印花税(   )元。

A. 0 　　　　　　B. 62.5 　　　　　　C. 75 　　　　　　D. 125

【参考答案】 C

【答案解析】 合同签订时即应贴花，履行完税手续。因此，不论合同是否兑现或能否按期兑现，都一律按照规定贴花。

甲企业 2022 年 7 月甲企业应缴纳印花税＝250 000×0.3‰＝75(元)。

14. 甲商贸企业与乙运输公司签订了一份运输合同，由乙公司将货物从南京运输到北京，合同注明：货物价款为 100 万元，运输费用 30 万元，装卸费 5 万元。已知运输合同印花税税率为 0.3‰，则乙运输公司应缴纳印花税(   )元。

A. 90 　　　　　　B. 175 　　　　　　C. 650 　　　　　　D. 675

【参考答案】 A

【答案解析】 铁路货运运费结算凭证为印花税应税凭证，包括：(1)货票(发站发送货物时使用)；(2)运费杂费收据(到站收取货物运费时使用)；(3)合资、地方铁路货运运费结算凭证(合资铁路公司、地方铁路单独计算核收本单位管内运费时使用)。上述凭证中所列运费为印花税的计税依据，包括统一运价运费、特价或加价运费、合资和地方铁路运费、新路均摊费、电力附加费。对分段计费一次核收运费的，以结算凭证所记载的全程运费为计税依据；对分段计费分别核收运费的，以分别核收运费的结算凭证所记载的运费为计税依据。

货物运输合同的印花税计税依据为取得的运输费金额(运费收入)，不包括所运货物的金额、装卸费等。乙运输公司应缴纳印花税＝30×0.3‰×10 000＝90(元)。

15. 纳税人对纳税凭证应妥善保存。凭证的保存期限，凡国家已有明确规定的，按规定办；其余凭证均应在履行完毕后保存(   )年。

A. 1 　　　　　　B. 5 　　　　　　C. 10 　　　　　　D. 15

【参考答案】 A

【答案解析】 略。

(二)多项选择题

1. 下列合同或凭证，应缴纳印花税的有(   )。

A. 企业出租门店合同 　　　　　　B. 股权转让合同

C. 军事物资运输凭证 　　　　　　D. 已缴纳印花税的凭证副本

【参考答案】 A B

【答案解析】 选项 C,军事物资运输凭证,免征印花税;选项 D,已缴纳印花税的凭证副本或抄本,免征印花税。

2. 下列关于印花税的计税依据,说法正确的有( )。

A. 运输合同以运输费用和装卸费用总额为计税依据

B. 企业启用新账簿后,其实收资本和资本公积两项的合计金额大于原已贴花资金的,就增加的部分补贴印花

C. 对技术开发合同,只就合同所载的报酬金额计税,研究开发经费不作为计税依据

D. 由委托方提供主要材料的加工合同,以加工费和主要材料合计金额为计税依据

【参考答案】 B C

【答案解析】 选项 A,运输合同的计税依据为取得的运输费金额(即运费收入),不包括所运货物的金额、装卸费和保险费等;选项 D,对于由委托方提供主要材料或原料,受托方只提供辅助材料的加工合同,无论加工费和辅助材料金额是否分别记载,均以辅助材料与加工费的合计数,依照加工承揽合同计税贴花。对委托方提供的主要材料或原料金额不计税贴花。

3. 根据《印花税法》的规定,下列关于印花税管理的说法,正确的是( )。

A. 个人与电子商务经营者订立的电子订单免征印花税

B. 印花税的纳税义务发生时间为纳税人书立应税凭证或者完成证券交易的当日

C. 印花税按季、按年或者按次计征

D. 应税合同、产权转移书据未列明金额的,印花税的计税依据按照实际结算的金额确定,但不包括增值税税款

【参考答案】 A B C

【答案解析】 应税合同、产权转移书据未列明金额的,印花税的计税依据按照实际结算的金额确定,是包括未列明的增值税税款的。

4. 下列项目中,可以减免印花税的有( )。

A. 以货易货合同

B. 国务院批准改制中的上市公司国有股权无偿转让合同

C. 2022 年 7 月 1 日,金融机构与小型、微型企业签订的借款合同

D. 经县级以上人民政府及企业主管部门批准改制的企业因改制签订的产权转移书据

【参考答案】 B C D

【答案解析】 选项 A,以货易货合同没有减免优惠。

5. 下列关于营业账簿计征印花税的表述中,正确的有(   )。

A. 纳入征税范围的营业账簿,是按立账簿人的经济属性划分征免范围

B. 纳入征税范围的营业账簿,是根据账簿的经济用途来确定征免界限

C. 对采用一级核算形式的单位,只就财会部门设置的营业账簿贴花

D. 车间设置的属于会计核算范围,但不记载金额的相关账簿,不贴印花

【参考答案】 B C D

【答案解析】 纳入征税范围的营业账簿,不按立账簿人是否属于经济属性来划定范围,而是按账簿的经济用途来确定征免界限。

6. 下列合同,应按"产权转移书据"税目征收印花税的有(   )。

A. 专利申请转让合同   B. 商品房销售合同

C. 土地使用权出让合同   D. 土地使用权转让合同

【参考答案】 B C D

【答案解析】 选项 A,专利申请转让合同属于"技术合同"税目。

7. 下列凭证中,免征印花税的有(   )。

A. 与高校学生签订的学生公寓租赁合同

B. 经县级以上人民政府及企业主管部门批准改制签订的产权转移书据

C. 国际金融组织向我国企业提供优惠贷款书立的合同

D. 贴息贷款合同

【参考答案】 A B D

【答案解析】 选项 C,外国政府或国际金融组织向我国政府及国家金融机构提供优惠贷款所书立的合同,免征印花税。

8. 下列关于印花税纳税人的描述,正确的有(   )。

A. 各类合同的纳税人是立合同人,包括保人,但不包括证人、鉴定人

B. 在国外书立在国内使用的应税凭证其纳税人是使用人

C. 电子形式签订的各类应税凭证的当事人

D. 凡由两方或两方以上当事人共同书立的应税凭证,由双方协商确定纳税人,协商不成的双方各缴纳应纳税额的 50%(当事人各方都是印花税的纳税人)

【参考答案】 B C

【答案解析】 选项 A,各类合同的纳税人是立合同人,不包括保人、证人、鉴定人;选项 D,无论协商成与不成,当事人各方都是印花税的纳税人。

9. 下列合同或凭证,应缴纳印花税的有(   )。

A. 商品房销售合同   B. 人寿保险合同

C. 军事物资运输凭证　　　　　　　D. 专利申请转让合同

【参考答案】　A D

【答案解析】　选项 B,人寿保险合同不属于印花税征税范围,不缴纳印花税;选项 C,军事物资运输凭证,免征印花税。

10. 下列合同中,应该征收印花税的有(　　　)。

A. 未按期兑现的合同

B. 电网与用户之间签订的购售电合同

C. 发电厂与电网之间签订的购售电合同

D. 国家指定的收购部门与农民个人签订的农业产品收购合同

【参考答案】　A C

【答案解析】　选项 A 符合题意,未按期兑现的合同,也是印花税的征税对象。电网与用户之间签订的供用电合同不属于印花税列举征税的凭证,不征收印花税,选项 B 不符合题意。对发电厂与电网之间签订的购售电合同按购销合同征收印花税,选项 C 符合题意。国家指定的收购部门与村民委员会、农民个人书立的农副产品收购合同,属于免税合同,选项 D 不符合题意。

11. 对于加工承揽合同计征印花税的说法,正确的有(　　　)。

A. 由受托方提供原材料的,在合同中分别记载加工费金额和原材料金额,应分别按"加工承揽合同""购销合同"计税

B. 由受托方提供原材料的,若合同中未分别记载,则应就全部金额依照"加工承揽合同"计税贴花

C. 由受托方提供原材料的,若合同中未分别记载,则应就全部金额依照"购销合同"计税贴花

D. 委托方提供主要材料或原料,受托方只提供辅助材料:无论加工费和辅助材料金额是否分别记载,均以辅助材料与加工费的合计数,依照"加工承揽合同"计税贴花

【参考答案】　A B D

【答案解析】　由受托方提供原材料的加工、定作合同,凡在合同中分别记载加工费金额与原材料金额的,应分别按"加工承揽合同""购销合同"计税。两项税额相加数,即为合同应贴印花合同中不划分加工费金额与原材料金额的,应按全部金额,依照"加工承揽合同"计税贴花。

12. 以下关于印花税的计税依据,说法正确的有(　　　)。

A. 财产租赁合同,计税依据为合同列明的租赁金额,不包括列明的增值税税款

B. 仓储保管合同,计税依据为仓储保管的费用

C. 财产保险合同,计税依据为支付(收取)的保险费金额,包括所保财产的金额

D. 货物运输合同,计税依据为取得的运输费金额(即运费收入),包括所运货物的装卸费

【参考答案】 A B

【答案解析】 财产保险合同,计税依据为支付(收取)的保险费金额,不包括所保财产的金额;货物运输合同,计税依据为取得的运输费金额(即运费收入),不包括所运货物的金额、装卸费和保险费等。

13. 以下关于印花税应纳税额的说法,正确的有(   )。

A. 应税凭证所载金额为外国货币的,按申报印花税当日的国家外汇管理局公布的外汇牌价折合人民币,计算应纳税额

B. 按金额比例贴花的应税凭证,未标明金额的,按凭证所载数量及市场价格计算金额,依适用税率贴足印花

C. 同一凭证因载有两个或两个以上经济事项而适用不同税率,如分别载有金额的,应分别计算应纳税额,相加后按合计税额贴花

D. 已贴花的凭证,修改后所载金额增加的,其增加部分应当补贴印花税票

【参考答案】 B C D

【答案解析】 应税凭证所载金额为外国货币的,按凭证书立当日的国家外汇管理局公布的外汇牌价折合人民币,计算应纳税额。

(三) 判断题

1. 根据《印花税法》相关规定,租赁合同、保管合同、仓储合同、借款合同、财产保险合同和证券交易的税率为1‰。   (   )

【参考答案】 ✕

【答案解析】 租赁合同、保管合同、仓储合同、财产保险合同和证券交易的税率为1‰。借款合同的税率为0.5‰。

2. 自2019年1月1日至2022年12月31日,对饮水工程运营管理单位为建设饮水工程取得土地使用权而签订的产权转移书据,免征印花税。   (   )

【参考答案】 ✕

【答案解析】 自2019年1月1日至2023年12月31日,对饮水工程运营管理单位为建设饮水工程取得土地使用权而签订的产权转移书据,以及与施工单位签订的建设工程承包合同,免征印花税。

3. 小规模纳税人已经享受资金账簿印花税减半的优惠,还可以叠加享受小规模纳税人印花税减征50%的优惠。   (   )

【参考答案】 √

【答案解析】 增值税小规模纳税人已依法享受资源税、城市维护建设税、房产税、城镇土地使用税、印花税、耕地占用税、教育费附加、地方教育附加其他优惠政策的，可叠加享受优惠政策。

4. 企业因改制签订的产权转移书据按规定贴花。　　　　　　　　　（　）

【参考答案】 ×

【答案解析】 企业因改制签订的产权转移书据免予贴花。

5. 以合并或分立方式成立的新企业，其新启用的资金账簿记载的资金，凡原已贴花的部分需要重新贴花。　　　　　　　　　　　　　　（　）

【参考答案】 ×

【答案解析】 以合并或分立方式成立的新企业，其新启用的资金账簿记载的资金，凡原已贴花的部分可不再贴花，未贴花的部分和以后新增加的资金按规定贴花。

6. 对财产所有人将财产赠给学校所立的书据，免征印花税。　　　　（　）

【参考答案】 √

【答案解析】 对国家拨付事业经费和企业办的各类学校、托儿所、幼儿园自用的房产、土地，免征房产税、城镇土地使用税；对财产所有人将财产赠给学校所立的书据，免征印花税。

7.《印花税法》执行的税率分为 4 档，包括 1‰、5‰、3‰和 0.5‰。　（　）

【参考答案】 ×

【答案解析】 根据《印花税法》的规定，印花税的税率分为 5 档，即 1‰、5‰、3‰、2.5‰和 0.5‰。

8. 同一应税凭证载有两个以上税目事项，从高适用税率。　　　　　（　）

【参考答案】 ×

【答案解析】 同一应税凭证载有两个以上税目事项并分别列明金额的，按照各自适用的税目税率分别计算应纳税额；未分别列明金额的，从高适用税率。

9. 印花税票是缴纳印花税的完税凭证，由省级税务总局负责监制。　（　）

【参考答案】 ×

【答案解析】 印花税票是缴纳印花税的完税凭证，由国家税务总局负责监制。

10. 财产租赁合同只是规定了月（天）租金标准而无期限的，暂不征收印花税。

　　　　　　　　　　　　　　　　　　　　　　　　　　　　　（　）

【参考答案】 ×

【答案解析】 财产租赁合同只是规定了月（天）租金标准而无期限的，可在签订时先按定额 5 元贴花，以后结算时再按实际金额计税，补贴印花。

十三、车 船 税

(一) 单项选择题

1. 下列车船中,不属于车船税征税范围的是( )。

A. 机场内部场所使用的车辆

B. 小汽车

C. 火车

D. 拖船

【参考答案】 C

【答案解析】 《中华人民共和国车船税法》(以下简称《车船税法》)所称车辆、船舶,是指:(1)依法应当在车船登记管理部门登记的机动车辆和船舶;(2)依法不需要在车船登记管理部门登记的在单位内部场所行驶或者作业的机动车辆和船舶。选项C,火车不属于车船税的征税范围。

2. 下列说法中,不符合车船税规定的是( )。

A. 对未办理车船登记手续且无法提供车船购置发票的,车船税的纳税义务发生时间由主管地方税务机关核定

B. 在机场内部场所行驶或者作业的汽车不缴纳车船税

C. 车船税的征税范围是在车船管理部门登记的车船以及依法不需要在车船管理部门登记,在单位内部场所行驶或者作业的机动车辆和船舶

D. 车船的管理人也可以是车船税的纳税人

【参考答案】 B

【答案解析】 车船税的征税范围是在车船管理部门登记的车船以及依法不需要在车船管理部门登记、在单位内部场所行驶或者作业的机动车辆和船舶。

3. 在交通运输部直属海事管理机构登记的应税船舶,其车船税由船籍港所在地的税务机关委托( )代征。

A. 国家税务机关

B. 地方税务机关

C. 地方人民政府

D. 当地海事管理机构

【参考答案】 D

【答案解析】 略。

4. 某装备制造厂 2021 年拥有货车 3 辆,每辆货车的整备质量均为 1.499 吨;挂

车1辆,其整备质量为1.2吨;小汽车2辆。已知货车车船税为整备质量每吨年基准税额16元,小汽车车船税为每辆年基准税额360元。该厂当年度应纳车船税为( )元。

  A. 441.6   B. 792   C. 801.55   D. 811.2

【参考答案】 C

【答案解析】 挂车按照货车税额的50%计算纳税。《车船税法》及有关规定涉及的整备质量、净吨位等计税单位,有尾数的一律按照含尾数的计税单位据实计算车船税应纳税额。该制造厂应纳的车船税$=1.499×3×16+1.2×1×16×50\%+2×360=801.55$(元)。

5. 车船税的扣缴义务人是( )。

  A. 国家税务机关

  B. 地方税务机关

  C. 从事机动车第三者责任强制保险业务的保险机构

  D. 购买车船的消费者

【参考答案】 C

【答案解析】 从事机动车第三者责任强制保险业务的保险机构为机动车车船税的扣缴义务人,应当在收取保险费时依法代收车船税,并出具代收税款凭证。

6. 下列车辆,应缴纳车船税的是( )。

  A. 挂车

  B. 捕捞、养殖渔船

  C. 武装警察部队专用的车辆

  D. 国际组织驻华代表机构使用的车辆

【参考答案】 A

【答案解析】 下列车船免征车船税:(1)捕捞、养殖渔船;(2)军队、武装警察部队专用的车船;(3)警用车船;(4)悬挂应急救援专用号牌的国家综合性消防救援车辆和国家综合性消防救援专用船舶;(5)依照法律规定应当予以免税的外国驻华使领馆、国际组织驻华代表机构及其有关人员的车船。

7. 下列关于车船税计税单位的说法中,不正确的是( )。

  A. 乘用车以每辆为计税单位

  B. 货车以每辆为计税单位

  C. 机动船舶以净吨位每吨为计税单位

  D. 游艇以艇身长度每米为计税单位

【参考答案】 B

【答案解析】 货车以整备质量每吨为计税单位。

8. 以下车辆中不属于专用作业车的是( )。

A. 消防车   B. 高空作业车   C. 混凝土泵车   D. 救护车

【参考答案】 D

【答案解析】 对于在设计和技术特性上用于特殊工作,并装置有专用设备或器具的汽车,应认定为专用作业车,如汽车起重机、消防车、混凝土泵车、清障车、高空作业车、洒水车、扫路车等。以载运人员或货物为主要目的的专用汽车,如救护车,不属于专用作业车。

9. 车辆因质量问题发生退货时可照章申请退还车船税,退货月份以( )为准。

A. 申请退还的当月   B. 申请退还的次月

C. 退货发票所载日期的当月   D. 退货发票所载日期的次月

【参考答案】 C

【答案解析】 已经缴纳车船税的车船,因质量原因,车船被退回生产企业或者经销商的,纳税人可以向纳税所在地的主管税务机关申请退还自退货月份起至该纳税年度终了期间的税款。退货月份以退货发票所载日期的当月为准。

10. 某企业 2021 年初拥有整备质量为 10 吨的载货汽车 6 辆;乘用车 4 辆,其中 2 辆为纯电动乘用车;当年 11 月,1 辆乘用车(非纯电动)被盗,取得公安机关开具的相关证明,并能够提供该被盗乘用车当年的车船税完税证明。已知当地载货汽车车船税年税额为每吨 60 元,乘用车车船税年税额为每辆 360 元,该企业 2021 年实际应缴纳的车船税是( )元。

A. 4 680   B. 4 260   C. 5 040   D. 5 010

【参考答案】 B

【答案解析】 在一个纳税年度内,已完税的车船被盗抢、报废、灭失的,纳税人可以凭有关管理机关出具的证明和完税凭证,向纳税所在地的主管税务机关申请退还自被盗抢、报废、灭失月份起至该纳税年度终了期间的税款。

该企业 2021 年实际应缴纳的车船税=10×60×6+360×2−360×2÷12=4 260(元)。

(二) 多项选择题

1. 下列车船应缴纳车船税的有( )。

A. 插电式混合动力汽车   B. 事业单位班车

C. 检察院领取警用牌照的车辆   D. 挂车

【参考答案】 BD

【答案解析】 插电式混合动力汽车、警用车船、养殖渔船等,均属于免税车船。

2. 下列车船免征车船税的有(　　　)。

A. 纯电动汽车　　　B. 警用车辆　　　　C. 捕捞养殖渔船　　D. 救护车

【参考答案】　A B C

【答案解析】　选项D,不免征车船税。

3. 下列对车船税的相关规定,表述正确的有(　　　)。

A. 车船税属于资源税

B. 车船税应在纳税人实际使用应税车船时征收

C. 车船税采用定额幅度税率

D. 车船税可以调节财富分配

【参考答案】　C D

【答案解析】　选项A,车船税属于单项财产税;选项B,车船税的纳税义务发生时间为取得车船所有权或者管理权的当月。

4. 根据车船税的规定,下列说法错误的有(　　　)。

A. 车船税属于财产税

B. 企业内部行驶的车船不属于征税范围

C. 车船税具有调节财富分配的作用

D. 车船税具有行为税和财产税的性质

【参考答案】　B D

【答案解析】　依法不需要在车船登记管理部门登记的机场、港口以及其他企业内部行驶或者作业的车船,属于车船税征税范围;车船税属于单项财产税。

5. 下列车船中,应以"辆"作为车船税计税单位的有(　　　)。

A. 电车　　　　　　B. 摩托车　　　　　C. 微型客车　　　　D. 半挂牵引车

【参考答案】　A B C

【答案解析】　半挂牵引车、货车按整备质量每吨作为计税单位。

6. 下列车船免征车船税的有(　　　)。

A. 捕捞、养殖渔船

B. 军队、武装警察部队专用的车船

C. 警用车船

D. 依照法律规定应当予以免税的外国驻华使领馆、国际组织驻华代表机构及其有关人员的车船

【参考答案】　A B C D

【答案解析】　下列车船免征车船税:(1)捕捞、养殖渔船;(2)军队、武装警察部队专用的车船;(3)警用车船;(4)悬挂应急救援专用号牌的国家综合性消防救援车

辆和国家综合性消防救援专用船舶;(5)依照法律规定应当予以免税的外国驻华使领馆、国际组织驻华代表机构及其有关人员的车船。

7. 下列说法符合《车船税法》规定的有( )。

A. 境内单位将船舶出租到境外的,应依法征收车船税

B. 境内单位租入外国籍船舶的,应依法征收车船税

C. 境内个人租入外国籍船舶的,应依法征收车船税

D. 境内个人将船舶出租到境外的,应依法征收车船税

【参考答案】 A D

【答案解析】 选项BC,境内单位和个人租入外国籍船舶的,不征收车船税。

8. 下列关于车船税的税收优惠,符合《车船税法》规定的有( )。

A. 医院救护车免征车船税

B. 客货两用车依照货车的计税单位和年基准税额计征车船税

C. 依法不需要办理登记的车船,车船税的纳税地点为车船的所有人或管理人所在地

D. 所有新能源车辆,均可以免征车船税

【参考答案】 B C

【答案解析】 医院救护车没有免征车船税的优惠;节约能源的车船减半征收车船税,符合规定的使用新能源的车船免征车船税。

(三) 判断题

1. 捕捞、养殖渔船,军队、武装警察部队专用的车船,警用车船,免征车船税。

( )

【参考答案】 √

【答案解析】 下列车船免征车船税:(1)捕捞、养殖渔船;(2)军队、武装警察部队专用的车船;(3)警用车船;(4)悬挂应急救援专用号牌的国家综合性消防救援车辆和国家综合性消防救援专用船舶;(5)依照法律规定应当予以免税的外国驻华使领馆、国际组织驻华代表机构及其有关人员的车船。

2. 临时入境的外国车船不征收车船税。 ( )

【参考答案】 √

【答案解析】 略。

3. 已完税的车船因地震灾害报废、灭失的,纳税人可申请退还当年缴纳的税款。

( )

【参考答案】 ×

【答案解析】 已完税的车船因地震灾害报废、灭失的,纳税人可申请退还自报

废、灭失月份起至本年度终了期间的税款。

4. 已经缴纳船舶车船税的船舶在同一纳税年度内办理转让过户的,在原登记地不予退税,在新登记地凭完税凭证不再纳税。 (　　)

【参考答案】　√

【答案解析】　已经缴纳船舶车船税的船舶在同一纳税年度内办理转让过户的,在原登记地不予退税,在新登记地凭完税凭证不再纳税,新登记地海事管理机构应记录上述船舶的完税凭证号和出具该凭证的税务机关或海事管理机构名称,并将完税凭证的复印件存档备查。

5. 客货两用车依照货车的计税单位和年基准税额计征车船税。 (　　)

【参考答案】　√

【答案解析】　客货两用车,又称多用途货车,是指在设计和结构上主要用于载运货物,但在驾驶员座椅后带有固定或折叠式座椅,可运载 3 人以上乘客的货车。客货两用车依照货车的计税单位和年基准税额计征车船税。

6. 依法不需要办理登记的车船,车船税的纳税地点为车船购买所在地。 (　　)

【参考答案】　×

【答案解析】　车船税的纳税地点为车船的登记地或者车船税扣缴义务人所在地。依法不需要办理登记的车船,车船税的纳税地点为车船的所有人或者管理人所在地。

7. 车船税纳税义务发生时间为取得车船所有权或者管理权的次月。 (　　)

【参考答案】　×

【答案解析】　车船税纳税义务发生时间为取得车船所有权或者管理权的当月。

8. 车船税按月申报缴纳。 (　　)

【参考答案】　×

【答案解析】　车船税按年申报缴纳。

9. 购置的新车船,购置当年的应纳税额自纳税义务发生的次月起按月计算。应纳税额为年应纳税额除以 12 再乘以应纳税月份数。 (　　)

【参考答案】　×

【答案解析】　购置的新车船,购置当年的应纳税额自纳税义务发生的当月起按月计算。应纳税额为年应纳税额除以 12 再乘以应纳税月份数。

10. 已缴纳车船税的车船在同一纳税年度内办理转让过户的,可办理退税。

(　　)

【参考答案】　×

【答案解析】　已缴纳车船税的车船在同一纳税年度内办理转让过户的,不另纳税,也不退税。

十四、烟 叶 税

(一) 单项选择题

1. 关于烟叶税的相关规定,下列表述错误的是( )。

A. 纳税人收购烟叶应当向烟叶收购地的主管税务机关申报纳税

B. 烟叶税的纳税人是收购烟叶的单位

C. 烟叶税的纳税人应当自纳税义务发生之日起 30 日内申报纳税

D. 烟叶收购金额包括纳税人支付给烟叶销售者的烟叶收购价款和价外补贴

【参考答案】 C

【答案解析】 烟叶税按月计征,纳税人应当于纳税义务发生月终了之日起 15 日内申报并缴纳税款。

2. 某卷烟厂为增值税一般纳税人,2021 年 8 月收购烟叶 5 000 千克,实际支付的价款总额 65 万元,已开具烟叶收购发票,下列表述正确的是( )。

A. 卷烟厂代扣代缴烟叶税 14.30 万元

B. 卷烟厂自行缴纳烟叶税 13.00 万元

C. 卷烟厂代扣代缴烟叶税 13.00 万元

D. 卷烟厂自行缴纳烟叶税 14.30 万元

【参考答案】 B

【答案解析】 烟叶税的纳税人是收购烟叶的单位,应自行缴纳的烟叶税＝65×20％＝13(万元)。

3. 烟叶税的税率为( )。

A. 20％   B. 30％   C. 40％   D. 50％

【参考答案】 A

【答案解析】 略。

4. 下列关于烟叶税的说法错误的是( )。

A. 应税烟叶为晾晒烟叶

B. 烟叶税的计税依据为纳税人收购烟叶实际支付的价款总额

C. 烟叶税的应纳税额按照纳税人收购烟叶实际支付的价款总额乘以税率计算

D. 《中华人民共和国烟叶税法》自 2018 年 7 月 1 日起施行

【参考答案】 A

【答案解析】 选项 A 描述错误,烟叶,是指烤烟叶、晾晒烟叶。

(二) 多项选择题

1. 下列关于烟叶税的说法中,不正确的有( )。

A. 烟叶税的纳税人是种植烟叶的单位和个人

B. 烟叶税按月计征,纳税人应当于纳税义务发生月终了之日起 15 日内申报并缴纳税款

C. 烟叶税以价款总额加上 10% 的补贴为计税依据

D. 烟叶税的纳税义务发生时间为纳税人销售烟叶的当天

【参考答案】 A C D

【答案解析】 选项 A,烟叶税纳税人是收购烟叶的单位;选项 C,烟叶税法规定以实际支付的价款总额为计税依据;选项 D,烟叶税的纳税义务发生时间为纳税人收购烟叶的当天。

2. 下列关于烟叶税征收管理的说法,正确的有( )。

A. 纳税人收购烟叶,应当向烟叶收购地的主管税务机关申报纳税

B. 烟叶收购地的主管税务机关,是指烟叶收购地的县级税务局或者其所指定的税务分局、所

C. 烟叶税的纳税义务发生时间为纳税人收购烟叶的当日

D. 纳税人应当自纳税义务发生之日起 10 日内申报纳税

【参考答案】 A B C

【答案解析】 选项 D,烟叶税按月计征,纳税人应当于纳税义务发生月终了之日起 15 日内申报并缴纳税款。

3. 根据烟叶税的有关规定,下列说法正确的有( )。

A. 烟叶税的征税范围是晾晒烟叶和烤烟叶

B. 收购烟叶的当天,是指纳税人向烟叶销售者付讫收购烟叶款项或者开具收购烟叶凭据的当天

C. 纳税人应当向烟叶收购地的主管税务机关申报缴纳烟叶税

D. 烟叶税实行定额税率

【参考答案】 A B C

【答案解析】 选项 D,烟叶税实行"比例税率",税率为 20%。

（三）判断题

1. 在中华人民共和国境内收购烟叶(指晾晒烟叶、烤烟叶)的单位和个人，应按照法律法规的规定向收购地税务机关办理烟叶税申报。 （ ）

【参考答案】 ×

【答案解析】 在中华人民共和国境内，依照《中华人民共和国烟草专卖法》的规定收购烟叶的单位为烟叶税的纳税人。纳税人应当依照《中华人民共和国烟叶税法》规定缴纳烟叶税。

2. 自 2018 年 7 月 1 日起，烟叶税按次计征。 （ ）

【参考答案】 ×

【答案解析】 烟叶税按月计征，纳税人应当于纳税义务发生月终了之日起 15 日内申报并缴纳税款;《中华人民共和国烟叶税法》自 2018 年 7 月 1 日起施行。

3. 纳税人收购烟叶实际支付的价款总额包括纳税人支付给烟叶生产销售单位和个人的烟叶收购价款和价外补贴。其中，价外补贴统一按烟叶收购价款的 15% 计算。 （ ）

【参考答案】 ×

【答案解析】 纳税人收购烟叶实际支付的价款总额包括纳税人支付给烟叶生产销售单位和个人的烟叶收购价款和价外补贴。其中，价外补贴统一按烟叶收购价款的 10% 计算。

4. 烟叶税的纳税义务发生时间为纳税人收购烟叶的次日。 （ ）

【参考答案】 ×

【答案解析】 烟叶税的纳税义务发生时间为纳税人收购烟叶的当日。

5. 纳税人应当向机构所在地的主管税务机关申报缴纳烟叶税。 （ ）

【参考答案】 ×

【答案解析】 纳税人应当向烟叶收购地的主管税务机关申报缴纳烟叶税。

十五、环境保护税

(一) 单项选择题

1. 根据环境保护税的相关规定,纳税人缴纳环境保护税的纳税地点是( )。

A. 应税污染物排放地的税务机关

B. 应税污染物排放单位机构所在地的税务机关

C. 扣缴义务人所在地的税务机关

D. 应税污染物排放地的上级税务机关

【参考答案】 A

【答案解析】 根据《中华人民共和国环境保护税法》(以下简称《环境保护税法》)第十七条的规定,纳税人应当向应税污染物排放地的税务机关申报缴纳环境保护税。

2. 纳税人排放应税大气污染物或者水污染物的浓度值低于国家和地方规定的污染物排放标准50%的,减按一定比例征收环境保护税,该比例为( )。

A. 50% B. 60% C. 70% D. 75%

【参考答案】 A

【答案解析】 根据《环境保护税法》第十三条的规定,纳税人排放应税大气污染物或者水污染物的浓度值低于国家和地方规定的污染物排放标准50%的,减按50%征收环境保护税。

3. 纳税人未安装使用污染物自动监测设备的,按照( )计算应税大气污染物、水污染物、固体废物排放量和噪声分贝数。

A. 监测机构出具的符合国家有关规定和监测规范的监测数据

B. 国务院生态环境主管部门规定的排污系数、物料衡算方法

C. 省、自治区、直辖市人民政府生态环境主管部门规定的抽样测算的方法

D. 同类企业计税标准核定

【参考答案】 A

【答案解析】 根据《环境保护税法》第十条的规定,纳税人未安装使用污染物自动监测设备的,按照监测机构出具的符合国家有关规定和监测规范的监测数据计算。

4. 下列情形中,纳税人应当以其当期应税固体废物的产生量作为固体废物的排

放量的是( )。

    A. 进行虚假纳税申报

    B. 伪造污染物监测数据

    C. 通过渗井违法排放应税污染物

    D. 未依法安装使用污染物自动监测设备

【参考答案】 A

【答案解析】 根据《中华人民共和国环境保护税法实施条例》(以下简称《环境保护税法实施条例》)第六条的规定,纳税人有以下情形的,以其当期应税固体废物的产生量作为固体废物的排放量:(1)非法倾倒应税固体废物;(2)进行虚假纳税申报。

5. 某企业沿边界长度超过100米有两处以上噪声超标,2021年3月累计8天发生的工业噪声分贝数超过国家标准7分贝。按照环境保护税税目税额表规定,噪声超标7~9分贝的,应纳税额每月1 400元,则该企业当月应纳环境保护税( )元。

    A. 350   B. 700   C. 1 400   D. 2 800

【参考答案】 C

【答案解析】 根据《环境保护税法》所附《环境保护税税目税额表》和《财政部 税务总局 生态环境部关于环境保护税有关问题的通知》(财税〔2018〕23号)的规定,当沿边界长度超过100米有两处以上噪声超标,按照两个单位计算应纳税额;声源一个月内超标不足15天的,减半计算应纳税额。该企业当月应纳环境保护税=1 400×2×50%=1 400(元)。

6.《环境保护税法》第十三条所称应税大气污染物或者水污染物的浓度值,是指纳税人安装使用的污染物自动监测设备当月自动监测的应税大气污染物浓度值的_____或者应税水污染物浓度值的_____,或者监测机构当月监测的应税大气污染物、水污染物浓度值的_____。( )

    A. 小时平均再平均所得数值;日平均值再平均所得数值;平均值

    B. 小时平均值;日平均值;平均值

    C. 小时加权平均值;日加权平均值;加权平均值

    D. 日平均值;小时平均值;平均值

【参考答案】 A

【答案解析】 根据《环境保护税法实施条例》第十条的规定,《环境保护税法》第十三条所称应税大气污染物或者水污染物的浓度值,是指纳税人安装使用的污染物自动监测设备当月自动监测的应税大气污染物浓度值的小时平均值再平均所得数值或者应税水污染物浓度值的日平均值再平均所得数值,或者监测机构当月监测的应税大气污染物、水污染物浓度值的平均值。

(二)多项选择题

1. 下列情形,属于暂予免征环境保护税的有(　　)。

A. 农业生产(不包括规模化养殖)排放应税污染物的

B. 机动车、铁路机车、非道路移动机械、船舶和航空器等流动污染源排放应税污染物的

C. 依法设立的城乡污水集中处理、生活垃圾集中处理场所排放相应应税污染物,不超过国家和地方规定的排放标准的

D. 纳税人综合利用的固体废物,符合国家和地方环境保护标准的

【参考答案】　A B C D E

【答案解析】　依据是《环境保护税法》第十二条的规定。

2. 下列关于应税污染物排放量监测计算规定的说法中,正确的有(　　)。

A. 纳税人主动安装使用符合国家规定和监测规范的污染物自动监测设备,但未与生态环境主管部门联网的,可以按照自动监测数据计算应税污染物排放量

B. 纳税人采用监测机构出具的监测数据申报减免环境保护税的,应当取得申报当月的监测数据;当月无监测数据的,不予减免环境保护税

C. 纳税人采用委托监测方式,在规定监测时限内当月无监测数据的,可以跨季度沿用最近一次的监测数据

D. 纳税人当月不能提供符合国家规定和监测规范的自动监测数据的,应当按照排污系数、物料衡算方法计算应税污染物排放量

【参考答案】　A B D

【答案解析】　根据《财政部　税务总局　生态环境部关于明确环境保护税应税污染物适用等有关问题的通知》(财税〔2018〕117号)的规定,纳税人采用委托监测方式,在规定监测时限内当月无监测数据的,可以沿用最近一次的监测数据计算应税污染物排放量,但不得跨季度沿用监测数据。故选项C错误。

3. 某企业2022年3月向大气直接排放一般性粉尘、氟化物各120千克,一氧化碳、氯化氢各100千克。已知,一般性粉尘、氟化物、一氧化碳、氯化氢的污染当量值分别是4千克、0.87千克、16.7千克、10.75千克,假设当地大气污染物每污染当量税额1.2元,该企业只有一个排放口,以下选项错误的有(　　)。

A. 该企业2022年3月应纳的环境保护税是219.86元

B. 该企业2022年3月应纳的环境保护税是212.68元

C. 该企业2022年3月应纳的环境保护税是3 995.28元

D. 该企业2022年3月应纳的环境保护税是3 870元

【参考答案】 ＡＣＤ

【答案解析】 一般性粉尘污染当量数＝120÷4＝30；

氟化物污染当量数＝120÷0.87＝137.93；

一氧化碳污染当量数＝100÷16.7＝5.99；

氯化氢污染当量数＝100÷10.75＝9.30。

该企业只有一个排放口，按照污染当量数从大到小给4项应税污染物排序，对前三项污染物征收环保税，选取计税前三项污染物：氟化物、一般性粉尘、氯化氢。

该企业2022年3月应纳的环境保护税＝（137.93＋30＋9.30）×1.2＝212.68（元）。

4. 海洋工程环境保护税征税对象为（   ）。

A. 水污染物　　　　　　　　　　　B. 噪声

C. 大气污染物　　　　　　　　　　D. 固体废物

【参考答案】 ＡＣＤ

【答案解析】 根据《环境保护税法》第二十二条的规定，海洋工程环境保护税征税对象为大气污染物、水污染物和固体废物。

5. 下列符合环境保护税政策规定的有（   ）。

A. 环保税的纳税义务发生时间为纳税人排放应税污染物的当日

B. 纳税人应当向应税污染物排放地的税务机关申报缴纳环境保护税

C. 环境保护税按月计算，按季申报缴纳

D. 纳税人按次申报缴纳的，应当自季度终了之日起15日内，向税务机关办理纳税申报并缴纳税款

【参考答案】 ＡＢＣ

【答案解析】 纳税人按次申报缴纳的，应当自纳税义务发生之日起15日内，向税务机关办理纳税申报并缴纳税款。故选项D错误。

(三) 判断题

1. 环境保护税征税范围中的噪声仅指工业噪声。   （   ）

【参考答案】 √

【答案解析】 依据是《环境保护税法》所附《环境保护税税目税额表》的规定。

2. 纳税人依法将应税固体废物转移至其他单位和个人进行贮存、处置或者综合利用的，固体废物的转移量不应计入其当期应税固体废物的贮存量、处置量或者综合利用量。   （   ）

【参考答案】 ×

【答案解析】 根据《财政部 税务总局 生态环境部关于环境保护税有关问题的通知》(财税〔2018〕23号)的规定,纳税人依法将应税固体废物转移至其他单位和个人进行贮存、处置或者综合利用的,固体废物的转移量相应计入其当期应税固体废物的贮存量、处置量或者综合利用量。

3. 每一排放口的应税水污染物,按照《环境保护税法》所附《应税污染物和当量值表》,按照污染当量数从大到小排序。 ( )

【参考答案】 ×

【答案解析】 每一排放口的应税水污染物,按照《环境保护税法》所附《应税污染物和当量值表》,区分第一类水污染物和其他类水污染物,按照污染当量数从大到小排序。

4. 省、自治区、直辖市人民政府根据本地区污染物减排的特殊需要,可以增加同一排放口征收环境保护税的应税污染物项目数,报同级人民代表大会常务委员会决定,并报全国人民代表大会常务委员会和国务院备案。 ( )

【参考答案】 √

【答案解析】 略。

5. 纳税人排放应税大气污染物或者水污染物的浓度值低于国家和地方规定的污染物排放标准30%的,减按70%征收环境保护税。 ( )

【参考答案】 ×

【答案解析】 纳税人排放应税大气污染物或者水污染物的浓度值低于国家和地方规定的污染物排放标准30%的,减按75%征收环境保护税。

6. 环境保护税应税大气污染物、水污染物的计税依据,按照污染物排放量确定。 ( )

【参考答案】 ×

【答案解析】 环境保护税应税大气污染物、水污染物的计税依据,按照污染物排放量折合的污染当量数确定。

7. 环境保护税计算应税染物排放量时,纳税人采用委托监测方式,在规定监测时限内当月无监测数据的,可以跨季度沿用最近一次的监测数据计算应税污染物排放量。 ( )

【参考答案】 ×

【答案解析】 纳税人采用委托监测方式,在规定监测时限内当月无监测数据的,可以沿用最近一次的监测数据计算应税污染物排放量,但不得跨季度沿用监测数据。

8. 某企业2022年3月向大气直接排放烟尘1 000千克,根据大气污染物污染当量值表,烟尘的污染当量值是2.18千克,当地大气污染物适用税额为每污染当量

1.2 元,该企业 2022 年 3 月应纳环境保护税 550.46 元。 ( )

【参考答案】 √

【答案解析】 该企业 2022 年 3 月应纳环境保护税=1 000÷2.18×1.2=550.46
(元)。

9. 对向海洋水体排放生产污水和机舱污水、钻井泥浆(包括水基泥浆和无毒复
合泥浆,下同)和钻屑及生活污水的,按照应税污染物排放量折合的污染当量数计征。

( )

【参考答案】 √

【答案解析】 依据是《国家税务总局 国家海洋局关于发布〈海洋工程环境保护
税申报征收办法〉的公告》(国家税务总局公告 2017 年第 50 号)第三条的规定。

10. 纳税人运回陆域处理的海洋工程应税污染物,应当按照《环境保护税法》及
其相关规定,向纳税人所在地税务局申报缴纳环境保护税。 ( )

【参考答案】 ×

【答案解析】 根据《国家税务总局 国家海洋局关于发布〈海洋工程环境保护税
申报征收办法〉的公告》(国家税务总局公告 2017 年第 50 号)第十四条的规定,纳税
人运回陆域处理的海洋工程应税污染物,应当按照《环境保护税法》及其相关规定,向
污染物排放地税务机关申报缴纳环境保护税。

十六、附 加 税（费）

（一）单项选择题

1. 下列关于城市维护建设税的说法中,正确的是（　　　）。

A. 城市维护建设税一般不单独加收滞纳金和罚款

B. 增值税实行即征即退的,一律退还城市维护建设税

C. 城市维护建设税原则上不单独规定减免税

D. 计税依据包括增值税、消费税的滞纳金和罚款

【参考答案】 C

【答案解析】 如果纳税人不按规定缴纳城市维护建设税,则可以单独加收滞纳金及罚款。对增值税实行即征即退办法的,除另有规定外,一律不予退还。城市维护建设税的计税依据不包括滞纳金和罚款。

2. 位于某市的卷烟生产企业委托设在县城的烟丝加工厂加工一批烟丝,提货时,加工厂代收代缴的消费税为2 000元,下列说法正确的是（　　　）。

A. 在烟丝加工厂所在地缴纳城市维护建设税及教育费附加160元

B. 在烟丝加工厂所在地缴纳城市维护建设税及教育费附加200元

C. 在卷烟厂所在地缴纳城市维护建设税及教育费附加160元

D. 在卷烟厂所在地缴纳城市维护建设税及教育费附加200元

【参考答案】 A

【答案解析】 代收代缴消费税的单位同时也是城市维护建设税及教育费附加的代收代缴义务人,其城市维护建设税及教育费附加的纳税地点在代收地。本题应该在烟丝加工厂所在地按照该地区的税率缴纳城市维护建设税,应纳城市维护建设税和教育费附加税额＝2 000×(5%＋3%)＝160(元)。

3. 下列关于城市维护建设税的表述中,错误的是（　　　）。

A. 个体商贩及个人在集市上出售商品,对其征收临时经营的增值税,是否同时按其实缴的税额征收城市维护建设税,由各省、自治区、直辖市人民政府根据实际情况确定

B. 由受托方代收、代扣增值税、消费税的纳税人应按受托人缴纳增值税、消费税

所在地的规定税率就地缴纳城市维护建设税

C. 对规定期间的国家重大水利工程建设基金免征城市维护建设税

D. 纳税人所在地不在城市市区、县城、建制镇的,不需要缴纳城市维护建设税

【参考答案】 D

【答案解析】 纳税人所在地不在城市市区、县城、建制镇的,需要缴纳城市维护建设税,税率为1%。

4. 下列属于城市维护建设税纳税义务人的是( )。

A. 缴纳增值税的事业单位　　　　B. 只缴纳契税的个体工商户

C. 只缴纳印花税的外商投资企业　　D. 只缴纳个人所得税的公司职员

【参考答案】 A

【答案解析】 城市维护建设税的计税依据为实缴的增值税和消费税,选项BCD,契税、印花税和个人所得税不是城市维护建设税的计税依据,所以只缴纳契税的个体工商户、只缴纳印花税的外商投资企业和只缴纳个人所得税的公司职员不是城市维护建设税的纳税人。

5. 下列属于城市维护建设税计税依据的是( )。

A. 进口环节缴纳的增值税

B. 进口环节缴纳的关税

C. 进口环节缴纳的消费税

D. 国内销售环节实际缴纳的增值税、消费税

【参考答案】 D

【答案解析】 城市维护建设税进口不征、出口不退,因此进口环节缴纳的增值税、关税、消费税不是城市维护建设税的计税依据。

6. 下列关于城市维护建设税概念、特点及立法原则的表述,错误的是( )。

A. 城市维护建设税是对从事工商经营,缴纳增值税、消费税的单位和个人征收的一种税

B. 城市维护建设税专款专用,用来保证城市的公共事业和公共设施的维护与建设,就是一种具有受益税性质的税种

C. 城市维护建设税属于一种附加税

D. 限制对企业的乱摊派,是城市维护建设税的特点之一

【参考答案】 D

【答案解析】 限制对企业的乱摊派,是城市维护建设税的立法原则之一。

7. 下列各项中,不符合城市维护建设税减免税规定的是( )。

A. 下岗职工从事个体餐饮,自领取税务登记证之日起 3 年内免征城市维护建

设税

B. 企业减免增值税 1 年后才能减免城市维护建设税

C. 对自谋职业的城镇退役士兵从事个体经营(除建筑业、娱乐业以及广告业、桑拿、按摩、网吧、氧吧外)的,自领取税务登记证之日起,3 年内免征城市维护建设税

D. 对国家石油储备基地第一期项目建设过程中涉及的城市维护建设税予以免征

【参考答案】 B

【答案解析】 企业减免增值税,当年即可减免城市维护建设税。

8. 根据税法规定,县以上各级银行直接经营业务取得的收入,由( )。

A. 各级银行分别在所在地纳税　　　B. 银行总行在总行所在地纳税

C. 各级银行协同确定纳税地点　　　D. 税务机关确定纳税地点

【参考答案】 A

【答案解析】 略。

9. 下列关于教育费附加减免的说法,正确的是( )。

A. 对进口的产品征收增值税的同时征收教育费附加

B. 对出口产品退还增值税的同时退还教育费附加

C. 按月纳税的月销售额或营业额不超过 10 万元(按季度纳税的季度销售额或营业额不超过 30 万元)的缴纳义务人免征教育费附加

D. 企业减免增值税 1 年后才能减免教育费附加

【参考答案】 C

【答案解析】 选项 A,进口环节征收的"两税"(即消费税、增值税),不征收教育费附加;选项 B,出口产品退还的"两税",不退还教育费附加;选项 D,企业减免增值税,当年即可减免教育费附加。根据《国家税务总局关于增值税小规模纳税人减免增值税等政策有关征管事项的公告》(国家税务总局公告 2023 年第 1 号)第一条的规定,增值税小规模纳税人发生增值税应税销售行为,合计月销售额未超过 10 万元(以 1 个季度为 1 个纳税期的,季度销售额未超过 30 万元)的,免征增值税。

10. 下列属于城市维护建设税计税依据的是( )。

A. 进口环节缴纳的消费税　　　B. 出口环节退还的增值税

C. 向税务机关实际缴纳的土地增值税　　　D. 向税务机关实际缴纳的增值税

【参考答案】 D

【答案解析】 城市维护建设税进口不征、出口不退,因此进口环节缴纳的增值税、关税、消费税不是城市维护建设税的计税依据。土地增值税不属于城市维护建设

税计税依据。

11. 下列不属于城市维护建设税纳税义务人的是（　　）。

A. 缴纳增值税的私营单位　　　　　B. 缴纳消费税的国有企业

C. 缴纳增值税的外国企业　　　　　D. 只缴纳个人所得税的自然人

【参考答案】　D

【答案解析】　城市维护建设税的纳税义务人，是指负有缴纳增值税、消费税义务的单位和个人，所以选项 D 不是城市维护建设税的纳税义务人。

12. 某外贸公司（位于县城）2021 年 4 月出口货物退还增值税 15 万元，退还消费税 30 万元；进口半成品缴纳进口环节增值税 60 万元，内销产品缴纳增值税 200 万元；本月将 3 年前购进的一块闲置土地使用权转让，实际收到 500 万元，购入该土地使用权时支付土地出让金 340 万元、各种税费 10 万元。该公司本月应纳城市维护建设税和教育费附加（　　）万元。

A. 21.44　　　　B. 17.36　　　　C. 16.64　　　　D. 16.61

【参考答案】　D

【答案解析】　出口退还流转税，不退还城市维护建设税和教育费附加，进口不征城市维护建设税和教育费附加；应缴纳城市维护建设税和教育费附加＝200×（5％＋3％）＋（500－340）÷（1＋5％）×5％×（5％＋3％）＝16.61（万元）。

13. 某旅游开发公司总公司在市区，分公司在县城。2021 年 5 月，总公司自营业务应纳增值税 12 万元；分公司自营业务应纳增值税 8 万元。6 月该旅游开发公司应纳城市维护建设税共计（　　）万元。

A. 0.84　　　　B. 1　　　　C. 1.24　　　　D. 1.4

【参考答案】　C

【答案解析】　总公司按照市区 7％ 的税率计算城市维护建设税，分公司按照县城 5％ 的税率计算城市维护建设税。应纳城市维护建设税＝12×7％＋8×5％＝0.84＋0.4＝1.24（万元）。

（二）多项选择题

1. 下列各项中，符合城市维护建设税及教育费附加征收管理规定的有（　　）。

A. 对国家石油储备基地第一期项目建设过程中涉及的城市维护建设税、教育费附加予以免征

B. 纳税人所在地为工矿区的，应根据行政区划分别按照 7％、5％、1％ 的税率缴纳城市维护建设税

C. 纳税人减免增值税、消费税的，不得减免城市维护建设税和教育费附加

D. 纳税人缴纳增值税、消费税之后,却不按规定缴纳城市维护建设税和教育费附加的,可以对其单独加收滞纳金,也可以单独进行罚款

【参考答案】 A B D

【答案解析】 选项C,纳税人减免增值税、消费税时,相应也减免了城市维护建设税和教育费附加。

2. 按现行政策,下列作为城市维护建设税及教育费附加计算基数的有( )。

A. 个人缴纳的车辆购置税

B. 某个体工商户缴纳的增值税

C. 某外国企业缴纳的消费税

D. 某生产企业出口货物实行免、抵、退税办法后,经批准的免抵增值税额

【参考答案】 B C D

【答案解析】 城市维护建设税及教育费附加的纳税人是在征税范围内从事工商经营,并缴纳增值税、消费税的单位和个人。不论国有企业、集体企业、私营企业、个体工商户,还是其他单位、个人,只要实际缴纳了增值税、消费税中的任何一种税,都必须同时缴纳城市维护建设税和教育费附加。外商投资企业和外国企业及外籍个人也要缴纳城市维护建设税。生产企业出口货物实行免、抵、退税办法后,经批准免抵的增值税额应纳入城市维护建设税和教育费附加的计征范围。

3. 下列各项中,符合现行教育费附加和地方教育附加规定的有( )。

A. 现行教育费附加的征收比率统一为3%

B. 地方教育附加征收比率统一为2%

C. 纳税人有实际缴纳的增值税、消费税的,就要缴纳教育费附加和地方教育附加

D. 外籍个人不缴纳教育费附加和地方教育附加

【参考答案】 A B

【答案解析】 外商投资企业、外国企业及外籍个人有实际缴纳的增值税、消费税的,也要缴纳教育费附加和地方教育附加。

4. 下列属于城市维护建设税计税依据的有( )。

A. 实际缴纳的消费税   B. 实际缴纳的增值税

C. 实际缴纳的企业所得税   D. 实际缴纳的土地增值税

【参考答案】 A B

【答案解析】 根据《中华人民共和国城市维护建设税法》第二条的规定,城市维护建设税以纳税人依法实际缴纳的增值税、消费税税额为计税依据。

5. 下列各项中,可以作为教育费附加计税(算)依据的有( )。

A. 纳税人滞纳消费税而加收的滞纳金

B. 纳税人享受减免税后实际缴纳的增值税

C. 纳税人偷逃增值税被处的罚款

D. 纳税人偷逃消费税被查补的税款

【参考答案】 ＢＤ

【答案解析】 教育费附加和地方教育附加对缴纳增值税、消费税的单位和个人征收，以其实际缴纳的增值税、消费税税款为计征依据，分别与增值税、消费税同时缴纳。

6. 下列关于城市建设维护税税率说法正确的有（   ）。

A. 纳税人所在地在市区的，税率为 7％

B. 纳税人所在地在县城、镇的，税率为 5％

C. 纳税人所在地不在市区、县城或镇的，税率为 1％

D. 纳税人所在地不在市区、县城或镇的，税率为 3％

【参考答案】 ＡＢＣ

【答案解析】 城市维护建设税税率如下：纳税人所在地在市区的，税率为 7％；纳税人所在地在县城、镇的，税率为 5％；纳税人所在地不在市区、县城或镇的，税率为 1％。

7. 下列关于教育费附加及地方教育附加说法正确的有（   ）。

A. 教育费附加率为 3％

B. 对实行增值税期末留抵退税的纳税人，允许其从教育费附加的计税（征）依据中扣除退还的增值税

C. 国家重大水利工程建设，对国家重大水利工程建设基金免征城市维护建设税和教育费附加

D. 出口产品退还消费税、增值税的，同时退还已征的教育费附加

【参考答案】 ＡＢＣ

【答案解析】 选项 A 正确，教育费附加，以各单位和个人实际缴纳的增值税、消费税的税额为计征依据，教育费附加率为 3％，分别与增值税、消费税同时缴纳。选项 B 正确，对实行增值税期末留抵退税的纳税人，允许其从城市维护建设税、教育费附加和地方教育附加的计税（征）依据中扣除退还的增值税。选项 C 正确，经国务院批准，为支持国家重大水利工程建设，对国家重大水利工程建设基金免征城市维护建设税和教育费附加。选项 D 错误，教育费附加，以各单位和个人实际缴纳的消费税、增值税的税额为计征依据。因此，对由于减免消费税、增值税而发生退税的，同时退还已征的教育费附加。但对出口产品退还消费税、增值税的，不退还已征的教

育费附加。

(三)判断题

1. 城市维护建设税的计税依据应当按照规定扣除期末留抵退税退还的增值税税额。 ( )

【参考答案】 √

【答案解析】 依据是《中华人民共和国城市维护建设税法》第二条的规定。

2. 纳税人跨地区提供建筑服务、销售和出租不动产的,应在建筑服务发生地、不动产所在地预缴增值税时,以预缴增值税额为计费依据,就地缴纳教育费附加和地方教育附加。 ( )

【参考答案】 √

【答案解析】 纳税人跨地区提供建筑服务、销售和出租不动产的,应在建筑服务发生地、不动产所在地预缴增值税时,以预缴增值税额为计税依据,并按预缴增值税所在地的城市维护建设税适用税率和教育费附加征收率就地计算缴纳城市维护建设税和教育费附加。

3. 在中华人民共和国境内缴纳增值税、消费税、车辆购置税的单位和个人,应向税务机关办理城市维护建设税申报。 ( )

【参考答案】 ×

【答案解析】 在中华人民共和国境内缴纳增值税、消费税的单位和个人,应向税务机关办理城市维护建设税申报。

4. 地方教育附加征收标准统一为单位和个人实际缴纳的增值税、消费税额的2%。 ( )

【参考答案】 √

【答案解析】 统一地方教育附加征收标准。地方教育附加征收标准统一为单位和个人实际缴纳的增值税、消费税额的2%。

5. 自主就业退役士兵从事个体经营的,自办理个体工商户登记当月起,在3年内按每户每年12 000元为限额依次扣减其当年实际应缴纳的增值税、城市维护建设税、教育费附加、地方教育附加。 ( )

【参考答案】 ×

【答案解析】 自主就业退役士兵从事个体经营的,自办理个体工商户登记当月起,在3年内按每户每年12 000元为限额依次扣减其当年实际应缴纳的增值税、城市维护建设税、教育费附加、地方教育附加和个人所得税。限额标准最高可上浮20%,各省、自治区、直辖市人民政府可根据本地区实际情况在此幅度内确定具体限额标准。

6. 自工商注册登记之日起 3 年内,在职职工总数 50 人(含)以下的企业免征残疾人就业保障金。 （　　）

【参考答案】　✕

【答案解析】　残疾人就业保障金缴费申报事项,自工商注册登记之日起 3 年内,在职职工总数 30 人(含)以下的企业免征残疾人就业保障金。

7. 企业招用自主就业退役士兵,纳税年度终了,如果企业实际减免的增值税、城市维护建设税、教育费附加和地方教育附加小于核算减免税总额,企业在企业所得税汇算清缴时以差额部分扣减企业所得税。当年扣减不完的,结转以后年度扣减。 （　　）

【参考答案】　✕

【答案解析】　纳税年度终了,如果企业实际减免的增值税、城市维护建设税、教育费附加和地方教育附加小于核算减免税总额,企业在企业所得税汇算清缴时以差额部分扣减企业所得税。当年扣减不完的,不再结转以后年度扣减。

十七、非税收入和社会保险费

(一) 单项选择题

1. 工伤保险分为(　　)类行业基准费率。

A. 10　　　　　　B. 9　　　　　　C. 8　　　　　　D. 7

【参考答案】 C

【答案解析】 根据《人力资源社会保障部　财政部关于调整工伤保险费率政策的通知》(人社部发〔2015〕71号)的规定,不同工伤风险类别的行业执行不同的工伤保险行业基准费率。各行业工伤风险类别对应的全国工伤保险行业基准费率为:一类至八类分别控制在该行业用人单位职工工资总额的0.2%、0.4%、0.7%、0.9%、1.1%、1.3%、1.6%、1.9%左右。

2. 机关单位参加职工养老保险的缴费个人,应当缴纳的社会保险费(　　)。

A. 由本人自行向税务机关缴纳

B. 由所在单位向本人收取后汇总缴纳

C. 由本人自行向当地社保经办机构缴纳

D. 由所在单位从其本人工资中代扣代缴

【参考答案】 D

【答案解析】 根据《社会保险费征缴暂行条例》的规定,缴费个人应当缴纳的社会保险费,由所在单位从其本人工资中代扣代缴。

3. 年满16周岁(不含在校学生)、非国家机关和事业单位工作人员及不属于职工基本养老保险制度覆盖范围的城乡居民,可以在(　　)参加城乡居民养老保险。

A. 籍贯地　　　　　　　　　　　B. 长期居住地

C. 户籍地　　　　　　　　　　　D. 工作所在地

【参考答案】 C

【答案解析】 根据《国务院关于建立统一的城乡居民基本养老保险制度的意见》(国发〔2014〕8号)的规定,年满16周岁(不含在校学生)、非国家机关和事业单位工作人员及不属于职工基本养老保险制度覆盖范围的城乡居民,可以在户籍地参加城乡居民养老保险。

4. 职工个人缴纳的基本医疗保险费,(   )计入个人账户。

A. 全部　　　　　　B. 50%　　　　　　C. 不得　　　　　　D. 10%

【参考答案】　A

【答案解析】　根据《国务院关于建立城镇职工基本医疗保险制度的决定》(国发〔1998〕44号)的规定,职工个人缴纳的基本医疗保险费,全部计入个人账户。

5. 用人单位应当按照(   ),根据社会保险经办机构确定的费率缴纳工伤保险费。

A. 本地区上一年职工平均工资　　　　B. 本单位职工工资总额

C. 本地区最低工资　　　　　　　　　D. 本行业的平均工资

【参考答案】　B

【答案解析】　根据《工伤保险条例》第十条的规定,用人单位缴纳工伤保险费的数额为本单位职工工资总额乘以单位缴费费率之积。

6. 以下险种不适用于《中华人民共和国社会保险法》的是(   )。

A. 企业职工基本养老保险　　　　　　B. 机关事业单位基本养老保险

C. 职工基本医疗保险　　　　　　　　D. 生育保险

【参考答案】　B

【答案解析】　根据《中华人民共和国社会保险法》的规定,职工应当参加基本养老保险,由用人单位和职工共同缴纳基本养老保险费;无雇工的个体工商户、未在用人单位参加基本养老保险的非全日制从业人员以及其他灵活就业人员可以参加基本养老保险,由个人缴纳基本养老保险费;公务员和参照公务员法管理的工作人员养老保险的办法由国务院规定。

7. 根据《人力资源社会保障部　住房城乡建设部　安全监管总局　全国总工会关于进一步做好建筑业工伤保险工作的意见》(人社部发〔2014〕103号)的规定,以建设项目为单位参保的建筑企业,可以按照(   )的一定比例计算缴纳工伤保险费。

A. 工资总额　　　　　　　　　　　　B. 项目工程总造价

C. 当地平均工资　　　　　　　　　　D. 以上皆可

【参考答案】　B

【答案解析】　根据《人力资源社会保障部　住房城乡建设部　安全监管总局　全国总工会关于进一步做好建筑业工伤保险工作的意见》(人社部发〔2014〕103号)的规定,工伤保险费的计缴方式为:按用人单位参保的建筑施工企业应以工资总额为基数依法缴纳工伤保险费;以建设项目为单位参保的,可以按照项目工程总造价的一定比例计算缴纳工伤保险费。

8. (   )是国家为支持南水北调工程建设、解决三峡工程后续问题以及加强中西部地区重大水利工程建设而设立的政府性基金。

    A. 跨省际大中型水库库区基金   B. 水利建设基金

    C. 国家重大水利工程建设基金   D. 防洪保安资金

【参考答案】 C

【答案解析】 根据《国家重大水利工程建设基金征收使用管理暂行办法》(财综〔2009〕90号印发)第二条的规定,国家重大水利工程建设基金是国家为支持南水北调工程建设、解决三峡工程后续问题以及加强中西部地区重大水利工程建设而设立的政府性基金。

9. 自2019年度开始实施的小微企业普惠性税收减免政策中,有权决定在50%的税额幅度内减征教育费附加、地方教育附加的部门是(   )。

    A. 省一级税务局   B. 省财政厅

    C. 省人民政府   D. 主管税务机关所在同级地方政府

【参考答案】 C

【答案解析】 根据《财政部 税务总局关于进一步实施小微企业"六税两费"减免政策的公告》(财政部 税务总局公告2022年第10号)的规定,由省、自治区、直辖市人民政府根据本地区实际情况,以及宏观调控需要确定,对增值税小规模纳税人、小型微利企业和个体工商户可以在50%的税额幅度内减征资源税、城市维护建设税、房产税、城镇土地使用税、印花税(不含证券交易印花税)、耕地占用税和教育费附加、地方教育附加。

10. 位于县城的一月饼生产企业为一般纳税人,2022年7月转让一处仓库,取得含税收入462万元。2016年年初取得该仓库时支付含税价款383万元,另发生相关税费12万元,该企业销售不动产按简易办法计税,则该企业当月此项业务应缴纳的教育费附加和地方教育附加为(   )万元。

    A. 0.22   B. 0.188   C. 0.3   D. 0.72

【参考答案】 B

【答案解析】 一般纳税人销售其2016年4月30日前取得(不含自建)的不动产,可以选择适用简易计税方法,以取得的全部价款和价外费用减去该项不动产购置原价或者取得不动产时的作价后的余额为销售额,按照5%的征收率计算应纳税额。销售仓库应缴纳的增值税=(462-383)÷(1+5%)×5%=3.76(万元);该企业当月应缴纳的教育费附加和地方教育附加=3.76×(3%+2%)=0.188(万元)。

11. 下列选项中,属于文化事业建设费娱乐服务征收范围的是(   )。

    A. 网吧   B. 健身房   C. 酒吧   D. 棋牌室

【参考答案】 C

【答案解析】 根据《财政部 国家税务总局关于全面推开营业税改征增值税试点的通知》(财税〔2016〕36号)的规定,娱乐服务是指为娱乐活动同时提供场所和服务的业务,具体包括:歌厅、舞厅、夜总会、酒吧、台球、高尔夫球、保龄球、游艺(包括射击、狩猎、跑马、游戏机、蹦极、卡丁车、热气球、动力伞、射箭、飞镖)。

12. 电力用户应缴纳的重大水利建设工程建设基金、农网还贷资金由( )代征。

A. 商业银行　　　B. 电网企业　　　C. 基层组织　　　D. 邮政部门

【参考答案】 B

【答案解析】 根据《国家重大水利工程建设基金征收使用管理暂行办法》(财综〔2009〕90号印发)及《农网还贷资金征收使用管理办法》(财企〔2001〕820号印发)的相关规定,重大水利建设工程建设基金、农网还贷资金由电网企业在向电力用户收取电费时一并代征。

13. 主管部门征收水土保持补偿费,按照( )的比例分别上缴中央和地方国库。

A. 3∶7　　　B. 2∶8　　　C. 1∶9　　　D. 4∶6

【参考答案】 C

【参考解析】 根据《水土保持补偿费征收使用管理办法》(财综〔2014〕8号印发)第十五条的规定,县级以上地方水行政主管部门征收的水土保持补偿费,按照1∶9的比例分别上缴中央和地方国库。

14. 开办一般性生产建设项目的,缴纳义务人应当在项目开工前缴纳( )水土保持补偿费。

A. 30%　　　B. 60%　　　C. 80%　　　D. 100%

【参考答案】 D

【参考解析】 根据《水土保持补偿费征收使用管理办法》(财综〔2014〕8号印发)第九条的规定,开办一般性生产建设项目的,缴纳义务人应当在项目开工前一次性缴纳水土保持补偿费。

15. 自2023年1月1日起,划转税务部门征收的非税收入是( )。

A. 海域使用金

B. 矿产资源专项收入

C. 森林植被恢复费和草原植被恢复费

D. 国有土地使用权出让收入

【参考答案】 C

【答案解析】 根据《财政部关于将森林植被恢复费、草原植被恢复费划转税务部门征收的通知》（财税〔2022〕50号）的要求，自2023年1月1日起，森林植被恢复费、草原植被恢复费划转至税务部门征收。

16. 计算缴纳残疾人就业保障金的社会平均工资口径为征期前（　　）统计部门最新公布的城镇私营单位和非私营单位就业人员加权平均工资。

A. 国家　　　　B. 省级　　　　C. 市级　　　　D. 当地

【参考答案】　D

【答案解析】　根据《财政部关于调整残疾人就业保障金征收政策的公告》（财政部公告2019年第98号）的规定，残疾人就业保障金征收标准上限，按照当地社会平均工资2倍执行。当地社会平均工资按照所在地城镇非私营单位就业人员平均工资和城镇私营单位就业人员平均工资加权计算。

17. 集中使用残疾人的用人单位中从事全日制工作的残疾人职工，应当占本单位在职职工总数的（　　）以上。

A. 15%　　　　B. 20%　　　　C. 25%　　　　D. 30%

【参考答案】　C

【答案解析】　根据《残疾人就业条例》的规定，集中使用残疾人的用人单位中从事全日制工作的残疾人职工，应当占本单位在职职工总数的25%以上。

（二）多项选择题

1. 以下由税务部门负责的工作有（　　）。

A. 社会保险费参保登记

B. 社会保险费缴费登记

C. 社会保险费费种认定

D. 及时将征收的社会保险费缴入国库

【参考答案】　BCD

【答案解析】　根据《社会保险费征缴暂行条例》第七条的规定，缴费单位必须向当地社会保险经办机构办理社会保险登记，参加社会保险。因此，社会保险费参保登记由社保部门负责。

2. 下列属于社会保险的有（　　）。

A. 基本养老保险　　　　B. 职工基本医疗保险

C. 生育保险　　　　D. 失业保险

【参考答案】　ABCD

【答案解析】　社会保险是指由用人单位及其职工依法参加社会保险并缴纳职工基本养老保险费、职工基本医疗保险费、工伤保险费、失业保险费和生育保险费。

3. 以下应当参加职工基本医疗保险并缴纳费款的有( )。

A. 国有企业   B. 城镇集体企业

C. 外商投资企业   D. 城镇私营企业

【参考答案】 A B C D

【答案解析】 根据《社会保险费征缴暂行条例》的规定,基本医疗保险费的征缴范围:国有企业、城镇集体企业、外商投资企业、城镇私营企业和其他城镇企业及其职工,国家机关及其工作人员,事业单位及其职工,民办非企业单位及其职工,社会团体及其专职人员。

4. 机关事业单位养老保险的参保单位范围有( )。

A. 按照公务员法管理的单位   B. 参照公务员法管理的单位

C. 事业单位   D. 国有企业

【参考答案】 A B C

【答案解析】 根据《国务院关于机关事业单位工作人员养老保险制度改革的决定》(国发〔2015〕2号)的规定,机关事业单位养老保险的参保单位范围包括按照公务员法管理的单位、参照《中华人民共和国公务员法》管理的机关(单位)、事业单位及其编制内的工作人员。

5. 参加企业职工基本养老保险的参保人领取基本养老金需要符合的条件有( )。

A. 达到法定退休年龄   B. 满60周岁

C. 参保地缴费满10年   D. 个人累计缴费年限满15年

【参考答案】 A D

【答案解析】 参加基本养老保险的个人,达到法定退休年龄时累计缴费满15年的,按月领取基本养老金。

6. 我国基本养老保险包括( )。

A. 养老年金

B. 企业职工基本养老保险

C. 机关事业单位工作人员基本养老保险

D. 城乡居民基本养老保险

【参考答案】 B C D

【答案解析】 基本养老保险包括企业职工基本养老保险、机关事业单位工作人员基本养老保险、城乡居民基本养老保险。

7. 我国社会保险制度建设70多年的历程大致可以分为( )阶段。

A. 实行劳动保险时期

B. 改革重建社会保险制度时期

C. 统筹城乡社会保险制度建设时期

D. 建立更加公平合理的社会保障制度时期

【参考答案】 A B C D

【答案解析】 我国社会保险制度建设 70 多年的历程大体可以划分为四个阶段。建国初期至改革开放初期:以劳动保险为主的社会保障形成阶段。改革开放初期到党的十六大召开之前:以社会保险为重点的社会保障改革探索阶段。党的十六大:以统筹城乡为目标的制度创新阶段。党的十八大以后:建立更加公平合理的社会保障制度时期。

8. 基本医疗保险基金实行( )和( )相结合。

A. 社会统筹 B. 对公账户

C. 个人账户 D. 全国统筹

【参考答案】 A C

【答案解析】 基本医疗保险基金实行社会统筹和个人账户相结合。

9. 残疾人就业保障金由单一标准征收调整为分档征收。下列说法正确的有( )。

A. 用人单位安排残疾人就业比例达到 1%(含)以上但低于 1.5% 的,按应缴费额 50% 征收

B. 用人单位安排残疾人就业比例达到 1%(含)以上但低于 1.5% 的,免征残疾人就业保障金

C. 用人单位安排残疾人就业比例 1% 以下的,按应缴费额 90% 征收

D. 用人单位安排残疾人就业比例 1% 以下的,按应缴费额 50% 征收

【参考答案】 A C

【答案解析】 根据《财政部关于延续实施残疾人就业保障金优惠政策的公告》(财政部公告 2023 年第 8 号)的规定,延续实施残疾人就业保障金分档减缴政策。其中:用人单位安排残疾人就业比例达到 1%(含)以上,但未达到所在地省、自治区、直辖市人民政府规定比例的,按规定应缴费额的 50% 缴纳残疾人就业保障金;用人单位安排残疾人就业比例在 1% 以下的,按规定应缴费额的 90% 缴纳残疾人就业保障金。执行期限自 2023 年 1 月 1 日起至 2027 年 12 月 31 日。

10. 国家在水土流失重点预防区和重点治理区,实行地方各级人民政府水土保持( )和( )。

A. 目标责任制 B. 考核奖惩制

C. 工作责任制 D. 强化监督制

【参考答案】 AB

【答案解析】 根据《中华人民共和国水土保持法》第四条的规定,国家在水土流失重点预防区和重点治理区,实行地方各级人民政府水土保持目标责任制和考核奖惩制度。

11. 文化事业建设费的扣缴义务人包括(   )。

A. 境外广告媒介单位和户外广告经营单位在境内提供广告服务,在境内未设有经营机构的,以广告服务的发布方为文化事业建设费的扣缴义务人

B. 境外广告媒介单位和户外广告经营单位在境内提供广告服务,在境内未设有经营机构的,以广告服务的接受方为文化事业建设费的扣缴义务人

C. 境外单位和个人在境内提供娱乐服务,在境内未设有经营机构的,以娱乐服务的接受方为文化事业建设费的扣缴义务人

D. 境外单位和个人在境内提供娱乐服务,在境内未设有经营机构的,以娱乐服务的经营方为文化事业建设费的扣缴义务人

【参考答案】 BC

【答案解析】 文化事业建设费的扣缴义务人包括:境外广告媒介单位和户外广告经营单位在境内提供广告服务,在境内未设有经营机构的,以广告服务的接受方为文化事业建设费的扣缴义务人;境外单位和个人在境内提供娱乐服务,在境内未设有经营机构的,以娱乐服务的接受方为文化事业建设费的扣缴义务人。

12. 配置国有土地使用权取得的全部土地价款包括(   )。

A. 受让人支付的征地费用   B. 土地前期开发费用

C. 土地出让收益   D. 受让人支付的拆迁补偿费用

【参考答案】 ABCD

【答案解析】 国有土地使用权出让收入是指政府以出让等方式配置国有土地使用权取得的全部土地价款,具体包括:以招标、拍卖、挂牌和协议方式出让国有土地使用权所取得的总成交价款(不含代收代缴的税费);转让划拨国有土地使用权或依法利用原划拨土地进行经营性建设应当补缴的土地价款;处置抵押划拨国有土地使用权应当补缴的土地价款;转让房改房、经济适用住房按照规定应当补缴的土地价款;改变出让国有土地使用权土地用途、容积率等土地使用条件应当补缴的土地价款,以及其他和国有土地使用权出让或变更有关的收入等。

13.《闲置土地调查通知书》应当包括(   )。

A. 国有建设用地使用权人的姓名或者名称、地址

B. 涉嫌闲置土地的基本情况

C. 涉嫌闲置土地的事实和依据

D. 调查的主要内容及提交材料的期限

【参考答案】 A B C D

【答案解析】 《闲置土地调查通知书》应当包括下列内容：国有建设用地使用权人的姓名或者名称、地址；涉嫌闲置土地的基本情况；涉嫌闲置土地的事实和依据；调查的主要内容及提交材料的期限；国有建设用地使用权人的权利和义务；其他需要调查的事项。

(三) 判断题

1. 无雇工的个体工商户、灵活就业人员必须参加职工基本养老保险。　　（　　）

【参考答案】 ✕

【答案解析】 无雇工的个体工商户、未在用人单位参加基本养老保险的非全日制从业人员以及其他灵活就业人员可以参加基本养老保险，由个人缴纳基本养老保险费。

2. 职工个人不需要缴纳工伤保险费。　　　　　　　　　　　　　　（　　）

【参考答案】 ✓

【答案解析】 根据《工伤保险条例》的规定，职工们应当参加工伤保险，由用人单位缴纳工伤保险费，职工不缴纳工伤保险费。

3. 基本养老保险缴费已满15年的参保职工，可不用继续缴费。　　　（　　）

【参考答案】 ✕

【答案解析】 基本养老保险缴费年限最低为15年，而不是缴满15年后就可以不缴费。对职工来说，缴费是法定义务，只要仍在就业，职工就应当按照国家有关规定继续缴费。

4. 要完善多渠道灵活就业的社会保障制度，维护好卡车司机、快递小哥、外卖配送员等的合法权益。　　　　　　　　　　　　　　　　　　（　　）

【参考答案】 ✓

【答案解析】 2021年4月27日，习近平总书记在广西考察时要求，要完善多渠道灵活就业的社会保障制度，维护好卡车司机、快递小哥、外卖配送员等的合法权益。

5. 企业没有女职工，可以不缴纳生育保险费。　　　　　　　　　　（　　）

【参考答案】 ✕

【答案解析】 根据有关规定，职工应当参加生育保险，由用人单位按照国家规定缴纳生育保险费，职工不缴纳生育保险费；所以不论男女，只要在职，企业都应缴纳生育保险费。

6. 社会保险费交由税务机关征收后，采取先缴入中国人民银行国库(含代理国库)再划转至社会保障基金财政专户的方式。　　　　　　　　　　（　　）

【参考答案】 √

【答案解析】 社会保险费交由税务机关征收后,采取先缴入中国人民银行国库(含代理国库,以下简称国库)再划转至社会保障基金财政专户(以下简称财政专户)的方式。具体流程如下:(1)国库部门在"财政预算专项存款"科目下设立"待划转社会保险费"分户,核算入库的社会保险费。(2)税务机关根据应征社会保险费信息开具税收缴款书,预算科目填列102类"社会保险基金收入"下的最细科目,通过财税库银横向联网电子缴税系统缴入"待划转社会保险费"分户。确需通过手工缴库方式办理的,可开具纸质税收缴款书。(3)财政部门原则上按旬(月末工作日必须划转)以电子划款指令或纸质划款凭证通知国库部门将社会保险费汇总划转至相应财政专户,财政专户信息应提前在国库预留。有条件的省份和社会保险费收入规模较大的省份应增加划转频率,具体由各省、自治区、直辖市、计划单列市财政和国库部门协商确定。(4)入库的社会保险费比照财政库款计付利息,归入国库"待划转社会保险费"分户,随社会保险费一并划入财政专户。

7. 城乡居民基本医疗保险坚持多渠道筹资,继续实行个人缴费与政府补助相结合为主的筹资方式,鼓励集体、单位或其他社会经济组织给予扶持或资助。 ( )

【参考答案】 √

【答案解析】 城镇居民基本医疗保险实行个人缴费和政府补贴相结合。享受最低生活保障的人、丧失劳动能力的残疾人、低收入家庭60周岁以上的老年人和未成年人等所需个人缴费部分,由政府给予补贴。

8. 国有土地使用权出让收入是指政府以出让等方式配置国有土地使用权取得的全部土地价款和价外费用。 ( )

【参考答案】 ×

【答案解析】 国有土地使用权出让收入不含价外费用。

9. 根据《中华人民共和国宪法》的规定,土地的所有权可以依照法律的规定转让。 ( )

【参考答案】 ×

【答案解析】 根据《中华人民共和国宪法》的规定,任何组织或者个人不得侵占、买卖或者以其他形式非法转让土地;土地的使用权可以依照法律的规定转让。

10. 除规定的减免电量外,农网还贷资金由电网经营企业及时足额缴纳。
( )

【参考答案】 ×

【答案解析】 除规定的减免电量外,农网还贷资金由电力用户及时足额缴纳。

11. 农网还贷资金与可再生能源发展基金一样缴入中央国库和地方国库。 ( )

【参考答案】 ✕

【答案解析】 可再生能源发展基金缴入中央国库。

12. 文化事业建设费的征缴范围仅限于在中华人民共和国境内提供的广告服务、娱乐服务。 （ ）

【参考答案】 ✓

【答案解析】 根据《财政部 国家税务总局关于营业税改征增值税试点有关文化事业建设费政策及征收管理问题的通知》（财税〔2016〕25号）和《财政部 国家税务总局关于营业税改征增值税试点有关文化事业建设费政策及征收管理问题的补充通知》（财税〔2016〕60号）的规定，在中华人民共和国境内提供广告服务的广告媒介单位和户外广告经营单位，以及提供娱乐服务的单位和个人，应按规定缴纳文化事业建设费。

13. 文化事业建设费是财政部为进一步完善义化经济政策、拓展义化事业资金投入渠道而对广告、娱乐行业开征的一种政府性基金。 （ ）

【参考答案】 ✕

【答案解析】 文化事业建设费是国务院为进一步完善文化经济政策、拓展文化事业资金投入渠道而对广告、娱乐行业开征的一种政府性基金，所以应判错。

14. 2019年新出台的非税收入降费政策涉及费种包括：文化事业建设费、国家重大水利工程建设基金、教育费附加与地方教育附加。 （ ）

【参考答案】 ✓

【答案解析】 2019年新出台的非税收入降费政策包括《财政部 税务总局关于实施小微企业普惠性税收减免政策的通知》（财税〔2019〕13号）等随增值税改革降费政策及《财政部关于调整部分政府性基金有关政策的通知》（财税〔2019〕46号），涉及文化事业建设费、国家重大水利工程建设基金、教育费附加与地方教育附加4个费种。

15. 对国家重大水利工程建设基金减半征收教育费附加。 （ ）

【参考答案】 ✕

【答案解析】 根据《财政部 国家税务总局关于免征国家重大水利工程建设基金的城市维护建设税和教育费附加的通知》（财税〔2010〕44号）的规定，自2010年5月25日起，经国务院批准，为支持国家重大水利工程建设，对国家重大水利工程建设基金免征城市维护建设税和教育费附加。

16. 河道采砂规划批准前，县级人民政府应当组织水行政、自然资源、交通运输、生态环境、农业农村等主管部门按照有关规定，对可采区砂石开采影响评价进行专题论证。 （ ）

【参考答案】 ✕

【答案解析】 河道采砂规划批准后,县级人民政府应当组织水行政、自然资源、交通运输、生态环境、农业农村等主管部门按照有关规定,对可采区砂石开采影响评价进行专题论证。

17. 没有实施有偿使用的富余指标,由负责征收有偿使用费的同级环境保护主管部门,按交易政府指导价格收回。 （ ）

【参考答案】 ×

【答案解析】 没有实施有偿使用的富余指标,由负责征收有偿使用费的同级环境保护主管部门无偿收回,交排污权交易机构储备。

18. 非税收入和税收的特点一样,具有"强制性、无偿性、固定性"三性。 （ ）

【参考答案】 ×

【答案解析】 本题考查的是非税收入和税收的区别。各项非税收入的特点不完全一致,呈现多种特点:有的具有"强制性、无偿性、固定性",有的具有"强制性、无偿性、一次性",有的具有"自愿性、补偿性、一次性"。

19. 跨省(自治区、直辖市)电力交易,计入发电省份销售电量。 （ ）

【参考答案】 ×

【答案解析】 跨省(自治区、直辖市)电力交易,计入受电省份销售电量。

20. 防空地下室未经审查或者审查不合格的,城乡规划、住房和城乡建设主管部门不得核发建设工程规划许可证、施工许可证。 （ ）

【参考答案】 √

【答案解析】 防空地下室未经审查或者审查不合格的,城乡规划、住房和城乡建设主管部门不得核发建设工程规划许可证、施工许可证。

21. 2022年划转至税务部分征收的非税收入包括国有土地使用权出让收入、矿产资源出让收入、海域使用权、森林植被恢复费。 （ ）

【参考答案】 ×

【答案解析】 依据是《财政部 自然资源部 税务总局 人民银行关于将国有土地使用权出让收入、矿产资源专项收入、海域使用金、无居民海岛使用金四项政府非税收入划转税务部门征收有关问题的通知》(财综〔2021〕19号)的规定。

22. 城镇垃圾处理费委托代征协议录入金税三期系统,代征手续费由同级财政安排,严禁自收自支。 （ ）

【参考答案】 ×

【答案解析】 委托代征协议不录入金税三期系统,代征手续费由同级财政安排,严禁自收自支。

23. 资金入库后需要办理退库的,按照财政部门有关退库管理规定办理。其中,因缴费人误缴、税务部门误收以及汇算清缴需要退库的,由缴费人向税务部门申请办理,税务部门受理、审核后,开具收入退款书,送人民银行国库管理部门办理退付手续。 （　　）

【参考答案】　×

【答案解析】　应开具收入退还书。

十八、税收基础知识

(一) 单项选择题

1. 税收执法监督包括事前监督、事中监督和事后监督。下列各项中,属于事前监督形式的是(　　)。

A. 重大税务案件审理制度

B. 税收规范性文件合法性审核制度

C. 复议应诉

D. 税收执法检查

【参考答案】　B

【答案解析】　事前监督是指在税收执法行为作出之前对执法行为所实施的监督,目的在于强化源头控制,确保执法行为合法。税收规范性文件合法性审核制度就是一种重要的事前监督方式。重大税务案件审理制度是事中监督的重要形式。税收执法检查、复议应诉等工作是典型的事后监督。

2. 下列有关税收立法权及程序的说法,不正确的是(　　)。

A. 在我国,划分税收立法权的直接法律依据主要是《中华人民共和国宪法》与《中华人民共和国立法法》的规定

B. 税收行政法规是目前我国税收立法的主要形式

C. 审议通过的税务规章,报局长签署后予以公布,在国家税务总局公报上刊登的税务规章文本为标准文本

D. 直属机构具有行政主体资格,可以以自己的名义制定税收规范性文件

【参考答案】　D

【答案解析】　根据《税务规范性文件制定管理办法》(国家税务总局令第53号)第六条的规定,各级税务机关的内设机构、派出机构和临时性机构,不得以自己的名义制定税务规范性文件。故选项D错误。

3. 最高司法机关对如何具体办理税务刑事案件和税务行政诉讼案件所作的具体解释为(　　)。

A. 税收立法解释　　　　　　　　　　B. 税收司法解释

C. 税收行政解释 D. 税收限制解释

【参考答案】 B

【答案解析】 税收司法解释是指最高司法机关对如何具体办理税务刑事案件和税务行政诉讼案件所作的具体解释或正式规定。

4. 区分不同税种的主要标志是( )。

A. 纳税义务人 B. 课税对象 C. 税率 D. 税目

【参考答案】 B

【答案解析】 课税对象是一种税区别于另一种税的主要标志。

5. 下列各项中,属于税收法律关系消灭原因的是( )。

A. 纳税义务因超过期限而消灭

B. 纳税人自身的组织状况发生变化

C. 税法的调整

D. 因不可抗拒力造成的破坏

【参考答案】 A

【答案解析】 税收法律关系消灭的原因主要有:(1)纳税人履行纳税义务;(2)纳税义务因超过期限而消灭;(3)纳税义务的免除;(4)某些税法的废止;(5)纳税主体的消失。其他选项均属于税收法律关系变更的原因。

6. 下列情形中,不属于采取强制执行措施条件的是( )。

A. 超过纳税期限 B. 告诫在先

C. 已经采取了税收保全措施 D. 超过告诫期

【参考答案】 C

【答案解析】 强制执行措施的条件:(1)超过纳税期限。未按照规定的期限纳税或者解缴税款。(2)告诫在先。税务机关必须责令限期缴纳税款。(3)超过告诫期。经税务机关责令限期缴纳,逾期仍未缴纳的。

7. 关于税收法律关系的主体,下列说法中表述错误的是( )。

A. 国家是真正的征税主体,税务机关通过获得授权成为法律意义上的征税主体

B. 税务机关的权利与义务体现为职权与职责,征税主体享有国家权力的同时必须依法行使,具有职权与职责相对等的特点,体现了职、权、责的统一性

C. 税务机关行使的征税权是国家法律授予的,这种权力可以由行使机关自由放弃或转让,并且不具有程序性

D. 对于纳税主体,按照纳税主体在民法中身份的不同,可以分为自然人、法人、非法人单位

【参考答案】 C

【答案解析】 税务机关行使的征税权是国家法律授予的,是国家行政权力的组成部分,具有强制力,并非仅仅是一种权力资格。这种权力不能由行使机关自由放弃或转让,并且极具程序性。

8. 下列关于税收公平主义的说法,不正确的是( )。

A. 税收公平主义是近代法的基本原理即平等性原则在课税思想上的具体体现,与其他税法原则相比,税收公平主义渗入了更多的社会要求

B. 纳税人的负担能力无论是否相等,税负都是相同的

C. 法律上的税收公平主义与经济上要求的税收公平较为接近,其基本思想内涵是相通的

D. 由于税收公平主义源于法律上的平等性原则,许多国家的税法在贯彻税收公平主义时,都特别强调"禁止不平等对待"的法理

【参考答案】 B

【答案解析】 税收负担必须根据纳税人的负担能力分配,负担能力相等,税负相同;负担能力不等,税负不同。

9. 下列关于税法效力的表述中,不正确的是( )。

A. 以新税法代替旧税法,是最常见的税法失效宣布方式

B. 效力低的税法与效力高的税法发生冲突,效力低的税法是无效的

C. 我国税法对人的效力采用属人与属地相结合的原则

D. 税法的空间效力最终归结为对时间的效力

【参考答案】 D

【答案解析】 税法的空间效力、时间效力最终都要归结为对人的效力。

10. 下列有关税法与其他部门法关系的表述,错误的是( )。

A. 任何税法,不管是税收基本法还是税收实体法或税收程序法,违反宪法的规定都是无效的

B. 税法和刑法是从不同角度来规范人们的社会行为,两者是根本不同的

C. 民法以民事手段作为调整手段,税法的调整手段则具有综合性,不仅包括民事性质的责任追究,更多的是行政处罚和刑罚手段

D. 税法属于义务性法规,行政法大多为授权性法规

【参考答案】 B

【答案解析】 税法和刑法是从不同的角度规范人们的社会行为,但是两者的联系十分密切。

11. 下列各项中不符合现行税法对"税目"规定的是( )。

A. 税目是课税对象的具体化,反映具体的征税范围,代表征税的广度

B. 划分税目的主要作用,一是进一步明确征税范围,二是解决课税对象的归类问题

C. 资源税中的"其他非金属矿原矿"税目属于小概括税目形式

D. 制定列举税目的优点是界限明确,便于征管人员掌握;缺点是税目过多,不便于查找,不利于征管

【参考答案】 C

【答案解析】 资源税中的"其他非金属矿原矿"税目属于大概括税目形式。

12. 关于税法的基本原则,下列表述正确的是( )。

A. 税收公平主义赋予纳税人既可以要求实体利益上税收公平,也可以要求程序上税收公平的权利

B. 税收法律主义的要求是单向的,即要求纳税人必须依法纳税

C. 经济上的税收公平可以作为制定税法的参考,对政府及纳税人具有强制性的约束力

D. 税收合作信赖主义原则中,纳税人已经构成对税务机关表示的信赖,但没有据此作出某种纳税行为,也可以引用税收合作信赖主义

【参考答案】 A

【答案解析】 选项B,税收法律主义的要求是双向的,一方面要求纳税人必须依法纳税;另一方面,课税只能在法律的授权下进行,超越法律规定的课征是违法和无效的。选项C,经济上的税收公平往往是作为一种经济理论提出来的,可以作为制定税法的参考,但是对政府及纳税人尚不具备强制性的约束力,只有当其被国家以立法形式所采纳时,才会上升为税法基本原则,在税收法律实践中得到全面贯彻。选项D,纳税人已经构成对税务机关表示的信赖,但没有据此作出某种纳税行为,或者这种信赖与其纳税行为没有因果关系,也不能引用税收合作信赖主义。

13. 税法属于制定法而不属于习惯法,其根本原因在于( )。

A. 税法是由国家制定而不是认可的

B. 国家征税权凌驾于生产资料所有权之上,是对纳税人收入的再分配

C. 税法属于侵权规范

D. 为确保税收收入的稳定,需要提高其可预测性

【参考答案】 B

【答案解析】 略。

14. 税收刑事案件的侦查阶段,其关键点在于( )。

A. 税收刑事案件由谁来管辖、谁优先行使侦查权的问题

B. 税收刑事案件的侦查权由人民法院行使

C. 税收刑事案件的侦查活动全部由人民检察院独立完成

D. 税务机关对应当向公安机关移送的涉嫌犯罪案件,不得以行政处罚代替移送

【参考答案】 A

【答案解析】 略。

15. ( )是我国赋税史上的重大改革,它对于平衡税负,合理负担,促进经济发展,巩固中央财政都曾起到了积极作用。

A. 两税法   B. 摊丁入亩   C. 初税亩   D. 一条鞭法

【参考答案】 A

【答案解析】 略。

16. 下列各项中,不符合税收行政司法规定的是( )。

A. 税收行政司法是指法院等司法机关所受理的涉及税务机关的诉讼案件和非诉讼案件的执行申请等

B. 税收行政司法制度,可以通过对税务机关的征税行为加以审查监督,督促其依法行政

C. 从税收行政救济制度的规定来看,已将抽象行政行为纳入行政赔偿诉讼和行政复议的范围

D. 对税务机关通知出境管理机关阻止纳税人出境行为不服,不能申请行政诉讼

【参考答案】 D

【答案解析】 对税务机关通知出境管理机关阻止纳税人出境行为不服的,可以申请行政诉讼。

17. 我国划分税收立法权的主要依据是中华人民共和国的( )。

A.《税务部门规章制定实施办法》

B.《中华人民共和国宪法》和《中华人民共和国立法法》

C.《中华人民共和国税收征收管理法》

D.《中华人民共和国立法法》

【参考答案】 B

【答案解析】 在我国,划分税收立法权的直接法律依据主要是《中华人民共和国宪法》与《中华人民共和国立法法》的规定。

18. 下列各项中不属于税收法律关系特点的是( )。

A. 主体的一方只能是国家   B. 体现国家单方面的意志

C. 具有财产所有权多向转移的性质   D. 权利义务关系具有不对等性

【参考答案】 C

【答案解析】 具有财产所有权或支配权单向转移的性质,属于税收法律关系的特点。

(二)多项选择题

1. 下列关于税收民事司法的表述,正确的有(　　)。

A. 税法与民法的关系,在一定程度上体现出公法与私法的关系

B. 税收的优先权、代位权、撤销权制度等,都是有关税收债权的重要保护制度

C. 税务机关征收税款,税收优先于无担保债权,法律另有规定的除外

D. 欠缴税款的纳税人因怠于行使到期债权,对国家税收造成损害的,税务机关可以依照规定行使代位权、撤销权

【参考答案】　Ａ Ｂ Ｃ Ｄ

【答案解析】　欠缴税款的纳税人因怠于行使到期债权,或者放弃到期债权,或者无偿转让财产,或者以明显不合理的低价转让财产而受让人知道该情形,对国家税收造成损害的,税务机关可以依照《中华人民共和国民法典》第五百三十五条、第五百三十八条的规定行使代位权、撤销权。

2. 根据规定,税法的特点包括(　　)。

A. 从立法过程来看,税法属于制定法

B. 从法律性质看,税法属于义务性法规

C. 从内容看,税法具有综合性

D. 从内容看,税法具有单一性

【参考答案】　Ａ Ｂ Ｃ

【答案解析】　税法的特点可以概括为:(1)从立法过程来看,税法属于制定法;(2)从法律性质看,税法属于义务性法规;(3)从内容来看,税法具有综合性。

3. 下列项目中属于税务机关职责的有(　　)。

A. 将征收的税款和罚款、滞纳金按时足额并依照预算级次入库,不得截留和挪用

B. 对纳税人的经营状况保密

C. 依法办理减税、免税等税收优惠,对纳税人的咨询、请求和申诉作出答复处理或报请上级机关处理

D. 依照法定程序征税,依法确定有关税收征收管理的事项

【参考答案】　Ａ Ｂ Ｃ Ｄ

【答案解析】　略。

4. 关于税收法规的创制程序,下列表述正确的有(　　)。

A. 国务院税务主管部门(财政部或国家税务总局)向国务院报请立项

B. 由国务院负责起草,通常由国务院税务主管部门负责拟定

C. 国务院法制机构负责审查,提请国务院常务会议审议

D. 由总理最终决定,并由总理签署国务院令公布实施,行政法规应在公布后的30日内报全国人大常委会备案

【参考答案】 ＡＢＣＤ

【答案解析】 税收法规的创制程序包括:立项、起草、审查、决定和公布。

5. 根据税法规定,税法的时间效力是指(   )。

A. 税法何时开始生效　　　　　　 B. 税法何时中止生效

C. 税法何时终止效力　　　　　　 D. 有无溯及力的问题

【参考答案】 ＡＣＤ

【答案解析】 税法的时间效力是指税法何时开始生效、何时终止效力和有无溯及力的问题。

6. 下列关于税率的表述,正确的有(   )。

A. 比例税率的基本特点是税率不随课税对象数额的变动而变动

B. 定额税率的基本特点是税率与课税对象的价值量脱离了联系

C. 在比例税率条件下,边际税率往往大于平均税率

D. 工资、薪金所得采用超额累进税率

【参考答案】 ＡＢＤ

【答案解析】 选项C,在比例税率条件下,边际税率等于平均税率;在累进税率条件下,边际税率往往要大于平均税率。

7. 下列关于税收程序法主要制度的表述中,正确的有(   )。

A. 表明身份制度是指税务机关及其工作人员在进行税务行政行为之始,向税务行政相对人出示履行职权证明的制度

B. 回避制度是体现公正原则的一项重要制度

C. 职能分离制度要求将税务机关内部的某些相互联系的职能加以分离,使之分属于不同的机关或不同的工作人员掌管和行使

D. 回避制度被公认为现代行政程序法基本制度的核心

【参考答案】 ＡＢＣ

【答案解析】 选项D,听证制度被公认为现代行政程序法基本制度的核心,对于行政程序的公开、公正和公平起到重要的保障作用。

(三) 判断题

1. 法律优位原则明确了税收行政规章的效力高于税收行政法规的效力。

(   )

【参考答案】 ×

【答案解析】 法律优位原则明确了税收法律的效力高于税收行政法规的效力,税收行政法规的效力优于税收行政规章的效力。

2. 税法的规范作用,包括指引作用、评价作用、预测作用、强制作用、经济作用和教育作用。 （ ）

【参考答案】 ×

【答案解析】 税法的规范作用,包括指引作用、评价作用、预测作用、强制作用和教育作用,不包括经济作用。

3. 税收法律关系的变更以主体双方意思表示一致为要件。 （ ）

【参考答案】 ×

【答案解析】 税收法律关系的变更不以主体双方意思表示一致为要件。税收法律关系的变更是指由于某一法律事实的发生,使税收法律关系的主体、内容和客体发生变化。引起税收法律关系变更的原因是多方面的,但是不以双方意思表示一致为要件。

4. 对偷税、抗税、骗税、欠税的,税务机关追征其未缴或少缴的税款、滞纳金或者骗取的税款,不受年限限制。 （ ）

【参考答案】 ×

【答案解析】 因纳税人、扣缴义务人计算错误等失误,未缴或者少缴税款的,税务机关在3年内可以追征税款、滞纳金;有特殊情况的,追征期可以延长到5年。对偷税、抗税、骗税的,税务机关追征其未缴或者少缴的税款、滞纳金或者所骗取的税款,不受规定期限的限制。

5. 对扣缴义务人应扣缴而未扣缴税款的行为,税务机关有权对扣缴义务人追缴税款,并依法对其加收滞纳金。 （ ）

【参考答案】 ×

【答案解析】 扣缴义务人应扣未扣、应收而不收税款的,由税务机关向纳税人追缴税款,对扣缴义务人处应扣未扣、应收未收税款50%以上3倍以下的罚款。

6. 当纳税人既有应退税款又有欠缴税款的,税务机关可以将应退税款和利息先抵扣欠缴税款;抵扣后有余额的,退还纳税人。 （ ）

【参考答案】 √

【答案解析】 除出口退税以外,纳税人既有应退税款又有欠缴税款的,税务机关可以将纳税人的应退税款和利息先抵扣欠缴的税款;抵扣后有余额的,纳税人可以申请办理应退余额的退库。

7. 违法行为轻微并及时纠正,没有造成危害后果的,不予行政处罚。 （ ）

【参考答案】 √

【答案解析】 当事人有下列情形之一的,不予行政处罚：(1)违法行为轻微并及时纠正,没有造成危害后果的;(2)不满 14 周岁的人有违法行为的;(3)精神病人在不能辨认或者不能控制自己行为时有违法行为的;(4)其他法律规定不予行政处罚的。

8. 扣缴义务人扣缴税款后,因有特殊困难,不能按期解缴税款的,可以申请延期解缴税款。 （　　）

【参考答案】 ×

【答案解析】 纳税人因有特殊困难,不能按期缴纳税款的,经省、自治区、直辖市国家税务局、地方税务局批准,可以延期缴纳税款,但是最长不得超过 3 个月。申请延期解缴税款不包括扣缴义务人。

十九、计算题和综合题

1. 2023年4月，某手表生产企业销售A款手表800只，取得含税价款480万元；销售B款手表150只，取得含税价款195万元。高档手表消费税税率20％。

请问，该手表厂当月应纳消费税多少元？

【答案解析】 (1)根据《财政部 国家税务总局关于调整和完善消费税政策的通知》(财税〔2006〕33号)的规定，高档手表是指销售价格(不含增值税)每只在10 000元(含)以上的各类手表，税率为20％。

(2)A款手表不含税单价＝480÷(1＋13％)×10 000÷800＝5 309.73(元)＜10 000元，不征收消费税。

(3)B款手表不含税单价＝195÷(1＋13％)×10 000÷150＝11 504.42(元)＞10 000元，征收消费税。

(4)该手表厂当月应纳消费税＝195÷(1＋13％)×20％＝34.51(万元)。

2. 某软件开发企业为增值税一般纳税人，2023年5月销售自行开发生产的软件产品，取得不含税销售额68 000元，从国外进口软件进行本地化改造后对外销售，取得不含税销售额200 000元。本月购进一批计算机用于软件设计，取得的增值税专用发票注明金额100 000元；购进一辆应征消费税的小汽车，取得的增值税专用发票注明金额80 000元。

请问，该企业上述业务应退增值税多少元？

【答案解析】 (1)增值税一般纳税人销售其自行开发生产的软件产品，按13％税率征收增值税后，对其增值税实际税负超过3％的部分实行即征即退政策。

(2)将进口软件产品进行本地化改造后对外销售，其销售的软件产品可享受即征即退政策。

(3)购进应征消费税自用的小汽车，进项税额可以抵扣。

(4)当期软件产品增值税应纳税额＝68 000×13％＋200 000×13％－100 000×13％－80 000×13％＝11 440(元)。

(5)税负＝11 440÷(68 000＋200 000)×100％＝4.27％。

(6)即征即退税额＝11 440－(68 000＋200 000)×3％＝3 400(元)。

3. 2023年4月，某汽车制造厂将排量为2.0的自产A型汽车4辆转作固定资产,6辆对外抵偿债务,A型汽车不含税售价为190 000元;购置挂车3辆自用,取得机动车统一销售发票,注明不含税价格72 000元/辆;购置新能源汽车1辆自用,机动车销售发票注明,不含税价格182 000元。

请问,该汽车制造厂当月应纳车辆购置税多少元?

【答案解析】 (1) 自用的车辆才属于车辆购置税的征税范围,对外抵债的6辆不需要缴纳车辆购置税。

(2) 挂车2018年7月1日至2023年12月31日,减半征收车辆购置税。

(3) 2021年1月1日至2022年12月31日,新能源汽车免征车辆购置税。

(4) 综上,该汽车制造厂应纳车辆购置税=190 000×4×10%+72 000×10%×50%×3=76 000+10 800=86 800(元)。

4. 某商场为增值税一般纳税人,该商场独家代理销售某厂家彩电,按销售量挂钩进行平销返利(以购进价对外销售)。2023年3月,该商场向彩电厂购进电视机取得税控增值税专用发票,注明税额420万元;当月按平价全部销售,月末彩电厂向该商场支付返利247万元;采用同样的方式,销售某厂家电子光盘,取得返利120万元,向厂家购进电子光盘取得增值税专用发票,注明价款1 000万元,当月全部销售。

请问,关于该商场平销返利业务应纳增值税多少万元? 是否可以开具增值税专用发票?

【答案解析】 (1) 税法规定,平销返利的返利收入应冲减进项税额。

(2) 商场的销项税额=420+1 000×9%=510(万元)。

(3) 应抵扣的进项税额=420−247÷(1+13%)×13%+1 000×9%−120÷(1+9%)×9%=471.68(万元)。

(4) 该业务应纳增值税=510−471.68=38.32(万元)。

(5) 按规定,商业企业向供货方收取的各种返还收入,一律不得开具增值税专用发票。

5. 某酒厂同时生产白酒和啤酒,是增值税一般纳税人。2023年2月发生如下销售业务:销售白酒2吨,开具增值税专用发票,注明销售金额38万元;销售啤酒10吨,并开具普通发票,收取价税合计金额3.51万元;另外,收取白酒包装物押金0.5万元,啤酒包装物押金0.2万元,包装物租金0.1万元。

请问,该酒厂2023年2月上述业务产生的销项税额为多少万元?

【答案解析】 (1) 对销售除啤酒、黄酒外的其他酒类产品收取的包装物押金,无论是否返还以及会计上如何核算,均应并入当期销售额征税。

(2) 啤酒、黄酒包装物押金逾期才计入货物销售额中征税。

(3) 押金属于含税收入,应先将其换算为不含税销售额再并入销售额征税。

（4）收取的租金属于价外费用，应当一并征税。

（5）因此，产生的销项税额＝[38＋(3.51＋0.5)÷1.13＋0.1÷1.13]×13％＝5.41(万元)。

6. 某奶酪加工厂为一般纳税人，属于农产品增值税进项税额核定扣除试点范围企业。2023年5月，期初库存鲜奶350升，期初平均购买单价为4元/升；当月又从农民手中购入鲜奶20 000升，税务机关批准使用的收购凭证上注明收购金额为90 000元。该加工厂当月生产奶酪1 000千克，当月销售奶酪750千克，取得不含税销售额90 000元。已知：该加工厂生产1千克奶酪需要耗用20升鲜奶。

请问，该加工厂5月准予抵扣鲜奶的进项税额为多少？

【答案解析】 （1）农产品平均买价＝(期初库存农产品数量×期初平均买价＋当期购进农产品数量×当期买价)÷(期初库存农产品数量＋当期购进农产品数量)＝(350×4＋90 000)÷(350＋20 000)＝4.49(元/升)。

（2）准予抵扣鲜奶的进项税额＝当期销售货物数量×农产品单耗数量×农产品平均买价×扣除率÷(1＋扣除率)＝750×20×4.49×13％÷(1＋13％)＝7 748.23(元)。

7. 某企业2023年5月进口无铅汽油100吨，每吨到岸价格5 000元人民币，假定关税税率为10％，无铅汽油：1吨＝1 388升，消费税额为1.0元/升。

请问，该企业此项业务需缴纳哪些税费？分别缴纳多少元？

【答案解析】 （1）关税＝100×5 000×10％＝50 000(元)。

（2）消费税＝100×1 388×1.0＝138 800(元)。

（3）应纳增值税＝(5 000×100＋50 000＋138 800)×13％＝89 544(元)。

8. 某具有进出口经营权的外贸公司，2023年3月经有关部门批准从境外进口小轿车30辆，每辆小轿车货价15万元，运抵我国海关前发生的运输费用、保险费用无法确定，经海关查实其他运输公司相同业务的运输费用占货价的比例为2％。该外贸公司向海关缴纳了相关税款，并取得了完税凭证。小轿车关税税率60％、消费税税率9％。

请问，小轿车在进口环节应缴纳的关税和消费税合计为多少万元？

【答案解析】 （1）进口小轿车的货价＝15×30＝450(万元)。

（2）进口小轿车的运输费＝450×2％＝9(万元)。

（3）进口小轿车的保险费＝(450＋9)×3‰＝1.38(万元)。

（4）进口小轿车应缴纳的关税：关税的完税价格＝450＋9＋1.38＝460.38(万元)；应缴纳关税＝460.38×60％＝276.23(万元)。

（5）进口环节小轿车应缴纳的消费税：

消费税组成计税价格＝(460.38＋276.23)÷(1－9％)＝809.46(万元)。

应缴纳消费税＝809.46×9％＝72.85(万元)。

应缴纳的关税和消费税合计＝276.23＋72.85＝349.08(万元)。

9. 某省红星机械厂是增值税一般纳税人。2023年4月,该机械厂销售一批设备,向客户收取不含税价款100万元,同时为客户运送这批设备,收取运费1.13万元。

请问,该机械厂上述业务应缴纳多少增值税?

【答案解析】 (1)按照税法规定,该机械厂销售设备的同时收取运费的行为属于混合销售行为。

(2)其应纳增值税＝[100＋1.13÷(1＋13％)]×13％＝13.13(万元)。

10. 某鞭炮厂2023年5月1日委托某厂加工一批鞭炮、焰火,该鞭炮厂发给厂家的原材料成本为30 000元。当月加工完毕并于5月20日将该批鞭炮、焰火送交鞭炮厂,收取含税的加工费和代垫辅助材料款18 000元,并代收代缴消费税,受托方无同类鞭炮、焰火的销售价格。该鞭炮厂于5月底将该批鞭炮、焰火全部销售,取得不含增值税价款60 000元,鞭炮、焰火消费税税率为15％,成本利润率为5％,两企业均为增值税一般纳税人。

请问,该鞭炮厂当月应纳消费税多少元?

【答案解析】 (1)委托加工收回的应税消费品,委托方以高于受托方计税价格销售的,需按照规定申报缴纳消费税,在计税时准予扣除受托方已代收代缴的消费税。

(2)受托方计税价格＝[30 000＋18 000÷(1＋13％)]÷(1－15％)＝54 034.36(元)<委托方收回后的销售价格60 000元。

(3)鞭炮厂当月应纳消费税＝60 000×15％－[30 000＋18 000÷(1＋13％)]÷(1－15％)×15％＝894.85(元)。

11. 某自营出口生产企业是增值税一般纳税人,出口货物的征税率为13％,退税率为6％。2023年5月发生业务:购进原材料一批,取得的增值税专用发票注明的价款300万元,进项税额39万元通过认证。当月进料加工免税进口料件的组成计税价格为150万元。上期末留抵税款22万元。本月内销货物不含税销售额120万元。本月出口货物销售额(FOB价)折合人民币260万元。

请问,该企业当月应退的增值税为多少万元?

【答案解析】 (1)免抵退税不得免征和抵扣税额抵减额＝免税进口料件的组成计税价格×(出口货物征税税率－出口货物退税税率)＝150×(13％－6％)＝10.5(万元)。

(2)免抵退税不得免征和抵扣税额＝当期出口货物离岸价×外汇人民币牌价×

（出口货物征税率－出口货物退税率）－免抵退税不得免征和抵扣税额抵减额＝260×（13％－6％）－10.5＝7.7（万元）。

（3）当期应纳税额＝120×13％－（39－7.7）－22＝－37.7（万元）。

（4）免抵退税额抵减额＝免税购进原材料×出口退税率＝150×6％＝9（万元）。

（5）出口货物"免、抵、退"税额＝260×6％－9＝6.6（万元）。

（6）当期期末留抵税额＞当期免抵退税额，当期应退税额＝当期免抵退税额＝6.6（万元）。

12. 某机械生产企业为增值税一般纳税人，2023年4月向某工厂销售A设备，取得价款3 000万元，另提供设备安装服务200万元，分别开具增值税专用发票；向个体经营者销售B设备，取得销售总收入额2 400万元，并开具了普通发票；当月购进钢铁等原料支付不含税价款1 400万元，购进工业用煤炭等燃料支付不含税价款1 600万元，均取得增值税专用发票并在当月通过认证抵扣。

请问，该设备生产企业2023年4月应纳增值税多少万元？

【答案解析】 （1）本题中在确定增值税销项税额时应注意向个体经营者销售B设备开具的是普通发票，因此销售额是价税合计额，要换算成不含税价后再计算销项税额。

（2）在确定进项税额时，要注意工业用煤炭制品不属于9％的低税率的适用范围，而适用13％的税率。

（3）纳税人销售自产设备并提供安装服务，能准确核算，安装销售额可以按甲供工程选择适用简易计税方法计税。

（4）增值税销项税额＝3 000×13％＋200×3％＋2 400÷（1＋13％）×13％＝390＋6＋276.11＝672.11（万元）。

（5）增值税进项税额＝（1 400＋1 600）×13％＝390（万元）。

（6）应纳增值税＝672.11－390＝282.11（万元）。

13. 某商业企业（增值税一般纳税人）2023年5月向消费者个人销售纯金首饰取得含税收入58 950元，销售金银镶嵌首饰取得含税收入35 780元，销售镀金首饰取得含税收入42 898元，销售镀金镶嵌首饰取得含税收入22 378元。

请问，该企业上述业务应缴纳的消费税为多少元？

【答案解析】 （1）镀金首饰和镀金镶嵌首饰在生产环节缴纳消费税，零售环节不交消费税。

（2）应纳消费税＝（58 950＋35 780）÷（1＋13％）×5％＝4 191.59（元）。

14. 某烟厂为增值税一般纳税人，2023年5月收购烟叶支付价款500万元，并按规定支付了10％的价外补贴，已开具烟叶收购发票。

请问,该烟厂需要缴纳的烟叶税和烟叶可以抵扣的进项税额分别是多少万元?

【答案解析】 (1)烟叶收购金额＝烟叶收购价款×(1＋10％)＝500×(1＋10％)＝550(万元)。

(2)烟叶税＝550×20％＝110(万元)。

(3)烟叶可以抵扣的进项税＝(烟叶收购金额＋烟叶税)×10％＝550×(1＋20％)×10％＝66(万元)。

15. 某省化工生产企业为增值税一般纳税人,兼营内销与外销,2023 年 4 月发生以下业务:(1)国内采购原料,取得专用发票上注明价款 100 万元,准予抵扣的进项税额 13 万元;(2)当月进料加工免税进口料件的组成计税价格 50 万元;(3)内销货物不含税价 80 万元,外销货物销售额(FOB 价)120 万元。该出口货物征税率 13％,退税率 10％,另有上期未抵扣税额 2 万元。

请问,该公司当期免抵税额为多少万元?

【答案解析】 (1)免抵退税不得免征和抵扣税额抵减额＝50×(13％－10％)＝1.5(万元)。

(2)免抵退税不得免征和抵扣税额＝120×(13％－10％)－1.5＝2.1(万元)。

(3)当期应纳税额＝80×13％－(13－2.1)－2＝－2.5(万元)。

(4)免抵退税抵减额＝50×10％＝5(万元)。

(5)"免抵退"税额＝120×10％－5＝7(万元)。

(6)应退税额＝2.5(万元)。

(7)当期免抵税额＝7－2.5＝4.5(万元)。

16. 某省 A 手表生产企业(增值税一般纳税人)2023 年 4 月进口手表机芯 6 000 只,海关审定的完税价格每只 0.5 万元,关税税率 30％,完税后取得海关缴款书并通过当月稽核比对;当月生产销售机械手表 8 000 只,含税单价 1.25 万元;销售石英手表 2 000 只,含税 0.8 万元。高档手表消费税税率为 20％。

请问,该手表厂 2022 年 4 月内销环节应纳流转税及附加税费为多少万元?

【答案解析】 (1)机械手表售价＝1.25÷(1＋13％)＝1.11(万元)＞1 万元,判定应缴消费税。

(2)应纳增值税＝(8 000×1.25＋2 000×0.8)÷(1＋13％)×13％－6 000×0.5×(1＋30％)×13％＝1 334.51－507＝827.51(万元)。

(3)应纳消费税＝8 000×1.25÷(1＋13％)×20％＝1 769.91(万元)。

(4)应缴城市维护建设税及教育费附加＝(827.51＋1 769.91)×(7％＋3％)＝259.74(万元)。

17. 我国境内某居民企业(以下称该企业)在 A 国设立一分公司(以下称境外分

公司),2020年该企业境内应纳税所得额为-14.29万元,境外分公司税后所得10万元,已在该国缴纳企业所得税4.29万元。2021年该企业境内应纳税所得额30万元,境外分公司税后所得14万元,已在该国缴纳企业所得税6万元。该企业适用企业所得税税率25%,境外分公司适用企业所得税税率30%。

要求:根据上述资料,回答下列问题:

(1)2020年度汇总纳税时,境外分公司所得抵免限额为( )万元。

A. 0   B. 3   C. 3.57   D. 4.29

【参考答案】 A

【答案解析】 企业当期境内、外应纳税所得总额是零,其当期境外所得税的抵免限额也为零。

(2)2021年度汇总纳税时,境外分公司所得的抵免限额为( )万元。

A. 3   B. 3.5   C. 5   D. 6

【参考答案】 C

【答案解析】 2021年境外分公司税前所得=14+6=20(万元),抵免限额=20×25%=5(万元)。

(3)2021年度汇总纳税时,境外分公司所得实际抵免的所得税为( )万元。

A. 3   B. 3.25   C. 5   D. 6

【参考答案】 C

【答案解析】 在境外实际缴纳的税额是6万元,抵免限额是5万元,所以抵免的税额就是5万元。

(4)2021年度汇总纳税时,该企业实际应缴纳的企业所得税为( )万元。

A. 3.93   B. 7.5   C. 8.25   D. 9

【参考答案】 A

【答案解析】 2021年度境内应纳税所得额=30-14.29=15.71(万元),境外所得不用补税,所以应纳税额=15.71×25%=3.93(万元)。

18. 某非居民企业,未在我国境内设立机构场所,2021年发生的与我国境内相关的业务如下:

(1)以经营租赁的方式出租一批设备给我国境内A企业,取得不含税租金收入100万元。

(2)为我国境内的B企业提供担保服务,取得不含税担保费收入20万元。

(3)转让以前年度购进的我国境内的土地使用权给境内C企业,取得收入1 000万元,转让时该土地的账面价值为800万元,计税基础为700万元。

(4)以融资租赁的方式,出租一套设备给我国境内的D企业,共收取不含税租金

200万元,2021年12月租赁到期,D企业另支付不含税10万元取得了设备的所有权,已知该套设备的价款为120万元。

要求:根据上述资料,回答下列问题。

(1) A企业应代扣代缴该非居民企业的企业所得税为(　　)万元。

A. 9.45　　　　　B. 10　　　　　C. 20　　　　　D. 25

【参考答案】 B

【答案解析】 A企业应代扣代缴企业所得税＝100×10％＝10(万元)。

(2) B企业应代扣代缴该非居民企业的企业所得税为(　　)万元。

A. 0　　　　　B. 5　　　　　C. 2　　　　　D. 4

【参考答案】 C

【答案解析】 B企业应代扣代缴企业所得税＝20×10％＝2(万元)。

(3) C企业应代扣代缴该非居民企业的企业所得税为(　　)万元。

A. 250　　　　　B. 200　　　　　C. 100　　　　　D. 30

【参考答案】 D

【答案解析】 C企业应代扣代缴企业所得税＝(1 000－700)×10％＝30(万元)。

(4) D企业应代扣代缴该非居民企业的企业所得税为(　　)万元。

A. 20　　　　　B. 21　　　　　C. 9　　　　　D. 7.9

【参考答案】 C

【答案解析】 D企业应代扣代缴企业所得税＝(200＋10－120)×10％＝9(万元)。

19. 某市区的一高新技术企业,2021年取得主营业务收入4 800万元,其他业务收入800万元,视同销售收入50万元(按会计准则规定不应确认营业收入),营业外收入48万元,投资收益90万元;发生主营业务成本2 700万元,其他业务成本400万元,营业外支出180万元;税金及附加400万元,管理费用400万元,销售费用1 000万元,财务费用150万元。纳税检查中,发现如下情况:

(1) 业务招待费支出40万元。

(2) 向个人借款利息支出60万元,利率超过同期同类银行贷款利率1倍。

(3) 广告费支出850万元。

(4) 资产减值准备金支出100万元,未经过核定。

(5) 工资薪金总额1 000万元,工会经费25万元,职工福利费150万元,职工教育经费70万元。

(6) 投资收益中,国债利息收入50万元;投资于上市公司取得股息40万元,该股票持有5个月时卖出。

（7）通过教育部门捐赠 80 万元，用于小学图书建设；直接捐赠给本市承担新冠疫情防治任务的中心医院防疫物资 100 万元；非广告性质赞助支出 20 万元。

其他资料：2017 年、2018 年、2019 年、2020 年待弥补亏损分别是 140 万元、240 万元、0、100 万元。

注：视同销售成本忽略不计。

要求：根据以上资料，按下列顺序回答问题，如有计算需计算合计数。

（1）企业所得税税前可以扣除的业务招待费为（   ）万元。

A. 24 　　　　　B. 28 　　　　　C. 22 　　　　　D. 20

【参考答案】 A

【答案解析】 业务招待费的扣除限额＝（4 800＋800＋50）×0.5％＝28.25（万元），发生额的 60％＝40×60％＝24（万元），限额 28.25 万元与发生额的 60％的 24 万比较取其小，所以税前允许扣除的业务招待费是 24 万元。

（2）企业所得税税前可以扣除的广告费为（   ）万元。

A. 850 　　　　B. 847.5 　　　　C. 840 　　　　D. 800

【参考答案】 B

【答案解析】 广告费的扣除限额＝（4 800＋800＋50）×15％＝847.5（万元），实际发生了 850 万元，两者比较取其小，所以税前扣除只能扣除 847.5 万元。

（3）三项经费应调整的应纳税所得额为（   ）万元。

A. 20 　　　　　B. 16 　　　　　C. 15 　　　　　D. 21

【参考答案】 C

【答案解析】 职工福利费扣除的限额＝1 000×14％＝140（万元），实际发生 150 万元，需要调整应纳税所得额 10 万元；职工教育经费扣除限额＝1 000×8％＝80（万元），实际发生 70 万元，实际发生额小于扣除限额无需调整；工会经费扣除限额＝1 000×2％＝20（万元），实际发生 25 万元，需要纳税调增 5 万元。三项经费需要调整的应纳税所得额＝10＋5＝15（万元）。

（4）根据企业所得税的相关规定，下列说法正确的有（   ）。

A. 计提的资产减值准备金可以税前扣除

B. 计提的资产减值准备金不可以税前扣除

C. 国债利息属于不征税收入

D. 国债利息属于免税收入

E. 非广告性质的赞助支出不可以税前扣除

【参考答案】 BDE

【答案解析】 未经核实的资产准备金不得在企业所得税税前扣除；国债利息属

于免税收入;非广告性质的赞助支出不可以在企业所得税税前扣除。

(5) 该企业应缴纳的企业所得税为( )万元。

A. 61.2　　　　B. 21.38　　　　C. 18.44　　　　D. 11

【参考答案】 B

【答案解析】 会计利润=4 800+800+48+90-2 700-400-180-400-400-1 000-150-100(计提的资产减值损失)=408(万元)。

捐赠的限额=408×12%=48.96(万元),实际发生了80万元,需要纳税调增应纳税所得额31.04万元(80-48.96)。企业和个人直接向承担疫情防治任务的医院捐赠用于应对新冠疫情的物品,允许在计算应纳税所得额时全额扣除。捐赠人凭承担疫情防治任务的医院开具的捐赠接收函办理税前扣除事宜,100万元不调增。发生的非广告性赞助支出不允许税前扣除,要纳税调增应纳税所得额20万元。

弥补亏损前的应纳税所得额=会计利润+视同销售收入+业招调增+利息调增+广宣调增+减值调增+三费调增-国债利息调减+捐赠调增+非广告调增=408+50+16+30+2.5+100+15-50+31.04+20=622.54(万元)。

弥补亏损后的应纳税所得额=622.54-140-240-100=142.54(万元)。

应缴纳企业所得税=142.54×15%=21.38(万元)。

20. 某个人独资企业,假设2021年全年销售收入为10 000 000元,销售成本和期间费用7 600 000元,其中业务招待费100 000元、广告费150 000元、业务宣传费80 000元、投资者工资24 000元,增值税以外的相关税费1 500 000元,投资者2020年另有综合所得。

请问,该个人独资企业2021年应缴纳的个人所得税为多少元?

【答案解析】 (1)业务招待费扣除限额=10 000 000×5‰=50 000(元)<100 000×60%=60 000(元),税前准予扣除50 000元。

(2)广告费和业务宣传费用扣除限额=10 000 000×15%=1 500 000(元),实际发生=150 000+80 000=230 000(元),税前准予扣除230 000元。

(3)该个人独资企业2021年所得额=10 000 000-7 600 000-1 500 000+100 000-50 000+24 000-5 000×12=914 000(元)。

(4)该个人独资企业2021年应缴纳个人所得税=914 000×35%-65 500=254 400(元)。

21. 张三是某保险公司南京分公司的保险代理人(持有保险代理人资格证书),主管税务机关已委托该保险分公司代征个人保险代理人相关税费(只考虑增值税和城市维护建设税,城市维护建设税减半征收)。

张三兄弟两人,父母健在。2023年张三父亲63周岁、母亲61周岁;张三与爱妻李小四结婚后生有一个女儿,正在读小学三年级,经夫妻双方协商 2023 年子女教育专项附加扣除由张三扣除;每月张三还自行交纳基本社会保险费 1 500 元。

2022 年 12 月,张三取得保险代理佣金不含增值税收入 41 200 元。

2023 年张三没有工资、薪金所得,其他劳务报酬,稿酬与特许权使用费所得,从该保险公司取得的佣金不含增值税收入如下表所示。

2023 年佣金收入情况表

单位:元

月份	1 月	2 月	3 月	4 月	5 月	6 月	小计
佣金收入	20 000	120 000	20 000	15 000	20 000	15 000	
月份	7 月	8 月	9 月	10 月	11 月	12 月	
佣金收入	10 000	20 000	20 000	15 000	15 000	20 000	310 000

要求:根据现行税收政策规定,回答如下问题。

(1) 下列关于 2023 年度佣金收入的个人所得税处理的说法中正确的有( )。

A. 佣金收入应按劳务报酬所得项目征收个人所得税

B. 支付保险营销员的佣金收入的单位应按累计预扣法预扣预缴个人所得税

C. 支付保险营销员个人佣金的单位在预扣预缴个人所得税时可以按照规定扣除专项附加扣除

D. 支付信用卡代理佣金的单位在预扣预缴个人所得税时,也应按照累计预扣法预扣预缴

【参考答案】 A B

【答案解析】 扣缴义务人向保险营销员、证券经纪人支付佣金收入时,应按照《个人所得税扣缴申报管理办法(试行)》(国家税务总局公告 2018 年第 61 号印发)规定的累计预扣法计算预扣税款。

预扣预缴保险营销员佣金的个人所得税时,以该纳税人截至当期在单位从业月份的累计收入减除累计减除费用、累计其他扣除后的余额,比照工资、薪金所得预扣率表计算当期应预扣预缴税额。专项扣除和专项附加扣除,在预扣预缴环节暂不扣除,待年度终了后汇算清缴申报时办理。

(2) 下列有关张三 2023 年度佣金收入的说法中正确的有( )。

A. 计算收入额时扣除减除费用 62 000 元

B. 2023 年度佣金的收入额为 248 000 元

C. 计算应纳税所得额时可以扣除的展业成本为 62 000 元

D. 综合所得汇算清缴时可扣除基本费用 60 000 元

【参考答案】 A B C D

【答案解析】 全年佣金收入＝310 000元。

减除20%费用＝310 000×20%＝62 000(元)。

佣金的收入额＝310 000－62 000＝248 000(元)。

可扣除展业成本＝248 000×25%＝62 000(元)。

可扣除基本费用扣除＝60 000元。

(3)下列关于张三取得的综合所得汇算清缴的说法中正确的有( )。

A.张三取得的佣金以不含增值税的收入减除20%的费用后的余额为收入额

B.自2019年1月1日起保险营销员展业成本按照收入额的25%计算

C.年终汇算清缴时可扣除专项附加扣除24 000元

D.自2019年1月1日起证券经纪人展业成本按照收入额的30%计算

【参考答案】 A B

【答案解析】 根据《财政部 税务总局关于个人所得税法修改后有关优惠政策衔接问题的通知》(财税〔2018〕164号)的规定,保险营销员取得的佣金收入,属于劳务报酬所得,以不含增值税的收入减除20%的费用后的余额为收入额,收入额减去展业成本以及附加税费后,并入当年综合所得,计算缴纳个人所得税。保险营销员、证券经纪人展业成本按照收入额的25%计算。

汇算清缴时可扣除专项附加扣除＝(1 500＋2 000)×12＝42 000(元)。

(4)年终办理综合所得汇算清缴时,张三需要( )。

A.补缴个人所得税4 200元

B.补缴个人所得税3 600元

C.退还个人所得税4 200元

D.退还个人所得税6 000元

【参考答案】 D

【答案解析】 2月应缴纳增值税＝120 000×1%＝1 200(元)。

应缴纳的城市维护建设税＝1 200×7%×50%＝42(元)。

应纳税所得额＝310 000－62 000－42－60 000－18 000－42 000－62 000＝65 958(元)。

应纳税额＝65 958×10%－2 520＝4 075.8(元)。

已预扣预缴个人所得税＝(310 000－62 000－62 000－42－60 000)×10%－2 520＝10 075.8(元)。

应退还个人所得税＝10 075.8－4 075.8＝6 000(元)。

22. 周先生为某有限公司股东,2020年12月收入情况如下:

(1)取得国内上市公司分配的红利收入50 000元(其持股期限为3个月),通过非营利性社会团体向公益性青少年活动场所捐赠 20 000 元,取得了捐赠证明,同时直接向湖北省黄冈市中心医院捐赠 10 000 元。

(2) 2019 年 12 月购买商铺 100 万元,原销售价格 120 万元,与房地产开发企业签订协议,1 年内无偿提供给房地产开发企业对外出租使用。房地产开发企业将商铺出租给张某,取得租金收入 18 万元,租期为 1 年。

(3) 以公司资金 50 万元为女儿购买 1 套房产,记在自己名下。

(4) 在 A 国投资股票取得收入 20 000 元,在 B 国转让房产取得净收入 70 000 元,已分别按收入来源国税法规定缴纳了个人所得税 3 500 元和 18 000 元。

要求:根据以上资料,进行分项计算。

(1) 计算周先生红利所得应缴纳的个人所得税。

(2) 计算房地产开发企业售后回租应代扣周先生的个人所得税(不考虑其他税费)。

(3) 计算周先生向公司资金购房应缴纳的个人所得税。

(4) 计算周先生境外所得抵免限额。

(5) 计算周先生应补缴的个人所得税。

【答案解析】 (1) 根据《财政部 国家税务总局 证监会关于上市公司股息红利差别化个人所得税政策有关问题的通知》(财税〔2015〕101 号)的规定,自 2015 年 9 月 8 日起,个人从公开发行和转让市场取得的上市公司股票,持股期限在 1 个月以内(含 1 个月)的,其股息红利所得全额计入应纳税所得额;持股期限在 1 个月以上至 1 年(含 1 年)的,暂减按 50% 计入应纳税所得额;持股期限超过 1 年的,暂免征收个人所得税。根据《财政部 国家税务总局关于对青少年活动场所电子游戏厅有关所得税和营业税政策问题的通知》(财税〔2000〕21 号)的规定,对企事业单位、社会团体和个人等社会力量,通过非营利性的社会团体和国家机关向公益性青少年活动场所的捐赠,在缴纳个人所得税前准予全额扣除。根据《财政部 税务总局关于支持新型冠状病毒感染的肺炎疫情防控有关捐赠税收政策的公告》(财政部 税务总局公告 2020 年第 9 号)的规定,企业和个人通过公益性社会组织或者县级以上人民政府及其部门等国家机关,捐赠用于应对新型冠状病毒感染的肺炎疫情的现金和物品,允许在计算应纳税所得额时全额扣除,直接捐赠的不在此范围。

红利所得应缴个人所得税=(50 000－20 000)×50%×20%=3 000(元)。

(2) 根据《国家税务总局关于个人与房地产开发企业签订有条件优惠价格协议购买商店征收个人所得税问题的批复》(国税函〔2008〕576 号)的规定,按照财产租赁所得项目缴纳个人所得税。房地产开发公司应代扣个人所得税=200 000÷12×(1－20%)×20%×12=32 000(元)。

（3）根据《财政部　国家税务总局关于企业为个人购买房屋或其他财产征收个人所得税问题的批复》(财税〔2008〕83号)的规定,以企业资金用于购买房屋及其他财产,将所有权登记为投资者、投资者家庭成员名下按照利息、股息、红利所得项目计征个人所得税。应纳个人所得税额＝50×20％＝10(万元)。

（4）A国收入按我国税法规定计算的应纳税额(即抵扣限额)＝20 000×20％＝4 000(元)。

B国收入按我国税法规定计算应纳税额(即抵扣限额)＝70 000×20％＝14 000(元)。

（5）周先生在A国实际缴纳的税款(3 500元)低于抵扣限额,因此,可全额抵扣,并需在我国补缴个人所得税500元(4 000－3 500)。

周先生在B国实际缴纳的税款(18 000元)超出了抵扣限额,超过限额部分在5年内的应纳税额中抵扣。

23. 张某于2020年1月1日个人投资设立中医诊所,依法登记取得《医疗机构执业许可证》。

（1）张某2020年5月1日起聘请退休老中医王某担任专家门诊的坐诊医生,并依法签订劳动合同,出诊时间为每周的周一至周五。王某每月的退休金为6 000元,从中医诊所另可获得每月10 000元的报酬,不考虑扣除,亦无其他所得。

（2）张某2020年1月1日起聘请本市在职医生钱某,支付报酬每月4 000元。钱某的出诊时间为每周的周六、日,每月从在职的医院获得工资6 000元。

（3）2020年2月张某与妻子离婚,将夫妻名下的家庭唯一住房过户到自己名下。2020年4月将该住房以100万元价格出售,缴纳相关税费2万元。该住房系2016年9月购买,购买价格65万元,购买时发生相关税费1.2万元。

（4）张某2020年1月4日以每股6.5元购买某境内上市公司股票50 000股,1月30日获得分红2万元。2月12日股票大涨,张某将股票以每股9.8元的价格卖出。未进行任何处理。

（5）2020年全年张某取得中医诊所的生产经营所得60万元,允许扣除的成本费用等36万元,未扣除生计费。

相关资料:除题目提到的税种外,不考虑其他税费。

要求:根据上述资料,回答下列问题。

（1）请计算王某2020年需缴纳的个人所得税。

（2）请计算张某2020年1月支付钱某报酬时应当预扣预缴个人所得税。

（3）请计算张某析产和处置住房应当缴纳个人所得税。

（4）请计算张某获得股息和转让股票应缴纳个人所得税。

（5）请计算张某 2020 年取得的诊所生产经营所得应缴纳的个人所得税。

【答案解析】 （1）王某取得的退休工资免征个人所得税，退休后从其他单位获取的报酬应当按照"工资、薪金所得"计征个人所得税。

王某 2020 年缴纳的个人所得税＝（10 000×8－60 000）×3％＝600（元）。

（2）钱某从中医诊所取得的坐诊报酬"劳务报酬所得"计征个人所得税，1 月应预扣预缴个人所得税＝（4 000－800）×20％＝640（元）。

（3）离婚析产的方式分割房屋产权是夫妻双方对共同共有财产的处置，个人因离婚办理房屋产权过户手续，不征收个人所得税。

个人转让离婚析产房屋所取得的收入，允许扣除其相应的财产原值和合理费用后，余额按照规定的税率缴纳个人所得税。应缴纳个人所得税＝（100－65－2－1.2）×20％×10 000＝63 600（元）。

（4）个人从公开发行和转让市场取得的上市公司股票，持股期限在 1 个月以内（含 1 个月）的，其股息红利所得全额计入应纳税所得额，适用 20％的税率计征个人所得税。对个人转让上市公司股票取得的所得继续暂免征收个人所得税。

分红应纳税额＝2×20％＝0.4（万元）。

（5）个人投资或个人合伙投资开设医院（诊所）而取得的收入，按照"个体工商户的生产、经营所得"计征个人所得税。

应缴纳的个人所得税＝（600 000－360 000－5 000×12）×20％－10 500＝25 500（元）。

24. 香港居民王某在内地无住所，在深圳某公司任职。该公司是香港某公司的子公司。2021 年 1 月 1 日开始，王某每周一上午入境，周五下午离境。7 月 1 日开始，王某常住深圳，不再回港。王某选择不适用税收协定，其周末在香港母公司履行职务，2021 年取得收入情况如下：在内地公司取得月薪 3 万元，每月由内地公司支付；个人在内地出版书籍，取得稿酬 5 万元；3 月，香港母公司向其支付一季度在香港工作期间的工资 10 万元。

要求：根据上述材料，回答以下问题。

（1）关于王某 2021 年税收身份的说法，下列说法正确的是（　　）。

A. 王某是中国税收居民，就全球所得负完全纳税义务

B. 王某是中国税收居民，但境外所得境外支付部分可以免税

C. 王某是非居民个人，仅就境内所得境内支付部分纳税

D. 王某是非居民个人，就境内所得纳税

【参考答案】 B

【答案解析】 王某在内地居住满 183 天，构成中国税收居民，但境外所得境外支

付可以免税。

（2）假设王某在第一个月纳税申报时，预计当年在内地居住不超过 90 天，那么，王某 1 月份应该缴纳个人所得税的工资薪金收入额，下列说法正确的是（　　）。

A. 当月工资薪金收入额＝当月境内外工资薪金总额×（当月境内支付工资薪金数额÷当月境内外工资薪金总额）×（当月工资薪金所属工作期间境内工作天数÷当月工资薪金所属工作期间公历天数）

B. 当月工资薪金收入额＝当月境内外工资薪金总额×（当月工资薪金所属工作期间境内工作天数÷当月工资薪金所属工作期间公历天数）

C. 当月工资薪金收入额＝当月境内外工资薪金总额×[1－（当月境外支付工资薪金数额÷当月境内外工资薪金总额）×（当月工资薪金所属工作期间境外工作天数÷当月工资薪金所属工作期间公历天数）]

D. 参照境内有住所居民有关纳税义务的规定确定工资薪金收入额

【参考答案】　A

【答案解析】　境内居住不满 90 天的无住所个人，工资薪金收入额按《财政部　国家税务总局关于非居民个人和无住所居民个人有关个人所得税政策的公告》（财政部　国家税务总局公告 2019 年第 35 号，以下简称 2019 年 35 号公告）公式一确定。因此，选项 A 正确。

（3）王某在内地居住满 90 天后，下列说法正确的是（　　）。

A. 需要对以前月份少缴税款补税，加收滞纳金

B. 需要对以前月份少缴税款补税，不加收滞纳金

C. 不需要对以前月份少缴税款补税

D. 需要对以前月份少缴税款补税，加收利息

【参考答案】　B

【答案解析】　根据 2019 年 35 号公告的规定，无住所个人预计一个纳税年度境内居住天数累计不超过 90 天，但实际累计居住天数超过 90 天的，或者对方税收居民个人预计在税收协定规定的期间内境内停留天数不超过 183 天，但实际停留天数超过 183 天的，待达到 90 天或者 183 天的月度终了后 15 天内，应当向主管税务机关报告，就以前月份工资、薪金所得重新计算应纳税款，并补缴税款，不加收税收滞纳金。

（4）关于王某取得的稿酬如何计征个人所得税，下列说法正确的是（　　）。

A. 与王某其他综合所得合并计税，由出版社代扣代缴，王某无需办理汇算清缴

B. 与王某其他综合所得合并计税，先由出版社代扣代缴，王某需要办理汇算清缴

C. 分项计税，由出版社代扣代缴

D. 无需在内地纳税

【参考答案】 B

【答案解析】 王某系居民纳税人，四项所得作为综合所得，取得两项以上综合所得，需要汇算清缴。

（5）关于王某取得香港母公司的工资，下列说法正确的是（　　）。

A. 在内地没有纳税义务，无需纳税，无需报告

B. 在内地没有纳税义务，无需纳税，但需报告

C. 在内地负有纳税义务，可以免税，且不参与工资薪金收入额的计算

D. 在内地负有纳税义务，可以免税，但参与工资薪金收入额的计算

【参考答案】 D

【答案解析】 无住所居民纳税人取得境外所得境外支付的工资、薪金收入，适用2019年35号公告的公式三。

25. 博才有限责任公司2023年6月发生以下业务：

（1）采购材料合同一份，价款121 100元。

（2）材料运输合同一份，运费金额180元，装卸费为50元。

（3）租赁机械设备合同一份，使用1天，租金总额是400元。

（4）受托为其他公司做技术开发，签订技术开发合同一份，合同约定：技术开发金额共计1 000万元，其中研究开发费用与报酬金额之比为3：1。

（5）启用新的资金账簿1本，增加实收资本1 000万元，启用其他账簿6本。上述合同金额均为不含增值税金额。

要求：根据上述材料，回答以下问题。

（1）该公司采购合同需要缴纳印花税（　　）元。

A. 36.33　　　　B. 36.30　　　　C. 60.55　　　　D. 60.6

【参考答案】 B

【答案解析】 应纳税额在1角以上的，其税额尾数不满5分的不计，满5分的按1角计算缴纳。对财产租赁合同的应纳税额不足1元的，按照1元贴花。买卖合同应纳印花税额＝121 100×0.3‰＝36.33（元）（按36.30元贴花）。

（2）该公司运输合同需要缴纳印花税（　　）元。

A. 0　　　　B. 0.09　　　　C. 0.1　　　　D. 0.05

【参考答案】 A

【答案解析】 应纳税额不足1角的，免征印花税。运输合同的计税依据为取得的运费，不含货物金额、装卸费等。运输合同应纳的印花税额＝180×0.3‰≈

0.05(元)<0.1元,免征印花税。

（3）该公司设备租赁合同需要缴纳印花税（　　）元。

A. 0 　　　　　B. 0.4 　　　　　C. 0.2 　　　　　D. 1

【参考答案】 D

【答案解析】 对财产租赁合同的应纳税额不足1元的,按照1元贴花。设备租赁合同应纳的印花税=400×1‰=0.4(元),不足1元,按1元贴花。

（4）该公司签订技术开发合同需要缴纳印花税（　　）元。

A. 750 　　　　　B. 3 000 　　　　　C. 5 400 　　　　　D. 6 000

【参考答案】 A

【答案解析】 对各类技术合同,应当按合同所载价款、报酬、使用费的金额依率计税。

为鼓励技术研究开发,对技术开发合同,只就合同所载的报酬金额计税,研究开发经费不作为计税依据。但对合同约定按研究开发经费一定比例作为报酬的,应按一定比例的报酬金额计税贴花。

应缴纳的印花税=1 000×10 000÷4×0.3‰=750(元)。

（5）该公司启用7本账簿需要缴纳印花税（　　）元。

A. 2 530 　　　　　B. 2 500 　　　　　C. 5 000 　　　　　D. 5 030

【参考答案】 B

【答案解析】 自2018年5月1日起,将对纳税人设立的资金账簿按实收资本和资本公积合计金额征收的印花税减半。其他账簿免征印花税。

应缴纳的印花税=1 000×10 000×0.5‰×50%+6×0=2 500(元)。

26. 甲公司（非房地产开发企业）为增值税一般纳税人,2023年1月转让一栋2012年自建的办公楼,取得含税收入9 000万元,已按规定缴纳转让环节的有关税金,并取得完税凭证。

该办公楼造价为800万元,其中包含为取得土地使用权支付的地价款300万元,契税9万元以及按国家统一缴纳的其他有关费用1万元。

经房地产评估机构评定,该办公楼重新构建价格为5 000万元,成新度折扣率为五成,支付房地产评估费用10万元,该公司的评估价格已经税务机关认定。

甲公司对于转让"营改增"之前自建的办公楼选择"简易征收"方式;转让该办公楼缴纳的印花税为4.5万元。

甲公司适用的城市维护建设税税率为7%,教育费附加征收比率为3%。

要求:根据以上资料,回答下列问题。

（1）该公司转让办公楼应纳增值税（　　）万元。

A. 414.33   B. 413.38   C. 390.48   D. 428.57

【参考答案】 D

【答案解析】 一般纳税人转让其 2016 年 4 月 30 日前自建的不动产,可以选择适用简易计税方法计税,以取得的全部价款和价外费用为销售额,按照 5% 的征收率计算应纳税额。纳税人应按照上述计税方法向不动产所在地主管税务机关预缴税款,向机构所在地主管税务机关申报纳税。该公司转让办公楼应纳增值税＝9 000÷(1＋5%)×5%＝428.57(万元)。

(2) 在计算土地增值税时,可扣除转让环节税金(   )万元。

A. 51.43   B. 54.11   C. 55.93   D. 47.36

【参考答案】 D

【答案解析】 与转让房地产有关的税金,是指在转让房地产时缴纳的营业税、城市维护建设税、印花税。因转让房地产交纳的教育费附加,也视同税金予以扣除。营改增后与转让房地产有关的税金,是指在转让房地产时缴纳的城市维护建设税、教育费附加、印花税。

可扣除转让环节税金＝428.57×(7%＋3%)＋4.5＝47.36(万元)。

(3) 在计算土地增值税时,可扣除项目金额合计(   )万元。

A. 2 866.93   B. 2 874.93   C. 2 867.36   D. 2 875.93

【参考答案】 C

【答案解析】 (1)为取得土地使用权所支付的金额＝300＋9＋1＝310(万元);(2)评估价格＝5 000×50%＝2 500(万元);(3)支付房地产评估 10 万元,可以扣除;(4)可扣除转让环节税金＝47.357(万元)。可扣除项目金额合计＝310＋2 500＋10＋47.357＝2 867.36(万元)。

(4) 甲公司应纳土地增值税(   )万元。

A. 2 417.01   B. 2 419.27

C. 2 421.93   D. 2 678.31

【参考答案】 C

【答案解析】 不含增值税收入＝9 000－428.57＝8 571.43(万元)。

增值额＝8 571.43－2 867.36＝5 704.07(万元)。

增值率＝5 704.07÷2 867.36×100%＝198.93%,适用税率为 50%,速算扣除系数为 15%。

应纳土地增值税＝5 704.07×50%－2 867.36×15%＝2 421.93(万元)。

(5) 需要对房地产进行评估,并以评估价格确定转让房地产收入,扣除项目的金额的有(   )。

A. 房开企业出售新建商品房

B. 隐瞒、虚报房地产成交价格的

C. 提供扣除项目金额不实的

D. 转让房地产的成交价格低于房地产评估价格,又无正当理由的

【参考答案】 BCD

【答案解析】 纳税人有下列情形之一的,按照房地产评估价格计算征收:隐瞒、虚报房地产成交价格的;提供扣除项目金额不实的;转让房地产的成交价格低于房地产评估价格,又无正当理由的。

27. 甲公司接受税务师事务所纳税审查,关于 2021 年房产和土地的使用情况如下:

(1) 2021 年年初实际占地面积共为 30 000 平方米,其中公司子弟学校面积为 2 000 平方米,医院占地 2 000 平方米。

(2) 办公楼账面原值 550 万元,5 月初改建办公楼,为改建支付费用 120 万元,加装中央空调支付 75 万元,该中央空调单独作为固定资产入账,5 月底完成改建工程交付使用。

(3) 6 月 30 日,以原值为 1 200 万元的厂房向乙企业投资,协议规定,甲公司每月向乙企业收取固定收入(含税)22 万元,乙企业的经营盈亏情况与甲公司无关。当年收益 132 万元。

(4) 6 月底经批准新占用基本农田 40 000 平方米用于扩大生产经营。

(5) 当年 1 月 1 日经批准开山填海整治取得的土地 20 000 平方米。

(该省规定,公司所在地城镇土地使用税单位税额每平方米 3 元,耕地单位税额为每平方米 25 元,计算房产税时按原值的 30% 作为扣除额,不动产出租采用一般计税方法。)

要求:根据上述资料,回答下列问题。

(1) 甲公司 2021 年应纳的城镇土地使用税为( )万元。

A. 8.1   B. 7.8   C. 9.2   D. 8.7

【参考答案】 B

【答案解析】 公司内部子弟学校、医院占地面积不缴纳城镇土地使用税,新征用的满 1 年时开始征收城镇土地使用税,所以 6 月底新占用年不征城镇土地使用税。经批准开山填海整治的土地和改造的废弃土地,从使用的月份起免缴土地使用税 5 年至 10 年,因此,甲公司经批准开山填海整治土地本年不征土地使用税。

应纳土地使用税=(30 000-2 000-2 000)×3=78 000(元)=7.8(万元)。

(2) 甲公司办公楼应纳房产税( )万元。

A. 4.6   B. 5.72   C. 5.58   D. 4.24

【参考答案】 C

【答案解析】 凡以房屋为载体,不可随意移动的附属设备和配套设施,如给排水、采暖、消防、中央空调、电气及智能化楼宇设备等,无论在会计核算中是否单独记账与核算,都应计入房产原值,计征房产税。

应纳房产税 $= 550 \times (1-30\%) \times 1.2\% \times 5 \div 12 + (550+120+75) \times (1-30\%) \times 1.2\% \times 7 \div 12 = 5.58$(万元)。

(3) 甲公司除办公楼外应纳房产税( )万元。

A. 0   B. 2.28   C. 19.57   D. 14.4

【参考答案】 C

【答案解析】 对于投资联营的房产,应根据投资联营的具体情况,在计征房产税时予以区别对待。对于以房产投资联营,投资者参与投资利润分红,共担风险的情况,不承担联营风险的情况,实际上是以联营名义取得房产的租金,应根据《中华人民共和国房产税暂行条例》的有关规定由出租方按租金收入计缴房产税。未出租前,应从价计算房产税。应纳房产税 $=1\,200 \times (1-30\%) \times 1.2\% \times 6 \div 12 + 132 \div (1+9\%) \times 12\% = 19.57$(万元)。

(4) 甲公司2021年应纳耕地占用税为( )万元。

A. 25   B. 50   C. 75   D. 150

【参考答案】 D

【答案解析】 占用基本农田的,应当按照《中华人民共和国耕地占用法》第四条第二款、第五条确定的当地适用税额的,加按150%征收。应纳耕地占用税 $=40\,000 \times 25 \times (1+50\%) = 1\,500\,000$(元)$=150$(万元)。

(5) 甲公司的房产信息发生变更,申报时不需报送的资料有( )。

A. 《城镇土地使用税 房产税纳税申报表》

B. 《城镇土地使用税 房产税税源明细表》

C. 《从租计征房产税税源明细表》

D. 收入证明

【参考答案】 A C D

【答案解析】 首次申报或房产、土地信息发生变更时,应报送《城镇土地使用税房产税税源明细表》。

28. 完善的社会保障制度是社会主义市场经济体制的重要支柱,关系改革、发展、稳定的全局,意义十分重大:一是社会发展的"稳定器",有利于保持社会稳定;二是经济发展的"助推器",有利于扩大社会投资,促进经济增长;三是居民收入的"调节器",有利于维护社会公平,实现共同富裕;四是经济周期波动的"减震器",有利于改善居民消费预期,调节社会总需求。

要求:根据上述资料,回答下列问题。

(1) 发挥社会保障制度的"稳定器"作用是政府在行使( )。

① 专政职能 ② 协调人民内部矛盾职能

③ 精神文明建设职能 ④ 公共服务职能

A. ①② B. ③④ C. ②③ D. ②④

【参考答案】 D

【答案解析】 国家通过社会保障制度,把众多社会成员联结在一起,突破固有局限,防范和化解社会成员因生存危机而可能引发的对社会、对政府的不满与矛盾,避免社会动荡。本质上是政府在发挥其公共服务职能,协调人民内部矛盾。

(2) 发挥社会保障制度的"助推器"作用符合的哲学原理是( )。

A. 意识对客观事物的发展具有促进作用

B. 事物的联系具有普遍性

C. 量变是质变的前提和必要准备

D. 新事物必然战胜旧事物

【参考答案】 B

【答案解析】 社会保障基金的长期积累和投资运营,有助于增加国民储蓄,也有助于促进资本市场的稳定发展,有助于加大符合国家政策导向的产业投资力度。通过各项社会保障制度,可以保证维持社会成员的基本生活,进而保证劳动力资源的稳定和充足,促进经济发展。这些因素之间存在着普遍联系,相互作用,牵一发而动全身。因此,事物的联系具有普遍性是社会保障制度发挥"助推器"的哲学原理。

(3) 发挥社会保障制度的"调节器"作用体现了( )。

A. 社会主义的本质 B. 消费对生产的决定作用

C. 市场对资源配置的调节作用 D. 市场交易的公平原则

【参考答案】 A

【答案解析】 社会保障是国家通过立法强制,对收入进行再分配的过程,以此平衡不同利益群体之间的关系,缓解收入分配差异造成的阶层对立和矛盾,推动实现社会公平。因此,发挥社会保障制度的经济"调节器"作用体现了社会主义的本质。

(4) 社会保障制度发挥着经济周期波动的"减震器"功能,体现在社会保障制度可以结合经济周期不同时期实际情况,通过调整( )等形式,改善居民消费预期,调节社会总需求,减少经济波动的振幅。

A. 社会保障的项目 B. 社会保险费费率

C. 社会保险费待遇支付标准　　　　　D. 社会保险费征收机构

【参考答案】　ＡＢＣ

【答案解析】　调整社会保险费征收机构并不会对居民消费预期和社会总需求有直接影响。

29. 某机关事业单位2023年共有正式在编人员80人,上年度人均月缴费工资为6 000元(每人缴费基数均在上下限范围内)。请计算2022年度该单位机关事业单位养老保险、职业年金的单位缴费金额和个人缴费金额。(单位缴费比例为16%)

【答案解析】　机关事业单位养老保险单位部分＝6 000×80×16%×12＝921 600(元)。

机关事业养老保险个人部分＝6 000×80×8%×12＝460 800(元)。

机关事业单位职业年金单位部分＝6 000×80×8%×12＝460 800(元)。

机关事业单位职业年金个人部分＝6 000×80×4%×12＝230 400(元)。

30. 2022年,某企业在职职工50人,职工月平均工资为3 000元,职工王某因社会保险费缴纳问题与企业发生纠纷,小李因打架被开除,赵某因上学辞职。

要求:根据上述资料,回答下列问题。

(1)计算该企业每月单位应缴纳的职工基本养老保险费。(当地基本养老保险费单位缴费费率为16%)

(2)计算该企业每月单位应缴纳的职工基本医疗保险费。(当地基本医疗保险费单位缴费费率为9%,个人缴费费率为1%)

(3)王某2022年1月入职企业,12月,因生病住院发现企业没有为其缴纳医疗保险,企业称王某入职后,自己递交申请自愿放弃缴纳职工基本医疗保险费,王某月平均工资为5 000元,当地上年度全口径社会平均工资为3 500元;随后将问题投诉到税务部门,税务部门应怎么处理。

(4)如果该企业参加了失业保险,小李和赵某个人是否应该缴纳失业保险,计算2022年单位应缴纳失业保险费(单位缴纳比例为0.7%);小李和赵某是否能享受失业保险待遇。

【答案解析】　(1)职工基本养老保险费缴纳基数为在岗职工工资总额＝3 000×50＝150 000(元);该企业每月单位应缴纳的职工基本养老保险费＝150 000×16%＝24 000(元)。

(2)职工基本医疗保险费缴纳基数为在岗职工工资总额。该企业每月单位应缴纳的职工基本医疗保险费＝150 000×9%＝13 500(元)。

(3)2018年,社会保险费交由税务部门统一征收,税务部门负责追缴企业未缴纳的社会保险费。根据《中华人民共和国社会保险法》第二十三条的规定,职工应当参加职工基本医疗保险,由用人单位和职工按照国家规定共同缴纳基本医疗保险费。因此,企业应当为王某补缴职工基本医疗保险费,同时王某本人也需要补缴个人部分的基本医疗保险费。根据《中华人民共和国社会保险法》第六十三条的规定,用人单位未按时足额缴纳社会保险费的,由社会保险费征收机构责令限期缴纳或者补足,税务部门责令该企业限期缴纳。

企业职工达不到最低社会平均工资基数的,按社会平均工资最低基数缴纳,超过社会平均工资基数的,按实际工资作为基数标准,最高可以按基数的300%缴纳。单位应补缴部分$=3\,000\times12\times9\%=3\,240$(元);个人应补缴部分$=3\,500\times60\%=2\,100$(元)$<5\,000$元$<3\,500\times300\%=10\,500$(元),故个人应补缴$=5\,000\times12\times1\%=600$(元)。

(4)根据《中华人民共和国社会保险法》第四十四条的规定,职工应当参加失业保险,由用人单位和职工按照国家规定共同缴纳失业保险费。因此,小李和赵某都应当缴纳失业保险费。

单位年应缴纳失业保险费$=150\,000\times12\times0.7\%=12\,600$(元)。

小李因被企业开除,属于依照《中华人民共和国劳动合同法》第三十九条规定解除劳动合同的,可以办理失业金领取;赵某因为是自己辞职,属于自己中断就业的,不能领取失业金。

31. 灵活就业人员张某,2020年参加了职工基本养老保险,当地上年度全口径城镇单位就业人员平均工资为5 500元。该地灵活就业人员参加职工基本养老保险的费率为20%。

要求:根据上述资料,回答下列问题。

(1)分别计算2020年张某按照灵活就业人员缴费的最低档次和最高档次需要缴纳的费额。

(2)2020年,国家实行阶段性减免社会保险费优惠政策,请问张某是否能享受优惠政策,如果能享受,请计算张某享受的减免费额。

【答案解析】 (1)最低档次需要缴纳的费额$=5\,500\times12\times60\%\times20\%=7\,920$(元);最高档次需要缴纳的费额$=5\,500\times12\times300\%\times20\%=39\,600$(元)。

(2)2020年,国家实行阶段性减免社会保险费优惠政策,灵活就业人员可以享受缓缴社会保险费的政策,其待遇不受影响,但不享受减免社会保险费的政策。

32. 2021年,某省审计部门在对下辖某市2020年社会保险基金管理进行审计时,发现某事业单位减半缴纳了2020年5个月的基本养老保险费、失业保险费、工伤保险费单位缴费部分,该事业单位称其是按照国家2020年阶段性减免社会保险费优惠政策的规定进行缴纳的。某省审计部门在形成审计报告时,将此作为发现问题,并提出由该市政府做好社会保险基金管理工作,并做好对相关欠费的清缴工作。

要求:根据上述资料,回答下列问题。

(1) 该事业单位月均职工工资总额为 100 000 元,当地单位基本养老保险费费率为 16%,失业保险费率为 0.7%,工伤保险费率为 0.2%,计算该事业单位需要补缴的单位部分欠费。

(2) 审计部门提出的处理意见是否合理? 该市政府应如何进行此问题的整改(该市实行"社保核定,税务征收"模式)。

【答案解析】 (1) 根据《人社部 财政部 税务总局关于阶段性减免企业社会保险费的通知》(人社部发〔2020〕11 号)和《人社部 财政部 税务总局关于延长阶段性减免企业社会保险费政策实施期限等问题的通知》(人社部发〔2020〕49 号)的规定,只有大型企业等其他参保单位(不含机关事业单位)三项社会保险单位缴费部分可以减半缴纳,时间为 2020 年 2 月 1 日至 2020 年 6 月 30 日。因此,该事业单位不能减半缴纳三项社会保险费单位缴费部分。

养老保险费 = 100 000 × 5 × 16% ÷ 2 = 40 000(元)。

失业保险费 = 100 000 × 5 × 0.7% ÷ 2 = 1 750(元)。

工伤保险费 = 100 000 × 5 × 0.2% ÷ 2 = 500(元)。

(2) 按照规定,审计部门作出的处理意见合理;该市政府应按工作职责,由人社部门牵头,对某事业单位 2020 年社会保险费申报缴费情况进行审核,审核后,将欠费补缴清册传递税务部门,由税务部门开展征收欠费工作。

33. 2020 年 2 月,某煤矿公司(大型企业)职工易某在单位上班时不慎摔倒,导致小腿骨折。易某遂以"上班时受到非本人主要责任的道路交通事故"为由向当地人社部门申请工伤认定,当地人社部门受理申请并经调查后,作出易某属于工伤的决定。

要求:根据上述资料,回答下列问题。

(1) 计算该煤矿公司 2020 年应缴纳的工伤保险费(公司全部职工月均工资总额为 600 000 元,其行业费率为 1.9%,当地工伤保险基金累计结余可支付月数为 15 个月)。

(2) 某煤矿公司从 2018 年成立后,就参加了工伤保险,并按时足额缴纳工伤保险费。当地人社部门的认定是否正确? 认定后,易某是否能享受工伤保险待遇。

【答案解析】 (1) 2020 年,按照阶段性减免社保费政策规定,大中型企业从 2 月 1 日到 6 月 30 日减半征收工伤保险费。则该煤矿公司 2020 年应缴纳的工伤保险费 = 600 000 × 7 × 1.9% + 600 000 × 5 × 1.9% ÷ 2 = 79 800 + 28 500 = 108 300(元)。

(2) 人社部门认定正确。易某上班时不慎摔倒,其情形符合《工伤保险条例》第十四条第一项规定的"在工作时间和工作场所内,因工作原因受到事故伤害的"认定为工伤的情形。经人社部门认定后,因企业正常参加工伤保险并及时缴纳工伤保险费,所以,易某能享受工伤保险待遇。

34. 某地甲企业 2019 年在岗职工 100 人,本单位职工工资总额月均为 300 000 元。当地上年度非私营单位年社平工资为 69 029 元,城镇单位在岗职工人数年末为 566.62 万人,私营单位年社平工资为 48 830 元,城镇私营及个体劳动者人数年末为 697.53 万人。职工基本养老保险单位缴费费率为 16%,个人缴费费率为 8%。

要求:根据上述资料,回答下列问题。(计算保留两位小数)

(1) 甲企业职工基本养老保险费单位缴费基数。

(2) 甲企业职工基本养老保险费单位缴费部分。

(3) 假设该企业中张某本人工资为每月 2 500 元,计算 2019 年其职工基本养老保险费个人缴费基数和个人缴费部分。

【答案解析】 (1) 用人单位缴费基数为本单位职工工资总额,则缴费基数 $=$ 300 000×12 $=$ 3 600 000(元)。

(2) 2019 年单位缴费额 $=$ 3 600 000×16% $=$ 576 000(元)。

(3) 根据 2019 年《降低社会保险费率综合实施方案》,全国社会保险缴费基数,改为上年度全口径城镇就业人员平均工资核定上下限。则该地全口径年社平工资 $=$ (69 029×566.62+48 830×697.53)÷(566.62+697.53) $=$ 57 883.64 元。2 500 元 $<$ (57 883.64÷12)×60% $=$ 2 894.18(元),当职工本人工资低于当地职工平均工资 60% 时,则按当地职工平均工资的 60% 计算缴费基数。则张某的个人缴费基数为 2 894.18 元,个人缴费部分 $=$ 2 894.18×8%×12 $=$ 2 778.41(元)。

35. 某服装企业,2019 年、2020 年度该企业共有职工 20 人,2020 年度每月职工工资总额为 8 万元(等于所有职工工资加总),所有职工工资均在当年缴费基数上下限范围内,请计算该企业 2020 年度单位及职工全年基本医疗保险和生育保险应缴费金额。(职工基本医疗保险单位缴费部分费率为 7%,职工基本医疗保险个人缴费部分费率为 2%,生育保险费率为 0.5%)

【答案解析】 根据《人力资源社会保障部 财政部 国家税务总局关于延长阶段性减免企业社会保险费政策实施期限等问题的通知》(人社部发〔2020〕49 号)的规定,对企业减半征收 2 月至 6 月(所属期)基本医疗保险的单位缴费。

2020 年度职工基本医疗保险单位缴费部分 $=$ 80 000×7×7%+80 000×5×7%×50% $=$ 53 200(元)。

2020 年度职工基本医疗保险职工个人缴费部分 $=$ 80 000×12×2% $=$ 19 200(元)。

2020 年度职工生育保险单位缴费部分 $=$ 80 000×12×0.5% $=$ 4 800(元)。

2020 年度职工生育保险职工个人缴费部分＝80 000×12×0.5％＝4 800(元)。

36. 某零件制造厂(小微企业),2020 年 10 月,企业职工工资总额为 10 万元,企业员工总人数为 20 人(均参保),当月养老保险个人缴费基数之和为 11 万元(20 个员工核定的个人缴费基数均在上下限范围内),医保部门明确 2020 年度月个人缴费基数与养老一致,均为上一年度月平均工资。

已知:

(1) 该企业适用的养老保险单位缴费率为 16％,个人为 8％;医疗保险(含生育)单位缴纳费率为 5.6％,个人部分为 2％。

(2) 该省份采用"双基数"模式,职工基本养老保险的单位缴费基数按照不低于个人缴费基数之和申报,医疗保险单位缴费基数与养老一致。

(3) 计算单位为元。

要求:根据上述资料,回答下列问题。

(1) 请计算该单位 2020 年 10 月(所属期)职工基本养老保险、职工基本医疗保险(含生育)单位缴费额。

(2) 请计算该单位 2020 年 10 月(所属期)为职工代扣代缴的职工基本养老保险、职工基本医疗保险个人缴费额。

【答案解析】 (1) 10 月单位缴费额:

① 职工基本养老保险:

该单位 10 月职工工资总额为 10 万元,低于个人缴费基数之和,应按照不低于个人缴费基数之和申报,即申报金额＝110 000×16％＝17 600(元),由于该单位为小微企业,根据《人力资源社会保障部 财政部 国家税务总局关于延长阶段性减免企业社会保险费政策实施期限等问题的通知》(人社部发〔2020〕49 号)的规定,小微企业 2～12 月免征企业职工基本养老保险、失业保险、工伤保险单位缴费部分。因此,该单位 2020 年 10 月单位需缴纳企业职工基本养老保险费为 0。

② 职工基本医疗保险:该单位 10 月职工工资总额为 10 万元,低于个人缴费基数之和,应按照不低于个人缴费基数之和申报,即申报金额＝110 000×5.6％＝6 160(元)。

(2) 10 月为职工代扣代缴的费额:

① 基本养老保险:110 000×8％＝8 800(元)。

② 基本医疗保险:110 000×2％＝2 200(元)。

37. 甲公司为建筑业企业,2019 年营业收入 6 000 万元,资产总额 4 500 万元。2019 年甲公司中标一项建筑项目,开工日期为 2020 年 6 月 1 日,工期 100 天,项目合同金额为 2 000 万元,根据该地规定建筑企业需要根据项目合同金额缴纳 0.13％

农民工建筑工伤保险。

要求：根据上述资料，回答下列问题。

（1）该企业认定为哪个类型企业？政策依据是什么？

（2）公司该项目应缴纳农民工建筑工伤保险费金额为多少？政策依据是什么？

【答案解析】 （1）根据《工业和信息化部　国家统计局国家发展和改革委员会财政部关于印发中小企业划型标准规定的通知》（工信部联企业〔2011〕300号）的规定，建筑企业营业收入80 000万元以下或资产总额80 000万元以下的为中小微企业。故该企业为中小微企业。

（2）公司该项目应缴纳农民工建筑工伤保险费＝20 000 000×0.13％＝26 000（元）。政策依据：《国家统计局关于印发〈统计上大中小微型企业划分办法（2017）〉的通知》（国统字〔2017〕213号）。

附录：

附录1 增值税留抵退税政策

2022年3月21日,财政部、国家税务总局联合发布了《财政部 税务总局关于进一步加大增值税期末留抵退税政策实施力度的公告》(财政部 税务总局公告2022年第14号,以下简称14号公告),加大小微企业增值税期末留抵退税政策力度,将先进制造业按月全额退还增值税增量留抵税额政策范围扩大至符合条件的小微企业(含个体工商户,下同),并一次性退还小微企业存量留抵税额。加大制造业等行业增值税期末留抵退税政策力度,将先进制造业按月全额退还增值税增量留抵税额政策范围扩大至符合条件的制造业等行业企业(含个体工商户,下同),并一次性退还制造业等行业企业存量留抵税额。

(一) 适用对象

(1) 按照《中小企业划型标准规定》(工信部联企业〔2011〕300号)和《金融业企业划型标准规定》(银发〔2015〕309号)和14号公告第六条中的营业收入指标、资产总额指标确定小型企业和微型企业。

(2) 从事《国民经济行业分类》中"制造业""科学 研究和技术服务业""电力、热力、燃气及水生产和供应业""软件和信息技术服务业""生态保护和环境治理业"和"交通运输、仓储和邮政业"业务相应发生的增值税销售额占全部增值税销售额的比重超过50%的纳税人。

(二) 申请时间

1. 申请增量留抵退税的具体时间

符合条件的小微企业和制造业等行业纳税人,均可以自2022年4月纳税申报期起向主管税务机关申请退还增量留抵税额。其中小微企业按月全额退还增量留抵政策截至2022年12月31日。

2. 申请存量留抵退税的具体时间

符合条件的小微企业和制造业等行业企业,申请存量留抵退税的,可以自以下纳税申报期起向主管税务机关申请一次性退还存量留抵税额。

企业类型	微型企业	小型企业	制造业等行业中的中型企业	制造业等行业中的大型企业
申请时间	2022 年 4 月	2022 年 5 月	2022 年 7 月	2022 年 10 月

上述时间为申请一次性存量留抵退税的起始时间,当期未申请的,以后纳税申报期也可以按规定申请。

(三) 退税条件

需同时符合以下条件:

(1) 纳税信用等级为 A 级或者 B 级。

(2) 申请退税前 36 个月未发生骗取留抵退税、骗取出口退税或虚开增值税专用发票情形。

(3) 申请退税前 36 个月未因偷税被税务机关处罚两次及以上。

(4) 2019 年 4 月 1 日起未享受即征即退、先征后返(退)政策。(＊纳税人自 2019 年 4 月 1 日起已享受增值税即征即退、先征后返(退)政策的,可以在 2022 年 10 月 31 日前一次性将已退还的增值税即征即退、先征后返(退)税款全部交回后,按规定申请退还留抵税额)

(四) 增量和存量留抵税额的有关规定

1. 增量留抵税额

区分以下情形确定:一是纳税人获得一次性存量留抵退税前,增量留抵税额为当期期末留抵税额与 2019 年 3 月 31 日相比新增加的留抵税额。二是纳税人获得一次性存量留抵退税后,增量留抵税额为当期期末留抵税额。

2. 存量留抵税额

区分以下情形确定:一是纳税人获得一次性存量留抵退税前,当期期末留抵税额≥2019 年 3 月 31 日期末留抵税额的,存量留抵税额为 2019 年 3 月 31 日期末留抵税额;当期期末留抵税额＜2019 年 3 月 31 日期末留抵税额的,存量留抵税额为当期期末留抵税额。二是纳税人获得一次性存量留抵退税后:存量留抵税额为零。

(五) 退税计算公式

允许退还的增量留抵税额＝增量留抵税额×进项构成比例×100%

允许退还的存量留抵税额＝存量留抵税额×进项构成比例×100%

$$进项构成比例=\frac{\begin{array}{c}增值税\\专用发票\end{array}+\begin{array}{c}收费公路通行费增\\值税电子普通发票\end{array}+\begin{array}{c}海关进口增值税\\专用缴款书\end{array}+\begin{array}{c}解缴税款完税凭证\\注明的增值税额\end{array}}{全部已抵扣进项税额}$$

增值税专用发票为 2019 年 4 月至申请退税前一税款所属期已抵扣的发票，含带有"增值税专用发票"字样全面数字化的电子发票、税控机动车销售统一发票。在计算进项构成比例时，纳税人在上述计算期间内发生的进项税额转出部分无需扣减。

热点问题

1. 2022 年留抵退税政策主要的变化是什么？

（1）降低了退税门槛。对于符合 14 号公告规定的小微企业和制造业等行业，取消了"连续 6 个月增量留抵税额大于零，且第 6 个月大于 50 万元"的退税门槛。但要注意的是，取消小微企业退税门槛是阶段性政策，目前的执行时间为 2022 年年底前。

（2）退税比例有提高。小微企业和制造业等行业企业退税比例均提高至 100%。

（3）开展存量退税。今年不仅退付增量留抵税额，还要退还以前年度结存的进项税额。

（4）进项构成扩围。计算进项构成比例涉及的扣税凭证种类增加了含带有"增值税专用发票"字样的电子发票、收费公路通行费增值税电子普通发票两类。

2. 如何进行区分判断大、中、小、微企业？

目前政策规定的大、中、小、微企业划型依据根据行业不同主要有三类：

（1）金融业企业依据人民银行等五部委发布的《金融业企业划型标准规定》按照资产总额指标进行划型。

（2）工信部等四部委发布的《中小企业划型标准规定》中的 16 类行业，按照营业收入指标、资产总额指标确定。

（3）上述文件所列行业以外的纳税人，按照如下标准确定：

企业类型	微型企业	小型企业	中型企业	大型企业
标准确定	增值税销售额（年）<100 万元	增值税销售额（年）<2 000 万元	增值税销售额（年）<1 亿元	上述中型企业、小型企业和微型企业外的其他企业

3. 如何计算增值税销售额？

销售额比重根据纳税人申请退税前连续 12 个月的销售额计算确定；申请退税前经营期不满 12 个月但满 3 个月的，按照实际经营期的销售额计算确定。

增值税销售额（年）=上一会计年度企业实际存续期间增值税销售额/企业实际存续月数×12；上一会计年度企业实际存续期间增值税销售额，包括纳税申报销售额、稽查查补销售额、纳税评估调整销售额。适用增值税差额征税政策的，以差额后的销售额确定。

4. 关于纳税信用等级有什么规定？

（1）税务机关将于 2022 年 4 月发布 2021 年度的纳税信用评价结果。当前纳税信用级别不是 A 级或 B 级的纳税人，在 2021 年度的纳税信用评价中，达到纳税信用 A 级或 B 级的，可按照新的纳税信用级别确定是否符合申请留抵退税条件。

（2）纳税人申请增值税留抵退税，以纳税人向主管税务机关提交《退（抵）税申请表》时点的纳税信用级别确定是否符合申请留抵退税条件。已完成退税的纳税信用 A 级或 B 级纳税人，因纳税信用年度评价、动态调整等原因，纳税信用级别不再是 A 级或 B 级的，其已取得的留抵退税款不需要退回。

5. 办理流程有什么变化？

具体流程，包括退税申请、受理、审核、退库等环节的相关征管事项仍按照现行规定执行。退税申请时间的一般性规定是，纳税人在纳税申报期内完成当期增值税纳税申报后申请留抵退税。考虑到今年退税力度大、涉及纳税人多，为做好退税服务工作，确保小微企业等市场主体尽快获得留抵退税，将 2022 年 4 月至 6 月的留抵退税申请时间，从申报期内延长至每月的最后一个工作日。

需要说明的是，纳税人仍需在完成当期增值税纳税申报后申请留抵退税。

6. 需要提交什么退税申请资料？有哪些调整变化？

纳税人适用 14 号公告规定的留抵退税政策，在申请办理留抵退税时提交的退税申请资料无变化，仅需要提交一张《退（抵）税申请表》。

需要说明的是，《退（抵）税申请表》可通过电子税务局线上提交，也可以通过办税服务厅线下提交。结合今年出台的留抵退税政策规定，对原《退（抵）税申请表》中的部分填报内容做了相应调整，纳税人申请留抵退税时，可结合其适用的具体政策和实际生产经营等情况进行填报。

7. 纳税人退回留抵退税款，想享受享受增值税即征即退、先征后返（退）政策应如何办理？

纳税人按照 14 号公告第十条的规定，需要申请缴回已退还的全部留抵退税款的，可通过电子税务局或办税服务厅提交《缴回留抵退税申请表》。税务机关应自受理之日起 5 个工作日内，依申请向纳税人出具留抵退税款缴回的《税务事项通知书》。纳税人在缴回已退还的全部留抵退税款后，办理增值税纳税申报时，将缴回的全部退税款在《增值税及附加税费申报表附列资料（二）》（本期进项税额明细）第 22 栏"上期留抵税额退税"填写负数，并可继续按规定抵扣进项税额。

附录 2　2023 年税费优惠政策文件

（一）增值税政策

财政部　税务总局关于明确增值税小规模纳税人减免增值税等政策的公告

财政部　税务总局公告 2023 年第 1 号

现将增值税小规模纳税人减免增值税等政策公告如下：

一、自 2023 年 1 月 1 日至 2023 年 12 月 31 日，对月销售额 10 万元以下（含本数）的增值税小规模纳税人，免征增值税。

二、自 2023 年 1 月 1 日至 2023 年 12 月 31 日，增值税小规模纳税人适用 3％征收率的应税销售收入，减按 1％征收率征收增值税；适用 3％预征率的预缴增值税项目，减按 1％预征率预缴增值税。

三、自 2023 年 1 月 1 日至 2023 年 12 月 31 日，增值税加计抵减政策按照以下规定执行：

（一）允许生产性服务业纳税人按照当期可抵扣进项税额加计 5％抵减应纳税额。生产性服务业纳税人，是指提供邮政服务、电信服务、现代服务、生活服务取得的销售额占全部销售额的比重超过 50％的纳税人。

（二）允许生活性服务业纳税人按照当期可抵扣进项税额加计 10％抵减应纳税额。生活性服务业纳税人，是指提供生活服务取得的销售额占全部销售额的比重超过 50％的纳税人。

（三）纳税人适用加计抵减政策的其他有关事项，按照《财政部　税务总局　海关总署关于深化增值税改革有关政策的公告》（财政部　税务总局　海关总署公告 2019 年第 39 号）、《财政部　税务总局关于明确生活性服务业增值税加计抵减政策的公告》（财政部　税务总局公告 2019 年第 87 号）等有关规定执行。

四、按照本公告规定,应予减免的增值税,在本公告下发前已征收的,可抵减纳税人以后纳税期应缴纳税款或予以退还。

特此公告。

财政部　税务总局

2023 年 1 月 9 日

国家税务总局关于增值税小规模纳税人减免增值税等政策有关征管事项的公告

国家税务总局公告 2023 年第 1 号

按照《财政部　税务总局关于明确增值税小规模纳税人减免增值税等政策的公告》(2023 年第 1 号,以下简称 1 号公告)的规定,现将有关征管事项公告如下:

一、增值税小规模纳税人(以下简称小规模纳税人)发生增值税应税销售行为,合计月销售额未超过 10 万元(以 1 个季度为 1 个纳税期的,季度销售额未超过 30 万元,下同)的,免征增值税。

小规模纳税人发生增值税应税销售行为,合计月销售额超过 10 万元,但扣除本期发生的销售不动产的销售额后未超过 10 万元的,其销售货物、劳务、服务、无形资产取得的销售额免征增值税。

二、适用增值税差额征税政策的小规模纳税人,以差额后的销售额确定是否可以享受 1 号公告第一条规定的免征增值税政策。

《增值税及附加税费申报表(小规模纳税人适用)》中的“免税销售额”相关栏次,填写差额后的销售额。

三、《中华人民共和国增值税暂行条例实施细则》第九条所称的其他个人,采取一次性收取租金形式出租不动产取得的租金收入,可在对应的租赁期内平均分摊,分摊后的月租金收入未超过 10 万元的,免征增值税。

四、小规模纳税人取得应税销售收入,适用 1 号公告第一条规定的免征增值税政策的,纳税人可就该笔销售收入选择放弃免税并开具增值税专用发票。

五、小规模纳税人取得应税销售收入,适用 1 号公告第二条规定的减按 1％ 征收率征收增值税政策的,应按照 1％ 征收率开具增值税发票。纳税人可就该笔销售收入选择放弃减税并开具增值税专用发票。

六、小规模纳税人取得应税销售收入,纳税义务发生时间在 2022 年 12 月 31 日前并已开具增值税发票，如发生销售折让、中止或者退回等情形需要开具红字发票，应开具对应征收率红字发票或免税红字发票；开票有误需要重新开具的，应开具对应征收率红字发票或免税红字发票，再重新开具正确的蓝字发票。

七、小规模纳税人发生增值税应税销售行为，合计月销售额未超过10万元的，免征增值税的销售额等项目应填写在《增值税及附加税费申报表（小规模纳税人适用）》"小微企业免税销售额"或者"未达起征点销售额"相关栏次；减按1%征收率征收增值税的销售额应填写在《增值税及附加税费申报表（小规模纳税人适用）》"应征增值税不含税销售额（3%征收率）"相应栏次，对应减征的增值税应纳税额按销售额的2%计算填写在《增值税及附加税费申报表（小规模纳税人适用）》"本期应纳税额减征额"及《增值税减免税申报明细表》减税项目相应栏次。

八、按固定期限纳税的小规模纳税人可以选择以1个月或1个季度为纳税期限，一经选择，一个会计年度内不得变更。

九、按照现行规定应当预缴增值税税款的小规模纳税人，凡在预缴地实现的月销售额未超过10万元的，当期无需预缴税款。在预缴地实现的月销售额超过10万元的，适用3%预征率的预缴增值税项目，减按1%预征率预缴增值税。

十、小规模纳税人中的单位和个体工商户销售不动产，应按其纳税期、本公告第九条以及其他现行政策规定确定是否预缴增值税；其他个人销售不动产，继续按照现行规定征免增值税。

十一、符合《财政部　税务总局　海关总署关于深化增值税改革有关政策的公告》（2019年第39号）、1号公告规定的生产性服务业纳税人，应在年度首次确认适用5%加计抵减政策时，通过电子税务局或办税服务厅提交《适用5%加计抵减政策的声明》（见附件1）；符合《财政部　税务总局关于明确生活性服务业增值税加计抵减政策的公告》（2019年第87号）、1号公告规定的生活性服务业纳税人，应在年度首次确认适用10%加计抵减政策时，通过电子税务局或办税服务厅提交《适用10%加计抵减政策的声明》（见附件2）。

十二、纳税人适用加计抵减政策的其他征管事项，按照《国家税务总局关于国内旅客运输服务进项税抵扣等增值税征管问题的公告》（2019年第31号）第二条等有关规定执行。

十三、纳税人按照1号公告第四条规定申请办理抵减或退还已缴纳税款，如果已经向购买方开具了增值税专用发票，应先将增值税专用发票追回。

十四、本公告自2023年1月1日起施行。《国家税务总局关于深化增值税改革有关事项的公告》（2019年第14号）第八条及附件《适用加计抵减政策的声明》、《国家税务总局关于增值税发票管理等有关事项的公告》（2019年第33号）第一条及附件

《适用 15％加计抵减政策的声明》、《国家税务总局关于支持个体工商户复工复业等税收征收管理事项的公告》(2020 年第 5 号)第一条至第五条、《国家税务总局关于小规模纳税人免征增值税征管问题的公告》(2021 年第 5 号)、《国家税务总局关于小规模纳税人免征增值税等征收管理事项的公告》(2022 年第 6 号)第一、二、三条同时废止。

特此公告。

附件:1. 适用 5％加计抵减政策的声明(略)

　　　2. 适用 10％加计抵减政策的声明(略)

国家税务总局

2023 年 1 月 9 日

财政部　税务总局关于集成电路企业增值税加计抵减政策的通知

财税〔2023〕17 号

各省、自治区、直辖市、计划单列市财政厅(局),新疆生产建设兵团财政局,国家税务总局各省、自治区、直辖市、计划单列市税务局:

为促进集成电路产业高质量发展,现将集成电路企业增值税加计抵减政策通知如下:

一、自 2023 年 1 月 1 日至 2027 年 12 月 31 日,允许集成电路设计、生产、封测、装备、材料企业(以下称集成电路企业),按照当期可抵扣进项税额加计 15％抵减应纳增值税税额(以下称加计抵减政策)。

对适用加计抵减政策的集成电路企业采取清单管理,具体适用条件、管理方式和企业清单由工业和信息化部会同发展改革委、财政部、税务总局等部门制定。

二、集成电路企业按照当期可抵扣进项税额的 15％计提当期加计抵减额。企业外购芯片对应的进项税额,以及按照现行规定不得从销项税额中抵扣的进项税额,不得计提加计抵减额;已计提加计抵减额的进项税额,按规定作进项税额转出的,应在进项税额转出当期,相应调减加计抵减额。

三、集成电路企业按照现行规定计算一般计税方法下的应纳税额(以下称抵减前的应纳税额)后,区分以下情形加计抵减:

(一)抵减前的应纳税额等于零的,当期可抵减加计抵减额全部结转下期抵减;

(二)抵减前的应纳税额大于零,且大于当期可抵减加计抵减额的,当期可抵减加计抵减额全额从抵减前的应纳税额中抵减；

（三）抵减前的应纳税额大于零，且小于或等于当期可抵减加计抵减额的，以当期可抵减加计抵减额抵减应纳税额至零。未抵减完的当期可抵减加计抵减额，结转下期继续抵减。

四、集成电路企业可计提但未计提的加计抵减额，可在确定适用加计抵减政策当期一并计提。

五、集成电路企业出口货物劳务、发生跨境应税行为不适用加计抵减政策，其对应的进项税额不得计提加计抵减额。

集成电路企业兼营出口货物劳务、发生跨境应税行为且无法划分不得计提加计抵减额的进项税额，按照以下公式计算：

不得计提加计抵减额的进项税额＝当期无法划分的全部进项税额×当期出口货物劳务和发生跨境应税行为的销售额÷当期全部销售额

六、集成电路企业应单独核算加计抵减额的计提、抵减、调减、结余等变动情况。骗取适用加计抵减政策或虚增加计抵减额的，按照《中华人民共和国税收征收管理法》等有关规定处理。

七、集成电路企业同时符合多项增值税加计抵减政策的，可以择优选择适用，但在同一期间不得叠加适用。

财政部　税务总局

2023 年 4 月 20 日

财政部　税务总局关于支持小微企业融资有关税收政策的公告

财政部　税务总局公告 2023 年第 13 号

为继续加大对小微企业的支持力度，推动缓解融资难、融资贵问题，现将有关税收政策公告如下：

一、对金融机构向小型企业、微型企业及个体工商户发放小额贷款取得的利息收入，免征增值税。金融机构应将相关免税证明材料留存备查，单独核算符合免税条件的小额贷款利息收入，按现行规定向主管税务机关办理纳税申报；未单独核算的，不得免征增值税。

二、对金融机构与小型企业、微型企业签订的借款合同免征印花税。

三、本公告所称小型企业、微型企业，是指符合《中小企业划型标准规定》（工信部联企业〔2011〕300 号）的小型企业和微型企业。其中，资产总额和从业人员指标均以贷款发放时的实际状态确定;营业收入指标以贷款发放前 12 个自然月的累计数确定,不满 12 个自然月的,按照以下公式计算:

$$营业收入(年)=\frac{企业实际存续期间营业收入}{企业实际存续月数}×12$$

四、本公告所称小额贷款,是指单户授信小于 100 万元(含本数)的小型企业、微型企业或个体工商户贷款;没有授信额度的,是指单户贷款合同金额且贷款余额在 100 万元(含本数)以下的贷款。

五、本公告执行至 2027 年 12 月 31 日。

特此公告。

财政部　税务总局

2023 年 8 月 2 日

财政部　税务总局　退役军人事务部关于进一步扶持自主就业退役士兵创业就业有关税收政策的公告

财政部　税务总局　退役军人事务部公告 2023 年第 14 号

为进一步扶持自主就业退役士兵创业就业,现将有关税收政策公告如下:

一、自 2023 年 1 月 1 日至 2027 年 12 月 31 日,自主就业退役士兵从事个体经营的,自办理个体工商户登记当月起,在 3 年(36 个月,下同)内按每户每年 20 000 元为限额依次扣减其当年实际应缴纳的增值税、城市维护建设税、教育费附加、地方教育附加和个人所得税。限额标准最高可上浮 20%,各省、自治区、直辖市人民政府可根据本地区实际情况在此幅度内确定具体限额标准。

纳税人年度应缴纳税款小于上述扣减限额的,减免税额以其实际缴纳的税款为限;大于上述扣减限额的,以上述扣减限额为限。纳税人的实际经营期不足 1 年的,应当按月换算其减免税限额。换算公式为:减免税限额=年度减免税限额÷12×实际经营月数。城市维护建设税、教育费附加、地方教育附加的计税依据是享受本项税收优惠政策前的增值税应纳税额。

二、自 2023 年 1 月 1 日至 2027 年 12 月 31 日,企业招用自主就业退役士兵,与其签订 1 年以上期限劳动合同并依法缴纳社会保险费的,自签订劳动合同并缴纳社会保险当月起,在 3 年内按实际招用人数予以定额依次扣减增值税、城市维护建设税、教育费附加、地方教育附加和企业所得税优惠。定额标准为每人每年 6 000 元,最高可上浮 50%，各省、自治区、直辖市人民政府可根据本地区实际情况在此幅度内确定具体定额标准。

企业按招用人数和签订的劳动合同时间核算企业减免税总额，在核算减免税总额内每月依次扣减增值税、城市维护建设税、教育费附加和地方教育附加。企业实际应缴纳的增值税、城市维护建设税、教育费附加和地方教育附加小于核算减免税总额的，以实际应缴纳的增值税、城市维护建设税、教育费附加和地方教育附加为限；实际应缴纳的增值税、城市维护建设税、教育费附加和地方教育附加大于核算减免税总额的，以核算减免税总额为限。

纳税年度终了，如果企业实际减免的增值税、城市维护建设税、教育费附加和地方教育附加小于核算减免税总额，企业在企业所得税汇算清缴时以差额部分扣减企业所得税。当年扣减不完的，不再结转以后年度扣减。

自主就业退役士兵在企业工作不满 1 年的，应当按月换算减免税限额。计算公式为：企业核算减免税总额 $= \sum$ 每名自主就业退役士兵本年度在本单位工作月份 $\div$ 12 $\times$ 具体定额标准。

城市维护建设税、教育费附加、地方教育附加的计税依据是享受本项税收优惠政策前的增值税应纳税额。

三、本公告所称自主就业退役士兵是指依照《退役士兵安置条例》（国务院 中央军委令第 608 号）的规定退出现役并按自主就业方式安置的退役士兵。

本公告所称企业是指属于增值税纳税人或企业所得税纳税人的企业等单位。

四、自主就业退役士兵从事个体经营的，在享受税收优惠政策进行纳税申报时，注明其退役军人身份，并将《中国人民解放军退出现役证书》、《中国人民解放军义务兵退出现役证》、《中国人民解放军士官退出现役证》或《中国人民武装警察部队退出现役证书》、《中国人民武装警察部队义务兵退出现役证》、《中国人民武装警察部队士官退出现役证》留存备查。

企业招用自主就业退役士兵享受税收优惠政策的，将以下资料留存备查：1. 招用自主就业退役士兵的《中国人民解放军退出现役证书》、《中国人民解放军义务兵退出现役证》、《中国人民解放军士官退出现役证》或《中国人民武装警察部队退出现役证书》、《中国人民武装警察部队义务兵退出现役证》、《中国人民武装警察部队士官退出现役证》；2. 企业与招用自主就业退役士兵签订的劳动合同（副本），为职工缴纳的社会保险费记录；3. 自主就业退役士兵本年度在企业工作时间表（见附件）。

五、企业招用自主就业退役士兵既可以适用本公告规定的税收优惠政策，又可以适用其他扶持就业专项税收优惠政策的，企业可以选择适用最优惠的政策，但不得重复享受。

六、纳税人在 2027 年 12 月 31 日享受本公告规定的税收优惠政策未满 3 年的，可继续享受至 3 年期满为止。退役士兵以前年度已享受退役士兵创业就业税收优惠政策满 3 年的，不得再享受本公告规定的税收优惠政策；以前年度享受退役士兵创业就业税收优惠政策未满 3 年且符合本公告规定条件的，可按本公告规定享受优惠至 3 年期满。

七、按本公告规定应予减征的税费，在本公告发布前已征收的，可抵减纳税人以后纳税期应缴纳税费或予以退还。发布之日前已办理注销的，不再追溯享受。

特此公告。

附件：自主就业退役士兵本年度在企业工作时间表（样表）（略）

财政部　税务总局　退役军人事务部

2023 年 8 月 2 日

财政部　税务总局　人力资源社会保障部　农业农村部关于进一步支持重点群体创业就业有关税收政策的公告

财政部　税务总局　人力资源社会保障部　农业农村部公告 2023 年第 15 号

为进一步支持重点群体创业就业，现将有关税收政策公告如下：

一、自 2023 年 1 月 1 日至 2027 年 12 月 31 日，脱贫人口（含防止返贫监测对象，下同）、持《就业创业证》（注明"自主创业税收政策"或"毕业年度内自主创业税收政策"）或《就业失业登记证》（注明"自主创业税收政策"）的人员，从事个体经营的，自办理个体工商户登记当月起，在 3 年（36 个月，下同）内按每户每年 20 000 元为限额依次扣减其当年实际应缴纳的增值税、城市维护建设税、教育费附加、地方教育附加和个人所得税。限额标准最高可上浮 20%，各省、自治区、直辖市人民政府可根据本地区实际情况在此幅度内确定具体限额标准。

纳税人年度应缴纳税款小于上述扣减限额的，减免税额以其实际缴纳的税款为限；大于上述扣减限额的，以上述扣减限额为限。

上述人员具体包括：1. 纳入全国防止返贫监测和衔接推进乡村振兴信息系统的脱贫人口；2. 在人力资源社会保障部门公共就业服务机构登记失业半年以上的人员；3. 零就业家庭、享受城市居民最低生活保障家庭劳动年龄内的登记失业人员；4. 毕业年度内高校毕业生。高校毕业生是指实施高等学历教育的普通高等学校、成人高等学校应届毕业的学生；毕业年度是指毕业所在自然年，即 1 月 1 日至 12 月 31 日。

二、自2023年1月1日至2027年12月31日,企业招用脱贫人口,以及在人力资源社会保障部门公共就业服务机构登记失业半年以上且持《就业创业证》或《就业失业登记证》(注明"企业吸纳税收政策")的人员,与其签订1年以上期限劳动合同并依法缴纳社会保险费的,自签订劳动合同并缴纳社会保险当月起,在3年内按实际招用人数予以定额依次扣减增值税、城市维护建设税、教育费附加、地方教育附加和企业所得税优惠。定额标准为每人每年6 000元,最高可上浮30%,各省、自治区、直辖市人民政府可根据本地区实际情况在此幅度内确定具体定额标准。城市维护建设税、教育费附加、地方教育附加的计税依据是享受本项税收优惠政策前的增值税应纳税额。

按上述标准计算的税收扣减额应在企业当年实际应缴纳的增值税、城市维护建设税、教育费附加、地方教育附加和企业所得税税额中扣减,当年扣减不完的,不得结转下年使用。

本公告所称企业是指属于增值税纳税人或企业所得税纳税人的企业等单位。

三、农业农村部(国家乡村振兴局)、人力资源社会保障部、税务总局要实现脱贫人口身份信息数据共享,推动数据下沉。

四、企业招用就业人员既可以适用本公告规定的税收优惠政策,又可以适用其他扶持就业专项税收优惠政策的,企业可以选择适用最优惠的政策,但不得重复享受。

五、纳税人在2027年12月31日享受本公告规定的税收优惠政策未满3年的,可继续享受至3年期满为止。本公告所述人员,以前年度已享受重点群体创业就业税收优惠政策满3年的,不得再享受本公告规定的税收优惠政策;以前年度享受重点群体创业就业税收优惠政策未满3年且符合本公告规定条件的,可按本公告规定享受优惠至3年期满。

六、按本公告规定应予减征的税费,在本公告发布前已征收的,可抵减纳税人以后纳税期应缴纳税费或予以退还。发布之日前已办理注销的,不再追溯享受。

特此公告。

财政部 税务总局

人力资源社会保障部 农业农村部

2023年8月2日

财政部 税务总局关于金融机构小微企业贷款利息收入免征增值税政策的公告

财政部 税务总局公告 2023 年第 16 号

现将支持小微企业、个体工商户融资有关税收政策公告如下：

一、对金融机构向小型企业、微型企业和个体工商户发放小额贷款取得的利息收入，免征增值税。金融机构可以选择以下两种方法之一适用免税：

（一）对金融机构向小型企业、微型企业和个体工商户发放的，利率水平不高于全国银行间同业拆借中心公布的贷款市场报价利率（LPR）150％（含本数）的单笔小额贷款取得的利息收入，免征增值税；高于全国银行间同业拆借中心公布的贷款市场报价利率（LPR）150％的单笔小额贷款取得的利息收入，按照现行政策规定缴纳增值税。

（二）对金融机构向小型企业、微型企业和个体工商户发放单笔小额贷款取得的利息收入中，不高于该笔贷款按照全国银行间同业拆借中心公布的贷款市场报价利率（LPR）150％（含本数）计算的利息收入部分，免征增值税；超过部分按照现行政策规定缴纳增值税。

金融机构可按会计年度在以上两种方法之间选定其一作为该年的免税适用方法，一经选定，该会计年度内不得变更。

二、本条公告所称金融机构，是指经中国人民银行、金融监管总局批准成立的已实现监管部门上一年度提出的小微企业贷款增长目标的机构，以及经中国人民银行、金融监管总局、中国证监会批准成立的开发银行及政策性银行、外资银行和非银行业金融机构。金融机构实现小微企业贷款增长目标情况，以金融监管总局及其派出机构考核结果为准。

三、本公告所称小型企业、微型企业，是指符合《中小企业划型标准规定》（工信部联企业〔2011〕300 号）的小型企业和微型企业。其中，资产总额和从业人员指标均以贷款发放时的实际状态确定；营业收入指标以贷款发放前 12 个自然月的累计数确定，不满 12 个自然月的，按照以下公式计算：

$$营业收入（年）＝\frac{企业实际存续期间营业收入}{企业实际存续月数}×12$$

四、本公告所称小额贷款，是指单户授信小于 1 000 万元（含本数）的小型企业、微型企业或个体工商户贷款;没有授信额度的,是指单户贷款合同金额且贷款余额在1 000万元(含本数)以下的贷款。

五、金融机构应将相关免税证明材料留存备查,单独核算符合免税条件的小额贷款利息收入,按现行规定向主管税务机构办理纳税申报;未单独核算的,不得免征增值税。

金融机构应依法依规享受增值税优惠政策,一经发现存在虚报或造假骗取本项税收优惠情形的,停止享受本公告有关增值税优惠政策。

金融机构应持续跟踪贷款投向,确保贷款资金真正流向小型企业、微型企业和个体工商户,贷款的实际使用主体与申请主体一致。

六、金融机构向小型企业、微型企业及个体工商户发放单户授信小于100万元(含本数),或者没有授信额度,单户贷款合同金额且贷款余额在100万元(含本数)以下的贷款取得的利息收入,可按照《财政部 税务总局关于支持小微企业融资有关税收政策的公告》(财政部 税务总局公告2023年第13号)的规定免征增值税。

七、本公告执行至2027年12月31日。

特此公告。

财政部 税务总局
2023年8月1日

财政部 税务总局关于延续执行农户、小微企业和个体工商户融资担保增值税政策的公告

财政部 税务总局公告2023年第18号

为进一步支持农户、小微企业和个体工商户融资,现将有关税收政策公告如下:

一、纳税人为农户、小型企业、微型企业及个体工商户借款、发行债券提供融资担保取得的担保费收入,以及为上述融资担保(以下称原担保)提供再担保取得的再担保费收入,免征增值税。再担保合同对应多个原担保合同的,原担保合同应全部适用免征增值税政策。否则,再担保合同应按规定缴纳增值税。

二、本公告所称农户,是指长期(一年以上)居住在乡镇(不包括城关镇)行政管理区域内的住户,还包括长期居住在城关镇所辖行政村范围内的住户和户口不在本地而在本地居住一年以上的住户,国有农场的职工。位于乡镇(不包括城关镇)行政管理区域内和在城关镇所辖行政村范围内的国有经济的机关、团体、学校、企事业单

位的集体户;有本地户口,但举家外出谋生一年以上的住户,无论是否保留承包耕地均不属于农户。农户以户为统计单位,既可以从事农业生产经营,也可以从事非农业生产经营。农户担保、再担保的判定应以原担保生效时的被担保人是否属于农户为准。

本公告所称小型企业、微型企业,是指符合《中小企业划型标准规定》(工信部联企业〔2011〕300 号)的小型企业和微型企业。其中,资产总额和从业人员指标均以原担保生效时的实际状态确定;营业收入指标以原担保生效前 12 个自然月的累计数确定,不满 12 个自然月的,按照以下公式计算:

$$营业收入(年)=\frac{企业实际存续期间营业收入}{企业实际存续月数}\times 12$$

纳税人应将相关免税证明材料留存备查,单独核算符合免税条件的融资担保费和再担保费收入,按现行规定向主管税务机关办理纳税申报;未单独核算的,不得免征增值税。

三、本公告执行至 2027 年 12 月 31 日。

特此公告。

财政部　税务总局
2023 年 8 月 1 日

财政部　税务总局关于增值税小规模纳税人减免增值税政策的公告

财政部　税务总局公告 2023 年第 19 号

为进一步支持小微企业和个体工商户发展,现将延续小规模纳税人增值税减免政策公告如下:

一、对月销售额 10 万元以下(含本数)的增值税小规模纳税人,免征增值税。

二、增值税小规模纳税人适用 3％征收率的应税销售收入,减按 1％征收率征收增值税;适用 3％预征率的预缴增值税项目,减按 1％预征率预缴增值税。

三、本公告执行至 2027 年 12 月 31 日。

特此公告。

财政部　税务总局
2023 年 8 月 1 日

(二)企业所得税政策

财政部 税务总局关于小微企业和个体工商户
所得税优惠政策的公告

财政部 税务总局公告 2023 年第 6 号

为支持小微企业和个体工商户发展,现将有关税收政策公告如下:

一、对小型微利企业年应纳税所得额不超过 100 万元的部分,减按 25% 计入应纳税所得额,按 20% 的税率缴纳企业所得税。

二、对个体工商户年应纳税所得额不超过 100 万元的部分,在现行优惠政策基础上,减半征收个人所得税。

三、本公告所称小型微利企业,是指从事国家非限制和禁止行业,且同时符合年度应纳税所得额不超过 300 万元、从业人数不超过 300 人、资产总额不超过 5 000 万元等三个条件的企业。

从业人数,包括与企业建立劳动关系的职工人数和企业接受的劳务派遣用工人数。所称从业人数和资产总额指标,应按企业全年的季度平均值确定。具体计算公式如下:

$$季度平均值 = (季初值 + 季末值) \div 2$$
$$全年季度平均值 = 全年各季度平均值之和 \div 4$$

年度中间开业或者终止经营活动的,以其实际经营期作为一个纳税年度确定上述相关指标。

四、本公告执行期限为 2023 年 1 月 1 日至 2024 年 12 月 31 日。

特此公告。

财政部 税务总局

2023 年 3 月 26 日

财政部 税务总局关于进一步完善研发费用税前
加计扣除政策的公告

财政部 税务总局公告 2023 年第 7 号

为进一步激励企业加大研发投入,更好地支持科技创新,现就企业研发费用税前加计扣除政策有关问题公告如下：

一、企业开展研发活动中实际发生的研发费用，未形成无形资产计入当期损益的，在按规定据实扣除的基础上，自 2023 年 1 月 1 日起，再按照实际发生额的 100% 在税前加计扣除；形成无形资产的，自 2023 年 1 月 1 日起，按照无形资产成本的 200% 在税前摊销。

二、企业享受研发费用加计扣除政策的其他政策口径和管理要求，按照《财政部 国家税务总局 科技部关于完善研究开发费用税前加计扣除政策的通知》（财税〔2015〕119 号）、《财政部 税务总局 科技部关于企业委托境外研究开发费用税前加计扣除有关政策问题的通知》（财税〔2018〕64 号）等文件相关规定执行。

三、本公告自 2023 年 1 月 1 日起执行，《财政部 税务总局关于进一步完善研发费用税前加计扣除政策的公告》（财政部 税务总局公告 2021 年第 13 号）、《财政部 税务总局 科技部关于进一步提高科技型中小企业研发费用税前加计扣除比例的公告》（财政部 税务总局 科技部公告 2022 年第 16 号）、《财政部 税务总局 科技部关于加大支持科技创新税前扣除力度的公告》（财政部 税务总局 科技部公告 2022 年第 28 号）同时废止。

特此公告。

财政部 税务总局

2023 年 3 月 26 日

国家税务总局关于落实小型微利企业所得税优惠政策征管问题的公告

国家税务总局公告 2023 年第 6 号

为支持小微企业发展，落实好小型微利企业所得税优惠政策，现就有关征管问题公告如下：

一、符合财政部、税务总局规定的小型微利企业条件的企业（以下简称小型微利企业），按照相关政策规定享受小型微利企业所得税优惠政策。

企业设立不具有法人资格分支机构的，应当汇总计算总机构及其各分支机构的从业人数、资产总额、年度应纳税所得额，依据合计数判断是否符合小型微利企业条件。

二、小型微利企业无论按查账征收方式或核定征收方式缴纳企业所得税，均可享受小型微利企业所得税优惠政策。

三、小型微利企业在预缴和汇算清缴企业所得税时,通过填写纳税申报表,即可享受小型微利企业所得税优惠政策。

小型微利企业应准确填报基础信息,包括从业人数、资产总额、年度应纳税所得额、国家限制或禁止行业等,信息系统将为小型微利企业智能预填优惠项目、自动计算减免税额。

四、小型微利企业预缴企业所得税时,从业人数、资产总额、年度应纳税所得额指标,暂按当年度截至本期预缴申报所属期末的情况进行判断。

五、原不符合小型微利企业条件的企业,在年度中间预缴企业所得税时,按照相关政策标准判断符合小型微利企业条件的,应按照截至本期预缴申报所属期末的累计情况,计算减免税额。当年度此前期间如因不符合小型微利企业条件而多预缴的企业所得税税款,可在以后季度应预缴的企业所得税税款中抵减。

六、企业预缴企业所得税时享受了小型微利企业所得税优惠政策,但在汇算清缴时发现不符合相关政策标准的,应当按照规定补缴企业所得税税款。

七、小型微利企业所得税统一实行按季度预缴。

按月度预缴企业所得税的企业,在当年度4月、7月、10月预缴申报时,若按相关政策标准判断符合小型微利企业条件的,下一个预缴申报期起调整为按季度预缴申报,一经调整,当年度内不再变更。

八、本 公告自2023年1月1日起施行。《国家税务总局关于小型微利企业所得税优惠政策征管问题的公告》(2022年第5号)同时废止。

特此公告。

国家税务总局

2023 年 3 月 27 日

财政部 税务总局关于进一步支持小微企业和个体工商户发展有关税费政策的公告

财政部 税务总局公告2023年第12号

为进一步支持小微企业和个体工商户发展,现将有关税费政策公告如下:

一、自2023年1月1日至2027年12月31日,对个体工商户年应纳税所得额不超过200万元的部分,减半征收个人所得税。个体工商户在享受现行其他个人所得税优惠政策的基础上,可叠加享受本条优惠政策。

二、自 2023 年 1 月 1 日至 2027 年 12 月 31 日,对增值税小规模纳税人、小型微利企业和个体工商户减半征收资源税(不含水资源税)、城市维护建设税、房产税、城镇土地使用税、印花税(不含证券交易印花税)、耕地占用税和教育费附加、地方教育附加。

三、对小型微利企业减按 25％ 计算应纳税所得额,按 20％ 的税率缴纳企业所得税政策,延续执行至 2027 年 12 月 31 日。

四、增值税小规模纳税人、小型微利企业和个体工商户已依法享受资源税、城市维护建设税、房产税、城镇土地使用税、印花税、耕地占用税、教育费附加、地方教育附加等其他优惠政策的,可叠加享受本公告第二条规定的优惠政策。

五、本公告所称小型微利企业,是指从事国家非限制和禁止行业,且同时符合年度应纳税所得额不超过 300 万元、从业人数不超过 300 人、资产总额不超过 5 000 万元等三个条件的企业。

从业人数,包括与企业建立劳动关系的职工人数和企业接受的劳务派遣用工人数。所称从业人数和资产总额指标,应按企业全年的季度平均值确定。具体计算公式如下:

$$季度平均值＝(季初值＋季末值)\div 2$$
$$全年季度平均值＝全年各季度平均值之和\div 4$$

年度中间开业或者终止经营活动的,以其实际经营期作为一个纳税年度确定上述相关指标。

小型微利企业的判定以企业所得税年度汇算清缴结果为准。登记为增值税一般纳税人的新设立的企业,从事国家非限制和禁止行业,且同时符合申报期上月末从业人数不超过 300 人、资产总额不超过 5 000 万元等两个条件的,可在首次办理汇算清缴前按照小型微利企业申报享受第二条规定的优惠政策。

六、本公告发布之日前,已征的相关税款,可抵减纳税人以后月份应缴纳税款或予以退还。发布之日前已办理注销的,不再追溯享受。

《财政部　税务总局关于进一步实施小微企业"六税两费"减免政策的公告》(财政部　税务总局公告 2022 年第 10 号)及《财政部　税务总局关于小微企业和个体工商户所得税优惠政策的公告》(财政部　税务总局公告 2023 年第 6 号)中个体工商户所得税优惠政策自 2023 年 1 月 1 日起相应停止执行。

特此公告。

财政部　税务总局

2023 年 8 月 2 日

（三）个人所得税政策

财政部　税务总局关于延续实施有关个人所得税优惠政策的公告

财政部　税务总局公告 2023 年第 2 号

为支持我国企业创新发展和资本市场对外开放,现就有关个人所得税优惠政策公告如下:

一、《财政部　税务总局关于延续实施全年一次性奖金等个人所得税优惠政策的公告》(财政部　税务总局公告 2021 年第 42 号)中规定的上市公司股权激励单独计税优惠政策,自 2023 年 1 月 1 日起至 2023 年 12 月 31 日止继续执行。

注:根据《财政部　税务总局关于延续实施上市公司股权激励有关个人所得税政策的公告》(财政部　税务总局公告 2023 年第 25 号)的规定,延续上市公司股权激励单独计税优惠政策至 2027 年 12 月 31 日。

二、《财政部　税务总局　证监会关于继续执行沪港、深港股票市场交易互联互通机制和内地与香港基金互认有关个人所得税政策的公告》(财政部　税务总局　证监会公告 2019 年第 93 号)中规定的个人所得税优惠政策,自 2023 年 1 月 1 日起至 2023 年 12 月 31 日止继续执行。

注:根据《财政部　税务总局　中国证监会关于延续实施沪港、深港股票市场交易互联互通机制和内地与香港基金互认有关个人所得税政策的公告》(财政部　税务总局　中国证监会公告 2023 年第 23 号)的规定,对内地个人投资者通过沪港通、深港通投资香港联交所上市股票取得的转让差价所得和通过基金互认买卖香港基金份额取得的转让差价所得,至 2027 年 12 月 31 日继续暂免征收个人所得税。

特此公告。

财政部　税务总局

2023 年 1 月 16 日

国家税务总局关于办理 2022 年度个人所得税
综合所得汇算清缴事项的公告

国家税务总局公告 2023 年第 3 号

根据个人所得税法及其实施条例、税收征收管理法及其实施细则等有关规定,现

就办理 2022 年度个人所得税综合所得汇算清缴(以下简称汇算)有关事项公告如下:

一、汇算的主要内容

2022 年度终了后,居民个人(以下称纳税人)需要汇总 2022 年 1 月 1 日至 12 月 31 日取得的工资薪金、劳务报酬、稿酬、特许权使用费等四项综合所得的收入额,减除费用 6 万元以及专项扣除、专项附加扣除、依法确定的其他扣除和符合条件的公益慈善事业捐赠后,适用综合所得个人所得税税率并减去速算扣除数(税率表见附件 1),计算最终应纳税额,再减去 2022 年已预缴税额,得出应退或应补税额,向税务机关申报并办理退税或补税。具体计算公式如下:

应退或应补税额＝[(综合所得收入额－60 000 元－"三险一金"等专项扣除－子女教育等专项附加扣除－依法确定的其他扣除－符合条件的公益慈善事业捐赠)×适用税率－速算扣除数]－已预缴税额

汇算不涉及纳税人的财产租赁等分类所得,以及按规定不并入综合所得计算纳税的所得。

二、无需办理汇算的情形

纳税人在 2022 年已依法预缴个人所得税且符合下列情形之一的,无需办理汇算:

(一)汇算需补税但综合所得收入全年不超过 12 万元的;

(二)汇算需补税金额不超过 400 元的;

(三)已预缴税额与汇算应纳税额一致的;

(四)符合汇算退税条件但不申请退税的。

三、需要办理汇算的情形

符合下列情形之一的,纳税人需办理汇算:

(一)已预缴税额大于汇算应纳税额且申请退税的;

(二)2022 年取得的综合所得收入超过 12 万元且汇算需要补税金额超过 400 元的。

因适用所得项目错误或者扣缴义务人未依法履行扣缴义务,造成 2022 年少申报或者未申报综合所得的,纳税人应当依法据实办理汇算。

四、可享受的税前扣除

下列在 2022 年发生的税前扣除,纳税人可在汇算期间填报或补充扣除:

(一)纳税人及其配偶、未成年子女符合条件的大病医疗支出;

(二)符合条件的 3 岁以下婴幼儿照护、子女教育、继续教育、住房贷款利息或住房租金、赡养老人等专项附加扣除,以及减除费用、专项扣除、依法确定的其他扣除;

(三)符合条件的公益慈善事业捐赠;

(四)符合条件的个人养老金扣除。

同时取得综合所得和经营所得的纳税人，可在综合所得或经营所得中申报减除费用 6 万元、专项扣除、专项附加扣除以及依法确定的其他扣除，但不得重复申报减除。

五、办理时间

2022 年度汇算办理时间为 2023 年 3 月 1 日至 6 月 30 日。在中国境内无住所的纳税人在 3 月 1 日前离境的，可以在离境前办理。

六、办理方式

纳税人可自主选择下列办理方式：

（一）自行办理。

（二）通过任职受雇单位（含按累计预扣法预扣预缴其劳务报酬所得个人所得税的单位）代为办理。

纳税人提出代办要求的，单位应当代为办理，或者培训、辅导纳税人完成汇算申报和退（补）税。

由单位代为办理的，纳税人应在 2023 年 4 月 30 日前与单位以书面或者电子等方式进行确认，补充提供 2022 年在本单位以外取得的综合所得收入、相关扣除、享受税收优惠等信息资料，并对所提交信息的真实性、准确性、完整性负责。纳税人未与单位确认请其代为办理的，单位不得代办。

（三）委托受托人（含涉税专业服务机构或其他单位及个人）办理，纳税人需与受托人签订授权书。

单位或受托人为纳税人办理汇算后，应当及时将办理情况告知纳税人。纳税人发现汇算申报信息存在错误的，可以要求单位或受托人更正申报，也可自行更正申报。

七、办理渠道

为便利纳税人，税务机关为纳税人提供高效、快捷的网络办税渠道。纳税人可优先通过手机个人所得税 APP、自然人电子税务局网站办理汇算，税务机关将为纳税人提供申报表项目预填服务；不方便通过上述方式办理的，也可以通过邮寄方式或到办税服务厅办理。

选择邮寄申报的，纳税人需将申报表寄送至按本公告第九条确定的主管税务机关所在省、自治区、直辖市和计划单列市税务局公告的地址。

八、申报信息及资料留存

纳税人办理汇算，适用个人所得税年度自行纳税申报表（附件 2、3），如需修改本人相关基础信息，新增享受扣除或者税收优惠的，还应按规定一并填报相关信息。纳税人需仔细核对，确保所填信息真实、准确、完整。

纳税人、代办汇算的单位,需各自将专项附加扣除、税收优惠材料等汇算相关资料,自汇算期结束之日起留存 5 年。

存在股权(股票)激励(含境内企业以境外企业股权为标的对员工进行的股权激励)、职务科技成果转化现金奖励等情况的单位,应当按照相关规定报告、备案。

九、受理申报的税务机关

按照方便就近原则,纳税人自行办理或受托人为纳税人代为办理的,向纳税人任职受雇单位的主管税务机关申报;有两处及以上任职受雇单位的,可自主选择向其中一处申报。

纳税人没有任职受雇单位的,向其户籍所在地、经常居住地或者主要收入来源地的主管税务机关申报。主要收入来源地,是指 2022 年向纳税人累计发放劳务报酬、稿酬及特许权使用费金额最大的扣缴义务人所在地。

单位为纳税人代办汇算的,向单位的主管税务机关申报。

为方便纳税服务和征收管理,汇算期结束后,税务部门将为尚未办理申报的纳税人确定其主管税务机关。

十、退(补)税

(一)办理退税

纳税人申请汇算退税,应当提供其在中国境内开设的符合条件的银行账户。税务机关按规定审核后,按照国库管理有关规定办理税款退库。纳税人未提供本人有效银行账户,或者提供的信息资料有误的,税务机关将通知纳税人更正,纳税人按要求更正后依法办理退税。

为方便办理退税,2022 年综合所得全年收入额不超过 6 万元且已预缴个人所得税的纳税人,可选择使用个税 APP 及网站提供的简易申报功能,便捷办理汇算退税。

申请 2022 年度汇算退税的纳税人,如存在应当办理 2021 及以前年度汇算补税但未办理,或者经税务机关通知 2021 及以前年度汇算申报存在疑点但未更正或说明情况的,需在办理 2021 及以前年度汇算申报补税、更正申报或者说明有关情况后依法申请退税。

(二)办理补税

纳税人办理汇算补税的,可以通过网上银行、办税服务厅 POS 机刷卡、银行柜台、非银行支付机构等方式缴纳。邮寄申报并补税的,纳税人需通过个税 APP 及网站或者主管税务机关办税服务厅及时关注申报进度并缴纳税款。

汇算需补税的纳税人,汇算期结束后未足额补缴税款的,税务机关将依法加收滞纳金,并在其个人所得税《纳税记录》中予以标注。

纳税人因申报信息填写错误造成汇算多退或少缴税款的,纳税人主动或经税务机关提醒后及时改正的,税务机关可以按照"首违不罚"原则免予处罚。

十一、汇算服务

税务机关推出系列优化服务措施,加强汇算的政策解读和操作辅导力度,分类编制办税指引,通俗解释政策口径、专业术语和操作流程,多渠道、多形式开展提示提醒服务,并通过个税 APP 及网站、12366 纳税缴费服务平台等渠道提供涉税咨询,帮助纳税人解决疑难问题,积极回应纳税人诉求。

汇算开始前,纳税人可登录个税 APP 及网站,查看自己的综合所得和纳税情况,核对银行卡、专项附加扣除涉及人员身份信息等基础资料,为汇算做好准备。

为合理有序引导纳税人办理汇算,提升纳税人办理体验,主管税务机关将分批分期通知提醒纳税人在确定的时间段内办理。同时,税务部门推出预约办理服务,有汇算初期(3 月 1 日至 3 月 20 日)办理需求的纳税人,可以根据自身情况,在 2 月 16 日后通过个税 APP 及网站预约上述时间段中的任意一天办理。3 月 21 日至 6 月 30 日,纳税人无需预约,可以随时办理。

对符合汇算退税条件且生活负担较重的纳税人,税务机关提供优先退税服务。独立完成汇算存在困难的年长、行动不便等特殊人群提出申请,税务机关可提供个性化便民服务。

十二、其他事项

《国家税务总局关于个人所得税自行纳税申报有关问题公告》(2018 年第 62 号)第一条、第四条与本公告不一致的,依照本公告执行。

特此公告。

附件:1. 个人所得税税率表(综合所得适用)(略)

2. 个人所得税年度自行纳税申报表(A 表、简易版、问答版)(略)

3. 个人所得税年度自行纳税申报表(B 表)(略)

国家税务总局

2023 年 2 月 2 日

国家税务总局关于落实支持个体工商户发展
个人所得税优惠政策有关事项的公告

国家税务总局公告2023年第5号

为贯彻落实《财政部 税务总局关于小微企业和个体工商户所得税优惠政策的公告》（2023年第6号），进一步支持个体工商户发展，现就有关事项公告如下：

一、对个体工商户经营所得年应纳税所得额不超过100万元的部分，在现行优惠政策基础上，再减半征收个人所得税。个体工商户不区分征收方式，均可享受。

二、个体工商户在预缴税款时即可享受，其年应纳税所得额暂按截至本期申报所属期末的情况进行判断，并在年度汇算清缴时按年计算、多退少补。若个体工商户从两处以上取得经营所得，需在办理年度汇总纳税申报时，合并个体工商户经营所得年应纳税所得额，重新计算减免税额，多退少补。

三、个体工商户按照以下方法计算减免税额：

减免税额＝(个体工商户经营所得应纳税所得额不超过100万元部分的应纳税额－其他政策减免税额×个体工商户经营所得应纳税所得额不超过100万元部分÷经营所得应纳税所得额)×(1－50％)

四、个体工商户需将按上述方法计算得出的减免税额填入对应经营所得纳税申报表"减免税额"栏次，并附报《个人所得税减免税事项报告表》。对于通过电子税务局申报的个体工商户，税务机关将提供该优惠政策减免税额和报告表的预填服务。实行简易申报的定期定额个体工商户，税务机关按照减免后的税额进行税款划缴。

五、本公告自2023年1月1日起施行，2024年12月31日终止执行。2023年1月1日至本公告发布前，个体工商户已经缴纳经营所得个人所得税的，可自动抵减以后月份的税款，当年抵减不完的可在汇算清缴时办理退税；也可直接申请退还应减免的税款。

特此公告。

国家税务总局
2023年3月26日

财政部 税务总局关于延续执行创业投资企业和天使投资个人投资初创科技型企业有关政策条件的公告

财政部 税务总局公告 2023 年第 17 号

为进一步支持创业创新,现就创业投资企业和天使投资个人投资初创科技型企业有关税收政策事项公告如下:

对于初创科技型企业需符合的条件,从业人数继续按不超过 300 人、资产总额和年销售收入按均不超过 5 000 万元执行,《财政部 税务总局关于创业投资企业和天使投资个人有关税收政策的通知》(财税〔2018〕55 号)规定的其他条件不变。

在此期间已投资满 2 年及新发生的投资,可按财税〔2018〕55 号文件和本公告规定适用有关税收政策。

本公告执行至 2027 年 12 月 31 日。

财政部 税务总局

2023 年 8 月 1 日

国家税务总局关于进一步落实支持个体工商户发展个人所得税优惠政策有关事项的公告

国家税务总局公告 2023 年第 12 号

为贯彻落实《财政部 税务总局关于进一步支持小微企业和个体工商户发展有关税费政策的公告》(2023 年第 12 号,以下简称 12 号公告),进一步支持个体工商户发展,现就有关事项公告如下:

一、对个体工商户年应纳税所得额不超过 200 万元的部分,减半征收个人所得税。个体工商户在享受现行其他个人所得税优惠政策的基础上,可叠加享受本条优惠政策。个体工商户不区分征收方式,均可享受。

二、个体工商户在预缴税款时即可享受,其年应纳税所得额暂按截至本期申报所属期末的情况进行判断,并在年度汇算清缴时按年计算、多退少补。若个体工商户从两处以上取得经营所得,需在办理年度汇总纳税申报时,合并个体工商户经营所得年应纳税所得额,重新计算减免税额,多退少补。

三、个体工商户按照以下方法计算减免税额：

减免税额＝（经营所得应纳税所得额不超过200万元部分的应纳税额－其他政策减免税额×经营所得应纳税所得额不超过200万元部分÷经营所得应纳税所得额）×50％。

四、个体工商户需将按上述方法计算得出的减免税额填入对应经营所得纳税申报表"减免税额"栏次，并附报《个人所得税减免税事项报告表》。对于通过电子税务局申报的个体工商户，税务机关将提供该优惠政策减免税额和报告表的预填服务。实行简易申报的定期定额个体工商户，税务机关按照减免后的税额进行税款划缴。

五、按12号公告应减征的税款，在本公告发布前已缴纳的，可申请退税；也可自动抵减以后月份的税款，当年抵减不完的在汇算清缴时办理退税；12号公告发布之日前已办理注销的，不再追溯享受。

六、各级税务机关要切实提高政治站位，充分认识税收政策对于市场主体稳定预期、提振信心、安排好投资经营的重要意义，认真做好宣传解读、做优精准辅导，为纳税人提供便捷、高效的政策享受通道，积极回应纳税人诉求，全面抓好推进落实。

七、本公告自2023年1月1日起施行，2027年12月31日终止执行。《国家税务总局关于落实支持个体工商户发展个人所得税优惠政策有关事项的公告》（2023年第5号）同时废止。

特此公告。

国家税务总局
2023年8月2日

财政部　税务总局关于延续实施上市公司股权激励有关个人所得税政策的公告

财政部　税务总局公告2023年第25号

为继续支持企业创新发展，现将上市公司股权激励有关个人所得税政策公告如下：

一、居民个人取得股票期权、股票增值权、限制性股票、股权奖励等股权激励（以下简称股权激励），符合《财政部　国家税务总局关于个人股票期权所得征收个人所得税问题的通知》（财税〔2005〕35号）、《财政部　国家税务总局关于股票增值权所得和限制性股票所得征收个人所得税有关问题的通知》（财税〔2009〕5号）、《财政部　国家税务总局关于将国家自主创新示范区有关税收试点政策推广到全国范围实施的通知》（财税〔2015〕116 号）第四条、《财政部　国家税务总局关于完善股权激励和技术入股有关所得税政策的通知》（财税〔2016〕101 号）第四条第（一）项规定的相关条件的，不并入当年综合所得，全额单独适用综合所得税率表，计算纳税。计算公式为：

$$应纳税额＝股权激励收入×适用税率－速算扣除数$$

二、居民个人一个纳税年度内取得两次以上（含两次）股权激励的，应合并按本公告第一条规定计算纳税。

三、本公告执行至 2027 年 12 月 31 日。

特此公告。

财政部　税务总局

2023 年 8 月 18 日

财政部　税务总局　住房城乡建设部关于延续实施支持居民换购住房有关个人所得税政策的公告

财政部　税务总局　住房城乡建设部公告 2023 年第 28 号

为继续支持居民改善住房条件，现就有关个人所得税政策公告如下：

一、自 2024 年 1 月 1 日至 2025 年 12 月 31 日，对出售自有住房并在现住房出售后 1 年内在市场重新购买住房的纳税人，对其出售现住房已缴纳的个人所得税予以退税优惠。其中，新购住房金额大于或等于现住房转让金额的，全部退还已缴纳的个人所得税；新购住房金额小于现住房转让金额的，按新购住房金额占现住房转让金额的比例退还出售现住房已缴纳的个人所得税。

二、本公告所称现住房转让金额为该房屋转让的市场成交价格。新购住房为新房的，购房金额为纳税人在住房城乡建设部门网签备案的购房合同中注明的成交价格；新购住房为二手房的，购房金额为房屋的成交价格。

三、享受本公告规定优惠政策的纳税人须同时满足以下条件：

1. 纳税人出售和重新购买的住房应在同一城市范围内。同一城市范围是指同一直辖市、副省级城市、地级市（地区、州、盟）所辖全部行政区划范围。

2. 出售自有住房的纳税人与新购住房之间须直接相关，应为新购住房产权人或产权人之一。

四、符合退税优惠政策条件的纳税人应向主管税务机关提供合法、有效的售房、购房合同和主管税务机关要求提供的其他有关材料，经主管税务机关审核后办理退税。

五、各级住房城乡建设部门应与税务部门建立信息共享机制,将本地区房屋交易合同网签备案等信息(含撤销备案信息)实时共享至当地税务部门;暂未实现信息实时共享的地区,要建立健全工作机制,确保税务部门及时获取审核退税所需的房屋交易合同备案信息。

特此公告。

财政部　税务总局　住房城乡建设部
2023 年 8 月 18 日

财政部　税务总局关于延续实施外籍个人有关津
补贴个人所得税政策的公告

财政部　税务总局公告 2023 年第 29 号

为进一步减轻纳税人负担,现将外籍个人有关津补贴个人所得税政策公告如下:

一、外籍个人符合居民个人条件的,可以选择享受个人所得税专项附加扣除,也可以选择按照《财政部　国家税务总局关于个人所得税若干政策问题的通知》(财税字〔1994〕020 号)、《国家税务总局关于外籍个人取得有关补贴征免个人所得税执行问题的通知》(国税发〔1997〕54 号)和《财政部　国家税务总局关于外籍个人取得港澳地区住房等补贴征免个人所得税的通知》(财税〔2004〕29 号)规定,享受住房补贴、语言训练费、子女教育费等津补贴免税优惠政策,但不得同时享受。外籍个人一经选择,在一个纳税年度内不得变更。

二、本公告执行至 2027 年 12 月 31 日。

特此公告。

财政部　税务总局
2023 年 8 月 18 日

财政部　税务总局关于延续实施全年一次性奖金
个人所得税政策的公告

财政部　税务总局公告 2023 年第 30 号

为进一步减轻纳税人负担,现将全年一次性奖金个人所得税政策公告如下:

一、居民个人取得全年一次性奖金,符合《国家税务总局关于调整个人取得全年一次性奖金等计算征收个人所得税方法问题的通知》(国税发〔2005〕9号)规定的,不并入当年综合所得,以全年一次性奖金收入除以12个月得到的数额,按照本公告所附按月换算后的综合所得税率表,确定适用税率和速算扣除数,单独计算纳税。计算公式为:

$$应纳税额＝全年一次性奖金收入×适用税率－速算扣除数$$

二、居民个人取得全年一次性奖金,也可以选择并入当年综合所得计算纳税。

三、本公告执行至2027年12月31日。

特此公告。

附件:按月换算后的综合所得税率表(略)

财政部　税务总局

2023年8月18日

财政部　税务总局关于延续实施远洋船员个人所得税政策的公告

财政部　税务总局公告2023年第31号

现就远洋船员个人所得税政策公告如下:

一、一个纳税年度内在船航行时间累计满183天的远洋船员,其取得的工资薪金收入减按50%计入应纳税所得额,依法缴纳个人所得税。

二、本公告所称的远洋船员是指在海事管理部门依法登记注册的国际航行船舶船员和在渔业管理部门依法登记注册的远洋渔业船员。

三、在船航行时间是指远洋船员在国际航行或作业船舶和远洋渔业船舶上的工作天数。一个纳税年度内的在船航行时间为一个纳税年度内在船航行时间的累计天数。

四、远洋船员可选择在当年预扣预缴税款或者次年个人所得税汇算清缴时享受上述优惠政策。

五、海事管理部门、渔业管理部门同税务部门建立信息共享机制,定期交换远洋船员身份认定、在船航行时间等有关涉税信息。

六、本公告执行至2027年12月31日。

特此公告。

财政部　税务总局

2023年8月18日

财政部　税务总局关于延续实施个人所得税综合所得汇算清缴有关政策的公告

财政部　税务总局公告 2023 年第 32 号

为进一步减轻纳税人负担,现就个人所得税综合所得汇算清缴有关政策公告如下:

2024 年 1 月 1 日至 2027 年 12 月 31 日居民个人取得的综合所得,年度综合所得收入不超过 12 万元且需要汇算清缴补税的,或者年度汇算清缴补税金额不超过 400 元的,居民个人可免于办理个人所得税综合所得汇算清缴。居民个人取得综合所得时存在扣缴义务人未依法预扣预缴税款的情形除外。

特此公告。

财政部　税务总局

2023 年 8 月 18 日

财政部　税务总局关于延续实施粤港澳大湾区个人所得税优惠政策的通知

财税〔2023〕34 号

广东省、深圳市财政厅(局),国家税务总局广东省、深圳市税务局:

为继续支持粤港澳大湾区(以下简称大湾区)建设,现就大湾区有关个人所得税优惠政策通知如下:

一、广东省、深圳市按内地与香港个人所得税税负差额,对在大湾区工作的境外(含港澳台,下同)高端人才和紧缺人才给予补贴,该补贴免征个人所得税。

二、在大湾区工作的境外高端人才和紧缺人才的认定和补贴办法,按照广东省、深圳市的有关规定执行。

三、本通知适用范围包括广东省广州市、深圳市、珠海市、佛山市、惠州市、东莞市、中山市、江门市和肇庆市等大湾区珠三角九市。

四、本通知执行至 2027 年 12 月 31 日。

财政部　税务总局

2023 年 8 月 18 日

财政部　税务总局　中国证监会关于延续实施沪港、深港股票市场交易互联互通机制和内地与香港基金互认有关个人所得税政策的公告

财政部　税务总局　中国证监会公告 2023 年第 23 号

现就延续实施沪港股票市场交易互联互通机制（以下简称沪港通）、深港股票市场交易互联互通机制（以下简称深港通）以及内地与香港基金互认（以下简称基金互认）有关个人所得税政策公告如下：

一、对内地个人投资者通过沪港通、深港通投资香港联交所上市股票取得的转让差价所得和通过基金互认买卖香港基金份额取得的转让差价所得，继续暂免征收个人所得税。

二、本公告执行至 2027 年 12 月 31 日。

特此公告。

财政部　税务总局　中国证监会

2023 年 8 月 21 日

财政部　税务总局　国家发展改革委　中国证监会关于延续实施创业投资企业个人合伙人所得税政策的公告

财政部　税务总局　国家发展改革委　中国证监会公告 2023 年第 24 号

为继续支持创业投资企业（含创投基金，以下统称创投企业）发展，现将有关个人所得税政策问题公告如下：

一、创投企业可以选择按单一投资基金核算或者按创投企业年度所得整体核算两种方式之一，对其个人合伙人来源于创投企业的所得计算个人所得税应纳税额。

本公告所称创投企业，是指符合《创业投资企业管理暂行办法》（发展改革委等 10 部门令第 39 号）或者《私募投资基金监督管理暂行办法》（证监会令第 105 号）关于创业投资企业（基金）的有关规定，并按照上述规定完成备案且规范运作的合伙制创业投资企业（基金）。

二、创投企业选择按单一投资基金核算的，其个人合伙人从该基金应分得的股

权转让所得和股息红利所得,按照 20%税率计算缴纳个人所得税。

创投企业选择按年度所得整体核算的,其个人合伙人应从创投企业取得的所得,按照"经营所得"项目、5%—35%的超额累进税率计算缴纳个人所得税。

三、单一投资基金核算,是指单一投资基金(包括不以基金名义设立的创投企业)在一个纳税年度内从不同创业投资项目取得的股权转让所得和股息红利所得按下述方法分别核算纳税:

(一)股权转让所得。单个投资项目的股权转让所得,按年度股权转让收入扣除对应股权原值和转让环节合理费用后的余额计算,股权原值和转让环节合理费用的确定方法,参照股权转让所得个人所得税有关政策规定执行;单一投资基金的股权转让所得,按一个纳税年度内不同投资项目的所得和损失相互抵减后的余额计算,余额大于或等于零的,即确认为该基金的年度股权转让所得;余额小于零的,该基金年度股权转让所得按零计算且不能跨年结转。

个人合伙人按照其应从基金年度股权转让所得中分得的份额计算其应纳税额,并由创投企业在次年 3 月 31 日前代扣代缴个人所得税。如符合《财政部 税务总局关于创业投资企业和天使投资个人有关税收政策的通知》(财税〔2018〕55 号)规定条件的,创投企业个人合伙人可以按照被转让项目对应投资额的 70%抵扣其应从基金年度股权转让所得中分得的份额后再计算其应纳税额,当期不足抵扣的,不得向以后年度结转。

(二)股息红利所得。单一投资基金的股息红利所得,以其来源于所投资项目分配的股息、红利收入以及其他固定收益类证券等收入的全额计算。

个人合伙人按照其应从基金股息红利所得中分得的份额计算其应纳税额,并由创投企业按次代扣代缴个人所得税。

(三)除前述可以扣除的成本、费用之外,单一投资基金发生的包括投资基金管理人的管理费和业绩报酬在内的其他支出,不得在核算时扣除。

本条规定的单一投资基金核算方法仅适用于计算创投企业个人合伙人的应纳税额。

四、创投企业年度所得整体核算,是指将创投企业以每一纳税年度的收入总额减除成本、费用以及损失后,计算应分配给个人合伙人的所得。如符合《财政部 税务总局关于创业投资企业和天使投资个人有关税收政策的通知》(财税〔2018〕55 号)规定条件的,创投企业个人合伙人可以按照被转让项目对应投资额的 70%抵扣其可以从创投企业应分得的经营所得后再计算其应纳税额。年度核算亏损的,准予按有关规定向以后年度结转。

按照"经营所得"项目计税的个人合伙人,没有综合所得的,可依法减除基本减除费用、专项扣除、专项附加扣除以及国务院确定的其他扣除。从多处取得经营所得的,应汇总计算个人所得税,只减除一次上述费用和扣除。

五、创投企业选择按单一投资基金核算或按创投企业年度所得整体核算后,3年内不能变更。

六、创投企业选择按单一投资基金核算的,应当在按照本公告第一条规定完成备案的30日内,向主管税务机关进行核算方式备案;未按规定备案的,视同选择按创投企业年度所得整体核算。创投企业选择一种核算方式满3年需要调整的,应当在满3年的次年1月31日前,重新向主管税务机关备案。

七、税务部门依法开展税收征管和后续管理工作,可转请发展改革部门、证券监督管理部门对创投企业及其所投项目是否符合有关规定进行核查,发展改革部门、证券监督管理部门应当予以配合。

八、本公告执行至2027年12月31日。

特此公告。

财政部　税务总局
国家发展改革委　中国证监会
2023年8月21日

财政部　税务总局　中国证监会关于延续实施支持原油等货物期货市场对外开放个人所得税政策的公告

财政部　税务总局　中国证监会公告2023年第26号

为支持原油等货物期货市场对外开放,现将有关个人所得税政策公告如下:

一、对境外个人投资者投资经国务院批准对外开放的中国境内原油等货物期货品种取得的所得,暂免征收个人所得税。

二、本公告执行至2027年12月31日。

特此公告。

财政部　税务总局　中国证监会
2023年8月21日

国务院关于提高个人所得税有关专项附加扣除标准的通知

国发〔2023〕13 号

各省、自治区、直辖市人民政府，国务院各部委、各直属机构：

为进一步减轻家庭生育养育和赡养老人的支出负担，依据《中华人民共和国个人所得税法》有关规定，国务院决定，提高 3 岁以下婴幼儿照护等三项个人所得税专项附加扣除标准。现将有关事项通知如下：

一、3 岁以下婴幼儿照护专项附加扣除标准，由每个婴幼儿每月 1 000 元提高到 2 000 元。

二、子女教育专项附加扣除标准，由每个子女每月 1 000 元提高到 2 000 元。

三、赡养老人专项附加扣除标准，由每月 2 000 元提高到 3 000 元。其中，独生子女按照每月 3 000 元的标准定额扣除；非独生子女与兄弟姐妹分摊每月 3 000 元的扣除额度，每人分摊的额度不能超过每月 1 500 元。

四、3 岁以下婴幼儿照护、子女教育、赡养老人专项附加扣除涉及的其他事项，按照《个人所得税专项附加扣除暂行办法》有关规定执行。

五、上述调整后的扣除标准自 2023 年 1 月 1 日起实施。

国务院

2023 年 8 月 28 日

国家税务总局关于贯彻执行提高个人所得税有关专项附加扣除标准政策的公告

国家税务总局公告 2023 年第 14 号

根据《国务院关于提高个人所得税有关专项附加扣除标准的通知》（国发〔2023〕13 号，以下简称《通知》），现就有关贯彻落实事项公告如下：

一、3 岁以下婴幼儿照护、子女教育专项附加扣除标准，由每个婴幼儿（子女）每月 1 000 元提高到 2 000 元。

父母可以选择由其中一方按扣除标准的 100% 扣除，也可以选择由双方分别按 50% 扣除。

二、赡养老人专项附加扣除标准，由每月 2 000 元提高到 3 000 元，其中，独生子女每月扣除 3 000 元；非独生子女与兄弟姐妹分摊每月 3 000 元的扣除额度，每人不超过 1 500 元。

需要分摊享受的，可以由赡养人均摊或者约定分摊，也可以由被赡养人指定分摊。约定或者指定分摊的须签订书面分摊协议，指定分摊优先于约定分摊。

三、纳税人尚未填报享受 3 岁以下婴幼儿照护、子女教育、赡养老人专项附加扣除的，可以在手机个人所得税 APP 或通过扣缴义务人填报享受，系统将按照提高后的专项附加扣除标准计算应缴纳的个人所得税。

纳税人在 2023 年度已经填报享受 3 岁以下婴幼儿照护、子女教育、赡养老人专项附加扣除的，无需重新填报，系统将自动按照提高后的专项附加扣除标准计算应缴纳的个人所得税。纳税人对约定分摊或者指定分摊赡养老人专项附加扣除额度有调整的，可以在手机个人所得税 APP 或通过扣缴义务人填报新的分摊额度。

四、《通知》发布前，纳税人已经填报享受专项附加扣除并扣缴个人所得税的，多缴的税款可以自动抵减纳税人本年度后续月份应纳税款，抵减不完的，可以在 2023 年度综合所得汇算清缴时继续享受。

五、纳税人对专项附加扣除信息的真实性、准确性、完整性负责，纳税人情况发生变化的，应当及时向扣缴义务人或者税务机关报送新的专项附加扣除信息。对虚假填报享受专项附加扣除的，税务机关将按照《中华人民共和国税收征收管理法》《中华人民共和国个人所得税法》等有关规定处理。

六、各级税务机关要切实提高政治站位，积极做好政策解读、宣传辅导和政策精准推送工作，便利纳税人享受税收优惠，确保减税红利精准直达。

七、个人所得税专项附加扣除标准提高涉及的其他管理事项，按照《国务院关于印发个人所得税专项附加扣除暂行办法的通知》（国发〔2018〕41 号）、《国家税务总局关于修订发布〈个人所得税专项附加扣除操作办法（试行）〉的公告》（2022 年第 7 号）等有关规定执行。

八、本公告自 2023 年 1 月 1 日起施行。

特此公告。

国家税务总局

2023 年 8 月 30 日

（四）城镇土地使用税等政策

财政部　税务总局关于继续实施物流企业大宗商品仓储设施用地城镇土地使用税优惠政策的公告

财政部　税务总局公告 2023 年第 5 号

为促进物流业健康发展,继续实施物流企业大宗商品仓储设施用地城镇土地使用税优惠政策。现将有关政策公告如下:

一、自 2023 年 1 月 1 日起至 2027 年 12 月 31 日止,对物流企业自有(包括自用和出租)或承租的大宗商品仓储设施用地,减按所属土地等级适用税额标准的 50% 计征城镇土地使用税。

二、本公告所称物流企业,是指至少从事仓储或运输一种经营业务,为工农业生产、流通、进出口和居民生活提供仓储、配送等第三方物流服务,实行独立核算、独立承担民事责任,并在工商部门注册登记为物流、仓储或运输的专业物流企业。

本公告所称大宗商品仓储设施,是指同一仓储设施占地面积在 6 000 平方米及以上,且主要储存粮食、棉花、油料、糖料、蔬菜、水果、肉类、水产品、化肥、农药、种子、饲料等农产品和农业生产资料,煤炭、焦炭、矿砂、非金属矿产品、原油、成品油、化工原料、木材、橡胶、纸浆及纸制品、钢材、水泥、有色金属、建材、塑料、纺织原料等矿产品和工业原材料的仓储设施。

本公告所称仓储设施用地,包括仓库库区内的各类仓房(含配送中心)、油罐(池)、货场、晒场(堆场)、罩棚等储存设施和铁路专用线、码头、道路、装卸搬运区域等物流作业配套设施的用地。

三、物流企业的办公、生活区用地及其他非直接用于大宗商品仓储的土地,不属于本公告规定的减税范围,应按规定征收城镇土地使用税。

四、本公告印发之日前已缴纳的应予减征的税款,在纳税人以后应缴税款中抵减或者予以退还。

五、纳税人享受本公告规定的减税政策,应按规定进行减免税申报,并将不动产权属证明、土地用途证明、租赁协议等资料留存备查。

财政部　税务总局

2023 年 3 月 26 日

财政部 税务总局关于继续实施公共租赁住房税收优惠政策的公告

财政部 税务总局公告 2023 年第 33 号

为继续支持公共租赁住房(以下称公租房)建设和运营,现将有关税收优惠政策公告如下:

一、对公租房建设期间用地及公租房建成后占地,免征城镇土地使用税。在其他住房项目中配套建设公租房,按公租房建筑面积占总建筑面积的比例免征建设、管理公租房涉及的城镇土地使用税。

二、对公租房经营管理单位免征建设、管理公租房涉及的印花税。在其他住房项目中配套建设公租房,按公租房建筑面积占总建筑面积的比例免征建设、管理公租房涉及的印花税。

三、对公租房经营管理单位购买住房作为公租房,免征契税、印花税;对公租房租赁双方免征签订租赁协议涉及的印花税。

四、对企事业单位、社会团体以及其他组织转让旧房作为公租房房源,且增值额未超过扣除项目金额 20% 的,免征土地增值税。

五、企事业单位、社会团体以及其他组织捐赠住房作为公租房,符合税收法律法规规定的,对其公益性捐赠支出在年度利润总额 12% 以内的部分,准予在计算应纳税所得额时扣除,超过年度利润总额 12% 的部分,准予结转以后三年内在计算应纳税所得额时扣除。

个人捐赠住房作为公租房,符合税收法律法规规定的,对其公益性捐赠支出未超过其申报的应纳税所得额 30% 的部分,准予从其应纳税所得额中扣除。

六、对符合地方政府规定条件的城镇住房保障家庭从地方政府领取的住房租赁补贴,免征个人所得税。

七、对公租房免征房产税。对经营公租房所取得的租金收入,免征增值税。公租房经营管理单位应单独核算公租房租金收入,未单独核算的,不得享受免征增值税、房产税优惠政策。

八、享受上述税收优惠政策的公租房是指纳入省、自治区、直辖市、计划单列市人民政府及新疆生产建设兵团批准的公租房发展规划和年度计划,或者市、县人民政府批准建设(筹集),并按照《关于加快发展公共租赁住房的指导意见》(建保〔2010〕87号)和市、县人民政府制定的具体管理办法进行管理的公租房。

九、纳税人享受本公告规定的优惠政策,应按规定进行免税申报,并将不动产权属证明、载有房产原值的相关材料、纳入公租房及用地管理的相关材料、配套建设管理公租房相关材料、购买住房作为公租房相关材料、公租房租赁协议等留存备查。

十、本公告执行至 2025 年 12 月 31 日。

财政部 税务总局

2023 年 8 月 18 日

财政部 税务总局关于减半征收证券交易印花税的公告

财政部 税务总局公告 2023 年第 39 号

为活跃资本市场、提振投资者信心,自 2023 年 8 月 28 日起,证券交易印花税实施减半征收。

特此公告。

财政部 税务总局

2023 年 8 月 27 日

(五) 社会保险费政策

人力资源社会保障部 财政部 国家税务总局关于阶段性降低失业保险、工伤保险费率有关问题的通知

人社部发〔2023〕19 号

各省、自治区、直辖市及新疆生产建设兵团人力资源社会保障厅(局)、财政(财务)厅(局),国家税务总局各省、自治区、直辖市和计划单列市税务局:

为进一步减轻企业负担,增强企业活力,促进就业稳定,经国务院同意,现就阶段性降低失业保险、工伤保险费率有关问题通知如下:

一、自 2023 年 5 月 1 日起,继续实施阶段性降低失业保险费率至 1% 的政策,实施期限延长至 2024 年底。在省(区、市)行政区域内,单位及个人的费率应当统一,个人费率不得超过单位费率。

二、自 2023 年 5 月 1 日起,按照《国务院办公厅关于印发降低社会保险费率综合方案的通知》(国办发〔2019〕13 号)有关实施条件,继续实施阶段性降低工伤保险费

率政策,实施期限延长至 2024 年底。

三、各地要加强失业保险、工伤保险基金运行分析,平衡好降费率与保发放之间的关系,既要确保降费率政策落实,也要确保待遇按时足额发放,确保制度运行安全平稳可持续。

四、各地要继续按照国家有关规定进一步规范缴费比例、缴费基数等相关政策,不得自行出台降低缴费基数、减免社会保险费等减少基金收入的政策。

五、各地人力资源社会保障、税务部门要按规定开展降费核算工作,并按月及时上报有关情况。

阶段性降低失业保险、工伤保险费率政策性强,社会关注度高。各地要把思想和行动统一到党中央、国务院决策部署上来,加强组织领导,精心组织实施。各地贯彻落实本通知情况以及执行中遇到的问题,请及时向人力资源社会保障部、财政部、国家税务总局报告。

人力资源社会保障部　财政部　国家税务总局

2023 年 3 月 29 日